GERMANISCHES RECHT I

GRUNDRISS DER GERMANISCHEN PHILOLOGIE

UNTER MITWIRKUNG
ZAHLREICHER FACHGELEHRTER

BEGRÜNDET VON

HERMANN PAUL

HERAUSGEGEBEN VON

LUDWIG ERICH SCHMITT

5/I

BERLIN

WALTER DE GRUYTER & CO.

VORMALS G. J. GÖSCHEN'SCHE VERLAGSHANDLUNG — J. GUTTENTAG, VERLAGS-
BUCHHANDLUNG — GEORG REIMER — KARL J. TRÜBNER — VEIT & COMP.

1960

GERMANISCHES RECHT

VON

KARL VON AMIRA

VIERTE AUFLAGE
BEARBEITET VON

KARL AUGUST ECKHARDT

BAND I

RECHTSDENKMÄLER

BERLIN

WALTER DE GRUYTER & CO.

VORMALS G. J. GÖSCHEN'SCHE VERLAGSHANDLUNG – J. GUTTENTAG, VERLAGS-
BUCHHANDLUNG – GEORG REIMER – KARL J. TRÜBNER – VEIT & COMP.

1960

Originally publ. as –

Grundriss des germanischen Rechts, Grundriss der germanischen Philologie, 5 (Strasbourg, 1913).

Satz: Walter de Gruyter & Co., Berlin W 35 Druck: Thormann & Goetsch, Berlin-Neukölln

v. Amira.

VORWORT

1. KARL V. AMIRA[a] verfaßte seine Grundzüge des germanischen Rechts für HERMANN PAULS Grundriß der germanischen Philologie, als dessen neunter Abschnitt sie 1890 unter der Überschrift „Recht" veröffentlicht wurden. Durch die Stellung in diesem Sammelwerk waren Zweck und Charakter der Arbeit bestimmt. Von der 1897 ausgelieferten zweiten verbesserten Auflage wurde eine gleichlautende Sonderausgabe unter dem Titel „Grundriß des germanischen Rechts" veranstaltet, die um eine Inhaltsübersicht sowie die Register bereichert war und 1902 in einem zweiten Abdruck erschien. Da der Grundriß der germanischen Philologie in der Folge selbst in Einzelbänden ausgegeben wurde, konnte AMIRAS Beitrag, als er 1913 in dritter verbesserter und nicht unerheblich erweiterter Auflage herauskam, anlagemäßig die Sonderausgaben von 1897 und 1902 wiederholen.

Die Zeitgenossen haben AMIRAS Leistung aufrichtige Bewunderung gezollt. Drei Urteile aus berufenem Munde seien angeführt.

HEINRICH BRUNNER[1]:

„Eine durch Stoffreichtum, durch eingehende Berücksichtigung und vollständige Beherrschung der Rechtsterminologie und durch selbständige Gedankenarbeit hervorragende Zusammenstellung der Denkmäler und der Altertümer des germanischen Rechtes . . ."

CLAUDIUS FRHR. V. SCHWERIN[2]:

„Die einzige zusammenfassende Darstellung des germanischen Rechts im ganzen und seiner Quellen . . . in meisterhafter Form."

ALFRED SCHULTZE[3]:

„Der erste, sogleich erstaunlich gelungene Versuch einer umfassenden vergleichenden germanischen Rechtsgeschichte. Der Zwang, den der enge Raum des Grundrisses auferlegte, wird durch die Gedrängtheit des Ausdrucks, durch das Schwergewicht jedes einzelnen Wortes wettgemacht, so daß dem, der die Worte zu

---

a) 1848—1930: Privatdozent in München 1874/75, ordentl. Professor der Rechte in Freiburg i. Br. 1875—1892 und München 1892—1930. Vgl. die Nachrufe von CL. FRHR. V. SCHWERIN, ZRG G LI (1931) S. XI—XLV; PAUL PUNTSCHART, Karl v. Amira u. sein Werk (1932) S. 1—86.

wägen weiß, immer wieder eine Fülle der Anregung zu weiterem Nachdenken und Forschen zuströmen wird. Philologen und Historikern nicht weniger als Juristen ist deshalb das auch durch die Eigenart seines Aufbaus fesselnde Buch längst unentbehrlich geworden und wird es bleiben".

An dieser Einstellung hat sich in den seither vergangenen mehr als vier Jahrzehnten nichts geändert, apostrophiert doch ein Historiker vom Range HERMANN AUBINS[4] 1955 den Grundriß als

„das unersetzliche Werk KARL V. AMIRAS, das ganz auf die Haupttatsache, die germanische Rechtsgemeinschaft mit dem Norden, gestellt ist."

2. Der Wunsch des Verlages WALTER DE GRUYTER & Co., diesem gemeinsamen Anliegen dreier Fachdisziplinen Rechnung zu tragen und AMIRAS Grundriß in vierter Auflage herauszubringen, wird überall auf dankbare Anerkennung stoßen. Eher kann zweifelhaft sein, ob ich, der ich kein Schüler AMIRAS war und in nicht wenigen Punkten anders denke als er, der geeignete Bearbeiter bin. Die Gefahr, daß im Falle meiner Weigerung der Plan, AMIRAS Werk neuzubearbeiten, überhaupt scheitern könnte, hat mich schließlich bestimmt, meine Bedenken zurückzustellen. CHESTERTONS Paradoxon „Was wert ist getan zu werden, ist wert unzureichend getan zu werden" stärkte mir den Mut. Doch wolle niemand unterstellen, daß ich diese (in meiner Position fast unlösbare) Aufgabe leichten Herzens übernommen hätte.

3. AMIRA gestaltete seinen Grundriß in einer Zeit stürmischer Aufwärtsentwicklung der rechtsgeschichtlichen Disziplinen, zugleich in der damals berechtigt erscheinenden Überzeugung, weitgehend gesicherte Tatsachen bieten zu können. Heute ist die deutschrechtliche Wissenschaft sich selbst problematisch geworden[5]. Durch die Untersuchungen der Germanisten FELIX GENZMER und HANS KUHN wurden zentrale Begriffe wie „agnatische Sippe" und „Gefolgschaft" in Frage gestellt. In Wiederaufnahme und Weiterführung der Gedanken von HANS HIRSCH, ALFONS DOPSCH, FRITZ KERN sind die Historiker unter Führung von THEODOR MAYER, HEINRICH DANNENBAUER, OTTO BRUNNER in breiter Front zum Angriff auf die deutschrechtlichen Stellungen angetreten. Es ist nicht damit getan, die von ihnen erzielten Einbrüche abzuriegeln oder deren Bedeutung zu bagatellisieren. Die Lage muß vielmehr als Ganzes gesehen und ohne Rücksicht darauf, *weme lef, weme leit, weme scade oder vrome immer dar na kome*, analysiert werden.

In dieser Frage glaube ich nun zu einer Stellungnahme legitimiert zu sein: In der vierten Generation Jurist, kraft Anlage und Ausbildung Historiker und Hilfswissenschaftler, nach Neigung und editorischer Methode Philologe, habe ich seit Jahrzehnten die Gesamtheit der in

Betracht zu ziehenden germanischen Quellen zu erfassen gesucht, mich insonderheit auch von jeher an der immer stärker in den Vordergrund gerückten Urkundenforschung aktiv beteiligt[6]. Ich darf für mich in Anspruch nehmen, daß mein Urteil durch keinerlei sonderfachliche Voreingenommenheit getrübt ist. So hoffe ich zu diesem Thema ein klärendes Wort sagen zu können.

Es wäre dem Zweck eines Grundrisses zuwider, wollte man ihn mit quellenkritischen Untersuchungen, mit polemischen Auseinandersetzungen, mit methodischen Hinweisen überlasten. Daher wurden diese größtenteils aus der thematischen Darstellung herausgenommen und zu einem besonderen (dem sechsten) Abschnitt „Methode" am Schluß dieses Bandes zusammengefaßt. Auch bei ihm bin ich von AMIRAS Lehren, insbesondere seiner programmatischen Freiburger Antrittsrede vom 15. Dez. 1875 „Über Zweck und Mittel der germanischen Rechtsgeschichte"[b] ausgegangen, habe allerdings in stärkerem Maße als bei den übrigen Abschnitten des Grundrisses auf die methodischen Erkenntnisse meiner eigenen Lebensarbeit zurückgegriffen. So enthält auch dieser Abschnitt eine Huldigung für AMIRAS Genius und zugleich mein rechtswissenschaftliches Testament. Ob jemand das Erbe antritt, kann nur die Zukunft lehren.

4. Für die inhaltliche Begrenzung war AMIRAS Zielsetzung vorbildlich und maßgebend. Alles was er in sachlicher Beziehung[c] ausgeführt hat[d] kehrt in der Neubearbeitung wieder, sei es mit positivem, sei es mit negativem Vorzeichen. Im ersteren Falle steht es unkommentiert im Text; im letzteren wird es als AMIRAS Ansicht aufgeführt, von der sich der Bearbeiter aus jeweils dargelegten Gründen distanzieren zu müssen glaubt. Dabei leiteten folgende Richtlinien: AMIRAS klassische Formulierungen sind überall beibehalten, wo dies irgend vertretbar erschien. Die strenge Dikition wurde aufgelockert, sofern das zur Erleichterung des Verständnisses dienen konnte. Sachlich geändert wurde, wenn die neuere Forschung über AMIRA hinausgeführt hat.

---

b) Ihre grundsätzliche Bedeutung für die rechtsgeschichtliche Wissenschaft ist außer Streit. Mehr als vierzig Jahre später hat AMIRA bekannt (v. SCHWERIN, Nachruf, S. XXXIVf.): „Es war darin nichts gesagt, was ich heute nicht ebenso sagen möchte, nur hätte ich es nicht als Siebenundzwanzigjähriger sagen sollen". Der einschränkende Nachsatz zeigt Altersweisheit, unterstreicht aber gleichwohl AMIRAS erstaunliche geistige Frühreife und die beispiellose Konstanz seines wissenschaftlichen Lebenswerkes.

c) Nicht die Polemiken.

d) Nicht das lediglich aus der Literatur übernommene.

Falls in geschlossene Gedankengänge AMIRAS zusätzliche Erläuterungen, Ergänzungen, Einschränkungen eingeschaltet wurden, sind diese Zutaten in eckige Klammern gesetzt. Ansonsten sind die beiden Textschichten typographisch nicht unterschieden, da der dadurch für Spezialforscher zu erzielende Gewinn in keinem Verhältnis zu den Nachteilen für den Normalbenutzer stände, den solche Differenzierung nur verwirren würde. Zudem kann es den ersteren gewiß zugemutet werden, sich durch Beiziehung der dritten Auflage zu informieren, auf wen eine bestimmte Fassung zurückgeht, wenn ihnen bei ihr die Unterscheidung des ursprünglichen Gestalters und des nunmehrigen Bearbeiters wesentlich erscheint.

Teils aufgegeben teils gemildert wurde AMIRAS klassifikatorische Anordnung der Rechtsdenkmäler, da die mit ihr erstrebte juristische Etikettierung auch ohne ein Zerreißen der historischen Zusammenhänge erreichbar schien. Zur Erhöhung der Lesbarkeit sind die von AMIRA in den Text eingefügten Literatur- und sonstigen Verweise herausgenommen und dem Apparat zugeschlagen worden.

Letzterer wurde zweigeteilt: unter dem Text stehen lediglich die zum alsbaldigen Mitlesen bestimmten sachlichen Anmerkungen und die vom Leser zu beachtenden Querverweise (welche beide durch hochgestellte Buchstaben angesprochen werden); hinter den Paragraphen sind die nicht zur Lektüre, sondern zum Nachprüfen auffordernden Literaturzitate zusammengefaßt (auf welche durch hochgestellte Ziffern hingewiesen wird).

Die in der dritten Auflage stehenden Polemiken gegen wissenschaftliche Gegner sind teils überholt[7], teils in ihrer schonungslosen Härte nur als „Notwehrexzeß" gegen noch lebende Widersacher zu verstehen[8], ein halbes Jahrhundert nach Austragung der Kontroversen jedoch nicht mehr zu verantworten und daher ersatzlos gestrichen worden. Das schroffe Urteil freilich, welches AMIRA über ein zeitgenössisches Literaturverzeichnis zur nordgermanischen Rechtsgeschichte fällte, es sei „nicht nur äußerst lückenhaft und unzuverlässig, sondern auch tendenziös angelegt", würde hinsichtlich einer zumindest partiellen Lückenhaftigkeit auch diese Neubearbeitung seines eigenen Werkes treffen. Daß meine positiven Angaben zuverlässig sind, wage ich zu hoffen. Daß die Auswahl nicht tendenziös erfolgte, kann ich versichern. Auf das Ergänzen der Literatur — immerhin galt es, eine Spanne von nicht weniger als viereinhalb Jahrzehnten zu überbrücken — habe ich, ganz auf mich allein gestellt, unsägliche Mühe verwendet. Der quantitative Ertrag ist beträchtlich, ist doch das Anschwellen des Werkes zum guten Teil durch die Vermehrung der Literaturhinweise[e] verursacht worden. Zum qualitativen darf ich rechnen,

e) Aus der relativ häufigen Anführung eigener Vorarbeiten bitte ich nicht zu schließen, daß ich irgendwelche Fragen deswegen für wichtig halte, weil ich über sie geschrieben habe. Es liegt umgekehrt: weil sie mir wichtig schienen, habe ich darüber gearbeitet.

daß eine stattliche Anzahl außerdeutscher Editionen und Untersuchungen nachgewiesen sind, die in keiner „Deutschen Rechtsgeschichte" genannt werden, in keiner deutschen Zeitschrift besprochen sind. Dies möge man der Neubearbeitung zugutehalten, wo immer man auf Lücken in ihrem bibliographischen Apparate stößt. Daß die philologische Literatur nur sparsam herangezogen ist, wolle man nicht als mangelnde Fühlung mit dieser auslegen, sondern aus der Eingliederung des Werkes in den Grundriß der germanischen Philologie verstehen, der Hilfsmittel solcher Art in reicher Fülle an die Hand gibt.

Statt der in der dritten Auflage gebotenen zwei Register erscheinen hier deren sieben, da es nur mit Hilfe einer solchen stärkeren Untergliederung möglich schien, den gewaltigen Stoff für den Benutzer zu erschließen.

ECKHARDT

Weihnachten 1959

[1]) Dt. RG I ([2]1906) S. 28. | [2]) Einführung in d. Studium d. german. RG (1922) S. 172. | [3]) Nachruf auf Karl v. Amira, SB Leipzig LXXXII, 2 (1930) S. 4. [4]) Rechtsgeschichtliche Betrachtungen zum Nordseeraum, ZRG G LXXII (1955). S. 33. | [5]) KARL S. BADER, Aufgaben u. Methoden d. Rechtshistoriker, Recht u. Staat CLXII (1951) S. 3ff. | [6]) Vgl. KÜRSCHNERS Dt. Gelehrten-Kalender ([9]1959) [7]) Beispielsweise gegen LUDW. ROCKINGERS Vordatierung des Schwabenspiegels. [8]) Beispielsweise gegen K. HEGEL und wiederholt gegen K. LEHMANN.

INHALTSÜBERSICHT

I

GRUNDLAGEN

II

OSTGERMANISCHE RECHTSDENKMÄLER

III

WESTGERMANISCHE RECHTSDENKMÄLER

IV

NORDGERMANISCHE RECHTSDENKMÄLER

V
DEUTSCHE RECHTSDENKMÄLER

VI
METHODE

REGISTER

ABKÜRZUNGEN

Sprachen. Die dem Philologen vertrauten Abkürzungen können bei Historikern und Juristen nicht ohne weiteres als bekannt vorausgesetzt werden; daher sind hier nur verwendet: *ahd.* = althochdeutsch; *dt.* = deutsch; *mhd.* = mittelhochdeutsch; *mnd.* = mittelniederdeutsch; *nhd.* = neuhochdeutsch; *nddt.* = niederdeutsch; *obdt.* = oberdeutsch. Bei den übrigen Sprachbezeichnungen wurde lediglich die Endung weggelassen, z. B. *altengl.* = altenglisch; *ostnord.* = ostnordisch.

Fachausdrücke. *Abh.* = Abhandlung(en); *Anm.* = Anmerkung; *Anz.* = Anzeiger; *Hrsg.* = Herausgeber; *hrsg.* = herausgegeben; *MA* = Mittelalter; *Nachr.* = Nachrichten; *NF* = Neue Folge; *RG* = Rechtsgeschichte; *RQ* = Rechtsquellen; *RW* = Rechtswissenschaft; *S.* = Seite; *SB* = Sitzungsbericht(e); *UB* = Urkundenbuch; *WB* = Wörterbuch; *Z.* = Ziffer. Wenn auf *Abh.*, *Nachr.*, *SB* ein Ortsname folgt, so ist damit die phil. Klasse der betr. Akademie der Wissenschaften gemeint. Lateinische Ziffern bedeuten die Bände des Werkes, hochgestellte Ziffern die Auflage.

Reihentitel. *AÖG* = Archiv f. österr. Geschichte; *AUF* = Archiv f. Urkundenforschung; *CCS* = Corpus codicum suecicorum med. aevi; *Christ. Videnskss. Forhandlinger* = Forhandlinger i Videnskapsselskapet i Kristiania; *CJG* = Corpus juris germanici; *CJSG* = Corpus juris Sueo-Gotorum antiqui (Samling af Sweriges Gamla Lagar); *DA* = Deutsches Archiv; *DGL* = Danmarks gamle Landskabslove med Kirkelovene; *DGL ND* = Danmarks gamle Love paa Nutidsdansk; *DRW* = Deutsche Rechtswissenschaft; *FDG* = Forschungen z. dt. Geschichte; *GDV* = Geschichtsschreiber d. dt. Vorzeit; *Germ.* = Germania, Vierteljahrsschr. f. dt. Altertumskunde; *GGA* = Götting. gelehrte Anzeigen; *GR* = Germanenrechte; *GR NF* = Germanenrechte Neue Folge; *Hist. Tidsskr.* = Historisk Tidsskrift [Christiania/Oslo oder Kjøbenhavn oder Stockholm]; *Hist. Vjschr.* = Histor. Vierteljahrsschrift; *HZ* = Histor. Zeitschrift; *Kr. Vjschr.* = Kritische Vierteljahrsschrift; *MGH* = Monumenta Germaniae historica; *MIÖG* = Mitteilungen des Instituts f. österr. Geschichtsforschung (bzw. des österr. Instituts f. Geschichtsforschung); *MSD* = MÜLLENHOFF/SCHERER, Denkmäler dt. Poesie u. Prosa aus d. 8.—12. Jahrh.; *NA* = Neues Archiv d. Gesellschaft f. ältere dt. Geschichtskunde; *NGL* = Norges gamle Love; *NGL AR* = Norges gamle Love Anden Række; *PBB* = PAUL u. BRAUNES Beiträge z. Geschichte d. dt. Sprache u. Literatur; *RA* = Dt. Rechtsaltertümer von JACOB GRIMM; *SLL* = Svenska Landskapslagar; *Tidsskr. Retsvidensk.* = Tidsskrift for Retsvidenskab [Christiania/Oslo und Kjøbenhavn]; *Ups. Univ. Årsskr.* = Upsala Universitets Årsskrift; *Vidensk. Selsk. Skr.* = Skrifter udgivne of det Kgl. Danske Videnskabernes Selskab [Kjøbenhavn]; *VSWG* = Vierteljahrschrift f. Sozial- u. Wirtschaftsgeschichte; *Werken* = Werken der vereeniging tot uitgave van Oud-Vaderlandsche rechtsbronnen; *ZDA* = Zeitschrift f. dt. Altertum; *ZORh* = Zeitschrift f. Geschichte d. Oberrheins; *ZRG* = Zeitschrift f. Rechtsgeschichte; *ZRG G* = Zeitschrift der Savigny-Stiftung f. Rechtsgeschichte, Germanist. Abt.; *ZRG K* = dsgl. Kanonist. Abt.; *ZRG R* = dsgl. Romanist. Abt.

GESAMTGERMANISCHE UND SÜDGERMANISCHE QUELLENWERKE

[Die nordgermanischen sind hinter § 12 verzeichnet]

A. EINFÜHRUNGEN

O. STOBBE, Geschichte der dt. Rechtsquellen I (1860), II (1864); RUD. BUCHNER, Die Rechtsquellen [der fränk. Zeit] (1953); G. HOMEYER, Die dt. Rechtsbücher d. MA u. ihre Handschriften I: Verzeichnis der Rechtsbücher ([3]K. A. ECKHARDT 1934), II: Verzeichnis der Handschriften ([3]C. BORCHLING/JUL. V. GIERKE 1931). — HEINR. BRUNNER, Geschichte der engl. Rechtsquellen im Grundriß (1909).

B. EDITIONSREIHEN

Corpus iuris germanici publici ac privati, ed. GUST. GEORG KOENIG DE KOENIGSTHAL I (1760), II (1765) [Dt. MA]; Corpus iuris germanici antiqui, ed. FERD. WALTER I—III (1824) [Leges, Capitularia, Formulae].

Monumenta Germaniae historica [= MGH]: Folioausgaben *Leges* I: Capitularia regum Francorum (PERTZ 1835); II: Suppl., Constitutiones, Capitularia spuria, Canones, Bullae (PERTZ 1837); III: Leges Alamannorum (MERKEL 1851), Leges Baiuwariorum (MERKEL 1863), Leges Burgundionum (BLUHME 1863), Lex Frisionum (v. RICHTHOFEN 1863); IV: Leges Langobardorum (BLUHME/BORETIUS 1868); V: Leges Saxonum (v. RICHTHOFEN Vater u. Sohn 1875), Lex Thuringorum (v. RICHTHOFEN Sohn 1875), Edictum Theoderici (BLUHME 1875), Remedii capitula (HAENEL 1875), Lex Ribuaria u. Lex Francorum Chamavorum (SOHM 1883), Lex Romana Raetica Curiensis (ZEUMER 1889). — Quartausgaben Sectio 1 *Leges nationum germanicarum* I: Leges Visigothorum (ZEUMER 1902), II, 1 Leges Burgundionum (v. SALIS 1892); III, 1: Lex Salica (ECKHARDT 1960); III, 2: Lex Ribvaria (BEYERLE/BUCHNER 1954); V, 1: Leges Alamannorum (K. LEHMANN 1888); V, 2: Lex Baiwariorum (v. SCHWIND 1926). Sectio 2 *Capitularia regum Francorum* I (BORETIUS 1883); II (BORETIUS/KRAUSE 1890/97). Sectio 3 *Concilia* I: Concilia aevi Merovingici (MAASSEN 1893); II: Concilia aevi Karolini (WERMINGHOFF 1906/08), Suppl.: Libri Carolini (BASTGEN 1924). Sectio 4 *Constitutiones et acta publica* I (WEILAND 1893), II (WEILAND/SCHWALM 1896), III—VI, 1 (SCHWALM 1904/27), VIII (ZEUMER/R. SALOMON 1910/26). Sectio 5 *Formulae Merowingici et Karolini aevi* (ZEUMER 1882/86). — Oktavausgaben *Fontes iuris germanici antiqui in usum scholarum* Edictus ceteraeque Langobardorum leges (BLUHME 1869), Lex Ribuaria et lex Francorum Chamavorum (SOHM 1883), Leges Visigothorum antiquiores (ZEUMER 1894), Leges Saxonum u. Lex Thuringorum (v. SCHWERIN 1918); Hincmarus De ordine palatii (KRAUSE 1894), De iurisdictione imperii (KRAMMER 1909), Marsilii de Padua Defensor pacis I u. II (SCHOLZ 1932/33); Ordines imperii (ELZE 1960); Deutschenspiegel (ECKHARDT/HÜBNER 1930), Sachsenspiegel (ECKHARDT 1933). *Fontes iuris germanici antiqui Nova series* I: Sachsenspiegel (ECKHARDT 1933), III: Deutschenspiegel (ECKHARDT/HÜBNER [2]1933) [Fortsetzung s. u. unter *Germanenrechte, Land- u. Lehnrechtsbücher*].

Germanenrechte [= GR (Hrsg. K. A. ECKHARDT/K. RAUCH; seit 1939 K. A. ECKHARDT)]: *Texte u. Übersetzungen* I: Gesetze d. Merowingerreiches (ECKHARDT 1935, ²1955ff.); II: Gesetze d. Karolingerreiches (ECKHARDT 1934, ²1953ff.); III: Gesetze der Langobarden (BEYERLE 1947); IV: Norweg. Rechtsbuch d. Frostothings (MEISSNER 1939); V: Norweg. Gefolgschaftsrecht (MEISSNER 1938); VI: Norweg. Rechtsbuch d. Gulathings (MEISSNER 1935); VII: Schwed. Älteres Westgötalag, Uplandslag (v. SCHWERIN 1935); VIII: Dän. Rechte (v. SCHWERIN 1938); IX: Isländ. Graugans (HEUSLER 1937); X: Gesetze der Burgunden (BEYERLE 1936); XI: Gesetze der Westgoten (WOHLHAUPTER 1936); XII: Altspan.-got. Rechte (WOHLHAUPTER 1936); XIII: Gesetze der Angelsachsen (ECKHARDT 1958); XIV: Landrecht d. Sachsenspiegels (ECKHARDT 1955); XV: Lehnrecht d. Sachsenspiegels (ECKHARDT 1956); XVI: Dithmarscher Landrecht (ECKHARDT 1960). — *Neue Folge*: *Westgerman. Recht* I: Pactus legis Salicae I (ECKHARDT 1954/58); II: Pactus legis Salicae II (ECKHARDT 1955/56); III: Lex Salica (ECKHARDT 1953); IV: Leges Anglo-Saxonum (ECKHARDT 1958); V: Leges Alamannorum I (ECKHARDT 1958); VI: Leges Alamannorum II (ECKHARDT 1960); VII: Lex Ribvaria I (ECKHARDT 1959). *Nordgerman. Recht* I: Rechtsbücher d. Borgarthings u. Eidsivathings (MEISSNER 1942); II: Landrecht d. Magnus Hakonarson (MEISSNER 1941); III: Stadtrecht d. Magnus Hakonarson, Birkinselrecht, Seefahrerrecht (MEISSNER [ECKHARDT] 1950). *Land- u. Lehnrechtsbücher* [zugleich *Monumenta Germaniae historica, Fontes iuris germanici antiqui Nova series*] I, 1: Sachsenspiegel Landrecht (ECKHARDT ²1955); I, 2: Sachsenspiegel Lehnrecht (ECKHARDT ²1956); II: Auctor vetus de beneficiis (in Vorbereitung); III, 1: Deutschenspiegel 1. Teil (ECKHARDT/HÜBNER ³1960); III, 2: Deutschenspiegel 2. Teil (ECKHARDT ³1961); IV, 1: Schwabenspiegel Kurzform 1. Teil (ECKHARDT 1960); IV, 2: Schwabenspiegel Kurzform 2. Teil (ECKHARDT 1960). *Stadtrechtsbücher* I: Freisinger Rechtsbuch (CLAUSSEN 1941); II: Zwickauer Rechtsbuch (PLANITZ/ULLRICH 1941); III: Eisenacher Rechtsbuch (RONDI [ECKHARDT] 1950).

C. QUELLENSAMMLUNGEN

HANS PLANITZ, Quellenbuch d. dt., österr. u. schweiz. RG einschließl. d. dt. Privatrechts (1948); E. F. J. MÜLLER, Quellentexte zu Übungen über schweizer. RG (1956). — ALTMANN/BERNHEIM, Ausgewählte Urkunden zur Erläuterung d. Verfassungsgeschichte Deutschlands im MA (⁵1920); KARL ZEUMER, Quellensammlung zur Geschichte d. Dt. Reichsverfassung I u. II (²1913); ERNST BERNHEIM, Quellen zur Geschichte d. Investiturstreites I u. II (1907); MARIO KRAMMER, Quellen zur Geschichte d. dt. Königswahl u. d. Kurfürstenkollegs I u. II (1911/12). — SANDER/SPANGENBERG, Urkunden zur Geschichte d. Territorialverfassung I—IV (1922/26); ALTMANN, Urkunden zur brandenburg.-preuß. Verfassungs- u. Verwaltungsgeschichte I u. II (1897, ²I u. II, 1 1914/15); v. SCHWIND/DOPSCH, Ausgewählte Urkunden zur Verfassungsgeschichte der dt.-österr. Erblande (1895). — STUBBS, Select charters of English constitutional history (⁸1905). — F. KEUTGEN, Urkunden z. städt. Verfassungsgeschichte (1901); [R. KÖTZSCHKE] Quellen zur älteren Geschichte d. Städtewesens in Mitteldeutschland I u. II (1949). — KRAUT/FRENSDORFF, Grundriß zu Vorlesungen über d. Dt. Privatrecht (⁶1886); LOERSCH/SCHRÖDER/PERELS, Urkunden zur Geschichte d. dt. Privatrechts (³1912); A. S. BLÉCOURT, Bewijsstukken behoorende bij Het kort begrip van het oud-vaderlandsch burgerlijk recht I u. II (1924/26, ²1937); GERTRUD SCHUBART-FICKENTSCHER, Quellen zur dt. Privatrechtsgeschichte vor d. Rezeption (1950); CL. FRHR. V. SCHWERIN, Quellen zur Geschichte d. Eheschließung I (1925), II (1930). — ERIK WOLF, Quellenbuch zur Geschichte d. dt. RW (1949). — CARL MIRBT, Quellen zur Geschichte d. Papsttums u. d. röm. Katholizismus (⁴1924). — WOPFNER, Urkunden zur dt. Agrargeschichte I—III (1925/28); G. FRANZ, Dt. Bauerntum (GR NF) I: Mittelalter (1940), II: Neuzeit (1939); R. KÖTZSCHKE, Quellen zur Geschichte d. ostdt. Kolonisation (1912); HERB. HELBIG, Quellen zur älteren Wirtschaftsgeschichte Mitteldeutschlands I—V (1952/53).

D. SPRACHLICHE HILFSMITTEL

WALDE/POKORNY, Vergleichendes WB der indogerm. Sprachen I (1930), II (1927), III (1932); KARL BRUGMANN, Kurze vergleichende Grammatik der indogerman. Sprachen (1901, Neudrucke: 1922, 1933); HERMANN HIRT, Handbuch d. Urgermanischen I (1931), II (1932), III (1934). — FERD. HOLTHAUSEN, Altfries. WB (1925), Altengl. etymolog. WB (1934), Got. etymolog. WB (1934), Altsächs. WB (1954). — JACOB u. WILHELM GRIMM, Deutsches WB (1854ff.) [noch Lücken bei den Buchstaben G, S, U, V, Z]; KLUGE/GOETZE, Etymolog. WB d. dt. Sprache (¹⁴1948). — E. G. GRAFF, Ahd. Sprachschatz oder WB d. ahd. Sprache I—VI (1834—1842), Index (H. F. MASSMANN 1844, 1846); ELIS. KARG-GASTERSTÄDT/TH. FRINGS, Ahd. WB (bisher 10 Lieferungen); BENECKE/MÜLLER/ZARNCKE, Mhd. WB I—III (1854-1866); M. LEXER, Mhd. HandWB I—III (1872—1878), Mhd. TaschenWB (²⁸1956); SCHILLER/LÜBBEN, Mnd. WB I—VI (1875—1881); LÜBBEN/WALTHER, Mnd. TaschenWB (1888); AGATHE LASCH/CONR. BORCHLING, Mnd. HandWB (1928ff., noch unvollendet); ALFR. GÖTZE, FrühNhd. Glossar (⁵1956) [Die Wörterbücher einzelner dt. Stämme sind u.a. bei DAHLMANN/WAITZ, Quellenkunde d. dt. Geschichte, und G. FRANZ, Bücherkunde z. dt. Geschichte, verzeichnet]. — Die neben der nationalen in Betracht kommende latein. Terminologie d. MA ist in den Glossaren von DU CANGE/HENSCHEL I—VII (1840—1850), DU CANGE/FAVRE I—X (1883—1887), L. DIEFENBACH (1857 u. 1867) bearbeitet; im Erscheinen (seit 1959): Mittellat. WB bis z. ausgehenden 13. Jahrh., hrsg. von den Akad. München u. Berlin; ferner (seit 1954) JAN FREDERIK NIERMEYER, Mediae Latinitatis Lexicon minus; für den Anfänger nützlich auch E. HABEL, Mittellat. Glossar (1931). Klass. Latein am bequemsten bei GEORGES, Ausführl. latein.-dt. Hand WB I u. II (1913—1918); Kirchl. Latein bei SLEUMER, Kirchenlatein. WB (1926); Jurist. Latein bei HEUMANN/SECKEL, Handlexikon z. den Quellen d. röm. Rechtes (⁹1907).

Seit 1912 ist unter dem Titel „Dt. Rechtswörterbuch" ein WB d. älteren dt. Rechtssprache [hrsg. von d. Berliner Ak.] im Erscheinen; derzeit bis Bd. V, 9 „Aachenfahrt" bis „Holzanfuhr" reichend. Für die noch ausstehenden Teile ist (außer den allgem. Wörterbüchern) nach wie vor CH. G. HALTAUS, Glossarium Germanicum medii aevi (1758) heranzuziehen.

Unter den sprachlichen Hilfsmitteln zur Terminologie einzelner Rechte u. Rechtsgruppen sind ersten Ranges KARL FRHR. V. RICHTHOFENS Altfries. WB (1840) [dazu Berichtigungen u. Ergänzungen von BREMER in PBB XVII (1893) S. 303—346, u. W. L. VAN HELTEN in Verhandelingen d. K. Ak. v. W., Letterkunde I Nr. 5, IX (Amsterdam 1896, 1907)], sowie FEL. LIEBERMANNS WB (1906) u. Rechts- u. Sachglossar (1912) zu den Gesetzen der Angelsachsen II, 1 bzw. II, 2. —

Von beschränkterer Zielsetzung sind STALLAERT, Glossarium van veroudere rechtstermen (seit 1886); VAN HELTEN, Zu den malberg. Glossen u. den salfränk. Formeln u. Lehnwörtern in d. Lex Sal. (1900). — Dazu treten die Glossare in den Ausgaben der angelsächs. Gesetze von REINHOLD SCHMID (^{2}1858); zur HESSELschen Lex Salica-Ausgabe von H. KERN (1880); zur Lex. Alam. von K. LEHMANN (1888); zur Lex Baiuv. von E. v. SCHWIND (1926); zu FRANZ BEYERLES Ausgabe der Gesetze der Langobarden (1947) u. BEYERLE/BUCHNERS Ausgabe der Lex Ribvaria (1954), beide von INGEBORG SCHRÖBLER; zum Pactus legis Sal. (1955/56) u. zur Lex Sal. (1953) von ECKHARDT. Entsprechend bei den Ausgaben mittelalterl. Rechtsquellen: der sächs. Rechtsbücher von C. G. HOMEYER (1842—1861), des Sachsenspiegels von WEISKE/HILDEBRAND (^{11}1929) u. ECKHARDT (^{2}1955/56), des Deutschenspiegels von ECKHARDT/ALFR. HÜBNER (^{2}1933), des Schwabenspiegels von GENGLER (^{2}1875); des Münchener Stadtrechts von AUER (1840) u. PIUS DIRR (1934/36), des Ofener Stadtrechts von MICHNAY/LICHNER (1845), der Brünner Stadtrechte von RÖSSLER (1852), der altbayer. Freibriefe von LUDW. ROCKINGER (1853), der Magdeburger Fragen von J. FR. BEHREND (1865), der Salzburger Taidinge von TOMASCHEK (1870), des Augsburger Stadtbuchs von CHRISTIAN MEYER (1872), des Wiener Stadtrechtsbuchs von SCHUSTER (1873), der Leidener Keurboeken von HAMAKER (1873), des Steiermärk. Landrechts von BISCHOF (1875), der steier. u. kärnt. Taidinge von SCHÖNBACH (1881), der Utrechter Quellen von MÜLLER (1885), des sächs. Bergrechts u. des Freiberger Stadtrechts von ERMISCH (1887 u. 1889), des ältesten Stadtbuchs Lüneburgs von WILH. REINECKE (1903), der Göttinger Statuten von FRHR. V. D. ROPP (1907), verschiedener Kieler Rechtsquellen von FRANZ GUNDLACH (1908—1925), der mittelalterl. Rechtsquellen d. Stadt Bremen [ed. ECKHARDT] von ALFR. HÜBNER (1931), der Amtleutebücher der Köln. Sondergemeinden von THEA BUYKEN/HERM. CONRAD (1936), der Kölner Schreinsbücher d. 13. u. 14. Jahrh. von HANS PLANITZ/THEA BUYKEN (1937), des Stader Stadtrecht vom Jahre 1279 (1950) u. des mnd. Stadtrechts von Lübeck (1951), beide von GUSTAV KORLÉN. — Nur summarisch erwähnt werden können die Register zu den Weistümer-Reihen [z. B. zu den GRIMMschen Weistümern VII von RICH. SCHRÖDER (1878)] und zu landesrechtlichen Quellen [z. B. der Sammlung schweizer. Rechtsquellen (seit 1898)].

Die grammatikalischen Arbeiten zur Sprache einzelner Quellen sind bei deren Behandlung verzeichnet. Generell verwiesen sei nur auf W. BRUCKNER, Die Sprache der Langobarden (1895) S. 199ff.; W. F. MAITLAND [zur anglonormann. Rechtssprache] in The Cambridge History of Literature I (1907) S. 407ff.; GEORG BAESECKE, Die dt. Worte der german. Gesetze, PBB LIX (1935) S. 1—101, sowie Vor- u. Frühgeschichte d. dt. Schrifttums I (1940) S. 336ff., II (1950/53) S. 52ff., 101ff.

Erster Abschnitt

GRUNDLAGEN

§ 1

Recht

1. Das germanische Recht[1] erscheint von seinem ersten geschichtlichen Auftreten an in Gestalt der Rechte einzelner germanischer Stämme, Völker, Länder, Orte. Diese Rechte haben schon zu der Zeit, da sie zum erstenmal unserer Kenntnis zugänglich werden, einen Jahrtausende alten Entwicklungsgang hinter sich, der bei einem jeden eigenartig durch die besonderen Lebensbedingungen und Schicksale der Rechtsgenossen bestimmt gewesen war. Von hier aus erklärt sich, daß vom Beginn der historischen Zeit an die germanischen Rechte in wesentlichen Beziehungen voneinander abweichen, ja scharfe Gegensätze aufweisen, und daß in keinem der Repräsentant eines germanischen Urrechts erblickt werden darf. Anderseits setzt sich in der historischen Zeit, entsprechend der Veränderung der Kultur überhaupt, die Veränderung der Sonderrechte fort, so daß sich diese bald voneinander noch weiter entfernen, bald aber auch einander nahern. Letzteres geschieht zum Teil dadurch, daß ein Recht auf ein anderes einwirkt. Doch greift dieser Einfluß nie so tief, daß auch nur der Hauptsache nach das beeinflußte Recht vom einfließenden verdrängt worden wäre. Aus allen diesen Tatsachen ergeben sich zwei methodologische Sätze:

a) Die Erkenntnis des germanischen Rechts in der historischen Zeit ist nur aus der Geschichte aller germanischen Sonderrechte zu gewinnen.

b) Die vor aller Geschichte liegenden Ausgangspunkte der Sonderentwicklung, das germanische „Urrecht", von dessen Verständnis das der Sonderentwicklung selbst großenteils abhängt, können wir nur auf dem Weg vergleichender Durchforschung aller Sonderrechte rekonstruieren.

2. Die Rechte, deren Geschichte sich quellenmäßig darstellen läßt, sind von den südgermanischen die sämtlichen westgermanisch-deutschen, welche die Völkerwanderung überdauert haben, und die ostgermanischen der Goten und der Burgunden; von den nordgermanischen die der drei skandinavischen Hauptstämme.

Chronologisch genommen liegen die ersten Nachrichten über diese Rechte vor in den Werken von Geschichtsschreibern[2] und in den Schilderungen, welche Geographen, Briefsteller, Rhetoren und Dichter vom öffentlichen und Privatleben ihres Zeitalters entwerfen. Das Bild aber, welches aus solchen Quellen gewonnen wird, bleibt ihrer beträchtlichen Zahl ungeachtet Jahrhunderte hindurch äußerst lückenhaft und unsicher. Denn es sind, von denen des Tacitus[3] abgesehen, nur gelegentliche Aufschlüsse, die uns zuteil werden, und es ist insgemein eine unnationale Literatur[4], welche uns diese Aufschlüsse zukommen läßt. Seltene Streiflichter fallen auf die Rechtszustände dieser frühesten historischen Zeit von der Spatenforschung oder von den Inschriften aus[a]. Bestimmtheit aber erlangen unsere Vorstellungen von den germanischen Rechten erst von jenen Zeiten an, aus welchen dieselben Denkmäler hinterlassen haben. Doch sind die Rechtsdenkmäler niemals so vollständig, daß sie den Forscher der Aufgabe entheben, die übrigen geschichtlichen Erkenntnisquellen auszubeuten. Unter den letzteren behaupten nunmehr die Werke der nationalen und der kirchlichen Literatur[5] den ersten Rang.

3. Sieht man auf die chronologische Verteilung des Quellenmaterials unter die einzelnen Rechte, so fällt der älteste Vorrat denjenigen zu, die zuerst mit der antiken Kultur in Berührung gekommen sind, also den südgermanischen, d. h. denen der Ost- und Westgermanen. Im ganzen um mehr als ein Jahrtausend später erst beginnen die schriftlichen Überlieferungen des Nordens. Es wäre aber ein gefährlicher Irrtum, wenn aus diesem Umstand geschlossen werden sollte, die skandinavische Rechtsgeschichte hebe auf einer auch nur dem Durchschnitt nach jüngern Entwicklungsstufe an als die südgermanische. Erwägt man die geschichtlichen Bedingungen, unter denen die Rechte sich zu entwickeln hatten, so wird man eher erwarten — und der Quellenbefund bestätigt es —, daß Veränderungen in den südgermanischen Rechten früher als in den nordischen, und insbesondere, daß bei jenen eine wenigstens teilweise Entnationalisierung zu einer Zeit eingetreten sein werde, als die nordischen Rechte noch auf viele Jahrhunderte ganz und gar sich selbst überlassen blieben.

[6]So steht der Altersvorrang der südgermanischen Quellen auf dem Papier. Der germanische Kulturraum bildet zwar noch tief in die ge-

a) Vgl. § 30 Z. 2.

schichtliche Gegenwart hinein ein geschlossenes Ganzes. Aber diese Einheit des Gebiets bedeutet nicht Einheit in der Zeit. Es dauert vielmehr Jahrhunderte, bis sich Kultureinflüsse von Süden nach Norden fortgepflanzt haben. Typisch etwa die Christianisierung: gegen 325 sind die Krimgoten zum Christentum übergetreten, gegen 500 die Franken, gegen 800 die Sachsen, erst im Jahre 1000 aber hat das isländische Allthing den neuen Glauben angenommen. Fast 700 Jahre brauchte also dieser Prozeß, um den ganzen germanischen Raum zu durchlaufen. Wir lernen daraus, daß die germanische Zeitrechnung relativ zum Raume ist und daß in nordgermanischen Quellen eine Auffassung bewahrt sein kann, die bei den Südgermanen schon viele Jahrhunderte früher der Vergessenheit anheimgefallen war.[6] Überdies verschwindet der chronologische Vorzug der südgermanischen Quellen, sobald es auf Form (insbesondere Sprache) und Vollständigkeit der Überlieferung und auf die Herkunft ihres Stoffes ankommt.

4. Was im weiteren Verlauf dieses Grundrisses über germanisches Recht gesagt wird, will, dem Plane des Werkes gemäß, in das er sich einordnen muß, keine Rechtsgeschichte und ebensowenig ein vergleichendes System darstellen. Die Absicht geht lediglich darauf, die wichtigsten Phänomene zu skizzieren, die für das germanische Recht charakteristisch sind. Muß dabei der Nachdruck aufs Typische fallen, das massenhaft Individuelle zurückgedrängt werden, so wird das entworfene Bild nur auf die Bedeutung eines Schemas Anspruch machen können. Die äußerste Zeitgrenze, bis zu welcher herabgegangen werden soll, ist durch den Schluß des Mittelalters gegeben.

Die Darstellung stützt sich nicht auf die zitierte Literatur, sondern ist unmittelbar aus den Quellen gearbeitet. Den Literaturangaben war durch die Gesamtanlage des Grundrisses der germanischen Philologie ihre Grenze gezogen. Bei dem Nachweis von Quellenpublikationen wurde auf diejenigen Editionen besonders hingewiesen, nach denen beim Beginn von Quellenstudien zuerst zu greifen ist.

Die Beigabe von Kartenskizzen — in anderen Bänden des Grundrisses längst üblich — bedeutet für ein rechtshistorisches Werk dieser Art ein Novum und, wie zu hoffen steht, einen Fortschritt. Nur so läßt sich eine Anschauung von den Schwerpunkten der Entwicklung, dem Geltungsbereich der Rechtsquellen, der verfassungsrechtlichen Gliederung gewinnen. Daß der erste Versuch, die Lücke zu schließen, mit den Mängeln eines solchen behaftet ist, versteht sich von selbst. Durch die Anführung der jeweiligen Vorlagen, die nur als Anhalt dienten, keineswegs aber einfach übernommen wurden, soll deren Urhebern keine Verantwortung angelastet werden.

5. Unter Rechtsdenkmälern verstehen wir diejenigen Quellen rechtsgeschichtlicher Erkenntnis, die zugleich Objekte der letzteren sind. Indem sie dem rechtlichen Denken ihrer Zeit zum Ausdruck dienen, verschaffen sie uns eine Vorstellung von ihm. Zum Verständnis ihrer Art und ihres Wertes sei über das Wesen des alten Rechts folgendes vorausgeschickt.

6. Das deutsche Verbaladjektiv „recht" (ahd. mhd. altsächs. *reht*, altengl. *riht*, *reoht*, neuengl. *right*, fries. *riucht*, got. *raíhts*, westnord. *réttr*, vgl. lat. *rectus*) zum Verbum „richten" = geradem achen, ausrichten (vgl. lat. *regere*) bedeutet gerade, richtig, recht und damit die Haltung eines Mannes, der gerade, nicht krumme Wege geht, der recht, nicht schlecht handelt. Substantiviert bezeichnet es das Gerade, Richtige, Rechte (vgl. lat. *rectum*, daher mittellat. *directum*, *drictum*, ital. *diritto*, span. *derecho*, französ. *droit*): das Recht als Zustand, als Prinzip (vgl. ahd. *girihti*, got. *garaíhtei;* dazu „Gerechtigkeit"); auch die Geraderichtung der Lebensverhältnisse (vgl. mhd. *richte*, westnord. *rétti*)[7]: das Recht in Funktion; schließlich das geordnete Lebensverhältnis selbst: die Berechtigung, Befugnis, das Recht im subjektiven Sinne[b], von dem erst die Rezeptionszeit den daraus entspringenden konkreten „Anspruch" (aus dem prozessualen *ansprechen* als Parallele zum lat. *actio* gebildet)[8] unterschieden hat.

Die Zahl anschaulicher Synonyme für das objektive Recht ist überreich: die „Lagen" (mnd. *lach*, altsächs. *gilagu* [neutr. pl.], altengl. [altniederl. ?] *lagu*, neuengl. *law*, fries. *loch*, *laow*, westnord. *lǫg* [neutr. pl.], ostnord. *lagh* [neutr. pl.], neuschwed. *lag* [vielleicht auch die *be-lagines* des Jordanis]; das „Passende" (altdt. **bilida*, bewahrt in mhd. *un-bilde*, *wîch-bilde*[9]; vgl. altschwed. *bil-tugher*); das „Ziemende" (ahd. *gizunft* [femin.]; begriffsverwandt altengl. *gerysne* zu ahd. altsächs. *girîsan* = geziemen); das „zu Beobachtende" (ahd. *wizzôd*, mhd. *wizzôt*, altniederl. *witut*, got. *vitôþ*, vgl. lat. *videre*); die „Regel" (altdt. *redja* [femin.]; vgl. *reda* = Rechnung, etymol. und im mittellat. Sprachgebrauch = *ratio*)[10].

Umstritten ist die ursprüngliche Bedeutung des alten westgermanischen Wortes ahd. *êwa*, mhd. *êwe*, *ê*, altsächs. *êo* [maskul.], altengl. *ǣw*, *ǣ*, fries. *êwa*, *â*, *ê* = Herkommen, Gewohnheit, Gesetz und des davon abgeleiteten mhd. *êwe*, *ê*, mnd. *echt*, altengl. *ǣwe*, fries. *aft* = Ehe. Man hat es teils mit lat. *aequum* (Billigkeit)[11], teils mit lat. *aevum* (Ewigkeit)[12] in Verbindung bringen wollen; doch ist wohl eher an Inbeziehungsetzung mit lat. *ire* (vgl. *fest-iv-us*), altindisch *ēva* (Lauf, Gang, Gewohnheit, Sitte) zu denken[13].

b) Vgl. § 28 Z. 5.

Da das Recht den Frieden gewährleisten will, wird auch „Friede" zu einem Namen des Rechts (altengl. *frið* = Friede, Friedenszustand, Rechtsordnung; fries. *fretho* = Friede, Friedensbereich, Gerichtssprengel). Da die Rechtsbande unter Blutsverwandten besonders enge sind, teilt es auch mit der „Sippe" den Namen (got. *sibja* = Sippe, *un-sibjis* = ungesetzlich)[14].

7. Noch in der ältern historischen Zeit erscheint das Recht fast nur in der Anwendung, als „Sitte" (ahd. altsächs. *thau*, altengl. *þéaw*, neuengl. *thew*, fries. *thâw*). Nur eine unter mehreren Erscheinungsformen dieses angewandten Rechts ist der „Gerichtsgebrauch" (langob. *warfida, cawarfida*). „Gemachtes" Recht (altsächs. altengl. fries. *dôm*, ahd. *tuom*, westnord. *domr*)[15] oder „gesetztes" (ahd. mhd. *sazzunge*, mnd. *sate, settinge*, altengl. *ásetness*, westnord. *setning*; vgl. auch ahd. *gisezzida*, altsächs. *gisetitha*), „verordnetes" (altengl. *rǽden, gerǽdness*, got. *garaideins*), „geschiedenes" (westnord. *skil* [neutr. pl.], neuschwed. *skiljedom* = Schiedsspruch; vgl. neuengl. *skill*), „gewillkürtes" (altsächs. *cust*, altengl. *cyst*, fries. *kest*, mittelniederl. *koor, koer*, mhd. *kür, willekür*)[16], „vereinbartes" (mhd. *einunge*; auch *phaht* aus mittellat. *pactus*) in erheblicher Menge wurde erst durch wirtschaftliche, politische, religiöse Umwälzungen veranlaßt. Auch später noch blieb das Recht wenigstens zum größern Teil Gewohnheitsrecht, Landlauf, Brauch, Sitte.

8. In der Frühzeit war alles, im Mittelalter war das meiste Recht Volksrecht (altengl. *folcriht* bzw. *léodriht*, westnord. *lýréttr, lýritr*, altschwed. *lýþrǽtter*). Vom gemeinen Mann ging es aus, in seinem Bewußtsein und mehr noch in seinem Gefühl lebte es. Diese Vorstellung blieb auch in Zeiten lebendig, in denen die Initiative längst auf das Königtum übergegangen war, das Volk in nahezu allen Beziehungen von den Optimaten repräsentiert wurde.

Daß das Recht nicht Menschenwerk, sondern von göttlicher Herkunft sei, ist eine Vorstellung, die der germanischen Welt erst durch die christliche Theologie zugebracht wurde, und — den *Mars Thingsus* samt den rätselhaften *Alaisiagae*, den *sacerdos civitatis*, die sakrale Hegung und den sakralen Strafvollzug in Ehren! — nichts kann doch verkehrter sein, als jene Vorstellung in die vorchristliche Zeit zurückzudatieren, wie es versucht worden ist; nichts verkehrter denn auch als die Hypothese einer spezifisch priesterlichen Überlieferung des altgermanischen Rechts[17]. In der Jugendzeit des germanischen Rechts gab es niemand, der aus seiner Anwendung einen Beruf machte; es fehlte das Bedürfnis dazu.

9. Aus diesen Umständen nun erklärt sich vorab der andere, daß schriftliche Denkmäler des germanischen Rechts erst seinen jüngeren Geschichts-Perioden entstammen. Alle gehören erst der christlichen Zeit an und sind — mit alleiniger Ausnahme des Pactus legis Salicae — von dieser mitgeprägt. Das weströmische Reich und die römische Kirche leihen ihre Schrift. Denn sieht man von solchen spätmittelalterlichen Schreiber- oder Bestellerlaunen wie dem Kopenhagener Codex runicus des Schonenrechtes ab, so sind die Unterschriften in ein paar ostrogotischen Verkaufsbriefen, die Inschriften auf dem Ring der Kirche zu Forsa (Schweden), auf der Schatzkiste des Hákon Jarl (Norwegen), auf der Bleiplatte von Odense (Dänemark)[18] und die Bekundungen des Erbgangs auf upländischen Runensteinen[19] die einzigen nicht in lateinischem Alphabet geschriebenen Rechtsdenkmäler. Und wie mit der Schrift, so verhielt es sich in Süd- und Mitteleuropa Jahrhunderte hindurch mit der Sprache[c].

Es erklärt sich ferner aus dem oben Gesagten, daß kein schriftliches Denkmal germanischen Rechts darauf ausgeht, seinen Stoff zu erschöpfen. Auch den einläßlichsten Schriftwerken sieht man an, daß sie noch weit mehr, als sie selber bieten, und oft sogar die Hauptsache als bekannt voraussetzen.

c) Vgl. § 31 Z. 2.

1) v. AMIRA, Über Zweck u. Mittel d. german. RG (1876) S. 18ff.; HEINR. BRUNNER, Dt. RG I (²1906) §§ 1—5. Vgl. auch KONR. MAURER, Udsigt over de nordgerm. Retskilders Historie (1878) S. 1—12; MARCO SCOVAZZI, Le origini del diritto germanico: Fonti preistoria, diritto pubblico (Mailand 1957). | 2) Zur Glaubwürdigkeit der beiden vielbehandelten Exkurse im „Gallischen Krieg" über die Sweben (IV 1—3) und über die Germanen im allgemeinen (VI 21—28) vgl. GEROLD WALSER, Caesar u. die Germanen, Studien z. polit. Tendenz röm. Feldzugsberichte (1956) [dazu HEINR. DANNENBAUER, ZRG G LXXIV (1957) S. 275f.]. | 3) Germania (Agricola, Historiae, Annales) [GDV II]. Zu der durch EDUARD NORDEN [Die german. Urgeschichte in Tacitus Germania (³1923)] erschütterten Verläßlichkeit der taciteischen Darstellung vgl. die wohlabgewogenen Bemerkungen von ERNST SCHWARZ [German. Stammeskunde (1956) S. 10f.] und neuestens KARL WÜHRER, Die schwed. Landschaftsrechte und Tacitus' Germania ZRG G LXXVI (1959) S. 1—52.. | 4) Plutarch, Vellejus, Sueton, Dio Cassius, Plinius [GDV I]; Ammianus Marcellinus [GDV III]. | 5) Eugippius [GDV IV]; Jordanis [GDV V]; Prokop [GDV VI u. VII]; Gregor von Tours [GDV VIII u. IX; Ausgewählte Quellen z. dt. Geschichte d. MA II u. III]; Isidor, Beda [GDV X]; Fredegar [GDV XI]; Heiligen-Viten [GDV XI—XIV]; Paulus Diakonus [GDV XV]; usw. [GDV XVIff.]; ferner Venantius Fortunatus, Victor Vitensis, Cassiodor und andere mehr. | 6—6) In Anlehnung an ECKHARDT, Das Bild d. Krieges in german. Überlieferung (in ECKHARDT/CONRAD, Der Krieg im german. u. dt. Rechtsdenken, 1941) S. 71f. | 7) Vgl. FRIEDR. KLUGE, Nomin. Stammbildungslehre d. altgerman. Dialekte (³SÜTTERLIN/OCHS 1926) § 133. | 8) Vgl. PUNTSCHART, Schuldvertrag u. Treugelöbnis (1896) S. 215ff.; ECKHARDT, DRWI (1936) S. 13. | 9) Vgl. JACOB GRIMM, Mythologie, I (⁴1875) S. 392, insbes. Anm. 1; RICH. SCHRÖDER, Weichbild (Probeartikel in Ein WB d. älteren dt. Rechtssprache, 1902) S. 87—123. | 10) Vgl.

FERD. FRENSDORFF, Recht u. Rede, Histor. Aufsätze d. Andenken an Georg Waitz gewidm. (1886) S. 433ff.; LEIST, Graeco-ital. RG (1884) § 32. | [11]) So auch v. AMIRA. [12]) So auch WILH. EBEL, SachWB z. dt. Geschichte (1958) S. 956. | [13]) WEISWEILER, Streitberg-Festschr. (1924) S. 419ff.; WALDE/POKORNY, Vergleich. WB der indogerman. Sprachen I (1930) S. 6f. u. 104. | [14]) Wozu noch die Gleichsetzung *pax = sibba* anzumerken wäre. Vgl. R. v. KIENLE, German. Gemeinschaftsformen (1939) S. 30; HEINR. MITTEIS, Festschr. Zycha (1941) S. 59. | [15]) Vgl. KARL FREDRIK FREUDENTHAL, Arnulf.-karol. Rechtswörter (1949) S. 54ff. | [16]) Vgl. die interessante Sonderuntersuchung von WILH. EBEL, Die Willkür (1953) S. 7ff., 12ff., 75ff. | [17]) Gegen die RICHTHOFENsche Begründung dieser Hypothese siehe v. AMIRA, GGA 1883, S. 1066—1068; PH. HECK (u. THEOD. SIEBS), Altfries. Gerichtsverfassung (1894) S. 47—55, 61f. Vgl. aber jetzt wieder HERM. KRAUSE, Dauer u. Vergänglichkeit im mittelalterl. Recht, ZRG G LXXV (1958) S. 206—251, speziell S. 207f. | [18]) Vgl. HELM. ARNTZ, Handbuch d. Runenkunde (1935) S. 215ff. ([2]1944) S. 252ff. | [19]) E. WESSÉN, Schwedens Runeninschriften VI, 1 (1940) Nrr. 29, 60, 73, 130. Vgl. HELM. ARNTZ, Upplands Runensteine, Germania XXV (1941) S. 126—134, insbes. S. 131f.

§ 2
Rechtsquellen

1. Die Rechtsdenkmäler lassen sich in die drei Gruppen der gegenständlichen, mündlichen und schriftlichen Denkmäler ordnen, wobei es nicht auf den Zufall der Überlieferung, sondern auf die ursprünglich gewollte, sinngemäße Form ankommt. Von den gegenständlichen Rechtsdenkmälern handelt die Rechtsarchäologie, die mündlichen fassen wir unter dem Oberbegriff Rechtssprache zusammen, die schriftlichen bilden die Rechtsquellen im eigentlichen Sinne des Wortes.

2. Die gegenständlichen Rechtsdenkmäler spielen zwar neben den mündlichen und schriftlichen nur eine Nebenrolle, immerhin aber, bei der Neigung des germanischen Rechts zur Sinnenfälligkeit, eine Rolle, die dieses in besonderem Maße charakterisiert. Zu ihnen gehören vorab die Gebrauchsgegenstände, deren man sich im Rechtsleben bediente, wie z. B. Siegel, Wappen, Münzen, Medaillen[1], Abzeichen[a][2], Symbole, Straf- und Folterwerkzeuge, Thing- und Richtstätten, öffentliche Gebäude[b]. Bilden die drei erstgenannten Kategorien schon die Objekte für die historischen Hilfswissenschaften der Sphragistik, Heraldik und Numismatik[3], so würde sich mit den anderen und jenen zu ihnen überleitenden Erzeugnissen der Kunst- und Handfertigkeit, welche die sichtbare Erscheinung von Rechtsdingen und Rechtshandlungen darstellen, die Rechtsarchäologie bevorzugt zu befassen haben. Ehedem mit unzulänglicher Methode als „jurisprudentia picturata" oder „illustrata" gepflegt[4], hat sie in der neueren Zeit lange ungebührliche Zurück-

a) Unter ihnen sind vor allem die Haus-, Hof- und Handelsmarken zu nennen.
b) Pfalzen, Königshöfe, Rathäuser, Gildehäuser, Trinkstuben und dergleichen.

setzung erfahren, obgleich es ihr weder an massenhaftem Stoff noch an kritischen und kommentatorischen Aufgaben fehlt.

Das erste Ziel, fortgesetzte Publikation[5] und kritisch beschreibende Katalogisierung[6] der Monumente, ist nach beiden Richtungen durch Amira selbst[7] weit gefördert worden; andere sind ihm gefolgt[8]. Aufgabe, Gegenstände, Quellen und Methode rechtsarchäologischer Arbeit hat, Amiras Werk fortsetzend, v. Schwerin[9] zusammenfassend dargestellt. Zur Rechtsarchäologie[c] wird dabei alles gerechnet[10], „was innerhalb des Rechtslebens mit den Augen sinnlich wahrnehmbar ist", außer den Gebrauchsgegenständen als solchen also die mit ihnen in Zusammenhang stehenden *Gebrauchshandlungen*, durch die erst die Funktion der Gegenstände im Rechtsleben deutlich wird; darüber hinaus reine Formhandlungen, d. h. „gegenstandsfreies rechtsrituelles Handeln" (z. B. Handschlag, Kniesetzung, Haarschur, Entkleiden, Verhüllen) [nicht unbedenklich, da sie ihrerseits wieder mit dem gesprochenen Wort in unlöslicher Wechselwirkung stehen[11]].

Von der Rechtsarchäologie ausgegangen, thematisch zu ihr gehörig, aber den Schranken der Fachdisziplin in jeder Weise, vor allem auch methodisch entwachsen ist das große Werk Percy Ernst Schramms und seiner Mitarbeiter: *Herrschaftszeichen und Staatssymbolik*[12], dessen rechtshistorische Auswirkung noch nicht abgesehen werden kann[13].

Der Problemkreis *Kunst und Recht* gehört nicht zur Rechtsarchäologie. Auch soweit sie mit dem gleichen Material arbeiten, ist doch ihr Blickwinkel ein ganz verschiedener: Für die Rechtsarchäologie „handelt es sich nicht um die künstlerische Darstellung und nicht um den künstlerischen Wert, sondern um den mit den technischen Mitteln der künstlerischen Darstellung wiedergegebenen Gegenstand oder Vorgang"[14]. Zudem besteht die Überschneidung nur hinsichtlich der darstellenden Kunst, nicht hinsichtlich der Dichtung. Mit ihr haben sich schon Rich. Schröder[15] und in methodisch vorbildlicher Weise Otto

c) Nicht selten sind Gebrauchsgegenstände des Rechtslebens als Objekte der *Volkskunde* angesehen und besprochen worden. „Ein solches Verfahren ist nicht ohne Bedenken: Auf der einen Seite werden damit Gegenstände ergriffen, die mit der Zielsetzung einer richtig verstandenen *Volkskunde* nicht erfaßbar sind; denn manche von ihnen, wie typisch die von der Obrigkeit errichteten Galgen, haben mit dem Volk gerade nichts zu tun .. Auf der anderen Seite wird aus der rechtsgeschichtlichen Forschung, ja sogar aus dem engsten Bereich der Rechtsarchäologie ein Teil herausgerissen und so ein Kreis von Forschungsobjekten zusammengestellt, der weder unter volkskundlichem noch unter rechtsgeschichtlichem Gesichtspunkt eine geschlossene Einheit bildet." [v. Schwerin, Einführung in d. Rechtsarchäologie (1943) S. 4f.]

v. ZALLINGER[16] beschäftigt. Den Gesamtraum durchmessen und künstlerisch erschlossen hat sodann HANS FEHR[17].

3. Die mündlichen Rechtsdenkmäler sind uns zwar zumeist literarisch überliefert; sie unterscheiden sich jedoch von den schriftlichen dadurch, daß ihnen die Schriftform nicht wesentlich ist. Schon die technischen Ausdrücke gehören hierher, von denen der Wortschatz jeder germanischen Sprache bis heute voll ist und deren Etymologie und Gebrauch — von den Rechtshistorikern meist vernachlässigt oder nur dilettantisch studiert — um so reichere Aufschlüsse über die alten Rechtsbegriffe zu geben vermag, je volkstümlicher und je weniger Gedankenarbeit eines Berufsstandes das Recht war.

Sodann aber haben in jüngeren wie in uralten Zeiten die germanischen Völker ihre Beobachtungen und ihre Betrachtungen über das eigene Rechtsleben in Sprichwörtern bewahrt. Viele von diesen sind erst durch moderne Sammler aufgeschrieben worden, die anderen nur gelegentlich in der alten Literatur aufgeführt[18]. Eine besonders reiche Ausbeute würde die altnordische (Edda, Isländer-Sagas) demjenigen gewähren, der sie nach Rechtssprichwörtern durchsuchen möchte. Im Gegensatz zu den eigentlichen Sprichwörtern gab es aber bei den Skandinaven über einzelne Teile des Rechts noch ausführliche Vorträge, die in der einmal festgestellten Redeform nicht nur von ihren Verfassern, sondern auch von anderen wiederholt und zu diesem Zweck dem Gedächtnis eingeprägt wurden; da sie jedoch nur als Bestandteile von Rechtsaufzeichnungen erhalten sind, ist erst im Zusammenhang mit diesen darüber zu handeln.

Hier dagegen ist noch auf die mancherlei mündlichen Formeln hinzuweisen, beispielsweise das angelsächsische Stück *Be wifmannes beweddunge* aus dem späten 10. oder dem 11. Jahrh.[19], die schwäbische Trauformel des 12. Jahrh.[20], die Rituale für Gottesurteile[21], die in verschiedenen Fassungen überlieferten Judeneide[22]. Andere Formeln haben sich mit sonstigen ehemaligen Rechtsgebräuchen in die Sitte des Volkes, in das Spiel der Kinder[23] zurückgezogen. Manches daran ist freilich modern übermalt. Dennoch darf auch der Rechtshistoriker der mittelalterlichen Zeit an Prachtstücken wie dem Dürrenberger Brautbegehren[24] nicht vorübergehen. Besonders reich an solchen Überbleibseln alten Rechts ist Siebenbürgen[25].

4. Die schriftlichen Rechtsdenkmäler unterscheiden sich von den gegenständlichen und mündlichen nicht schon durch die Tatsache der schriftlichen Überlieferung. Nicht wenige Gebrauchsgegenstände, Ge-

brauchshandlungen (und Formhandlungen) sind uns nur aus Abbildungen oder Beschreibungen bekannt. Zahllose technische Ausdrücke, Rechtssprichwörter, Formeln verdanken wir nur ihrer mehr oder weniger zufälligen schriftlichen Fixierung. Religiöse oder literarische Werke, die über Rechtsanschauungen und Rechtsbräuche berichten (allen voran die Germania des Tacitus), die rechtskräftige Verträge inserieren (wie Gregor von Tours), die Rechtsvorstellungen erschließen lassen (wie Heliand, Nibelungenlied, Gudrun), die Rechtssprichwörter überliefern (wie die Edda), die Rechtsstreitigkeiten schildern und Rechtssprüche zitieren (wie vor allem die Isländer-Sagas), sind als solche keine Rechtsquellen, wenn auch rechtliche Erkenntnismittel von hohem Rang. Unter Rechtsquellen verstehen wir nur diejenigen Aufzeichnungen rechtlichen Gehalts, denen das Setzen, Gestalten, Fixieren, Überliefern von Rechtssätzen, Rechtsweisungen oder Rechtsakten Selbstzweck ist, die unmittelbar, wenn auch nicht notwendig konstitutiv, in das Rechtsleben eingreifen wollen.

Die Rechtsquellen sind teils Rechtsaufzeichnungen, teils Urkunden, Urkundenauszüge und Formulare. Die ersteren zeigen das Recht als ein theoretisches, die anderen als ein angewandtes. Jene wollen den Rechtssatz unmittelbar vor Augen bringen, diese lassen ihn nur erschließen; ein Gegensatz, der nicht dadurch verwischt wird, daß gelegentlich eine Urkunde einen Rechtssatz als solchen anführt oder den äußeren Rahmen für eine Rechtsaufzeichnung hergibt, daß umgekehrt eine Rechtsaufzeichnung einen Fall aus der Praxis erzählt.

5. Die Rechtsaufzeichnungen sind teils als Gesetze, teils als Privatarbeiten entstanden, wobei das Wort „privat“ jede Tätigkeit, gleichviel ob amtliche oder außeramtliche, bezeichnet, die keine gesetzgeberische ist. Aber manches Gesetz ist einer Privataufzeichnung einverleibt und nur so zu unserer Kenntnis gelangt, und manche Privataufzeichnung ist nachträglich, auch wenn sie nicht Entwurf eines Gesetzes war, zur Geltung eines Gesetzes gekommen, sei es, daß der Gesetzgeber sie sich angeeignet und als sein Gesetz bekannt gemacht hat, sei es, daß sie gewohnheitsrechtlich wie ein Gesetz behandelt wurde. Schon hiernach war es, wie in der Regel nicht die Absicht der Privatarbeit, so oftmals auch nicht die des Gesetzes, das überkommene Recht zu ändern. Überhaupt aber bezweckte der Gesetzgeber in vielen Fällen, wo er sich der Schrift bediente, nichts weiter als das bestehende Recht zu sichern.

Formuliert ist der geschriebene Rechtssatz nicht immer vom Urheber des Schriftwerks. Bisweilen schreibt dieser nur nieder, was schon vorher mündlich „gesagt" war oder doch mündlich „gewiesen" wurde, so daß es für uns darauf ankommt, das Alter und die Schicksale dieser voraufgegangenen Tradition zu bestimmen. Namentlich gilt dies von vielen älteren schwedischen und westnordischen Rechtsaufzeichnungen und von den „Weistümern" in Deutschland. Ist eine Formulierung einmal aufgestellt, so pflegt sie sich durch viele Rechtsaufzeichnungen hindurch fortzupflanzen. Daher sind oftmals jüngere aus dem Material älterer angefertigt. Denn das Formulieren eines Rechtssatzes machte immer Schwierigkeiten, da das rechtliche Denken ein überwiegend anschauliches war.

Hierin liegt auch der Grund, weswegen selbst die vollkommensten Rechtsaufzeichnungen zur Kasuistik neigen und einer ausgebildeten Systematik entbehren; der Grund ferner, weswegen das rein germanische Rechtsleben es nur zu den Anfängen einer wissenschaftlichen Literatur gebracht hat. Unter diesen stehen an Originalität die naiv lehrhaften Privatarbeiten über umfangreiche Stoffe voran, denen man in unserer Zeit den Namen der „Rechtsbücher" reserviert hat, einen Namen freilich, der von den Quellen auch für Gesetzbücher, insbesondere für solche stadtrechtlichen Inhalts, verwendet wird.

6. Unter dem Gesichtspunkt der Anfänge einer Kautelar-Jurisprudenz vermitteln die Urkundenformulare und Formelsammlungen[26] den Übergang zwischen den Denkmälern der Rechtskunde und jenen der Rechtspraxis.

Die Urkunde als Rechtsdenkmal ist entweder wesentliches Stück einer Rechtshandlung (dispositive oder Geschäftsurkunde: *carta*) oder — sei es als öffentliche, sei es als Privaturkunde — bloße Denkschrift (schlichte Beweisurkunde: *notitia*)[27], sei es über einen solchen Hergang, sei es auch, wie bei Heberegistern, Urbarien, Sal-, Lager- und Lehenbüchern, über ein Rechtsverhältnis. In der einen wie in der andern Bedeutung ist sie etwas von Haus aus Ungermanisches. Sie ist dem spätrömischen Recht entlehnt[28] und bildet einen der Hauptkanäle, wodurch fremde Elemente ins germanische Recht eingeleitet werden. Durch ihren juristischen Wert besonders ausgezeichnete Urkundengruppen sind die Gerichtsurkunden[29] und im mittelalterlichen Deutschland die Schöffenbriefe, d. h. Sendschreiben, worin die Schöffenkollegien von Oberhöfen Anfragen über die Beurteilung von Rechtsfällen beantworten[30].

7. Im folgenden soll vorwiegend von solchen Rechtsquellen die Rede sein. Die Abschnitte II—IV behandeln die Denkmäler der germanischen Zeit in räumlicher Anordnung, stammesmäßiger Gliederung und zeitlicher Folge: Ostgermanen, Westgermanen, Nordgermanen; und zwar werden bei allen außerdeutschen Stämmen die Quellen bis zu der für diesen Grundriß maßgebenden Spätgrenze geschlossen vorgeführt[31]. Der Abschnitt V faßt die Rechtsquellen des deutschen Mittelalters zusammen, bei denen die Gruppenbildung nach systematischen Kategorien vollzogen werden muß, soll nicht Wesensverschiedenes zusammengestellt, Wesensgleiches auseinandergerissen werden.

[1]) GUIDO KISCH, Recht u. Gerechtigkeit in d. Medaillenkunst (1955). | [2]) Vgl. A. L. J. MICHELSEN, Die Hausmarke (1853); C. G. HOMEYER, Die Haus- u. Hofmarken (1870); C. MEYER, Die histor. Entwicklung d. Handelsmarke in d. Schweiz (1905); ERNST GROHNE, Die Hausnamen u. Hauszeichen (1912); MAX GMÜR, Schweizer. Bauernmarken u. Holzurkunden (1917) [dazu v. AMIRA, ZRG G XXXVIII (1917) S. 443ff.]; KARL KONR. A. RUPPEL, Die Hausmarke, das Symbol d. german. Sippe (1929) [dazu GÜNTHER ULLRICH, ZRG G LX (1940) S. 320ff.]. [3]) Zur Einführung: THEOD. ILGEN, Sphragistik; ERICH GRITZNER, Heraldik; FERD. FRIEDENSBURG, Numismatik (Grundriß d. Geschichtswissenschaft I, 4, [2]1912). Zum Wappenrecht vgl. CHR. ULR. FRHR. v. ULMENSTEIN, Über Ursprung u. Entstehung d. Wappenwesen, FDR I, 2 (1935), BRUNO BERNH. HEIM, Wappenbrauch u. Wappenrecht in d. Kirche (Olten/Schweiz 1948). | [4]) Insbesondere durch CHR. U. GRUPEN, Teutsche Alterthümer (1746), u. in zahlreichen Abhandlungen; K. F. HOMMEL, Jurisprud. . . illustrata (1763); J. G. H. DREYER, Jurisprud. German. picturata (hrsg. von ERNST SPANGENBERG in Beiträge z. Kunde der teutschen Rechts-Alterth. u. Rechtsquellen, 1824); N. SCHLICHTEGROLL, Talhofer (1817); J. G. BÜSCHING und andere in dessen Wöch. Nachr. IV (1819) S. 1—10; U. F. KOPP, Bilder u. Schriften d. Vorzeit I (1819) S. 45—164, II (1821) S. 1—34; BATT/v. BABO/EITENBENZ/MONE/WEBER, Teutsche Denkmäler (1820). | [5]) Von alten Holzschnittwerken u. Einzelblättern, die selbst schon Denkmäler sind, abgesehen, mögen einige größere Publikationen genannt werden: die vollständige Wiedergabe der Miniaturen in d. Wiener Handschr. d. Gold. Bulle bei THÜLEMARIUS, Tract. de Bulla (1697) u. der Bilder im Heidelb. Cod. Pal. germ. 164 d. Sachsenspiegels in den [in Anm. 4 zitierten] Teutschen Denkmälern (1820) [dazu Nachweise von Reproduktionen einzelner Bilder aus den anderen Bilderhandschriften bei HOMEYER, Sachsenspiegel Landrecht ([3]1861) S. 113ff., Lehnrecht I (1842) S. 81; elf weitere Tafeln in d. Ausg. d. Oldenb. Cod. pict. von LÜBBEN (1879), andere bei EBERH. FRHR. v. KÜNSSBERG, Der Sachsenspiegel, Bilder aus d. Heidelb. Handschr. (1934); vgl. auch Anm. 7]; die Miniaturen z. d. Hamburg. Stadtrecht v. Jahre 1497 erläut. von J. M. LAPPENBERG (1845), hrsg. v. HEINR. REINCKE/CONR. BORCHLING (1917); die dreizehn Miniaturen d. sogen. Nequam-Buches zu Soest in den Westfäl. Provinzialblättern I (1830), III (1843), ferner: Das Soester Nequambuch d. 14. Jahrh. (1924). Die Rulands-Säule von H. ZOEPFL (in dessen Alterth. III, 1861); Die Rolande Deutschlands von R. BÉRINGUIER (1890) [dazu die einschlägigen Arbeiten von KARL HELDMANN, HERB. MEYER, TH. GOERLITZ u. a.]. Die Kleinodien d. hl. röm. Reichs von FR. BOCK (1864); Die Siegel der Landeserbämter .. unter d. Enns von K. v. SAWA (in den Berichten d. Wiener Altertums-Ver. V); Die Romfahrt Kaiser Heinrichs VII. im Bilderzyklus d. Codex Balduin. Trever. (Text von G. IRMER, 1881); Talhoffers Fechtbuch aus d. Jahre 1467 hrsg. von G. HERGSELL (1887), dsgl. Gothaer Codex aus d. Jahre 1443 (1889), dsgl. Ambraser Codex aus d. Jahre 1459 (1889); Die

Heiligenberger Handschr. über die Egg (1887). Das Rathaus in Nürnberg von E. MUMMENHOFF (1891); Der Römer in Frankfurt a. M. von C. WOLFF/R. JUNG (1898); O. STICHL, Das dt. Rathaus im MA (1905). Auch die Faksimile-Ausg. der Federzeichnungen im Cod. Pal. germ. 112 durch W. GRIMM, Ruolandes Liet (1838), der Königs- u. Herzogsbilder im Codex Cavensis III (1876) [vgl. auch BRUNO KRUSCH, Neue Forschungen über die drei oberdt. Leges (1927) mit 8 Tafeln; P. ALBAN DOLD, Zur ältesten Handschr. d. Edictus Rothari (1955) mit 13 Abbildungen; sowie das in Anm. 12 zitierte Gesamtwerk PERCY ERNST SCHRAMMS], der Aulendorfer Handschr. von Richenthals Chronik durch H. SEVIN (1880) sowie die WOLFschen Photographien d. Konstanzer Handschr. nach derselben Chronik (1869), d. Ausg. d. Manesseschen Handschr. durch F. X. KRAUS (1887), endlich eine Auswahl aus der sogenannten Toggenburg-Bibel von H. VIRL (1959) verdienen Hervorhebung. Viele interessante Nachbildungen sind zerstreut in den kunst- u. kulturgeschichtl. Illustrationswerken von DE BASTARD, HEFNER, AUS'M WERTH, BOCK, ESSENWEIN, HIRTH, LUCHS, CAMESINA, V. WOLFSKRON, VARENNES-TROIMAUX, LACROIX u. seinen Nachahmern, in den der Inventarisation der Altertumsdenkmäler Deutschlands gewidmeten Sammelwerken sowie in der periodischen Literatur d. Kunstwissenschaft u. Altertumskunde. Stand der Forschung: A. ALFÖLDI u. a., Forschungen z. Kunstgeschichte u. christl. Archäologie I, 1 (1952), I, 2 (1954), II (1953), III (1957). | [6]) Zahlreiche Nachweise von Werken d. graphischen Kunst finden sich in W. DRUGULINS Histor. Bilderatlas I (1863), II (1867), J. MAILLINGERS Bilderchronik von München I (1876), HEBERLES Antiquariats-Katalog Nr. LXXIV (Köln 1879). Einen Katalog über einschlägige Gegenstände eines bestimmten Museums bietet W. M. SCHMID, Altertümer d. bürgerl. u. Strafrechts .. d. baier. Nationalmuseums (1908). | [7]) Einerseits: Die Dresdner Bilderhandschr. d. Sachsenspiegels I (1902), II, 1 (1925), II, 2 (1926); Die große Bilderhandschr. von Wolframs Willehalm (1903, 1917, 1921); Das Femgerichtsbild d. Soester Stadtarchivs (1927). Andererseits: Die Handgebärden in den Bilderhandschriften d. Sachsenspiegels (1905); Der Stab in d. german. Rechtssymbolik (1909) [mit einem Verzeichnis von 300 bildl. Darstellungen d. Richters mit d. Stab, S. 165—180]; Die german. Todesstrafen (1922) [mit einem umfassenden Verzeichnis bildl. Zeugnisse, S. 236—415]. Das von AMIRA geplante „Kritische Verzeichnis german. Monumente von rechtsarchäologischer Bedeutung", dessen Herausgabe nach AMIRAS Tode CL. FRHR. V. SCHWERIN übernommen hatte, ist nicht erschienen. | [8]) Genannt seien EBERH. FRHR. V. KÜNSSBERG [vgl. HANS FEHR, ZRG G LXII (1942) S. XLIII—LVIII], KARL FRÖLICH [vgl. HERM. BALTL, ZRG G LXXI (1954) S. 545—548], EUG. WOHLHAUPTER [vgl. HEINR. MITTEIS, ZRG G LXV (1947) S. 454—463], KARL S. BADER, HERM. BALTL. | [9]) Einführung in d. Rechtsarchäologie (Das Ahnenerbe Reihe B II, 1943). [Vgl. auch EUG. WOHLHAUPTER, Rechtssymbolik der Germanen, Handbuch d. Symbolforschung II (1941) S. 125-186, EBERH. FRHR. V. KÜNSSBERG, Vergleichende Rechtsarchäologie, Festg. f. Hans Fehr (1948)]. | [10]) Ebd. S. 3f. Zur Einführung in die Volkskunde seien genannt: HANS NAUMANN, Grundzüge d. dt. Volkskunde ([2]1929); LUTZ MACKENSEN, Volkskunde d. dt. Frühzeit (1937) [dazu ECKHARDT, ZRG G LIX (1939) S. 291ff.]; W. PESSLER, Handbuch d. dt. Volkskunde I—III (1934/38); EBERH. FRHR. V. KÜNSSBERG, Rechtl. Volkskunde (1936); KARL FRÖLICH, Die Schaffung eines „Atlas d. rechtl. Volkskunde f. d. deutschsprachige Kulturgebiet" (1937). | [11]) Zur Abgrenzung vgl. auch KARL S. BADER, Über d. Verhältnis v. RG u. Volkskunde, Angebinde f. John Meier (1949) S. 31—42;

Herm. Baltl, Rechtl. Volkskunde u. Rechtsarchäologie als wissenschaftl. Begriffe u. Aufgaben, Schweizer. Archiv f. Volkskunde XLVIII (1952) S. 65ff., Rechtsarchäologie d. Landes Steiermark (1957) [dazu B. Schwineköper, ZRG G LXXV (1958) S. 479ff.]. | [12]) Schriften der Mon. Germ. hist. XIII: I (1954), II (1955), III (1956). Dazu die einschlägigen sonstigen Arbeiten Schramms: Geschichte d. engl. Königstums (1937), Der König von Frankreich (1939), Kaiser Friedrichs II. Herrschaftszeichen (Abh. Göttingen III, 36, 1955), Herrschaftszeichen: gestiftet verschenkt, verkauft, verpfändet (Nachr. Göttingen 1957 Nr. 5), Sphaira, Globus, Reichsapfel (1958); ferner AUF XI (1930), XIV—XVI (1937/39), ZRG K. XXIII—XXVII (1934/38), HZ CLII (1935), DA I (1937). | [13]) Vgl. vorläufig Ekkeh. Kaufmann, ZRG G LXXII (1955) S. 177ff.; Adalb. Erler, ebd. S. 290ff., LXXIII (1956) S. 454ff., LXXIV (1957) S. 405f. | [14]) v. Schwerin, a. a. O. S. 5. | [15]) Beiträge z. Kunde d. dt. Rechts aus dt. Dichtern, ZDA XIII (1867) S. 139ff.; Corpus iuris germanici poeticum, Zeitschr. f. dt. Philologie I (1869) S. 257ff., II (1870) S. 302ff. [16]) Die RG d. Ritterstandes u. d. Nibelungenlied (1899); Die Eheschließung im Nibelungenlied u. in d. Gudrun, SB Wien CIC, 1 (1923); Heirat ohne „Trauung" im Nibelungenlied u. in d. Gudrun, Veröffentl. d. Museum Ferdinandeum in Innsbruck VIII (1928) S. 337ff.; Die Ringgaben bei d. Heirat u. d. Zusammengeben im mittelalterl. dt. Recht, SB Wien CCXII, 4 (1931). | [17]) Von seinen zahlreichen Schriften zu diesem Thema sei nur die Trilogie genannt: Das Recht im Bilde (1923), Das Recht in d. Dichtung (1933), Die Dichtung im Recht (1937) [vgl. auch H. Fehr, Mein wissenschaftl. Lebenswerk (1945)]. Aus der Festg. f. Hans Fehr: Kunst u. Recht (1948) ist insbesondere Franz Beyerles Aufsatz über Hartmann v. Aue's „Armen Heinrich" als Zeugnis mittelalterl. Ständerechts zu beachten. Die Studien von Erik Wolf, Vom Wesen d. Rechts in dt. Dichtung (1946), und Eug. Wohlhaupter, Dichterjuristen I (1953) [dazu Hans Thieme, ZRG G LXXI (1954) S. 507ff.], II (1955) [ebd. LXXIII (1956) S. 549f.], III (1957) [ebd. LXXV (1958) S. 533f.], gehören zeitlich nicht mehr in den Rahmen dieses Grundrisses. Doch sei auch hier auf sie wie auf die Untersuchungen zu Stifters Witiko von Annemarie Conrath (1942), E. Fechner (1952), P. Bockelmann (Niedermeyer-Festschr. 1953) hingewiesen. | [18]) Sammlungen: Graf/Dietherr, Dt. Rechtssprichwörter (1864) [dazu Rich. Schröder, ZRG V (1866) S. 28—45]; A. Kock/C. Petersen, Östnordiska och latinska medeltidsordspråk I (1889), II (1894) [nach dem erstmaligen Abdruck d. dän. Sprichwörtersammlung Peder Lales von 1506]; Finnur Jónsson, Ark. Nord. Fil. XXX (1913) S. 61ff., 170ff.; H. Gering, ebd. XXXII (1915) S. 1ff. Weitere Literatur bei v. Schwerin, Einführung in d. Studium d. german. RG (1922) S. 47. Vgl. auch L. Winkler, Dt. Recht im Spiegel dt. Sprichwörter (1927); Wilh. Weizsäcker, Rechtssprichwörter als Ausdrucksformen d. Rechts, Zeitschr. f. vergl. RW LVIII (1955) S. 9—40, u. Volk u. Staat im dt. Rechtssprichwort, Festschr. Theodor Mayer I (1954). [19]) Liebermann, Gesetze der Angelsachsen I (1903) S. 442—445; auch bei v. Schwerin, Quellen z. Geschichte d. Eheschließung I (1925) S. 54ff. | [20]) Müllenhoff-Scherer, Denkmäler dt. Poesie u. Prosa I (^{3}1892) S. 319f.; auch bei v. Schwerin, a. a. O. S. 68f. | [21]) Die angelsächsischen bei Liebermann, a. a. O. S. 386—389; die kontinentalen bei Karl Zeumer, Formulae (1882/86) S. 599—722 [Ergänzungen bei P. Lehmann, SB München 1939 Heft 4]. Vgl. v. Schwerin, Rituale f. Gottesurteile, SB Heidelberg 1932/33, 3. Abh. [dazu R. Köstler, ZRG G LIV (1934) S. 304ff.], Hans Fehr, Die Gottesurteile in d. dt. Dichtung, Festschr. Guido Kisch (1955), Herm. Nottarp, Gottesurteilstudien (1956).

[22]) H. K. Claussen, Der Judeneid, DRW II (1937) S. 166—189. | [23]) Zur Einführung: Eberh. Frhr. v. Künssberg, Rechtsbrauch u. Kinderspiel (1920), Rechtsbrauch u. Volksbrauch, im Handbuch d. dt. Volkskunde I (1934) S. 284 ff. [24]) Bei Aug. Hartmann, Volks-Schauspiele (1880) Nr. 18. Vgl. auch Roder. Schmidt, Die Torgauer Hochzeit als Beispiel f. Rechtsform u. Rechtsanschauung im 16. Jahrh., ZRG G LXXV (1958) S. 372—382. | [25]) Vieles bei Fronius, Bilder aus d. sächs. Bauernleben in Siebenbürgen ([2]1883); Mätz, Schäßburger Gymnasialprogr. 1859/60. | [26]) Bedeutendste Ausgaben: Karl Zeumer, Formulae merowingici et karolini aevi, MGH Leg. Sectio V (1882/86); Ludw. Rockinger, Briefsteller u. Formelbücher d. 11. bis 14. Jahrh. (1863). | [27]) Jul. Ficker, Beiträge z. Urkundenlehre I (1877), II (1878); Heinr. Brunner, Carta u. Notitia (1877) [= Abhandlungen I (1931) S. 458 ff.], Zur RG d. röm. u. german. Urkunde I (1880), Dt. RG I ([2]1906) S. 563 ff. [mit weiteren Literaturangaben]; H. Hennings, Studien über d. ältere dän. Königsurkunde (1886); Harry Bresslau, Handbuch d. Urkundenlehre I (1889, [2]1912, [3]1958), II, 1 (1915, [3]1958), II, 2 (H.W. Klewitz 1931, [2]1958); Thommen/Schmitz-Kallenberg, Urkundenlehre ([2]1913); Rich. Heuberger, Allg. Urkundenlehre f. Deutschland u. Italien (1921); Schultze-v. Lassaulx, Beiträge z. Geschichte d. Wertpapierrechts (1931); Leo Santifaller, Urkundenforschung (1938). Zeitschriften: Archiv f. Urkundenforschung [AUF, Hrsg. K. Brandi/H. Bresslau] I—XVIII (1907—1944); Archiv f. Diplomatik [Hrsg. E. Stengel/H. Büttner/K. Jordan] I ff. (seit 1955). | [28]) Harold Steinacker, Die antiken Grundlagen d. frühmittelalterl. Privaturkunde (1927). [29]) Vgl. das Verzeichnis älterer Stücke von Rud. Hübner, Gerichtsurkunden d. fränk. Zeit, ZRG G XII (1891), XIV (1893). Eine vortreffliche Auswahl typischer Urkunden bieten Loersch/Schröder/Perels, Urkunden z. Geschichte d. dt. Privatrechtes ([3]1912). | [30]) Grundsätzlich: Guido Kisch, Schöffenspruchsammlungen, ZRG G XXXIX (1918) S. 346—365, u. Schöffensprüche als hist. Quellen, Nddt. Mitteilungen IV (1948) S. 50—58. Als repräsentative Beispiele [aus denen die weitere Literatur zu entnehmen ist] seien angeführt: Hugo Loersch, Der Ingelheimer Oberhof (1885), Adalb. Erler, Die älteren Urteile d. Ingelheimer Oberhofs I (1952), II (1958) [III geplant]; Friese/Liesegang, Magdeburger Schöffensprüche I (1901), Guido Kisch, Leipziger Schöffenspruchsammlung (1919), Goerlitz/Gantzer, Die Magdeburger Schöffensprüche u. Rechtsmitteilungen f. Schweidnitz (1939), Wilh. Weizsäcker, Magdeburger Schöffensprüche u. Rechtsmitteilungen f. Leitmeritz (1943), [vgl. auch Weizsäckers Aufsatz Zur Geschichte der Sammlungen Magdeburger Schöffensprüche im böhm. Raum, Festschr. Ad. Zycha (1941) S. 265-284], Th. Goerlitz, Magdeburger Schöffensprüche f. d. Hansestadt Posen u. andere Städte d. Warthelandes (1944) [vgl. auch Franz Klein-Bruckschwaiger, Das Buch der Magdeburgischen Urteile im Breslauer Stadtarchiv, ZRG G LXVI (1948) S. 261—293]; Grosch/Lauter/Flach, Die Schöffenspruchsammlung d. Stadt Pößneck I (1957), II (1958) III (angekündigt); Franz Gundlach, Das älteste Urteilbuch d. Hostein. Vierstädtegerichts (1925), Wilh. Ebel, Lübecker Ratsurteile I (1955), II (1956), III (1959). | [31]) Die ältere Literatur wird nur in Auswahl zitiert und in d. Regel ersetzt durch Verweise auf: [Heinr.] Brunner Dt. RG I [[2]1906], [Rud.] Buchner RQ [= Die Rechtsquellen (1953)], RLGA I—IV [= Hoops' Reallexikon d. German. Altertumskunde (1911/19): Siegfr. Rietschel], SachWB [= Rössler/Franz, Sachwörterbuch z. dt. Geschichte (1958): K. A. Eckhardt].

Zweiter Abschnitt

OSTGERMANISCHE RECHTSDENKMÄLER

§ 3
Einführung

1. Die ostgermanischen Rechtsdenkmäler, und damit die südgermanischen überhaupt, beginnen um die Zeit, da die sogenannte Völkerwanderung zum Stillstand gelangt. Die Ursache liegt in dem durchgreifenden Wandel der Rechtszustände, welchen in jenen Jahrhunderten die Verlegung der Stammsitze, die Vereinigung sehr verschiedener alter Völker zu neuen „Stämmen", die Neugründung und der Untergang von Reichen, die Annahme des Christentums, die Fortschritte der Wirtschaft hervorriefen. Jetzt hatte die Gesetzgebung eine Fülle von Aufgaben zu lösen. Je mehr aber Zahl und Umfang ihrer Schöpfungen zunahmen, desto notwendiger war es, dem Gedächtnis des Volkes durch die Schrift zu Hilfe zu kommen. Da ferner die reichere Gliederung der Gesellschaft und die Verschärfung der sozialen Gegensätze die Gleichartigkeit der hergebrachten Rechtsanschauungen im Volke störten, so verlangte auch das Gewohnheitsrecht vielfach nach schriftlicher Feststellung. Das zum Formulieren der Rechtssätze nötige Abstraktionsvermögen wird geschult an der antiken und an der kirchlichen Literatur. Daher fällt das Formulieren und Aufschreiben denjenigen zu, die solcher Schulung teilhaftig geworden sind: Rhetoren, Klerikern und den von ihnen gebildeten Laien[1]. Ihrer Literatursprache, der lateinischen, bedienen sie sich, indem sie sich zunächst an ihre eigene Gesellschaftsklasse als die vor anderen die Rechtspflege und Rechtsbildung beeinflussende wenden. Dies Latein jedoch erweist sich schon den Verfassern als unzureichend zum Ausdruck der germanischen Rechtsbegriffe. Sie versetzen es daher mit germanischer Terminologie, indem sie diese latinisieren oder, wie vor allem westgermanische Quellen, mittels glossenartiger Einführungswörter in den Text aufnehmen, oder sie verändern den Sinn lateinischer Ausdrücke, indem sie germanische buchstäblich übersetzen. Ganze Rechtsschriften dagegen in germanischer Sprache kennt in diesem Zeitalter nur die angelsächsische Quellengeschichte.

2. Die ältesten Denkmäler gehören den ostgermanischen Rechten der Wisigoten, Ostrogoten und Burgunden an, während die übrigen Stämme ostgermanischer Zunge, die gotischen Gepiden, die Heruler, Rugier und Skiren, keinerlei Rechtsdenkmäler hinterlassen haben. Von den historisch relativ gut bekannten Wandalen[2] besitzen wir einige wenige Einzelgesetze, teils dem Inhalt nach, teils im Wortlaut. Prokop[3] berichtet, König Geiserich habe im Jahre 477 testamentarisch bestimmt, „daß die Krone immer der älteste von seinen direkten männlichen Nachkommen tragen solle" — das früheste germanische, wenngleich nicht sicher eigenständige[4] Zeugnis für die Erbfolge nach den Grundsätzen des Seniorats. Victor Vitensis[5] hat das Religionsgesetz König Hunerichs im Wortlaut aufbewahrt[a].

3. Unverkennbar bilden die ostgermanischen Rechte eine Gruppe für sich. Dabei mag eine Rolle spielen, daß die Stämme, für die sie aufgezeichnet wurden, sich, wie die Ostrogoten und Wandalen, bis zu ihrem Untergang oder doch, wie die Wisigoten und Burgunden, zur Zeit als ihre ältesten Gesetze entstanden, zum arianischen Glauben bekannten.

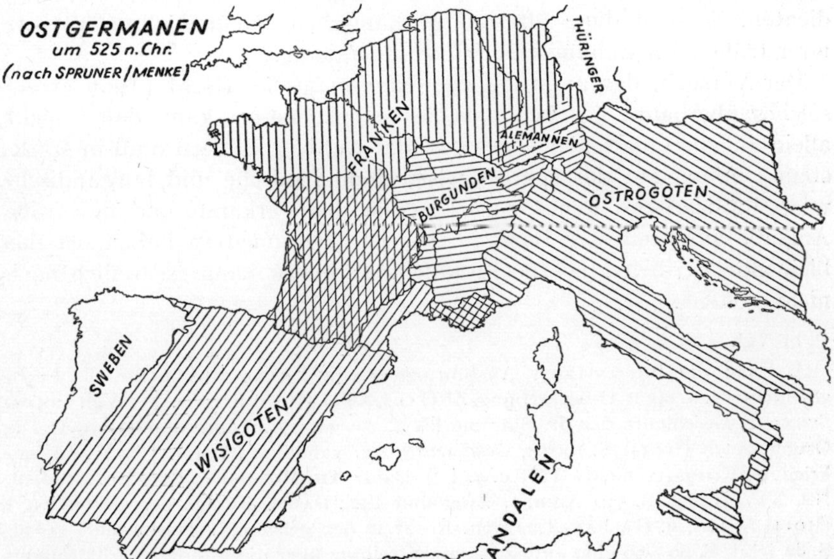

a) 1928 wurden auch wandalische Kaufverträge über Grundstücke aufgefunden, veröffentlicht als Tablettes Albertini, Actes privés de l'époque vandale (Paris 1952) [dazu M. PALASSE, Revue du Moyen Age latin X (1954) S. 161—168].

Doch einerseits hat das spezifisch arianische Kirchenrecht nur geringe Spuren hinterlassen[6]. Anderseits waren auch die Langobarden Arianer, als ihre Gesetzgebung einsetzte; gleichwohl aber hebt sich ihr Recht von dem der ostgermanischen Stämme deutlich ab.

Charakteristisch für die ostgermanischen Rechte ist ihr enges Verhältnis zum römischen Recht[7]. Einerlei, ob die Gesetzgebung, wie bei den Ostrogoten und höchstwahrscheinlich auch den Wandalen, von vornherein für Germanen und Römer bestimmt war oder ob sie, wie bei den Wisigoten, zunächst getrennte Wege ging, dann aber vereinheitlicht wurde oder endlich ob sie, wie bei den Burgunden, vor diesem letzten Schritt abbrach, hinsichtlich der Gesetzestechnik macht das keinen Unterschied: alle ostgermanischen Gesetze sind am spätrömischen Recht orientiert, wie es insbesondere in den *Leges* des Codex Theodosianus vom 15. 2. 438, in dem *Ius* der Institutionen des Gaius zum Ausdruck kam[8]. Das gilt ohne jede Einschränkung für die „Leges romanae" der römischen Bevölkerung; es gilt in kaum geringerem Grade für die „Leges barbarorum" der germanischen Eroberer, die sich römischrechtlich geschulter und denkender Männer zur Aufzeichnung ihres Stammesrechtes bedienten. So sind diese ältesten germanischen Rechtsdenkmäler trotz ihrer frühen Entstehungszeit relativ unergiebig.

Der Versuch, das ursprüngliche ostgermanische Recht (wenn es ein solches überhaupt gegeben hat) zu rekonstruieren, kann daher nicht allein auf die erhaltenen Leges gestützt werden, sondern muß in stärkstem Umfang auf das spätere wisigotisch-spanische und burgundisch-westschweizerische Recht zurückgreifen. Dies erkannt und die große Aufgabe auf breitester Basis in Angriff genommen zu haben, ist das bleibende Verdienst Julius Fickers[9]. Als gelöst kann sie freilich noch nicht gelten[b].

b) Vgl. § 29 Z. 4.

1) Dazu die interessanten Ausführungen von Franz Beyerle, Die Frühgeschichte d. westgot. Gesetzgebung, ZRG G LXVII (1950) S. 1—8. | 2) Vgl. Ludw. Schmidt, Geschichte der dt. Stämme bis z. Ausgang d. Völkerwanderung I: Die Ostgermanen (²1934) S. 100ff., Geschichte der Wandalen (²1942). | 3) Wandalenkrieg I [Kriegsgeschichte III] c. 7. | 4) Dafür Th. Mommsen, Ostgoth. Studien, NA XIV (1889) S. 540 Anm. 1. Zweifelnd Fel. Dahn, Könige der Germanen I (²1911) S. 200; v. Halban, Das röm. Recht in den german. Volksstaaten I (1899) S. 82 [ebd. S. 60—86 eine gute Zusammenstellung über die wandal. Verhältnisse]; Herm. Conrad, Dt. RG I (1954) S. 83. | 5) Historia persecutionis Africanae provinciae III §§ 3—14. | 6) Hauptbeispiel: Codex Euricianus c. 306. Vgl. K. Zeumer, NA XXIII (1898) S. 445f.; Heinr. Brunner, Dt. RG ²I S. 485f. mit Anm. 16; Stach, Hist. Vjschr. XXVI (1931) S. 726. | 7) v. Halban, a.a.O. S. 75ff. | 8) Vgl. Bruns/Lenel, Geschichte u. Quellen d. röm. Rechts, in Holtzendorff/Kohlers

Enzyklopädie I (^{7}1915) S. 389ff.; WOLFG. KUNKEL, Röm. RG (1948, ^{2}1956) S. 106ff. | [9]) Über nähere Verwandtschaft zw. goth.-span. u. norweg.-isländ. Recht, MIÖG Erg. II (1887) S. 455—542.

§ 4
Goten

1. Die Gesetzgebung[1] der **Wisigoten**[2] geht, wenn wir von Einzelgesetzen und sekundären Neuredaktionen absehen, im wesentlichen auf Könige dreier Dynastien[3] zurück:

I.

Theodorid
419—451
heir. wohl Tochter
Alarich*s* I.
† 410

- Thorismund 451—453
- Theoderich 453—466
- Eurich 466—484
  - Alarich II. 484—507 *heir. Tochter des Ostrogoten Theoderich*
    - Amalarich 507—531 *heir. nachgelassene Tochter des Franken Chlodowech*

II.

- Leowa I. 567—572
- Leowigild 568—586 *heir. Witwe* Athanagild*s* 551—567
  - Rekkared I. 586—601
    - Leowa II. 601—603
    - *Tochter heir. wohl* Sisebut 612—621
      - Rekkared II. 621

III.

Chindaswinth
642—653

Rekkesswinth
649—672

Die wisigotischen stehen zeitlich an der Spitze aller germanischen Rechtsquellen. Um 469/70 rügte Apollinaris Sidonius: ein gewisser Seronatus habe sich in der Auvergne *leges Theodosianas calcans Theodoricianasque proponens* als Verräter der römischen Sache an die Goten erwiesen[4]. FRANZ BEYERLE[5] hat dargetan, daß hier nicht von dem Begründer des tolosanischen Reiches Theodorid (419—451), sondern von seinem Sohne und zweiten Nachfolger Theoderich (453—466) die Rede ist; er hat die somit bezeugte Gesetzgebung Theoderichs einleuchtend mit der Entsendung des *praefectus praetorio Galliarum* Magnus von Narbonne an den Wisigotenhof im Jahre 458 *qui dictat modo iura Getis* in Zusammenhang gebracht und damit auf 458/66 datiert; er hat mit Recht betont, daß es sich nicht um ein Einzelgesetz, sondern „um ein irgendwie mit dem [Codex] Theodosianus vergleichbares corpus legum handeln" müsse. Nicht gesehen hat er, daß dadurch die (trotz SAVIGNY) naheliegende Vermutung, hier gehe es um die *Lex romana* eines germanischen Königs, zur Gewißheit verdichtet wird.

Einerlei, ob man *proponens* technisch mit „durch öffentlichen Aushang als Gesetz publizieren" oder untechnisch mit „zur Einführung vorschlagen" verdeutscht[6] — wie hätte Seronatus ein nicht für Römer geschaffenes, sondern das nationalgotische Recht gestaltendes Gesetzgebungswerk der nach römischem Recht lebenden Bevölkerung der nichtwisigotischen Auvergne zu oktroyieren oder anzuempfehlen vermocht; wie hätte eine solche *Lex barbarorum* den Codex Theodosianus gefährden, ja ihm auch nur verglichen werden können; wie ließe sich bei ihr die amtliche Mitwirkung, das „Diktat" des nichtwisigotischen römischen Präfekten für Gallien begreifen!

Nachwirkungen dieses verschollenen Codex Theodoricianus sind unschwer zu finden, wenn man nach ihnen fahndet. So hat FRIEDR. BLU(H)ME[7] aus den Anklängen der Fragmente des Pariser Codex rescriptus Lat. 12161 an die *Interpretatio* der Lex romana Visigothorum Alarichs II. von 506 unter dem Beifall seiner Zeitgenossen gefolgert, daß jene Fragmente erst nach 506 entstanden sein könnten und folglich einer Gesetzgebung Rekkareds I. (586—601) entstammten, von welcher uns unsichere Kunde wird.

Die am häufigsten erörterte Parallele ist

Codex rescriptus c. 285: *Nullus qui pecunias commen[daverit] ad usuram per annum plus quam tr[es sili]quas de unius solidi poscat usuras .. qui si cautionem ultra modum s[uper]ius conprehensum per necessita[tem sus]cipientis creditor extorserit .. rem quam commodaverat [reci]piat et nullam usuram ..*

Interpretatio zu Cod. Theod. II 33,2: *Si quis plus quam legitima centesima continet, hoc est tres siliquas in anno per solidum, amplius a debitore sub occasione necessitatis accipere vel auferre praesumserit .. ea quae amplius accepit constrictus quadrupli poena restituat ..*

Heute wird nicht mehr bezweifelt, daß die Fragmente zu der [gleich zu besprechenden] Gesetzgebung König Eurichs von 475/76 gehören. Die Verfechter dieser richtigen Inbeziehungsetzung mußten jedoch zu reichlich gezwungenen Argumentationen greifen, um die Textverwandtschaft mit dem 30 Jahre jüngeren Gesetz Alarichs II. zu erklären.

Beispielsweise machte Heinr. Brunner[8] geltend, „die Interpretatio bestrafe den Wucher mit der *poena quadrupli*, unser Fragment mit dem Verlust der Zinsen". Richtig, aber als Einwand nicht schlüssig: die formularmäßige Abhängigkeit zweier Gesetze voneinander kann nicht mit dem Hinweis entkräftet werden, daß sie verschiedene Rechtsfolgen statuieren; dies um so weniger, wenn das eine für Römer, das andere für Goten gelten sollte. Noch die Fassung des Gotengesetzes verrät, daß es in seiner Vorlage eine abweichende Bestimmung vorfand, einerlei ob man dabei an die unmittelbar vorausgehende Interpretatio zu Cod. Theod. II 33, 1: *Quod si .. ille qui commodat .. pro maiore usura noluerit debitum suum .. a debitore recipere, etiam debitum perdat; quam rem ad solas fruges praecipimus pertinere, nam quando pecunia fuerit commodata .. a creditoribus exigi non iubemus* denken will oder an die alsbald folgende zu Cod. Theod. II 33, 4: *nec amplius ut .. eo cautione constringant, qui commodatam suscipiunt pecuniam, forte cogantur; nam si ab eis amplius fuerit requisitum, sciant se .. hoc quod commodaverint perdituros.* Nehmen wir die Fassung der gleichen Bestimmung in c. 134 des ostrogotischen Edictum Theoderici hinzu: *Amittat sortem debiti creditor, qui ultra centesimam legitimam crediderit a debitore poscendam*, so haben wir [bis auf das ebenfalls römischrechtliche *extorserit*] den ganzen Vokabelschatz der gotischen Bestimmung beisammen. Da die Interpretatio den ihrigen nicht durch Vermittlung eines nationalgotischen Gesetzes erhalten haben kann, erweist ihr Zusammengehen mit diesem, daß die Wisigoten schon vor 475/76 eine Lex romana besaßen, aus welcher beide jüngere Quellen geschöpft haben.

In die gleiche Richtung weist das Verhältnis der Interpretatio zu den beiden burgundischen Gesetzen und zum ostrogotischen Edictum Theoderici. Die Vorstellung, daß alle diese Redaktoren nicht nur den Gaius [was ohne weiteres denkbar], sondern auch die gleichen römischen Sammlungen, den Theodosianus mit seinen Novellen und die Sententiae des Paulus ausgeschrieben [was schon schwerer vorstellbar], ja daß sie sogar ein und dieselbe spätrömische Interpretatio zugrunde gelegt haben sollten[9], ist alles andere als naheliegend. Sie erübrigt sich, wenn eine ältere wisigotische Lex romana als gemeinsame Ausgangsform angesetzt werden darf.

Franz Wieacker[10] hat nachgewiesen, daß die wisigotische Interpretatio zum Codex Theodosianus nicht zu den Theodosianus-Exzerpten der alarizianischen Lex romana verfaßt, sondern aus älteren Materialien zusammengestellt ist, welche auf eine abweichende (auch dem Codex Justinians zugrunde liegende) Theodosianus-Fassung zurückweisen. Lediglich die Marginalien und die zum guten Teil nur angekündigten, nicht ausgeführten Definitionen scheinen auf die von Alarich II. beauftragten Redaktoren des Jahres 506 zurückzugehen. Die Hauptmasse ist älter, wie sich beispielsweise aus der Verwertung der Interpretatio zu Cod. Theod. III 16, 1 in dem vor 501 geschriebenen c. 34 der burgundischen Lex Gundobada ergibt[11]. Wenn Wieacker in Aufnahme und Weiterführung älterer Ansätze[12] auch diese Hauptmasse aus Stilgründen in drei Textschichten ungleichen Alters zerlegen will[13], so braucht dem hier nicht nachgegangen zu werden, da sich die „zweite" und „dritte" Textschicht zu der justinianischen Parallelüberlieferung analog verhalten und von der Lex romana Burgundionum wie dem Edictum Theoderici gleichmäßig herangezogen sind[14], die „erste" Textschicht aber sich durch ihre besprochene Verwertung in den Fragmenten des Pariser Codex rescriptus als angestammter wisigotischer Besitz erweist.

Möglicherweise liegt ein unmittelbares Zeugnis für eine Lex romana des Wisigoten Theoderich vor. In Titel 2 der Lex romana Burgundionum wird ein *praeceptum domini regis* angeführt, durch welches die im römischen Reich der *sententia principis* vorbehaltenen Bußen für die Tötung eines freien Römers oder rangmäßig abgestufter Unfreier normiert worden sind[a]. Die Bestimmung tritt, anders geordnet, auch in den beiden Handschriften von Murbach und Ivrea der Lex romana Visigothorum Alarichs II. entgegen, über die Th. Mommsen[15] geurteilt hat, sie gingen „auf das gleiche alte und relativ vortreffliche, sehr wenig durch selbständige Interpolationen entstellte Archetypon zurück". Hier mit der bemerkenswerten Besonderheit, daß statt des legiferierenden *dominus noster* ein *dominus noster Theodericus rex Francorum* genannt wird.

Die Deutung auf Chlodowechs ältesten Sohn Theuderich I. (511—533) ist nicht möglich, da der Satz als solcher bereits in der spätestens 506 entstandenen Lex romana Burgundionum steht. Die nähere Bestimmung *Francorum* wird von einem Interpolator stammen, der von Theuderichs Herrschaft über Teile ehemals wisigotischen Gebietes und von seiner gesetzgeberischen Tätigkeit in Châlons-s-M[16]

a) Es mag ohne Bedeutung sein, daß ebendiese Bestimmung in kürzerer und umgeordneter Fassung auch als Anhang zum ostrogotischen Edikt überliefert ist, da sie diesem erst nachträglich zugewachsen sein wird und vielleicht handschriftlich überhaupt noch nicht angehört hat.

wußte. Wie aber sollte er auf diese Identifizierung verfallen sein, wenn ihm seine Vorlage[b] nicht wenigstens den Namen *Theodericus rex*[c] geliefert hätte!

Nach einer durchaus unverdächtigen Angabe Isidors von Sevilla in seiner 624 vollendeten Gotengeschichte[17] stammten die ersten geschriebenen Gesetze für die Goten selbst von König Eurich (466—484): *sub hoc rege legum instituta scriptis habere coeperunt, nam antea tantum moribus et consuetudine tenebantur*, und sind sie von Leowigild (572—586) einer umfassenden Revision unterzogen worden: *in legibus quoque ea quae ab Eurico incondite constituta videbantur correxit, plurimas leges praetermissas adiciens, plerasque superfluas auferens.*

Von den wisigotischen Leges romanae handelt Isidor nicht; wie die Redaktion Theoderichs von 458/66 ist auch diejenige Alarichs II. von 506 nicht erwähnt. Das begreift sich leicht. Unzulässig erscheint jedoch, die Aussage des Bischofs von Sevilla dadurch entkräften zu wollen, daß man ihr den Sinn unterlegt, Eurichs Gesetzeswerk sei, da nach Abstreifen des Föderatenverhältnisses zu Ostrom entstanden, „das erste des unabhängigen Westgotenreichs", und aus diesem Grunde habe es als die älteste wisigotische Kodifikation bezeichnet werden können[18]. Die vorstehend wiedergegebene Formulierung Isidors läßt keinen Zweifel daran, daß er das geschriebene Recht des Codex Euricianus dem ungeschriebenen des voreurizianischen Wisigotenreiches, keineswegs aber die *Leges* eines unabhängigen Herrschers etwaigen vorausgegangenen *Edicta* seiner noch im Föderatenverhältnis stehenden Vorgänger entgegensetzen wollte.

Eurichs Gesetz wird in den Jahren 475/76 entstanden sein: nach dem Friedensschluß mit Kaiser Nepos (475), vor dem Brief des Apollinaris Sidonius (476/77) an Leo von Narbonne[19], unter dessen Leitung der *peritus legum* Marcellinus die abschließende Redaktion besorgt haben mag[20]. Fragmente des Gesetzbuchs, dessen offiziellen Titel wir nicht kennen, liegen [wie bereits hervorgehoben] in dem Codex rescriptus Lat. 12161 der Pariser Bibliothèque Nationale vor. Sie beginnen in c. 276, schließen in c. 336 und sind auch in diesem erhaltenen Teil schwer dezimiert, vielerorten kaum zu entziffern. Mit ziemlicher Sicherheit ergänzt werden können sie durch diejenigen Bestandteile der [alsbald zu

b) Diese kann nicht das ostrogotische Edikt Theoderichs d. Gr. gewesen sein [was v. Salis, Leges Burgundionum (1892) S. 126 Anm. 6, für möglich hielt], wie dessen kräftig abweichender Wortlaut lehrt; ganz abgesehen davon, daß wir den Zusatz in ihm nicht über die Editio princeps von 1579 zurückverfolgen können.

c) Gegen die Annahme Paul M. Meyers, daß es sich tatsächlich um Bestimmungen des Gesetzes eines fränkischen Theuderich handele, wandte sich bereits Heinr. Brunner [Dt. RG ²I S. 509] mit dem (kaum vertretbaren) Zugeständnis: „Die Interpolation *Theudericus rex Francorum* könnte aber immerhin darauf beruhen, daß Lex Romana Burgundionum 2,5 durch einen fränkischen König dieses Namens auf eine römische Bevölkerung ausgedehnt worden war, die außerhalb Burgunds nach dem Breviarium Alarici lebte".

erwähnenden] *Leges antiquae*, die in der Lex Burgundionum, insbesondere aber in der Lex Baiuvariorum wiederkehren, welch letztere, wie sich an den erhaltenen Euricianus-Stücken kontrollieren läßt, bei ihren Textanleihen den Wortlaut der wisigotischen Vorlage weitgehend bewahrt hat.

Die Besserungen, die WALTER STACH[21] gegenüber ZEUMERS unendlich mühsamer Entzifferung vorgeschlagen hat, sind z. T. problematisch und jedenfalls inhaltlich von geringer Bedeutung. Soweit ZEUMER seine Lesungen nicht durch Kursivdruck als unsicher oder durch Einklammerung als konjiziert gekennzeichnet hat, können sie als zuverlässig gelten. Die Ergänzungsvorschläge FRANZ BEYERLES[22] wenden eine bewundernswerte Kombinationsfreudigkeit an eine mit dieser Methode nicht lösbare Aufgabe. Beispielsweise hat BEYERLE die übergroßen Lücken des c. 327 mit verführerischer Eleganz geschlossen. Leider ist nahezu alles, was über ZEUMER hinauszuführen scheint, nicht zu halten. Denn am Anfang steht nicht, wie BEYERLE zu ergänzen vorschlägt: *[u]t si pat[er esset defunc]t[us] filius*, sondern, wie WILH. A. ECKHARDT mit Hilfe heutiger technischer Mittel sicher lesen konnte: *[u]t si patruus aut patrui filius*. Damit fällt die Mehrzahl der anschließenden Konjekturen BEYERLES dahin, fallen die daraus gezogenen textkritischen Schlüsse.

Daß zwischen Eurich und Leowigild keine Neuredaktion des Gesetzbuchs erfolgt ist, wird man auf Grund der Angaben Isidors annehmen müssen. Wohl aber scheinen (wie in der Lex Burgundionum) Novellen eingeschaltet worden zu sein. Das kann man nicht schon daraus folgern, daß gelegentlich eine *alia lex* oder eine *prior lex* zitiert wird[23]; hierunter ist in der Regel (wie sonst) eine andere bzw. eine weiter vorn stehende Bestimmung des gleichen Gesetzbuchs gemeint. Dagegen verspricht die Zerlegung gewisser Bestimmungen in Textschichten verschiedener Redaktionsstufe einigen Erfolg.

Beispielsweise leuchtet es ein, wenn BEYERLE[24] in c. 277 die Zeilen 1—8 einem späteren Gesetzgeber als die Zeilen 9—25 zuweist. Ungerechtfertigt scheint jedoch, daß er die ersteren Eurich, die letzteren dessen Bruder und Vorgänger Theoderich beilegen will. Die in Z. 8 zitierte *alia lex* ist mit dem von ZEUMER restituierten c. 274/75 des Codex Euricianus zu identifizieren. Der *pater noster*, auf den Bezug genommen wird, ist folglich an dieser Stelle Eurich selbst; der Gesetzgeber der Novelle kann demnach nur sein Sohn Alarich II. sein, und es liegt kein Anlaß vor, Eurich die Zeilen 9—25 abzusprechen. Dazu paßt ausgezeichnet, daß die anerkanntermaßen vom Codex Euricianus abhängige *Lex Gundobada* die Bestimmungen der Zeilen 9—25 übernommen, diejenigen der (offenbar erst nach Erlaß des burgundischen Gesetzbuchs eingefügten) Zeilen 1—8 nicht berücksichtigt hat.

Das erste vollständig erhaltene Gesetzbuch des wisigotischen Reiches ist der *Codex de Theodosiani legibus atque sententiis iuris vel diversis libris electus* Alarichs II. aus dem Jahre 506, daher im Mittelalter als *Breviarium Alarici* bezeichnet: die heute so genannte Lex romana Visigothorum[25]. Die politische Situation, in der sie als „Schwanengesang des Reichs von Toulouse" zusammengestellt und überstürzt veröffentlicht wurde, hat EBERH. FRIEDR. BRUCK[26] eindrucksvoll herausgearbeitet. Von Romanen für die Romanen aus spätrömischen Materialien exzerpiert und kompiliert, hinsichtlich der Interpretatio im wesentlichen der Lex romana Theoderichs folgend, an Umfang alle früheren Leges romanae weit übertreffend, erhielt sich dieses Gesetzbuch auch nach seiner Aufhebung durch Rekkeswinth im Jahre 654 als die schriftliche Quelle des römischen Rechts nicht nur für den Gebrauch der Romanen in Gallien, sondern auch für den der Kirche bis ins 12. Jahrh., ja infolge der Aufnahme nicht weniger Bestimmungen seiner Epitome Aegidiana in die Langform des Schwabenspiegels weit darüber hinaus.

Wahrscheinlich nur für die Goten bestimmt[d] war die Gesetzkompilation König Leowigilds (572—586), von der wir aus Isidors Bericht wissen. Sie ist unmittelbar nicht erhalten, scheint aber zur Gänze in die jüngere Lex Visigothorum übernommen zu sein und sich mit den in dieser als *Antiqua* bzw. im Falle nicht unveränderter Herübernahme als *Antiqua emendata* eingeführten Bestimmungen zu decken.

Die *Lex Visigothorum*, die wie schon vor ihr einzelne Königsgesetze, z. B. das Prozeßkostengesetz des Königs Theudis von 546, für sämtliche Untertanen des wisigotischen Königs ohne Unterschied der Nationalität galt, ist in drei voneinander abweichenden Redaktionen erhalten. Die älteste, der *Liber iudiciorum*, ist begonnen von König Chindaswinth im Jahre 642 und vollendet von seinem Sohne Rekkeswinth nicht vor dem 18. Febr. 654, höchstwahrscheinlich aber noch in ebendiesem Jahre, aus welchem das jüngste in ihn aufgenommene Einzelgesetz stammt. Diese *Lex Visigothorum Reccesvindiana* stellt sich dar als eine systematische, in zwölf Bücher und weiter in *tituli* und *erae* gegliederte Kompilation aus der Antiqua des Leowigild, auf welche 324 von insgesamt 515 Konstitutionen entfallen, und aus den jeweils mit dem Königsnamen eingeführten Einzelgesetzen späterer Herrscher: 3 von Rekkared I. (586—601), 2 von Sisebut (612—621), 99 von Chindaswinth (642—653)

d) Anderer Meinung: R. DE UREÑA Y SMENJAUD u. K. F. STROHEKER. Auch der älteren wisigot. Gesetzgebung streiten das Personalitätsprinzip ab: ALFONSO GARCÍA GALLO u. WILH. REINHART; vgl. die Zusammenfassung durch Letzteren ZRG G LXVIII (1951) S. 348ff. u. 353 f. Dagegen überzeugend ERNST HEYMANN, ZRG G LXIII (1943) S. 361ff.; ALFR. SCHULTZE, Über westgot.-span. Eherecht (1944) S. 105ff.; EUG. WOHLHAUPTER, ZRG R LXVI (1948) S. 169ff. Zu den sonstigen Gründen kommt als zwingendes Argument hinzu, daß die Nichterwähnung des (obendrein weitergeltenden) Breviarium Alarici in Isidors Gotengeschichte schlechthin unverständlich bliebe, wenn die Gesetzgebungen Eurichs, Alarichs II. und Leowigilds einander ablösende Kodifikationen für die Gesamtbevölkerung des Wisigotenreiches gewesen wären.

und 87 von Rekkesswinth (649—672) selbst. Nachdem ein paar Einzelgesetze König Wambas (672—680) vorangegangen waren, veröffentlichte dessen Nachfolger Erwig (680—687) im Jahre 681 eine Neuredaktion, die heute sogenannte *Lex Visigothorum renovata* oder *Ervigiana*, die sich durch redaktionelle Änderungen, Ausscheidung einzelner Konstitutionen und Einschaltung der Gesetze Wambas und Erwigs von der Reccesvindiana unterscheidet. Hierauf folgen die aus Privathänden hervorgegangenen Überarbeitungen des 8. Jahrh., allesamt von Neueren als *Vulgata* bezeichnet. Die Vulgata hat auch Novellen der Könige Egika (687—702) und Wittiza (702—710) und als „Extravaganten" ältere Königsgesetze, die nicht den offiziellen Kompilationen einverleibt waren, aufgenommen.

Ergänzt werden die wisigotischen Gesetze durch die spanischen Konzilsschlüsse. Namentlich finden sich dort wichtige Fragen der Reichsverfassung beantwortet. Aus Toledaner Konzilsschlüssen konnte ein vielleicht dem 8. Jahrh. angehörender Aufsatz *De electione principum* ausgezogen werden[27].

2. Zum Alter der gotischen wie der burgundischen Gesetze steht ihr germanistischer Wert im umgekehrten Verhältnis. Von den Leges romanae und den ostrogotischen Edikten ist von vornherein abzusehen. Gleich diesen zeigen auch die anderen — wie sie Werke der gewaltig gesteigerten Königsgewalt und des Einflusses von geistlichen und weltlichen Optimaten — das germanische Recht, soweit sie es nicht romanisieren, im Zustand der Entartung. Am wenigsten ist dies noch beim Gesetzbuch des Eurich und der Lex Burgundionum der Fall. Die Lex Visigothorum Rekkesswinths und seiner Nachfolger dagegen läßt an Geschraubtheit der Sprache wie an Künstlichkeit und Armseligkeit des Inhalts alles hinter sich, was jemals ihre Vorbilder, die Konstitutionen des verfallenden Römerreichs, geleistet haben. Lediglich der Laune und dem Zufall mag es das Volkstümliche, das Individuelle, das Gewohnheitliche im Recht verdanken, wenn es einmal vor dem Auge des *artifex legum* Gnade findet. Geht er doch darauf aus, den Unterschied zwischen dem römischen Landrecht und dem gotischen Stammesrecht schlechterdings aufzuheben, den die ältere wisigotische Gesetzgebung, ebenso wie die burgundische und in gewissem Umfang sogar die ostrogotische, hatte fortdauern lassen. Zu seinem Wollen freilich steht sein Können in einem so schreienden Mißverhältnis, daß es sich genugsam erklärt, wenn, der Lex Visigothorum zum Trotz, ein gotisches Vulgarrecht in spanischen und portugiesischen *Fueros* zum Vorschein kommt[28], das bedeutsame Rückschlüsse auf das ursprüngliche wisigotische Recht erlaubt, das jedoch in den Randbezirken sorgfältiger Abgrenzung

gegenüber dem vereinzelt nach Spanien übergreifenden salfränkischen Recht bedarf[29].

Auch das romanisierte Wisigotenrecht hat eine bescheidene Renaissance erlebt. Ferdinand III. von Kastilien und Leon (1229—1234) ließ die Lex Visigothorum vulgata ins Kastilianische übersetzen und als *Fuero de Cordova* publizieren. Ebenfalls im 12. Jahrh. wurde die Lex vermutlich in Katalonien von mehreren Bearbeitern, von denen der letzte um 1187 schrieb, mit einer römisch- und kanonisch-rechtlichen Glosse nach bologneser Vorbild versehen[30].

Die geschilderte Art der Gesetzmacherei ließ im Wisigotenreich keine eigentliche rechtswissenschaftliche Literatur aufkommen. Unter den an Zahl geringen juristischen Arbeiten zum wisigotischen Recht ist das belangreichste Stück eine wahrscheinlich zwischen 616 und 620 vielleicht zu Cordova angelegte Sammlung von 46 Urkundenformularen[31]. Denn diese Formelsammlung zeigt nicht nur die dispositive Urkunde teils römischen, teils gotischen Rechts bei den verschiedenartigsten Privat- und Prozeßgeschäften angewandt; sie kann auch als Typus aller ähnlichen älteren Arbeiten gelten, indem sie mit Vorliebe den Redeschmuck der Urkunden pflegt und so deutlich die Verbindung der Kautelarjurisprudenz als einer *ars dictandi* mit der Rhetorik erkennen läßt; hat es doch der Verfasser zu einem vollständig versifizierten Morgengabsbrief — einem Stück einzig in seiner Art — gebracht.

3. Die Gesetzgebung der Ostrogoten[32] gehört der Dynastie der Amaler[33] an:

	Walamer † 468/469		Theodemer † 471		Widemer II. † 473/474
Amalafrida			Theoderich d. Gr. 471—526 *heir. 493* *Fränkin Audofleda*		*Widerich II.* *heir. nach 474* *Wisigotin*
Theodahad 534—536	*Ostrogotho* *heir. 494* *Burgunden* *Sigismund*	*Theodegotho* *heir.* *Wisigoten* *Alarich II.*	Amalaswintha † 535	*heir.* *515*	Eutharich † ca. 522
			Athalarich 526—534		*Mataswintha* *heir. 536* Witiches 536—539

Die ältesten ostrogotischen Gesetze[34] stammen aus der italischen Zeit (493—526) Theoderichs d. Gr. [des Dietrich von Bern der Heldensage]. Erhalten sind ein *Praeceptum contra sacerdotes substantiae ecclesiarum alienatores* vom Jahre 507 und das (nur im Text der auf zwei Handschriften beruhenden Editio princeps von 1579, nicht handschriftlich überlieferte) sowohl für Romanen wie für Goten bestimmte *Edictum Theoderici,* welches in 155 meist aus römischen Quellen geschöpften Kapiteln verschiedene Gegenstände des Privat-, Prozeß- und insbesondere Strafrechts ordnet, für die nicht gesetzlich geregelten Materien aber die Verschiedenheit des römischen und gotischen Rechts bestehen läßt. Seine Entstehungszeit ist streitig. Die ältere, noch heute vorherrschende Meinung ging dahin, daß Cassiodor es in seine Varien aufgenommen haben würde, wenn es während seiner Quästur (wahrscheinlich 507—511) von ihm verfaßt oder in seinem Auftrag gefertigt worden wäre; das Edikt müsse also 493/507[35] oder 512/14[36] entstanden sein. Diese Ansätze würden hinfällig, wenn c. 16 des Edikts, das in jüngeren Quellen[37] mit der Subskription *dat. VIIII kl. octb. iust. opimo* überliefert ist, tatsächlich unter dem Konsulat von Justinus und Opilio, d. h. im Jahre 524 erlassen wäre[38], was dem Inhalt nach denkbar scheint[39]. Dann wäre der 23. Sept. 524 zwar nicht das Publikationsdatum des Edikts, wohl aber der terminus a quo, d. h. dieses müßte, da noch unter Theoderich entstanden, in die Jahre 524/26 gesetzt werden. Die letzte Entscheidung muß den Romanisten überlassen bleiben.

Theoderichs Enkel und Nachfolger Athalarich (526—534) hat zwei in den Varien des Cassiodor erhaltene *Programmata edictalia* erlassen: das eine (Variae IX 2) ca. 527 zugunsten der Curialen; das andere (Variae IX 18) „zwölf Kapitel breiten Wortschwalls, aber ziemlich dürftigen Inhalts, die der Gesetzgeber selbst mit den zwölf Tafeln zu vergleichen wagt"[40], entweder noch aus dem gleichen Jahre[41] oder von ca. 533/34[42].

Daß die ostrogotischen Gesetze sich nicht als *Leges,* sondern als *Edicta* bezeichnen, dürfte formale Rücksichtnahme auf den römischen Kaiser sein, der die Gesetzgebung in Form der *Lex* als Reservatrecht in Anspruch nahm und den Magistraten lediglich das *ius edicendi* zugestand.

Die in Cassiodors Varien VI und VII überlieferte Formelsammlung ist ein mehr rhetorisches als juristisches Musterbuch für die ostrogotische Königskanzlei.

4. Nicht zur gotischen Reichsgesetzgebung wohl aber zum gotischen Rechtskreis gehören weitere Quellen. Im Jahre 1886 veröffentlichte

AUG. GAUDENZI[43] vierzehn Kapitel aus einer sonst wenig bemerkenswerten Kompilation römischen und wisigotischen Rechts, die er in einer Handschrift LORD LEICESTERS in Holkham entdeckt hatte[44], daher „Fragmenta Gaudenziana" oder *Holkhamer Kapitel* genannt. Sie sind offensichtlich dazu bestimmt, ein wisigotisches *edictum regis*, höchstwahrscheinlich den Codex Euricianus[45], in einzelnen Punkten näher auszuführen, können aber nach der Art, wie sie auf dieses rekurrieren, kein Königsgesetz sein. Die gleichzeitige Anlehnung an die wisigotische Interpretatio und an das ostrogotische Edictum Theoderici, die in c.12 hervortretende Stellung des *sagio* als des Fronboten, die eher zu den ostrogotischen als zu den älteren wisigotischen Verhältnissen paßt, deuten darauf, daß die Sätze in einem ostrogotisch verwalteten wisigotischen Gebiet, d. h. in der Provence zwischen 508 und 536 entstanden[46]. Ob es sich um den Erlaß eines ostrogotischen Statthalters oder um eine Privatarbeit handelt, wird sich schwer entscheiden lassen[47].

Jünger, aber durch größere Breitenwirkung ausgezeichnet sind die teils untereinander verwandten, teils selbständigen Auszüge aus der Lex romana Visigothorum, darunter derjenige der um 751/68 geschriebenen Wolfenbütteler Handschrift Weißenburg 97 und die im Mittelalter sehr beliebte (nach ihrem ersten Herausgeber PETRUS AEGIDIUS benannte) *Epitome Aegidiana*[48]. Das eigenartigste Werk dieser Gruppe ist die *Lex romana Raetica Curiensis* (auch *Utinensis* genannt)[49], welche die wisigotische Interpretatio nicht nur exzerpiert[e], sondern auch unter Berücksichtigung des örtlichen römischen Vulgarrechts und des deutschen verändert. Ihre Heimat ist umstritten. Da aber sowohl das Auftreten typisch fränkischer[f] Rechtswörter[50] wie die Erwähnung des Meeres und eines für Graubünden zu frühen Termins der Getreide- und Weinernte[51] darauf zurückgeführt werden können, daß die zugrundegelegte Epitome aus Südfrankreich stammte, dürften die für Churrätien geltend gemachten Argumente durchschlagen[52]; jedenfalls hat die Lex, die nicht als formales Gesetz, sondern als Privatarbeit zu erachten ist, dort in Geltung gestanden, wie die handschriftliche Überlieferung und Textanleihen jüngerer Quellen beweisen. Zu diesen gehört allem Anschein nach auch die Tello-Urkunde für Disentis von 765[53]. Wenn der zur Lex stimmende Passus *mobile et immobile omne quidquid ad vitam hominis pertinet* ihr von vornherein angehört hat[54], wäre die Lex vor 765 zu setzen.

---

e) bzw. ein mit der *Epitome Monachi* verwandtes, aber nicht identisches Exzerpt ausschreibt.

f) z. B. *fretum, festucus, admallare, revestire.*

Bezug genommen wird auf die Lex Curiensis in den *Capitula Remedii*, die sich gleichsam als eine Novelle zu ihr geben, einem Strafstatut der romanischen (und deutschen?) Immunitätsleute von Chur aus der Zeit des Bischofs Remedius (ca. 800—806), welches zweimal in jedem Monat von den Pfarrern den versammelten Gemeinden vorzulesen war[55]. Hier regen sich schon die Anfänge einer territorialen Partikulargesetzgebung, der freilich kein nennenswerter Erfolg beschieden war[56].

[1]) Maßgebende Ausgabe: *Leges Visigothorum* (MGH Leg. nat. germ. I), ed. KARL ZEUMER (1902) [Kleinere Berichtigungen: W. STACH, Hist. Vjschr. XXVI (1926) S. 722ff. u. 730ff.; FRANZ BEYERLE, ZRG G LXVII (1950) S. 9ff. Ein neues Fragment der Lex Visig. (dem Cod. Holkhamensis verwandt) veröffentlichte HERM. MENHARDT, ZRG G XLVI (1926) S. 360—364]. Schulausgabe des Cod. Euric. u. der Lex Visig. Reccesv.: *Leges Visigothorum antiquiores* (MGH Fontes iuris in us. schol.), ed. KARL ZEUMER (1894) [in gewissem Umfang durch die Hauptausgabe überholt]. Schulausgabe des Cod. Euric. u. der Lex Visig. Antiqua (ohne die auf spätere Könige zurückgehenden Zusätze der Reccesv.) mit Übersetzung: *Gesetze der Westgoten* (GR XI), ed. EUG. WOHLHAUPTER (1936) [Besserungsvorschläge: ALFR. SCHULTZE, Über westgot.-span. Eherecht (1944) S. 13, 21; vgl. S. 66]. Schrifttum: BRUNNER, Dt. RG ²I § 48; BUCHNER, RQ § 2; RLGA III S. 135f.; SachWB S. 1347. [2]) Vgl. LUDW. SCHMIDT, Geschichte der dt. Stämme bis z. Ausgang d. Völkerwanderung I: Die Ostgermanen (²1934) S. 400ff. | [3]) Vgl. ECKHARDT, Die Nachbenennung in den Königshäusern der Goten, Steinacker-Festgabe (1955) S. 35ff. [mit weiterer Literatur]. | [4]) Epist. II 1, MGH Auct. antiqu. VIII (1887) S. 21f. Vgl. HEINR. BRUNNER, Dt. RG ²I S. 483 Anm. 4. | [5]) Zur Frühgeschichte d. westgot. Gesetzgebung, ZRG G LXVII (1950) S. 4f. | [6]) Vgl. K. ZEUMER, Geschichte d. westgoth. Gesetzgebung I, NA XXIII (1898) S. 439. | [7]) Die westgoth. Antiqua oder d. Gesetzbuch Reccared d. Ersten (1847) S. X f. | [8]) Dt. RG ²I S. 487f. mit Anm. 24. Vgl. bereits E. TH. GAUPP, Germanist. Abhandlungen (1853) S. 33ff.; ZEUMER, NA XXIII S. 443f. | [9]) Vgl. FITTING, Die sog. westgoth. Interpretatio, ZRG XI (1873) S. 222ff., insbes. S. 244 mit Anm. 42; HEINR. BRUNNER, a. a. O. S. 507f. u. 527. | [10]) Latein. Kommentare zum Codex Theodosianus, Symbolae Friburgenses in honorem Ottonis Lenel (1935) S. 259—356, insbesondere S. 269ff. | [11]) v. SALIS, Leges Burgundionum (1892) S. 68 Anm. 1 u. 5; WIEACKER, a. a. O. S. 352 u. 354. [12]) Vgl. FITTING, a. a. O. S. 228ff. | [13]) A. a. O. S. 291ff. u. 299ff. | [14]) Über das gleichmäßige Verhalten gegenüber dem Codex Justinianus vgl. WIEACKER, a. a. O. S. 270ff.; über die Berührungen mit der Lex romana Burgundionum u. dem Edictum Theoderici vgl. ebd. S. 351—356 [WIEACKERS Annahme, daß die Lex romana sich speziell mit der „zweiten", das Edictum jedoch mit der „dritten" Textschicht berühre, wird schon durch seine eigene Feststellung (S. 354) widerlegt: „Die beiden Burgundergesetze haben mit der Interpretatio und dem Edikt aus der gleichen Vorlage geschöpft"]. | [15]) Interpolationen im Theodosischen Breviar, NA XXV (1900) S. 591f. | [16]) Vgl. ECKHARDT, Pactus leg. Sal I, 1 (1954) S. 208f. | [17]) Historia de regibus Gothorum, Vandalorum et Suevorum, c. 35 u. 51. Vgl. ZEUMER, NA XXIII S. 426ff. | [18]) FRANZ BEYERLE, ZRG G LXVII S. 6. | [19]) Epist. VIII 3 (a. a. O. S. 128): *ut populos sub armis, sic frenat arma sub legibus.* | [20]) BEYERLE, ZRG G XLIX

(1929) S. 392f., LXVII (1950) S. 6ff. | [21]) Hist. Vjschr. XXVI (1926) S. 722ff. [22]) ZRG G LXVII S. 9ff., speziell S. 23f. | [23]) Ebd. S. 14f. u. 23f. | [24]) Ebd. S. 12ff. [25]) Gesamtausgabe (als solche noch nicht ersetzt): *Lex Romana Visigothorum*, ed. GUST. HAENEL (1849) [sprachlich normalisiert. Ein nicht vollständiger Cod. rescriptus wurde 1887 in Leon entdeckt u. 1896 hrsg.: *Legis Rom. Vis. fragmenta ex doc. palimpsesto Legionensis eccl.*, ed. Regia hist. acad. Hispana. Die Lesarten eines wichtigen churrät. Fragments verzeichnete K. O. MÜLLER, ZRG G LVII (1937) S. 429—442]. Übersetzung (vorwiegend der Interpretatio) in system. Anordnung: *Breviarium Alaricianum*, ed. MAX CONRAT (COHN) (1903). Ausgabe d. wisigot. Theodosianus: *Theodosiani libri XVI*, ed. THEOD. MOMMSEN (1905). Ausgabe der übrigen Teile: Fontes iuris Romani antejustiniani II, ed. JOHANNES BAVIERA (²1940) S. 229ff. [Gaius], 317 ff. [Paulus], 437 [Papinian], 653ff. [Gregorian u. Hermogenian], 667ff. [Appendices]. Schrifttum: BRUNNER, Dt. RG ²I § 51; BUCHNER, RQ § 3; FITTING, ZRG XI (1873) S. 222ff. [Interpretatio], 325ff. [Gaius]; HITZIG, ZRG R XIV (1893) S. 187ff. [Gaius]; MAX CONRAT (COHN), Die Entstehung d. westgoth. Gaius (1905), Der Westgoth. Paulus (1907); O. GRADENWITZ, Festschr. Gierke (1911) S. 1069ff. [Valentinians Novelle XXXV]; CHECCHINI, Scritti storici in memor. di Giovanno Monticolo (1913) S. 71ff. [Theodosianus-Interpretatio]; FERRARI, Sulla trasmissione diplomatica del Codice Teodosiano (1915); ERNST LEVY, ZRG R L (1930) [Paulus], Pauli Sententiae (1945), West Roman vulgar law (1951) [Sachenrecht], Weström. Vulgarrecht (1956) [Obligationenrecht]; E. VOLTERRA, Atti del Congr. Intern. di diritto romano: Pavia I (1934) S. 35ff. [Paulus]. | [26]) Über röm. Recht im Rahmen d. Kulturgeschichte (1954) S. 146—163: Caesarius von Arles u. d. Lex Romana Visigothorum [Kenntnis verdanke ich einem frdl. Hinweis von HERM. CONRAD]. | [27]) Ausgabe: Portugaliae Monumenta historica, Leges I S. 1—7. | [28]) Vgl. die instruktive Auswahl u. treffliche Einleitung von EUG. WOHLHAUPTER, *Altspanisch-gotische Rechte* (GR XII, 1936), S. 2ff. u. VIIff. [Fueros aus Leon/Kastilien, Navarra, Aragon und Katalonien mit Übersetzung]. Wissenschaftliche Ausgaben veröffentlicht seit 1937 der schwed. Romanist GUNNAR TILANDER unter dem Titel *Leges Hispanicæ medii ævi* [bisher 6 Bände]. | [29]) Vgl. ECKHARDT, GGA 1932 S. 371f. | [30]) Beschreibung u. Ausgabe: BURKH. v. BONIN, Eine Glosse zur Lex Visigothorum, NA XXIX (1903) S. 51—94. [31]) Ausgabe: ZEUMER, Formulae (1886) S. 572—595. Vgl. ARCADIO LARRAONA/ARTURO TABERA, Atti del Congr. Intern. di diritto romano: Bologna II (1935) S. 107 ff. | [32]) Vgl. LUDW. SCHMIDT, Geschichte der dt. Stämme bis z. Ausgang d. Völkerwanderung I: Die Ostgermanen (²1934) S. 249ff. | [33]) Gegenüber ECKHARDT, Die Nachbenennung in den Königshäusern der Goten, Steinacker-Festgabe (1955) S. 53, gekürzt. | [34]) Maßgebende Ausgabe: *Edictum Theoderici regis* (MGH Leges V S. 145—179), ed. FRIEDR. BLUHME (1875) [Nachdrucke: Fontes iuris Italici medii ævi, ed. PADELETTI (1877); Fontes iuris Romani antejustiniani II, ed. JOHANNES BAVIERA (²1940) S. 681ff.]. Die beiden Edikte Athalarichs in *Cassiodori Varia* IX 2 u. 18 (MGH Auct. antiqu. XII S. 268 u. 282), ed. THEOD. MOMMSEN (1894). Schrifttum: BRUNNER, Dt. RG ²I § 53; BUCHNER, RQ § 6; RLGA III S. 135; SachWB S. 1347f.; FEDERICO PATETTA, Sull'anno della promulgazione dell'Editto di Teodorico (Atti della R. Academia della Scienze di Torino XXVIII, 1893) [dazu A. B. SCHMIDT, ZRG G XVI (1895) S. 245—253]. | [35]) So vor allem HEINR. BRUNNER, Dt. RG ²I S. 527f. | [36]) So AUG. GAUDENZI, Die Entstehungszeit d. Edictum Theoderici, ZRG G VII (1887) S. 29—52. | [37]) *Lex Romana canonice compta* (9. Jahrh., ed. C. MOR 1927) c. 211. Davon abhängig *Collectio Anselmo dedicata*,

P. VII c. 36. | [38]) So PATETTA, a. a. O. S. 19f. | [39]) Vgl. A. B. SCHMIDT, a. a. O. S. 251f. Anm. | [40]) HEINR. BRUNNER, a. a. O. S. 528. | [41]) So PASQUALE DEL GIUDICE, Due Note all'editto di Atalarico, Schupfer-Festgabe 1898 S. 8. | [42]) So THEOD. MOMMSEN, MGH Auct. antiqu. XII (1894) S. 282 [dazu HEINR. BRUNNER, a. a. O. S. 528 Anm. 12]. | [43]) Un antica compilazione di diritto romano e visigoto con alcuni frammenti delli leggi di Eurico tratta da un manoscritto della biblioteca di Holkham [dazu ZEUMER, Eine neuentdeckte westgoth. Rechtsquelle, NA XII (1887) S. 389—400, sowie NA XXIII (1898) S. 464—467; A. B. SCHMIDT, ZRG G IX (1888) S. 223—237]. | [44]) Ausgabe: ZEUMER, MGH Leges Visigothorum (1902) S. 469—472. [45]) So vor allem HEINR. BRUNNER, Dt. RG ²I S. 494ff. Dagegen hielt GAUDENZI sie für Fragmente d. Codex Euricianus selbst, DE UREÑA Y SMENJAUD, La legislación gótico-hispana (1905) S. 170ff., für solche d. Codex Theodoricianus; vgl. auch PATETTA, Sui frammenti di diritto germanico della collezione Gaudenziana, Archivio giuridico LIII (1894) [dazu A. B. SCHMIDT, ZRG G XVI (1895) S. 235—245]. | [46]) Zur Frage d. Fortgeltung ostrogot. Rechts in d. fränkisch gewordenen Provence vgl. RUD. BUCHNER, Die Provence in merowing. Zeit, Arbeiten zur dt. Rechts- u. Verfassungsgeschichte IX (1933) S. 18f., insbesondere Anm. 53. | [47]) BRUNNER, a. a. O. S. 495f. Dagegen vermutete ZEUMER, NA XXIII S. 466 f., daß es sich um ein Statthalteredikt für Septimanien aus der Zeit Leowigilds handele. | [48]) Sämtlich hrsg. von GUST. HAENEL, Lex Romana Visigothorum . . . septem eius antiquis Epitomis, quae praeter duas adhuc ineditae sunt, titulorum explanatione auxit (1849). | [49]) Maßgebende Ausgabe: *Lex Romana Raetica Curiensis* (MGH Leges V, S. 289—441), ed. KARL ZEUMER (1889) [Ein Fragment d. Mailänder Ambrosiana veröffentlichte GIOV. MERCATI (1900) als Beigabe zu G. L. ZANETTI, La Legge Romana Retica Coirese o Udinese]. Schrifttum: BRUNNER, Dt. RG ²I § 52; BUCHNER, RQ § 12. | [50]) Für fränkische Entstehung votierten demgemäß VOLTELINI, P. S. LEICHT. | [51]) Für Entstehung in Istrien traten ein v. BETHMANN-HOLLWEG, WAGNER; für Entstehung in Oberitalien, speziell in Friaul SAVIGNY, FRANC. SCHUPFER, BESTA, ERNST MAYER. | [52]) So HEGEL, HAENEL, STOBBE, PERTILE, v. SALIS, HEINR. BRUNNER, ZEUMER, M. CONRAT, ZANETTI, LABOUCHERE, BUCHNER. | [53]) Nachweis von ZEUMER, Über Heimath u. Alter d. Lex Romana Raetica Curiensis, ZRG G IX (1888) S. 36ff. | [54]) Das bezweifelt, ohne daß klar ersichtlich wird warum, FRANZ BEYERLE, Der Tellotext für Disentis, Jahresbericht d. Hist.-antiqu. Gesellschaft von Graubünden 1948 S. 5ff., speziell S. 45 [die dort angezogene Anm. 28a fehlt]. [55]) Ausgabe: ZEUMER, MGH Leges V (1889) S. 441—444. | [56]) Dazu ELIS. MEYER-MARTHALER, Die Gesetze d. Bischofs Remedius von Chur, Zeitschr. f. Schweiz. Kirchengeschichte XLIV (1950) S. 81ff., speziell S. 188. Über die churrätischen Verhältnisse unter den Karolingern orientieren ELIS. MEYER-MARTHALER, Rätien im frühen MA, Beiheft VII d. Zeitschr. f. Schweizer. Geschichte (1948), OTTO P. CLAVADETSCHER, Das churrät. Reichsgutsurbar als Quelle zur Geschichte d. Vertrags von Verdun, ZRG G LXX (1953) S. 1—63 u. LXXVI (1959) S. 313—328 [dazu W. METZ, DA XV (1959) S. 194—211].

§ 5

Burgunden

1. Gundobads Lex Burgundionum tit. 3 beginnt mit den Worten: *Si quis apud regiae memoriae auctores nostros, id est Gebegam, Godomarem, Gisclaharium, Gundaharium*[a], *patrem quoque nostrum* [Gundeuch] *et patruum* [Chilperich I.] ... Es ist das sagenumwobene Geschlecht des Nibelungenliedes und der nordischen Heldensage: Gibich (*Giúki*) mit seinen Söhnen Gernot (*Guthormr*), Giselher und Gunther (*Gunnarr*).[1] Godomar wird der Vater von Gundeuch und Chilperich I. sein, da ein Sohn und ein Enkel Gundeuchs seinen Namen tragen, während die Namen Gislahar und Gundahar nur variiert wiederkehren[2]. In diesem Zusammenhang ist interessant, wenngleich kaum als selbständiger Beweis zu werten, daß die Nibelungensage Giselher sicher, Gunther höchstwahrscheinlich als kinderlos voraussetzt.

Gebeka

Godomar I. († 437) | Gisclahar († 437) | Gundahar † 437

Gundeuch † ca. 470 | Chilperich I. 443—456

Gundobad 472—516 | Godegisl † 501 | Chilperich II. † ca. 480 | Godomar II. † ca. 480

Sigismund 516—524 *heir. 494 Ostrogotho* | Godomar III. 524—534 | *Chrodechildis heir. 493 Chlodowech*

Suavegota heir. 515 Theuderich I. | Sigerich † 522 | Gisclahad † 524 | Gundobad † 524

2. Die burgundischen Gesetze[3] folgen den im benachbarten Wisigotenreich gegebenen Mustern. Einen *Liber constitutionum* aus seinen und seiner Vorgänger Gesetzen stellte wahrscheinlich nach 480 und jedenfalls vor dem 3. Sept. 501, an dem die erste datierte Novelle zugefügt wurde, König Gundobad zusammen. Nach ihm hieß die heute sogenannte Lex Burgundionum jahrhundertelang *Lex Gundobada* (*Lex Gombata, Loy Gombette*) und die nach ihr lebenden Burgunden *Gundobati*. Der Codex Euricianus von 475/76 ist wahrscheinlich in noch stärkerem

a) Fehlt versehentlich in der Übersetzung GR X, S. 13.

Umfang, als wir an seinen erhaltenen Teilen nachweisen können, in ursprünglicher Fassung herangezogen worden, allerdings nicht wörtlich exzerpiert. Andererseits hat die Lex Burgundionum auf den Pactus legis Salicae, auf die Decretio Childeberts II. von 596 und auf die Lex Ribvaria eingewirkt. [4]Eine Neuredaktion scheint 517 unter König Sigismund[b] erfolgt zu sein. Auch an sie haben sich weitere Novellenschichten angesetzt, darunter das Kapitular von Ambérieu (Extravagante D), das wohl 524 von Godomar III. erlassen wurde. Die Mehrzahl der Handschriften endet mit tit. 88; nur eine Minderheit führt den Text bis tit. 105 weiter. Ob diese Verschiedenheit mit den erwähnten beiden Redaktionen in Beziehung gesetzt werden darf oder ob das vorzeitige Abbrechen der Handschriftenmehrheit ein hiermit nicht zusammenhängender sekundärer Mangel ist, konnte noch nicht geklärt werden[c]. In der Formulierung, teilweise auch in der Gestaltung der Rechtssätze ist der Einfluß römischer Rechtskunst nicht zu verkennen. Dennoch enthält die Lex Burgundionum inhaltlich viel Germanisches, weit mehr als die Gesetze der benachbarten Wisigoten und als das ostrogotische Edikt Theoderichs d. Gr. aus der gleichen Zeit[4].

Auch eine Lex romana Burgundionum hat Gundobad, höchstwahrscheinlich vor 506, erlassen[d]. Meist römische Gesetze und Juristenschriften exzerpierend [bzw. dem verschollenen wisigotischen *Codex Theodoricianus* entlehnend] und im Prinzip parallel dem *Liber constitutionum* gibt sie in 47 Titeln die schon dort angekündigte *Expositio legum* für die romanischen Reichsangehörigen. Infolge häufiger handschriftlicher Verbindung mit der Lex romana Visigothorum ist deren letzte Überschrift *Incipit Papiniani liber I responsorum* irrtümlich auf die Lex romana Burgundionum bezogen worden; diesem Umstand verdankt sie ihre schon in Handschriften des 9. Jahrh. begegnende, nichtdestoweniger völlig sinnlose Betitelung als *Papianus*, die sich ein Jahrtausend lang gehalten hat.

---

b) Über ihn vgl. ER. ZÖLLNER, König Sigismund, das Wallis u. die histor. Voraussetzungen d. Völsungensaga, MIÖG LXV (1957) S. 1–14.

c) FRANZ BEYERLE [ZRG G LXXI (1954) S. 34ff.] hat darauf hingewiesen, daß die Gesetzesbestimmungen teils als allgemeine Rechtsentscheide, teils als konkrete Rechtssprüche gefaßt sind, und hat den durch Ausscheidung der letzteren zu gewinnenden „ursprünglichen" Bestand nicht ohne Gewaltsamkeit auf drei „Sammlungen" verteilt, welche zunächst auf einzelnen Blättern aufgezeichnet, dann zu Rollen vereinigt und schließlich in dadurch bedingter falscher Folge in einen Codex abgeschrieben worden wären. Geistreich, aber unzureichend fundiert!

d) Darauf dürfte sich die Formulierung von Gregor von Tours II 33 beziehen: *Gundobadus... Burgundionibus leges mitiores instituit, ne Romanos obpraemerent.*

Eine burgundische Formelsammlung des 8. Jahrh., die sogenannte *Collectio Flaviniacensis*[5] beruht in der Hauptsache auf den fränkischen Formulae Marculfi und den Formulae Turonenses.

[1]) Vgl. LUDW. SCHMIDT, Geschichte der dt. Stämme bis z. Ausgang d. Völkerwanderung I: Die Ostgermanen ([2]1934), S. 129ff. | [2]) Vgl. ECKHARDT, Irdische Unsterblichkeit (1937) S. 52f. | [3]) Überholte, aber noch maßgebende Ausgabe: *Leges Burgundionum* (MGH Leg. nat. germ. II, 1), ed. LUDW. RUD. V. SALIS (1892) [Textkritisch verfehlt, wie KARL ZEUMER, Zur Textkritik u. Geschichte d. Lex Burgundionum, NA XXV (1900) S. 259—290, und GEORG BAESECKE, Das Verhältnis der Handschriften d. Lex Gundobada nach den Grafenlisten, ZRG G LIX (1939) S. 233—249, nachgewiesen haben. BAESECKES Beobachtungen sind, richtig gewertet, durchaus mit ZEUMERS überzeugender Beweisführung zu vereinbaren. Über eine neue Handschr. in Besançon vgl. P. PETOT, Nouvelle Revue historique de droit français et étranger 1913, S. 337ff.; dazu HEINR. MITTEIS, ZRG G XXXIV (1913) S. 407f. Über ein den Konzilsakten von Valence vom Jahre 855 angefügtes *Caput legis Gondobadae* vgl. MAX CONRAT, NA XXXVII (1912) S. 276—284]. Ältere Ausgaben: *Burgundionum leges Gundobada et Papianus vulgo dictae* (MGH Leges III, S. 497—630), ed. FRIEDR. BLUHME (1862); *Lex Burgundionum* (Fontes rer. Bernensium I, S. 90—134), ed. C. BINDING (1880); *La loi Gombette*, ed. J.-E. VALENTIN-SMITH (1889/90). Schulausgabe mit (lebendiger, aber nicht immer korrekter) Übersetzung u. system. Inhaltsübersicht: *Gesetze der Burgunden* (GR X), ed. FRANZ BEYERLE (1936). Sonderausgaben der Lex romana Burgundionum: ed. BARKOW (1826); Fontes iuris Romani antejustiniani II, ed. JOHANNES BAVIERA ([2]1940) S. 711ff. Schrifttum: BRUNNER, Dt. RG [2]I §§ 49 u. 50; BUCHNER RQ §§ 4 u. 5; RLGA III S. 154; SachWB S. 632. FRANZ BEYERLE, Zur Textgestalt. u. Textgeschichte d. Lex Burgundionum, ZRG G LXXI (1954) S. 23—54. | [4–4]) In Anlehnung an ECKHARDT, SachWB S. 632. | [5]) Ausgabe: KARL ZEUMER, MGH Formulae (1886) S. 469—492.

Dritter Abschnitt

WESTGERMANISCHE RECHTSDENKMÄLER

§ 6
Einführung

1. Ein erfreulicheres Bild als die ostgermanischen gewähren die westgermanisch-deutschen Rechtsdenkmäler der gleichen Übergangs-Epoche. Zwar stehen auch hier die der Form nach gesetzgeberischen Erzeugnisse in vorderster Reihe und unter diesen wiederum die Schöpfungen des Herrschers und der Aristokratie. Aber sie halten sich meist fern von unfruchtbaren Experimenten, beschränken sich auf die nächstliegenden Aufgaben, schaffen auch bei einschneidenden Neuerungen im Geist des Bestehenden fort und lassen es ebensooft beim Formulieren des Herkommens oder beim Erneuern älterer Gesetze bewenden. Am seltensten und gewöhnlich nur nebenher beziehen sie sich auf denjenigen Rechtsteil, der die allergründlichsten Umwälzungen erfahren hat: die Verfassung. Hier erledigte die Praxis die großen Prinzipienfragen. Auch von privatrechtlichen Gegenständen werden nur jene öfter berührt, welche durch die Kulturveränderungen am tiefsten erschüttert worden sind: das Verwandtschafts-, das Grundgüterrecht, die Stellung der Unfreien und Freigelassenen. Ergiebiger sind die prozessualen Satzungen, am ergiebigsten die strafrechtlichen. Im Prozeß- und ganz besonders im Strafrecht mußten eben die durchgreifenden Veränderungen systematischer und mechanischer vollzogen werden. Um nur die beiden vornehmsten Ursachen zu nennen: die Einführung des Christentums brachte Ausmerzung alles Heidnischen aus Recht und Sitte, die Einführung des gemünzten Geldes brachte Neuregelung aller Bußsätze mit sich. Ordnen sich so durch ihren Inhalt die Gesetze dem sonst geltenden Recht ein, so schließen sich auch in der Sprechweise jene diesem an. Selbst die lateinische Rede wird schlicht und oft wortkarg, vulgarisiert und barbarisiert[1]. Sie wimmelt von Germanismen, die freilich nur der würdigt, der an die rein germanischen Rechtstexte gewöhnt ist.

Die westgermanischen Gesetze zerfallen in drei Gruppen: die des fränkischen Reiches der Merowinger und Karolinger, die des langobardischen Reichs und die der angelsächsischen Staaten und Reiche. Die größte und geschichtlich wichtigste Gruppe ist die erstgenannte.

2. *Leges* und *Capitula* sind die beiden Kategorien, unter welche fast alle gemeinen Gesetze im Frankenreich eingeteilt werden müssen. Dieser Gegensatz läuft dem von Stammesrecht und Landesrecht [in gewissem Umfang zugleich dem von Volksrecht und Königsrecht] parallel. Schon die gotische und burgundische Staatsbildung hatte zu einem solchen Gegensatz geführt. Die fränkische erweiterte ihn durch das Personalitätsprinzip (System der persönlichen Rechte), demzufolge jeder germanische Untertan des Königs im ganzen Reich des letzteren nach dem Recht seines Stammes zu beurteilen war, soweit nicht der König Territorialrecht geschaffen hatte — ein Prinzip, welches, wie neu auch immer, doch ganz und gar aus der altgermanischen Auffassung des Rechts[a] abgeleitet war, daher auch mit dieser Idee selbst zurücktreten mußte. Für die Romanen und die Einrichtungen der Kirche dauerte das Recht des römischen Reiches fort, damit aber auch der Einfluß des römischen Rechts auf das deutsche. Das Personalitätsprinzip krankte von vornherein an den Schwierigkeiten seiner Durchführung, die nicht nur eines ausgebildeten „internationalen" Privat-, Straf- und Prozeßrechts, sondern auch eines gelehrten Standes von Urteilfindern in den Gerichten bedurfte. Am wenigsten konnte dem letzteren Erfordernis Genüge geleistet werden. Schon hierdurch ist eine territoriale Fortbildung des deutschen Rechts mehr und mehr zur Notwendigkeit geworden.

Das Stammesrecht nun aufzunehmen war die *Lex* bestimmt, und in diesem Sinne können die *Leges* Volksrechte genannt werden. [a]Der Gesetzestechnik nach stellen sich die Volksrechte teils als königliche Verordnung (*edictus*), teils als Gesetzgebung des Königs mit den Großen des Stammes (*pactus*), teils als Rechtsweisung rechtskundiger Männer (*êwa*) dar. Manche Volksrechte repräsentieren einen solchen Typus ziemlich rein. Andere gehören teils zur einen, teils zur andern Form. So wechselt die Lex Salica, die sich in ihrer merowingischen Fassung selbst als *pactus* bezeichnet, ständig zwischen Satzung und Weistum; ist sie demnach formell teils *edictus*, teils *êwa*, so stellen Titelanfänge wie *Hoc convenit observare* auch den *pactus*-Charakter außer Frage. Noch die volle drei Jahrhunderte jüngere Lex Frisionum zeigt die gleiche Mischung und trennt auch äußerlich eine *additio sapientum* vom eigentlichen Satzungstext. Inhaltlich enthalten die Volksrechte überwiegend Gewohnheitsrecht. Ihre eigentliche Geltungsperiode ist die fränkische

a) Vgl. § 1 Z. 8.

Zeit. Man wird annehmen dürfen, daß sie noch im 10. und 11. Jahrh. grundsätzlich als geltendes Recht angesehen wurden. Die auf dem Aachener Reichstag von 802 aufgezeichneten und 803 publizierten Leges Saxonum, Thuringorum, Chamavorum freilich und die gleichzeitig zusammengestellte Lex Frisionum scheinen niemals bodenständig geworden zu sein, wie die äußerst dürftige Überlieferung und das Fehlen aller Spuren literarischer Benutzung dartun. Wesentlich stärker war die Tiefenwirkung, wie der ostgermanischen Lex Burgundionum so der westgermanischen Leges Salica, Ribvaria, Alamannorum, Baiuvariorum, die in zahlreichen Handschriften gerade auch aus den nachfränkischen Jahrhunderten auf uns gekommen, in späteren Quellen gelegentlich benutzt und z. T. noch in den Rechtsbüchern des 13. Jahrh. verwertet worden sind.

Von den Volksrechten unterscheiden sich die Kapitularien[3] durch ihre thematisch oder zeitlich beschränktere Zielsetzung, nicht dagegen durch ihren Entstehungsgrund: weder läßt sich der modern-juristische Gegensatz von „Gesetz" im technischen Sinne und „Verordnung" hier verwenden, noch trifft die überspitzte Formulierung zu, daß die Volksrechte durch die Gesamtheit des Volkes beschlossen, die Kapitularien dagegen von der königlichen Gewalt erlassen seien. In Wahrheit wirken bei beiden König und Volksversammlung zusammen. Auch die Volksrechte werden in der Regel als königliche Edikte verkündet oder neu gefaßt; auch die Kapitularien werden mit Zustimmung der Volksversammlung erlassen, bis schließlich bei beiden Arten von Rechtsquellen die Mitwirkung des Volkes in den Hintergrund tritt. Selbst in der abgeschwächten Fassung, daß die Volksrechte inhaltlich Gewohnheitsrecht, die Kapitularien jedoch rechtsschöpferisches Königsrecht enthielten, ist die überkommene Gegenüberstellung nicht zu halten. Tatsächlich sind nahezu alle Volksrechte mit „Satzungen" neuen Rechts durchsetzt; anderseits stellen sich nicht wenige Kapitularien als gesetzlicher Niederschlag rein gewohnheitsrechtlicher Weiterbildung dar[b]. Die heute übliche Scheidung stützt sich darauf, daß seit der Karolingerzeit die *Leges* von den *Capitularia* unterschieden werden[2]. Technisch ist diese Einrichtung wie der Ausdruck *capitula* für Gesetze und die Benennung einer Gesamtheit solcher Kapitel als *capitulare* erst seit Karl dem Großen (779). Daneben und namentlich früher wurden die Aus-

b) Es ist deshalb durchaus verständlich, daß die erste große Ausgabe der Kapitularien [Etienne Baluze, Capitularia regum Francorum I u. II (1677)] die Volksrechte an dem durch ihr wirkliches oder vermeintliches Alter gewiesenen Platz unter die Kapitularien einreihte.

drücke *edictum, praeceptum, decretum, constitutio* und ähnliche gebraucht. Der Zwecksetzung nach sind die älteren Kapitularien entweder Novellen zu einem Volksrecht [wie die Kapitularien I, III und V zur Lex Salica] oder selbständigere Sondergesetze im stammesmäßigen Rahmen [wie die salischen Kapitularien II und IV: der *Pactus pro tenore pacis* der Chlodowech-Söhne Childebert (511—558) und Chlothar (511—561) von etwa 524 und der *Edictus Chilperici* (561—584) *pro tenore pacis* von etwa 575, die sich beide ausdrücklich auf die Lex Salica beziehen] oder endlich nicht stammesmäßig gebundene Reichsgesetze [wie die *Decretio Childeberti* (576—596) vom 1. März 596, die zwar früh der Lex Salica beigegeben wurde, aber ursprünglich ein allgemeines Reichsgesetz für Austrasien war, das Edikt Guntchrams (561—593) vom 10. Nov. 585, die beiden Gesetze Chlothars II. (584—629), darunter das verfassungsrechtlich hochwichtige *Edictum Chlotharii* vom 18. Okt. 614]. Mit der Gesetzgebung Chlothars II. brechen die merowingischen Kapitularien ab.

[1]) Spezialarbeiten: FR. POTT, Roman. Elemente in d. Lex Salica, Zeitschr. f. Wissensch. d. Sprache III (1851) S. 112—165, und Zeitschr. f. vergl. Sprachforschung XII (1863) S. 161—206, XIII (1864) S. 24—105, 321—364; L. STÜNKEL, Das Verhältnis d. Sprache d. Lex Romana Utinensis zur schulgerechten Latinität (1876), und Zeitschr. f. roman. Philologie V, S. 111 ff.; K. W. GAUL, Roman. Elemente in d. Latein d. Lex Salica (Diss. Gießen 1886); B. KÜBLER, Archiv f. lat. Lexikographie VIII (1893) S. 445 ff.; J. PIRSON, Le Latin des formules Mérovingiennes et Carolingiennes, Roman. Forschungen XXVI (1909) S. 837 ff.; FRANZ SCHRAMM, Sprachliches zur Lex Salica, Marburger Beiträge zur roman. Philologie III (1911); BRUNO KRUSCH, Die Lex Bajuvariorum (1924) S. 163 ff., 322, 339 ff.; JEANNE VIELLARD, Le Latin des diplômes royaux et chartes privées de l'époque Mérovingienne (1927); RUD. BUCHNER, Textkritische Untersuchungen zur Lex Ribvaria (1940) S. 8 ff.; ECKHARDT, Pactus legis Salicae II, 1 (1955) S. 53—73. Über Vulgär- u. Schriftlatein d. Zeit im allgem. W. MEYER in GRÖBERS Grundriß d. roman. Philologie I S. 355—382. Vgl. auch KARL STRECKER, Einführung in d. Mittellatein (1928), und die von ihm angeführten älteren Werke. | [2–2]) In Anlehnung an ECKHARDT, SachWB S. 496 u. 1347. | [3]) Neuere Ausgaben: PERTZ, MGH Leges I (1835), II (1837); BORETIUS/KRAUSE, MGH Capitularia regum Francorum I (1883), II (1890/97) [in der juristischen Durchdringung des Stoffes ein Fortschritt; die von BORETIUS bearbeiteten Teile editorisch unzureichend]. Vgl. BRUNNER, Dt. RG [2]I § 55; BUCHNER, RQ § 17 u. S. 77—81; SachWB S. 496 f.; F. L. GANSHOF Wat waren de capitularia? (Brüssel 1955), Recherches sur les Capitulaires (1958) [souveräne Zusammenfassung].

§ 7
Franken

1. Zum bessern Verständnis seien auch hier Stammtafeln der beiden fränkischen Dynastien[1], soweit sie für die Gesetzgebung des fränkischen Stammes und Reiches von Bedeutung waren, vorausgeschickt:

I.

Childerich I.
† 481

Chlodowech 481—511 *heir. 493* *Burgundin* *Chrodechildis*	*Audofleda* *heir. 493* *Ostrogoten* *Theoderich*

Theuderich I. (Bastard) 511—534 *heir. 515* *Burgundin* *Suavegota*	Chlodomer 511—524 *heir.* *Guntheuka*	Childebert I. 511—558 *heir.* *Vultrogotha*	Chlothar I. 511—561 *heir. u. a.* Chlodomers *Witwe* *Guntheuka*	*Chlodechilde* *heir.* *nach 511* *Wisigoten* *Amalarich*
Theudebert I. 534—548	Guntchramn 561—593	Sigibert I. 561—576	Chilperich I. 561—584	
Theudebald 548—555		Childebert II. 576—596	Chlothar II. 584—629	
			Dagobert I. 623—639	

Sigibert III. 634—656	Chlodowech II. 639—656 ↓ Childerich III. 743—751

Merowinger wie Karolinger teilten beim Vorhandensein mehrerer Erben das Reich. Gesetze galten nur in dem Teilreich, für das sie Gesetzeskraft erlangt hatten. So ist die salfränkische Gesetzgebung schon unter den Chlodowech-Söhnen getrennte Wege gegangen: An den chlodoweischen Grundstock setzten sich in dem austrasischen Teilreich seines illegitimen ältesten Sohnes Theuderich [des Wolfdietrich der Heldensage] und in den untereinander enger verbundenen Reichen seiner ehelichen Söhne Childebert und Chlothar unterschiedliche Sekundärschichten an, deren volle Verschmelzung auch nach Wiederherstellung der Reichseinheit nicht gelang, zumal alsbald wieder neue Reichsteilungen mit abweichender Grenzziehung Platz griffen. In der Folge wird die Verschiedenheit der völkischen Zusammensetzung nicht ohne Einfluß auf die Auseinanderentwicklung des neustrischen und des austrasischen Rechtes gewesen sein.

II.

Karl Martell
† 741

Karlmann
† 754

Pippin d. J.
751—768

Karl der Große
768—814

Karlmann
† 771

Ludwig der Fromme
814—840

Lothar I.
817—855

Ludwig d. Deutsche
840—876

↓

Ludwig das Kind
900—911

Karl der Kahle
840—877

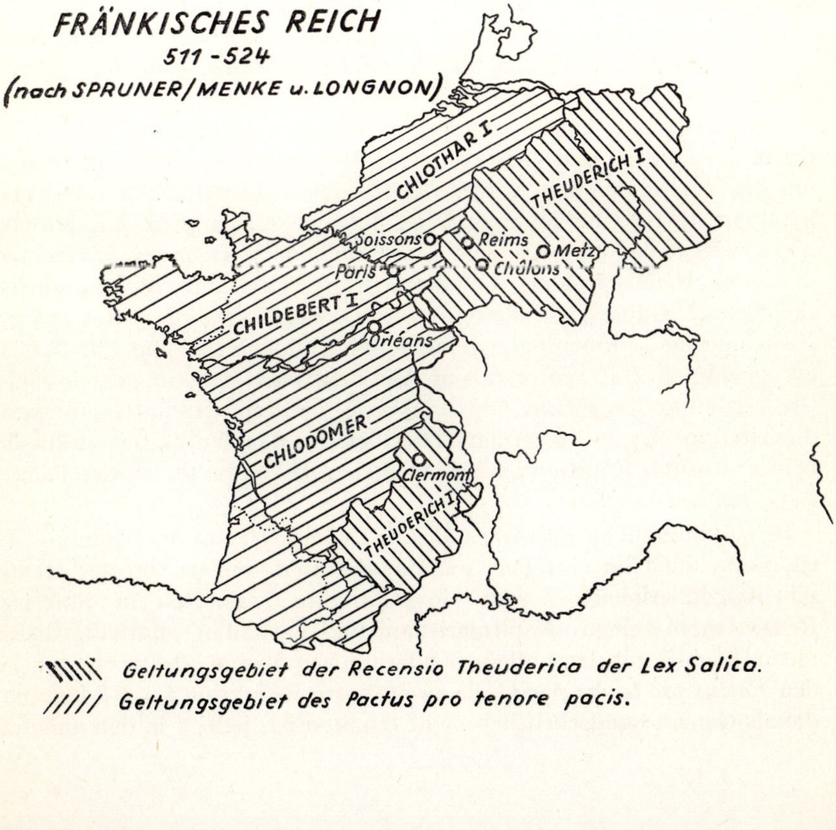

\\\\\ Geltungsgebiet der Recensio Theuderica der Lex Salica.
///// Geltungsgebiet des Pactus pro tenore pacis.

2. Das Gesetzbuch des west- oder salfränkischen Stammes, der *Pactus legis Salicae*[2], ist die älteste westgermanische Lex und das Urbild einer solchen. Der sogenannte „Kurze Prolog" erzählt, in der Hauptsache glaubwürdig: von den Franken und ihren Großen (*proceribus*) seien vier Männer ausgewählt worden, welche in drei Gerichtsversammlungen nach sorgfältigem Durchsprechen aller Streitfälle das Recht so „gewiesen" hätten, wie es in der Lex stehe. Diese Weistümer sind in der ursprünglichen Gestalt nicht erhalten, und es muß überhaupt bezweifelt werden, ob letztere eine schriftliche war. Daß der Kurze Prolog als solcher kein originales Dokument aus der Zeit der Kleinkönige vor Chlodowech[3], sondern der sekundäre Niederschlag mündlicher Tradition ist, zeigen die konstruierten[4] Namen der vier Rechtsweiser *Wisogastis, Arogastis, Salegastis, Widogastis,* die man sich schlechterdings nicht als gleichzeitig lebende, gesetzgeberisch zusammenwirkende historische Persönlichkeiten denken kann[5]. Der Diktion nach scheint die schriftliche Fixierung des Kurzen Prologs auf den Referendarius Asclipiodot zurückzugehen[6], der als Leiter der burgundischen Kanzlei König Guntchrams den Vertrag von Andelot vom 29. Nov. 587 formuliert haben wird[7] und nach Guntchrams Tode im Auftrag Childeberts II. die *Decretio Childeberti* vom 1. März 596 stilisiert und rekognosziert hat. Uneingeschränkten Glauben verdient der „Epilog", der in der ältesten und vielen jüngeren Handschriften entgegentritt und um 524 entstanden sein wird[8]. Die (in den Zahlenangaben verderbte) handschriftliche Überlieferung weist auf eine Ausgangsfassung zurück, nach welcher das ursprüngliche Gesetzbuch des *primus rex Francorum,* d. h. des Reichsgründers Chlodowech, 65 Titel umfaßte, zu denen Chlodowech selbst bald darauf *cum optimatis suis* die Titel 66—78 [= Kapitular I] hinzufügte, seine Söhne Childebert I. und Chlothar I. aber geraume Zeit später, allem Anschein nach 524, in gemeinsamer Gesetzgebung den *Pactus pro tenore pacis* stellten, der im Gesamtwerk die Titel 79—93 [= Kapitular II] bildet. An dem Verhältnis zu diesen beiden ältesten Kapitularien scheiden sich die Redaktionen des Pactus legis Salicae:

Die ursprüngliche *Recensio Chlodovea* von 507/11 in 65 Titeln [= A] ist, wenn auch im einzelnen mannigfach kontaminiert, in vier Handschriften überliefert. Soweit sie (und ihre Trabanten in jüngeren Redaktionen) einen Kapitularienanhang enthalten, umfaßt dieser niemals das Kapitular I allein, sondern neben diesem oder auch ohne es den *Pactus pro tenore pacis.* Die zweitälteste Redaktion [= B] dagegen, die als Ganzes handschriftlich nicht erhalten ist, jedoch in den anderen

Fassungen, vor allem in der HEROLDschen Ausgabe von 1557, starke Spuren hinterlassen hat, kennt nur das chlodoweische Kapitular I. Ihr Redaktor hat ferner die in den übrigen merowingischen Fassungen stehende Wertgleichung 1 Solidus = 40 Denare getilgt und stattdessen die Rechnung nach *chunnas*, d. h. nach Denarhunderten, eingefügt, wozu am Schluß eine entsprechende Übersichtstabelle gebracht wird; er schrieb also in einer Zeit und einem Gebiet ungebrochener fränkischer Entwicklung, am ehesten in Austrasien, wohin auch die Überlieferung zu weisen scheint. Beide Besonderheiten sprechen für das Teilreich Theuderichs I. (511—533), von dessen Gesetzgebung in Châlons-s-M noch der Prolog zur Lex Baiuvariorum weiß, so daß es gerechtfertigt scheint, diese Redaktion als *Recensio Theuderica* zu zitieren. Wird es sich hier, wie bei der Recensio Chlodovea, um eine formelle Gesetzgebung handeln, so sind die späteren Redaktionen des Pactus legis Salicae nur als kanzleimäßige Neufassungen zu erachten. Das gilt wohl schon für die dritte Redaktion [= C], die nach dem Concilium Turonense von 567, vor der Decretio Childeberti von 596 wahrscheinlich in Sens, jedenfalls aber im Teilreich Guntchrams (561—593) entstand, das sich von Burgund bis vor die Tore von Paris erstreckte. Die *Recensio Guntchramna* unterscheidet sich von der ursprünglichen chlodoweischen Fassung und von der theuderizianischen, welche sie miteinander verschmolzen hat, durch die Einschaltung zahlreicher Bußbestimmungen, die Weistumscharakter tragen und insgesamt etwa ein Sechstel des Bestandes ausmachen. An ihrer Spitze steht der Kurze Prolog.

Das Vulgärlatein des Pactus legis Salicae ist durchsetzt mit teils latinisierten, teils rein germanischen Wörtern fränkischer Herkunft. Aus ihnen hebt sich als Sonderbestand die sogenannte Malbergische Glosse heraus: fränkische Wörter und Sätze, welche mittels der Sigle *mall.* oder *malb.* in die Texte der Handschriften eingeschoben sind und die im Gericht (*in mallobergo*) üblichen Kunstausdrücke und Formeln angeben. Von den Abschreibern ist die malbergische Glosse schwer entstellt worden; Wiederherstellungsversuche[9] haben nur zu Teilerfolgen geführt. Auffallend ist, daß zwar die Bußkataloge aller Überlieferungsschichten, auch der älteren Kapitularien zur Lex, Stück für Stück glossiert sind, die ausgesprochenen Satzungen, die in sie eingebettet sind[10], dagegen nur in seltenen Ausnahmefällen eine Glosse zeigen. Demnach scheinen die Glossen Reste einer schriftlichen oder mündlichen Vorformung der Bußweistümer in der Sprache des Volkes zu sein, während sich die hinzutretende königliche Satzung schon bei der Erstformulierung des Lateinischen bediente[11]. AMIRAS Ansicht, daß die

Glosse keinen wesentlichen Bestandteil von Chlodowechs Pactus gebildet habe, sondern als Niederschlag der Privatinterpretation des 6. Jahrh. anzusehen sei, ist angesichts dieser Sachlage nicht zu halten, verträgt sich auch nicht mit dem Umstand, daß die vermeintlich jüngeren Glossen und die in den Text selbst eingesprengten sicher ursprünglichen fränkischen Wörter den gleichen Sprachstand, die gleiche handschriftliche Weiterentwicklung zeigen[12]. Auch nach AMIRA ist die malbergische Glosse das älteste Schriftwerk in deutscher Sprache[a].

Von den merowingischen Fassungen unterscheidet sich der pippinische 100 Titel-Text, die *Lex Salica* im engeren Sinne, durch abweichende Gliederung und Anordnung, weniger durch den Inhalt; selbst die Glosse ist, obwohl offensichtlich nicht mehr verstanden, zunächst beibehalten worden. Die eigentliche *Recensio Pippina* von 763/64 [= D] ist kein formelles Gesetz, sondern ein Kanzleiprodukt. Voraus geht der von Baddilo stilisierte „Lange Prolog", der das Kernstück des Kurzen übernommen hat und sich auch sonst weitgehend auf Materialien des 6. Jahrh. stützt. Am Schlusse folgt der aus merowingischer Vorlage übernommene Epilog mit einer (auch selbständig überlieferten) Königsliste. Die *Decretio Childeberti* ist adkapituliert[13]. Auf der Recensio Pippina beruht eine in flüssigerem Latein geschriebene Neufassung [= E], welche die bis dahin weitergeschleppten malbergischen Glossen ausgestoßen, den Text einschließlich Prolog, Epilog, Königsliste, Decretio Childeberti stilistisch überarbeitet hat. Allem Anschein nach ist diese *Emendata* im Jahre 798 auf Befehl Karls des Großen von Erkanbald gefertigt worden[14], hat jedoch das königliche Placet nicht erhalten[15]; die auf uns gekommenen Abschriften gehen wahrscheinlich auf ein Exemplar in Tours zurück, welches Alkvin zur Stellungnahme übersandt worden war[14].

Bei der Herstellung der endgültigen karolingischen Fassung, der *Lex Salica Karolina* von 802/03 in 70 Titeln [= K], diente neben merowingischen Handschriften, vorab der Recensio Guntchramna, deren Anordnung beibehalten ist, der Kanzleientwurf von 798 als Hauptvorlage. Die Karolina ist, wenn man die Abschriften des 15. und 16. Jahrh. mitzählt, in mehr als 60 Manuskripten überliefert und liegt auch den älteren Ausgaben, mit Ausnahme der HEROLDschen, für die sie nur eine der Vorlagen gebildet hat, zugrunde. Auf ihr beruhen die syste-

a) GEORG BAESECKE [Die dt. Worte d. german. Gesetze, PBB LIX (1935) S. 47 u. 56] will nur für einen Teil der fränkischen Wörter im Text eine Datierung in d. frühe 6. Jahrh. gelten lassen, die malbergische Glosse jedoch erst ins 8. Jahrh. setzen. Dagegen ECKHARDT [Pactus legis Salicae I, 1 (1954) S. 186 mit Anm. 359] und die ebd. verzeichnete weitere Literatur.

matische Fassung [= S], deren 2 Handschriften auf ein im Auftrag Markgraf Everards von Friaul um 830 gefertigtes oberitalienisches Stammexemplar zurückgehen, und die wahrscheinlich zur gleichen Zeit in Fulda entstandene ostfränkische Verdeutschung [= V], von der nur noch ein Trierer Bruchstück erhalten ist.

Obwohl erst nach dem Übertritt Chlodowechs zum Christentum erlassen und möglicherweise in einigen wenigen Punkten von diesem beeinflußt[16], ist der *Pactus legis Salicae* strukturell ein durchaus vorchristliches Gesetz: das einzige, welches wir besitzen. Ein Vergleich mit den zeitlich vorangegangenen Volksrechten der Wisigoten und Burgunden, mit der jüngeren Gesetzgebung der Langobarden und Angelsachsen, mit den in anderer Beziehung so urtümlichen skandinavischen Rechtsbüchern und Gesetzen zeigt die Bedeutung dieses Umstandes auf Schritt und Tritt. Die gelegentliche Heranziehung der Lex Burgundionum [nicht des Codex Euricianus] schon in der Recensio Chlodovea und erneut in der Decretio Childeberti, eine Textanleihe der Recensio Guntchramna bei der Lex romana Visigothorum haben diesen Sachverhalt geringfügig modifiziert, aber nicht zu verdunkeln vermocht. Stärkeren christlichen Einfluß zeigt erst die pippinische Redaktion.

3. Dem Geltungsgebiet nach dem Pactus legis Salicae zunächst und textgeschichtlich mit ihm in engem Zusammenhang steht das Volksrecht der östlichen Franken oder Ribwaren, die *Lex Ribvaria* (auch *Pactus legis Ribvariae* und *Lex Ribvariorum*)[17]. Erhalten ist nur eine jüngere Überarbeitung unter Pippin, wohl annähernd gleichzeitig mit jener der Lex Salica von 763/64: *Recensio Pippina* [= A] und deren sprachliche Überarbeitung in der Kanzlei Karls des Großen vor 803: *Emendata* [= B]. Aus dem letzteren Jahre liegt eine an die Titeleinteilung der Emendata anknüpfende *Legis constitutio in lege Ribvaria mittenda* in 12 Kapiteln vor.

Nach der schon von ROGGE vertretenen, von SOHM näher begründeten, von FRANZ BEYERLE[18] erfolgreich verteidigten Lehre stammt der mit einiger Sicherheit aus der Recensio Pippina herauszuschälende Kern der Lex Ribvaria aus merowingischer Zeit und zwar, wie BEYERLE nachgewiesen hat, aus dem 7. Jahrh. Neuere Untersuchungen[19] haben zu dem Ergebnis geführt, daß nur zwei vor-pippinische Textschichten zu unterscheiden sind: Die ältere, nach der Vereinigung Austrasiens mit dem Reiche Chlothars II. (584—629) im Jahre 613 begonnen und noch zu dessen Lebzeiten von seinem Sohne Dagobert I. (623—639), wahrscheinlich 623/25 als Gesetz verkündet, dient dem Ziele, den ribwarischen

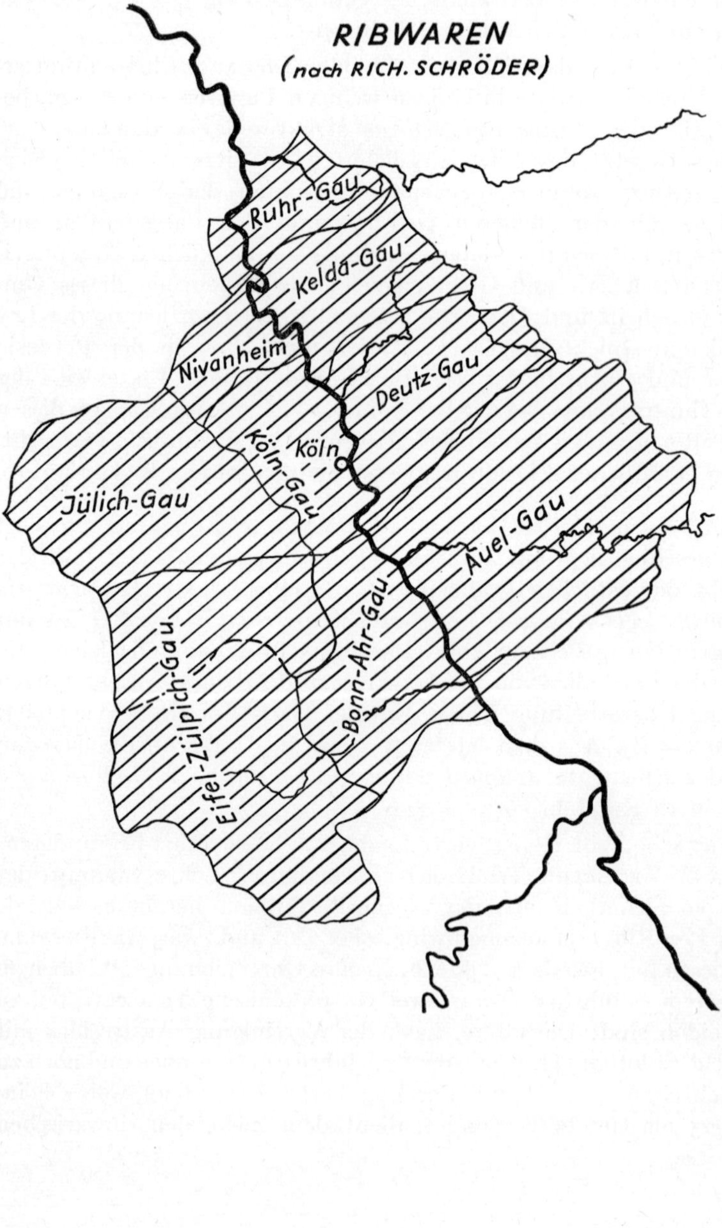
RIBWAREN
(nach RICH. SCHRÖDER)
Ruhr-Gau
Kelda-Gau
Nivanheim
Deutz-Gau
Köln
Köln-Gau
Jülich-Gau
Auel-Gau
Bonn-Ahr-Gau
Eifel-Zülpich-Gau

Dukat gesetzgeberisch in das Gesamtreich einzugliedern und ihm sein angestammtes Recht zu gewährleisten. Sie ist demgemäß im wesentlichen eine Aufzeichnung überkommenen Rechts, folgt bei den Bußen dem ribwarischen Berechnungssystem und lehnt sich bei der Formulierung nur in bescheidenem Umfang an die neustrische Recensio Guntchramna des Pactus legis Salicae sowie an den unmittelbar vorher aus gleichen gesetzgeberischen Motiven geschaffenen Pactus Alamannorum an (Titel 1—31 und 68); einige Konstitutionen Chlothars II. (jetzt Titel 57—62) und Dagoberts I. (jetzt Titel 88) waren am Schlusse angehängt. Auf diese erste „Kodifikation" ribwarischen Rechtes bezieht sich die Nachricht des Prologs zur Lex Baiuvariorum über die Gesetzgebung Dagoberts durch vier *viri inlustres*, von denen zwei mit Sicherheit als hohe Beamte der fränkischen Königskanzlei nachzuweisen sind. Die jüngere Textschicht, im austrasischen Teilreich des Dagobert-Sohnes Sigibert III. (634—656) oder seines Sohnes Dagobert II. (656—661), jedenfalls zur Zeit und unter dem Einfluß des mächtigen Hausmeiers Grimoald (643—662) entstanden, bezweckt dagegen allem Anschein nach die rechtliche Konsolidierung des Teilreichs Austrasien durch Ausbau der Lex Ribvaria zu einem umfassenden Gesetz für alle austrasischen Franken. Kennzeichnend für diese zweite Textmasse (Titel 32—56, 63—67, 69—79, 81, 87 und 89) ist, daß sie sich stärkstens an die austrasische Recensio Theuderica des Pactus legis Salicae angelehnt hat und daß sie bei den Bußen dem salischen Berechnungssystem folgt. Die pippinische Redaktion hat dann noch einige unbedeutende Stücke (Titel 80, 82—86) eingefügt und den älteren Bestand gelegentlich (so vor allem in Titel 36) interpoliert; dabei scheint nunmehr der pippinische Text der Lex Salica zugrundegelegt zu sein. Auch das Titelverzeichnis gehört erst dieser Redaktion an.

4. Von den Kapitularien reichen nur die wenigen bereits besprochenen[b] ins 6. oder 7. Jahrhundert zurück, keines in die Zeit zwischen dem Merowinger Chlothar II. und dem Arnulfinger Karlmann. Von 742 ab erscheinen sie häufiger, zuerst in Kirchensachen, unter der neuen Dynastie auch wieder in weltlichen, wie die alten merowingischen Dekrete. Am stattlichsten wird die Zahl der Kapitularien unter Karl dem Großen und Ludwig dem Frommen bis etwa gegen 830 hin, was nicht sowohl mit der langen Dauer von Karls Regierung und mit der Ausdehnung seines Herrschaftsgebietes, als mit der Auffassung zusammenhängt, die man jetzt vom Beruf des König- und Kaisertums

b) Vgl. § 6 Z. 2 mit Anm. 3.

„von Gottes Gnaden" in Sachen der Rechtsbildung hatte: *ut ... si quid tale esset, quod ... secundum gentilium consuetudinem crudelius sancitum esset, quam christianitatis rectitudo vel sancta auctoritas merito non consentiret, hoc ad regis moderationem perduceretur, ut ipse cum his, qui utramque legem nossent et Dei magis quam humanarum legum statuta metuerent, decerneret* (Hinkmar von Reims). Eben deswegen setzte sich die Auffassung durch, daß die Rechtskraft des Kapitulars nicht von der Zustimmung des Volkes oder einer Klasse desselben abhängig sei, wenn auch der Gesetzgeber aus rechtspolitischen Gründen einen solchen Konsens zu fordern und zu dokumentieren nicht verschmähte[20]. Unumgänglich war seine Einholung und die Berufung auf ihn, wenn das Kapitular einer Lex adkapituliert und gleichen Rang wie eine solche erhalten sollte; da die Erwähnung des Konsenses beim Kapitular zur Lex Salica vom Jahre 819/20 versehentlich unterblieben war, mußte Ludwig der Fromme im Jahre darauf ausdrücklich verfügen[21]: *Generaliter omnes admonemus, ut capitula, que preterito anno legis Salicae per omnium consensum addenda esse censuimus, iam non ulterius capitula sed tantum lex dicantur, immo pro lege teneantur.* Seit 830 ungefähr nimmt im lotharischen und ostfränkischen Reich die Menge der Kapitularien beträchtlich ab und es überwiegt nun auch wieder der kirchliche Inhalt.

Seit Karl dem Großen, insbesondere seit dem Aachener Reichstag von 802/03, ist eine Aufteilung und unterschiedliche gesetzgeberische Einstufung des Kapitularienstoffes zu beobachten. In voller Entfaltung erscheint sie bei der Gesetzgebung Ludwigs des Frommen von 818/19. Eine Präambel mit vorwiegend religiöser Motivierung [Boretius Nr. 137] leitet vier verschiedene Kapitularien ein: *capitula ad .. ordines ecclesiasticos pertinentia* [Boretius Nr. 138], *capitula quae legibus addenda sunt* [Boretius Nr. 139], *capitula quae per se scribenda sunt* [Boretius Nr. 140] und *capitula ad legationem missorum .. pertinentia* [Boretius Nr. 141]. Vorwiegend auf diese Gliederung stützt sich die moderne Unterscheidung von „Capitula ecclesiastica" und „Capitula mundana", die ihrerseits entweder „Capitula legibus addenda", „Capitula per se scribenda" oder „Capitula missorum" sind; doch fügen sich die älteren Kapitularien diesem Schema nur bedingt ein, das denn auch durch Bildung einer weiteren Gruppe „Capitula mixta" praktisch aufgegeben ist.

Nicht alles, was in den handschriftlichen und gedruckten Sammlungen von Kapitularien steht, war Gesetz. Vorweg müssen, so lehrreich sie auch für die Erkenntnis der Praxis sein mögen und obwohl sie nicht selten Sätze materiellen Rechts überliefern, die *Capitula missorum* ausgenommen werden, da sie ihrem Wesen nach Instruktionen für die Missi dominici sind[22]; weiterhin aber auch die Urteile, die Reskripte, die Briefe, die Proklamationen, die Staats- und Hausverträge. Zuweilen sind Kapitularien aus derartigen und gesetzgeberischen Bestandteilen zusammengesetzt, wenn es sich gleichmäßig um Willensakte des Königs handelte. Anderseits ist die Fassung selbst der Gesetze oftmals eine nach modernen Begriffen ungenügende, wenn nämlich das Kapitular nicht die befehlende, sondern die erzählende Ausdrucksform wählt und sich als bloßes Beratungs- und Beschlußprotokoll gibt. Es kam eben, wenngleich Wert auf genaue Ausfertigung und archivalische Verwahrung des Aktenstückes gelegt wurde, doch weit weniger auf die schriftliche Gestalt des Gesetzes an, als auf dessen mündliche Bekanntmachung, die auf den Reichstagen wie auf den Placita der Missi durch Vorlesen und Übersetzen erfolgte[23]. Ein Abschnitt der Capitula legibus addenda von 818/19 ist in althochdeutscher Übersetzung des 9. Jahrh. erhalten[24].

5. Eine amtliche Sammlung der Kapitularien ist nicht erfolgt. Dagegen besitzen wir aus karolingischer Zeit nicht wenige Sammelhandschriften, in denen eine Anzahl zeitgenössischer Kapitularien zusammengetragen ist. Ihre abschließende Durchforschung, die noch die eine oder andere redigierende Sammlung zutage fördern könnte, steht bisher aus[25].

Den ersten Versuch einer systematischen Zusammenstellung scheint für Zwecke der Diözese Lüttich noch unter Karl d. Gr., höchstwahrscheinlich im Jahre 806, der Bischof Ghaerbald gemacht zu haben. Schon durch die von den bloßen Sammelhandschriften durchaus abweichende Art der Behandlung bemerkenswert, wird die *Collectio Ghaerbaldi* durch die Bewahrung sonst verschollener Kapitularien und Diözesanstatute sowie durch die eigenartige Mischung salischen und ribwarischen Rechtes wichtig[26].

Ein Werk von ganz anderm Schlag ist der *Liber legiloquus* des Abtes Ansegis von S. Wandrille, vollendet 827, mit seiner symmetrischen Einteilung in vier Bücher, mit seinen einleitenden Distichen und prosaischen Vorreden, seiner Politur der Texte ein echter Repräsentant der „karolingischen Renaissance". Freilich hat es Ansegis auch nur mit gleichartigen Materialien zu tun: Kapitularien und Mandaten von Karl d. Gr., Ludwig dem Frommen und Lothar, wobei er unter möglichstem Anschluß an die chronologische Reihenfolge der Aktenstücke deren Bestandteile in eine kirchliche und eine weltliche Schicht zerlegt [Buch I enthält Capitula ecclesiastica Karls d. Gr., Buch II ebensolche Ludwigs d. Fr., Buch III Capitula mundana Karls, Buch IV ebensolche Ludwigs]. Drei Appendices, die noch von Ansegis selbst herrühren, enthalten Nachträge zu den vier Büchern und Capitula missorum. Insgesamt sind 29 Kapitularien, d. h. nur ein Bruchteil der von den beiden Herrschern erlassenen, benutzt. Dennoch wurde das Werk schon 828 von der königlichen Kanzlei bei der Zitierung von Kapitularien zugrunde gelegt und auch unter Karl dem Kahlen als authentische Fassung der Kapitularien bewertet. Etwa 50 Handschriften sind erhalten. Ihre beiden Redaktionen unterscheiden sich dadurch, daß in der jüngern (nach 830) der Name Lothars in der Praefatio und in den Vorreden zu den Büchern getilgt worden ist. Vorgeblich den Ansegis durch drei weitere Bücher ergänzen will die weitschichtige Sammlung von wirklichen und mehr noch von Pseudokapitularien, deren Verfertiger sich in der versifizierten Vorrede *Benedictus Levita* nennt. Mit ihm hebt um 847/50 jene im westfränkischen Reich beheimatete Schule von Rechtsschriftstellern an, welche auf Fälschung des überlieferten Rechts in großartigem Maßstab und im Dienst kirchlicher Tendenzen ausgeht. Schon unter Karl dem Kahlen wurde auch diese Sammlung für echt gehalten und von der königlichen Kanzlei zitiert. Auch sie ist durch Additiones vermehrt worden. Jüngere Sammlungen beschränken sich darauf, Kapitel aus Ansegis und Benedikt in der Reihenfolge der Vorlagen zu exzerpieren[27].

6. Den gemeinen Gesetzen stehen im fränkischen Reich die Privilegien gegenüber, welche die Herrscher kraft ihrer Gesetzgebungsgewalt erteilten. Die Form des Privilegs (*praeceptum*) ist die der Königsurkunde (*carta regalis*). Die — selbst nach Abzug der gefälschten — zahlreichsten und staatsrechtlich wichtigsten Privilegien sind die königlichen Immunitätspräzepte für Bistümer und Abteien[28].

7. Die Erzeugnisse der beginnenden Juristenliteratur zerfallen in zwei Klassen: die eine steht mit den besprochenen Gesetzen in geschichtlichem Zusammenhang, die andere schließt sich an das Urkundenwesen an. Beide treten vorläufig in qualitativer Hinsicht noch unansehnlich genug auf.

Zuerst zeigt sich bei den Abschreibern und Sammlern der Gesetze der allmähliche Übergang zu einer Art Jurisprudenz. Sammlungen verschiedener Leges waren besonders in denjenigen Gerichten notwendig, wo dem Personalitätsprinzip gemäß eine Mehrzahl geschriebener Stammesrechte angewandt werden mußte. Diesem Bedürfnis zu genügen, waren die Sammelbände bestimmt, welche mehrere Leges und Kapitularien vereinigen, und von denen etliche noch ins 8. Jahrh. zurückreichen, wie z. B. die Handschrift des Wandalgar von 793 (St. Gallen Nr. 731), der Codex Monacensis Clm. 4145. Aber folgenreicher waren die Sammlungen von Gesetzen eines und des nämlichen Stammesrechtes, die man anzulegen pflegte. Denn an sie knüpft die freiere Tätigkeit des Abschreibers und Sammlers an, welche ihn zum Bearbeiter macht. Sein erster Schritt besteht im Hinzuschreiben des jüngern Gesetzes hinter dem unveränderten Gesamtbestand des ältern, wobei jedoch durch fortlaufendes Zählen der einzelnen Abschnitte eine engere Verbindung unter den zeitlich verschiedenen Massen hergestellt wird. Der zweite Schritt führt zur Veränderung der Texte: dem Körper eines älteren Gesetzes werden Bestandteile eines jüngern einverleibt; es wird unter Benützung des ältern Textes ein neuer hergestellt, der eine Novelle einarbeitet oder auf jüngeres Gewohnheitsrecht Rücksicht nimmt. Daneben gestattet sich der Bearbeiter Kürzungen des Textes, Paraphrasen, Umstellungen. Auf derartigen Wegen sind z. B. die jüngeren Fassungen der Leges Salica, Ribvaria, Alamannorum entstanden, deren Eigentümlichkeiten man ebenso verkennt, wenn man sie für bloße Kopistenfehler als wenn man sie für das Werk einer formalen Gesetzgebung hält. Die großen Redaktionen werden in der Regel in der königlichen Kanzlei gefertigt sein, und für einen Teil von ihnen läßt es sich unmittelbar erweisen; doch auch privater Sammeleifer hat vom 6. Jahrh. an die Texte bereichert und in mannigfacher Beziehung gestaltet, wofür die Handschrift A 1 des Pactus legis Salicae, vor allem aber dessen systematische Gestalt und die auf den gleichen Auftraggeber zurückgehende systematisierende langobardische *Concordia de singulis causis* typische Beispiele sind. Ihre Schranke fanden Kanzlei wie private Bearbeiter nicht im Wortlaut des Gesetzes, sondern in der darin zum Ausdruck kommenden gesetzlichen Norm. Nichts kann über die Auffassung besser belehren, die jene Jahrhunderte von den geschriebenen Gesetzen hatten: sie galten als Gesetzes-, aber nicht als gesetzliche Texte. Noch stand man eben mit einem Fuß im Zeitalter rein mündlicher Gesetzgebung.

Mit der Erläuterung der Texte befassen sich die Glossen[c]. Die älteren und bedeutenderen von ihnen sind immanenter Bestandteil der Gesetzgebung selbst, wie die malbergische Glosse zum Pactus legis Salicae [z. B. *si bovem furaverit, malb. ‚ohsino' hoc est*], wie die ursprünglichen Glossen zur Lex Alamannorum [z. B. *liceat mulieri iurare per pectus suum, hoc dicunt Alamanni ‚nasthait'*] und zur Lex Baiuvariorum [z. B. *si occiderit furtivo modo, quod Baiuvarii ‚murdrida' dicunt*], oder redaktionelle Zusätze jüngerer Kanzleifassungen, wie zur Lex Ribvaria emendata [z. B. *wargus sit, hoc est ‚expulsus'*]. Viel jünger und kümmerlicher sind die teils lateinischen, teils althochdeutschen Glossen, die zumeist nach-

c) Vgl. Z. 2 mit Anm. 9.

karolingische Abschreiber zur Verdeutlichung eingefügt haben, so wiederum zur Lex Salica [z. B. *grafionem, id est ‚comitem‘*], zur Lex Alamannorum [z. B. *abortivum fecerit, id est ‚vervurfet‘*], zur Lex Baiuvariorum [z. B. *si sanguinem fuderit, quod ‚plotruns‘ vocant*], zur Lex Ribvaria [z. B. *colpos, quos nos dicimus ‚bunislegi‘*]. Die wortinterpretierenden Glossen führen zur Anlage von Vokabularien, an deren Spitze der um 790 geschriebene *Vocabularius sancti Galli* [z. B. *caput ‚haupit‘, vertix ‚scaitila‘*] und die zu Anfang des 9. Jahrh. aufgezeichneten „Kasseler Glossen“ [z. B. *de quale patria ‚fona ueliheru lantskeffi‘*] stehen[29]. Einen weiteren Schritt von den Glossen aus bezeichnen die Übersetzungen, von denen uns leider nur Bruchstücke erhalten sind, so zur Lex Salica [z. B. *qui filiam desponsaverit et non vult eam accipere ‚ðer wiib gimahalit inti ni wil sea halon‘*] und zu den Capitula legibus addenda von 818/19 [z. B. *traditionem faciat et fideiussores vestiturae donet ei ‚salunga gedue inde burigun theru geuueri geue himo‘*].

Vom Gesetzestext löst sich die Privatarbeit ab, wenn sie jenen exzerpiert, und gar, wenn sie die Exzerpte nach neuen Gesichtspunkten ordnet. Bekannt sind Auszüge von dieser Art aus der Lex Salica, auch solche aus der Lex Ribvaria zum Vergleich mit der Lex Salica[30], und aus der Lex Alamannorum zum Vergleich mit der Lex Baiuvariorum[31]; sodann, wie bereits erwähnt, aus den Kapitulariensammlungen des Ansegis und des Benedikt. Umfangreicher und bedeutsamer ist eine wohl noch ins 9. Jahrh. fallende Darstellung fränkischen Rechts im Codex 33 von Ivrea, deren empfindliche Lücken durch erneute Überprüfung des Textes und darauf aufbauende Konjekturen geschlossen werden konnten[32].

Die zweite Klasse von Privatarbeiten über das Recht, ihrer Herkunft nach undeutsch, besteht aus Formularen und Formelbüchern von der Art des bereits besprochenen[d] wisigotischen. Auch in Gallien machte die Notariatskunst, die *ars dictandi*, von den Römern überkommen, einen Bestandteil der Rhetorik aus. Dort sind denn auch die grundlegenden Formelsammlungen des deutschrechtlichen Quellenkreises zu Hause[33]. Unmittelbar wollen die Formeln Muster für Urkunden und Korrespondenzen aufstellen. Zu diesem Zweck dienen in der Regel wirkliche Urkunden und wirkliche Briefe, welche die Sammler bald ganz unverändert lassen, bald in den schematischen Bestandteilen exzerpieren, allenfalls auch mit theoretischen Noten versehen. Nur die vornehmsten Sammlungen sollen hier genannt werden. Den Reigen

d) Vgl. § 4 Z. 2 (am Ende).

eröffnen die 60 *dictati* von Angers, die sogenannten *Formulae Andecavenses* aus dem Ende des 6. oder Anfang des 7. Jahrh. Sie sind dem wisigotischen Formelbuch nächst verwandt, zu welchem sie auch durch ihre Mischung von römischem und fränkischem Recht ein Seitenstück bieten[34]. Im wesentlichen rein fränkisch dagegen sind die 92 *Formulae Marculfi*, so nach ihrem klösterlichen Sammler und Bearbeiter genannt, einem Bischof Landerich, wohl von Meaux, gewidmet, nach 663 und jedenfalls noch im 7. Jahrh.[35], vielleicht 673/75 entstanden[36]. In einem ersten Buche bringt Markulf die *cartae regales*, d. h. Muster für die *negotia in palatio*, in einem zweiten die *cartae pagenses* für die *negotia in pago*, jene wie diese weniger zu praktischen als zu Lehrzwecken. Bezeichnend für die Richtung dieser Literatur ist die bei ihr hervortretende Verbindung von Diplomatik und Briefstellerei. Die Markulfsche Formelsammlung ist zum meistgebrauchten Formelbuch des fränkischen Reichs geworden, daher auch durch Anhänge erweitert, durch Überarbeitungen fortgebildet, in späteren Kompilationen ausgeschrieben. Weniger national als die Formulae Marculfi sind die überwiegend privatrechtlichen *Formulae Turonenses* (früher nach ihrem Finder *Sirmondicae* genannt): 45 Capitula des 8. Jahrh. Mehr als bei Markulf wagt sich hier schon das theoretische Element hervor. Dagegen wird dieses unterdrückt in den viel reichhaltigeren *Cartae Senonicae* von etwa 768/75, einer Sammlung von 51 Mustern, die übrigens nicht bloß Cartae, sondern auch Notitien und Briefe enthält und besonders prozeßgeschichtlich wertvoll ist. Eine kleinere, ebenfalls zu Sens entstandene Sammlung von 18 Stücken gehört der Zeit Ludwigs des Frommen an (*Formulae Senonenses recentiores*). Niederfränkisch sind die 21 nach dem ersten Herausgeber benannten *Formulae Lindenbrogianae* aus der zweiten Hälfte des 8. Jahrh. Für die kaiserliche Kanzlei, wo früher die Markulfsche Sammlung gebraucht worden war, wurde 828/40 aus 55 Urkunden Ludwigs des Frommen ein Formelbuch, die *Formulae imperiales*, angelegt.

Wie die Formelbücher die Lücken ausfüllen, welche den geretteten Vorrat wirklicher Urkunden unterbrechen, so werden sie selbst ergänzt durch die allerdings zunächst dem kirchlichen Quellenkreis angehörigen und auch nicht auf schriftliche Geschäfte bezüglichen Liturgien für Gottesurteile, wovon einige ins 9. Jahrh. zurückreichen.

8. Eine selbständigere Stellung, die es nicht angebracht erscheinen läßt, sie unter das Stichwort Jurisprudenz zu subsumieren, nehmen die Traktate ein. Sind sie auch rechtliche Erkenntnismittel von nicht geringem Wert, so wird es doch ihrer Bedeutung nicht gerecht, wenn man sie primär als solche wertet. Doch ist hier über ihre geistesgeschichtliche Eingliederung[37] nicht zu handeln.

Die älteste Quelle dieser Art ist der „Traktat über das Ämterwesen"[38], vielleicht handschriftlich *Decursio de gradibus* benannt, aus dessen trümmerhafter Überlieferung sich zwei Textschichten herausschälen lassen[39]. Die ältere wird um 544/48 im Teilreich Theudeberts I. entstanden sein und spiegelt in ihrer Anknüpfung an das antike Erbe Theudeberts imperiale Ambitionen. Die jüngere ordnet sich in die von den *Etymologiae* Isidors von Sevilla (636) ausgehende literarische Tradition ein und darf in die Jahre 643/61 gesetzt werden[40].

In formeller Hinsicht weit überragt wird diese Schrift von den Abhandlungen, die aus den Kreisen des hohen karolingischen Klerus hervorgegangen sind, dafür auch freilich den kirchlichen Geist atmen und ebenso der kirchlichen Literatur- wie der deutschen Rechtsgeschichte angehören[41]. Das zeigt sich augenfällig an der 840/42 verfaßten Schrift *De exordiis et incrementis quarundam in observationibus ecclesiasticis rerum* des berühmten Reichenauer Abtes Walahfrid Strabo, die sich thematisch mit dem Traktat über das Ämterwesen berührt und unmittelbar an Isidors Etymologien anknüpft. Es gilt nicht minder für die auf Grundlage eines leider nicht erhaltenen *Libellus de ordine palatii* des Abtes Adalhard von Corbie († 826) verfaßte *Epistola de ordine palatii* des Hinkmar von Reims und das Gutachten *De divortio Lotharii et Tetbergae* desselben Bischofs (um 860), sowie für die theologisch-polemischen Schriften des Bischofs Agobard von Lyon († 841): *Epistola ad Ludovicum iuniorem adversus legem Gundobadam et impia certamina* [in der die Beseitigung des burgundischen Rechts zwecks Herstellung der Rechtseinheit gefordert wird] und *Liber de divinis sententiis*.

[1]) Vgl. LUDW. SCHMIDT, Geschichte der dt. Stämme bis z. Ausgang d. Völkerwanderung II, 2: Die Westgermanen (²1940); A. LONGNON, Géographie de la Gaule au 6e siècle (1878); WILLEM JAN DE BOONE, De Franken van hun eerste optreden tot de dood van Childerik (Amsterdam 1954): EUGEN EWIG, Die fränk. Teilungen u. Teilreiche 511—613 (Abh. Mainz 1953). | [2]) Maßgebende Ausgabe: *Pactus legis Salicae* (GR NF), ed. K. A. ECKHARDT I, 1 (1954) [Einführung u. 80 Titel-Text], I, 2 (1957) [Systematischer Text u. Fragment von Ivrea], II, 1 (1955) [65 Titel-Text], II, 2 (1956) [Kapitularien u. 70 Titel-Text]; *Lex Salica* (ebd.), ed. K. A. ECKHARDT (1953) [100 Titel-Text]; beide mit Übersetzung [dazu RUD. BUCHNER, Blätter f. dt. Landesgeschichte XCI (1954) S. 368ff., u. HZ CLXXXII (1955) S. 366ff.; FRANZ BEYERLE, Rhein. Vierteljahrsblätter XXI (1956) S. 380ff.]. Synoptischer Abdruck der wichtigsten Handschriften: *Lex Salica*, The ten Texts with the Glosses and the Lex Emendata, ed. J. H. HESSELS (1880) [Neuauflage von K. A. ECKHARDT in Vorbereitung]. Schulausgabe: *Lex Salica*, zum akadem. Gebrauche hrsg.

u. erläutert, ed. HEINR. GEFFCKEN (1898) [Text überholt, wertvoller Kommentar]. Schulausgaben mit Übersetzung: *Pactus legis Salicae: Recensiones Merovingicae* (GR I, 1), ed. K. A. ECKHARDT (²1955); *Lex Salica: Recensio Pippina* (GR II, 1), ed. K. A. ECKHARDT (²1953). Schrifttum: BRUNNER, Dt. RG ²I § 40; BUCHNER, RQ § 7; RLGA III, S. 155f.; SachWB, S. 634f. ECKHARDT, Zur Entstehungszeit d. Lex Salica, Festschr. zum 200jährigen Bestehen d. Akad. der Wissenschaften in Göttingen, Phil.-hist. Kl. (1951) S. 1—31. | [3]) Vgl. H. PIRENNE, Mahomet et Charlemagne (verdeutscht von P. E. HÜBINGER ²1941) S. 36; FRANZ BEYERLE, Rhein. Vierteljahrsblätter XXI (1956) S. 383ff. | [4]) W. KASPERS, Wort- u. Namenstudien z. Lex Salica, ZDA LXXXII (1948/50) S. 332ff. | [5]) ECKHARDT, Pactus leg. Sal. I, 2, S. 306. | [6]) ECKHARDT, ebd. I, 1 S. 170ff., I, 2 S. 306. | [7]) FRANZ BEYERLE, ZRG G XLIX (1929) S. 330f. u. 409ff. | [8]) ECKHARDT, a. a. O. I, 1, S. 157ff. u. 201. Zustimmend FRANZ BEYERLE, Rhein. Vierteljahrsblätter XXI, S. 383. | [9]) JACOB GRIMM, Geschichte d. dt. Sprache (1848, ⁴1880) S. 584ff., Vorrede zu JOH. MERKELS Ausgabe d. Lex Salica (1850) S. III—LXXXVIII; H. KERN, Die Glossen in d. Lex Salica u. d. Sprache der salischen Franken (1869), Notes of the Frankish Words in the Lex Salica zu J. H. HESSELS' Ausgabe d. Lex Salica (1880) S. 427—564; VAN HELTEN, Zu den Malbergischen Glossen u. den salfränk. Formeln u. Lehnwörtern in d. Lex Salica, PBB XXV (1900) S. 225—542; ECKHARDT, Pactus leg. Sal. I, 1 (1954) S. 178—186, II, 1 (1955) S. 73—89, II, 2 (1956) S. 538—561 [ebd. S. 470—526 das Bruchstück d. ahd. Übersetzung u. die jüngeren ahd. oder lat. Glossen]. Vgl. auch GEORG BAESECKE, Die dt. Worte der german. Gesetze, PBB LIX (1935) S. 37—56, Vor- u. Frühgeschichte d. dt. Schrifttums II, 1 (1950) S. 52—55; W. JUNGANDREAS, Vom Merowingischen zum Französischen, Leuvense Bijdragen 1954 S. 115—133, 1955 S. 1—19; THEOD. FRINGS/WALTHER v. WARTBURG, Französisch-Fränkisches: Drei Wörter d. Lex Salica [*hrann, screuna, sunor*], Zeitschr. f. roman. Phil. LXXII (1956) S. 283—288; RUTH SCHMIDT-WIEGAND, Zur Geschichte d. Malbergischen Glosse, ZRG G LXXIV (1957) S. 220 bis 231 [gute Einführung, jedoch Verkennung rechtshistor. Anliegen], u. ZRG G LXXVI (1959) S. 301—319. | [10]) FRANZ BEYERLE, Über Normypen u. Erweiterungen d. Lex Salica, ZRG G XLIV (1924) S. 216ff.; KRUSCH, NA XLVI (1926) S. 313f.; ECKHARDT, a. a. O. I, 1, S. 178. | [11]) ECKHARDT, a. a. O. S. 184f. | [12]) Ebd. S. 185. | [13]) ECKHARDT, Lex Salica (1953) S. 16ff. | [14]) Ebd. S. 64ff. u. Pactus leg. Sal. I, 2 S. 301ff. | [15]) Nachweis von FRANZ BEYERLE, Rhein. Vierteljahrsblätter XXI, S. 382ff. | [16]) HEINR. BRUNNER, Über d. Alter d. Lex Salica u. d. Pactus pro tenore pacis, ZRG G XXIX (1908) S. 175 [= Abhandlungen I (1931) S. 668f.], Dt. RG ²I (1906) S. 436 mit Anm. 41; FRANZ BEYERLE, ZRG G XLIV (1924) S. 251ff.; RUD. BUCHNER, Die Rechtsquellen (1953) S. 16 mit Anm. 55; ECKHARDT, Pactus leg. Sal. I, 1 (1954) S. 204f. | [17]) Maßgebende Ausgaben: *Lex Ribvaria* [MGH Leg. nat. germ. III, 2], edd. FRANZ BEYERLE u. RUDOLF BUCHNER (1954) [umfassender Apparat, vorzüglicher Sachkommentar; jedoch Anlehnung an die (kontaminierte) Handschr. A 4 zu weitgehend, Titelzählung sekundär]; *Lex Ribvaria* (GR NF VII), ed. K. A. ECKHARDT (1959/60) [mit Übersetzung]. Ältere Ausgabe: *Lex Ribuaria* (MGH Leges V S. 185—268 u. 277 bis 288), ed. RUDOLPH SOHM (1883) [seinerzeit bahnbrechend]. Schulausgabe: *Lex Ribuaria et lex Francorum Chamavorum* (MGH Fontes iur. germ. ant.), ed RUDOLPH SOHM (1883). Schulausgabe mit Übersetzung: *Lex Ribvaria: Recensiones Merovingicae* (GR ¹II, 1, ²I, 3), ed. K. A. ECKHARDT (1934, ²1960). Schrifttum: BRUNNER, Dt. RG ²I § 41; BUCHNER, RQ § 8; RLGA III S. 155; SachWB S. 633f.; RUD.

BUCHNER, Textkrit. Untersuchungen zur Lex Ribvaria (1940), ZRG G LXVI (1948) S. 343ff., DA IX (1951) S. 79ff.; FRANZ BEYERLE, ebd. S. 97ff. | [18]) ZRG G XLVIII (1958) S. 264ff., LV (1935) S. 1ff. | [19]) ECKHARDT, Lex Ribvaria (1959), S. 142ff. Vgl. auch EUG. EWIG, Die fränk. Teilreiche im 7. Jahrh., Trier. Zeitschr. XXI (1954), Die Civitas Ubiorum, die Francia Rinensis u. d. Land Ribuarien, Rhein. Vierteljahrsblätter XIX (1954) S. 20ff. | [20]) Vgl. v. AMIRA, GGA 1888 S. 57—60, 1896 S. 193—195; F. L. GANSHOF, Recherches sur les Capitulaires (1958), insbesondere S. 29ff. | [21]) BORETIUS, Capitularia regum Francorum I (1883) Nrr. 142 u. 143. | [22]) F. L. GANSHOF, a. a. O. S. 14ff.; WILH. A. ECKHARDT, DA XII (1956) S. 498—516. | [23]) F. L. GANSHOF, a. a. O. S. 55ff. | [24]) BORETIUS, a. a. O. I Nr. 182; ECKHARDT, GR II, 1 (1934) S. 116—119. | [25]) Vgl. RUD. BUCHNER, Die Rechtsquellen (1953) S. 44 Anm. 205, u. Festschr. f. Theod. Mayer II (1955) S. 391—401. | [26]) WILH. A. ECKHARDT, Die Kapitulariensammlung Bischof Ghaerbalds von Lüttich, Deutschrechtl. Archiv V (1955) [dazu RUD. BUCHNER, ZRG G LXXIV (1957) S. 282ff.]. | [27]) Ausgaben: *Ansegis* bei PERTZ, MGH Leges I (1835, Neudruck 1925) S. 256—325, bei BORETIUS, MGH Capitularia regum Francorum I (1883) S. 382—450; *Benedictus Levita* bei PERTZ, MGH Leges II (1837, Neudruck 1925) Teil 2 S. 17—158. Schrifttum: BRUNNER, Dt. RG ²I § 56; BUCHNER, RQ § 17; RLGA I S. 108; SachWB S. 497; EMIL SECKEL, Studien zu Benedictus Levita I—VIII, NA XXVI—XLI, ZRG K XXIII u. XXIV (1900—1935); EMIL SECKEL, Benedictus Levita decurtatus et excerptus, Berliner Festschr. f. Heinr. Brunner (1914) S. 377—464; K. CHRIST, Die Überlieferung d. Kapitulariensammlung d. Ansegis, DA I (1937) S. 291ff. | [28]) Vgl. vor allem die Reihen der MGH: Diplomata [Merovingorum], Diplomata Karolinorum, Diplomata regum Germaniae ex stirpe Karolinorum und Diplomata regum et imperatorum Germaniae (in denen leider noch empfindliche Lücken klaffen: Ludwig d. Fr., Heinrich V., Konrad III., Friedrich I. u. dessen Nachfolger); die entsprechende französ. Reihe Chartes et diplômes (Paris 1908—1955); die Facsimile-Ausgaben: LAUER/SAMARAN, Les diplômes originaux des Mérovingiens (Paris 1908), LOT/LAUER/TESSIER, Diplomata Karolinorum (Paris 1936—1949). | [29]) GEORG BAESECKE, Vor- u. Frühgeschichte d. dt. Schrifttums II, 2 (1953) S. 101ff. | [30]) ECKHARDT, Pactus leg. Sal. II, 2 S. 529—534. | [31]) ECKHARDT, Leges Alamannorum II (1960). | [32]) ECKHARDT, Pactus leg. Sal. I, 2 S. 363—373. [33]) Maßgebende Ausgabe: KARL ZEUMER, MGH *Formulae Merowingici et Karolini aevi* (1882/86). Schrifttum: BRUNNER, Dt. RG ²I § 59; BUCHNER, RQ § 18; RLGA II S. 79. | [34]) FELGENTRÄGER, Zu den Formulae Andecavenses, Festschr. Koschacker III (1939) S. 366ff. | [35]) FRANZ BEYERLE, Das Formelbuch d. westfränk. Mönchs Markulf u. Dagoberts Urk. für Rebais, DA IX (1951) S. 43ff. | [36]) ECKHARDT, Lex Ribvaria (1959), S. 69ff. | [37]) Vgl. PERCY E. SCHRAMM, Studien z. frühmittelalterl. Aufzeichnungen über Staat u. Verfassung, ZRG G XLIX (1929) S. 167—232. [38]) MAX CONRAT, Ein Traktat über roman.-fränk. Ämterwesen, ZRG G XXIX (1908) S. 239—260, Nachtrag ebd. XXX (1909) S. 326; GEORG BAESECKE, Festschr. Rob. Holtzmann (1933) S. 1—8, ZRG G LV (1935) S. 230—232. | [39]) FRANZ BEYERLE, Das frühmittelalterl. Schulheft vom Ämterwesen, ZRG G LXIX (1952) S. 1—23; RUD. BUCHNER, Die Rechtsquellen (1953) S. 60. | [40]) ECKHARDT, Lex Ribvaria (1959) S. 73ff. | [41]) BRUNNER, Dt. RG ²I § 38 (S. 416); BUCHNER, RQ § 19.

§ 8
Alemannen und Bayern

1. Das Volksrecht der Alemannen[1] ist in verschiedenen Redaktionen[2] auf uns gekommen. Ihre älteste, der *Pactus legis Alamannorum,* findet sich in originaler Fassung nur in der Pariser Handschrift Lat. 10753 und ist durch sekundäre Blattverluste in vier Fragmente aufgespalten, von denen Fragment III und IV jedoch unmittelbar aneinander anschließen. Das in allen übrigen Handschriften der Lex Alamannorum als tit. 92ff. überlieferte, zu Unrecht sogenannte Fragment V ist dagegen ein sprachlich geglätteter, zur Ergänzung der Lex bestimmter Auszug aus dem Pactus, aus welchem auch zwei kurze Titel des zweiten Fragments in alle Handschriften der Lex als tit. 69 und 70 übernommen sind. Auch die originale Überschrift des Pactus wurde in nahezu alle Handschriften der Lex teils unverändert übertragen, teils mit deren ursprünglicher Überschrift kontaminiert. Wegen seines Altersabstandes von der Lex und in Anbetracht seiner unverkennbaren fränkischen Beziehungen muß der Pactus ins 7. Jahrh. gesetzt werden. Da bei seinen Textanleihen die Recensio Guntchramna des Pactus legis Salicae zugrundegelegt worden ist, kann der *domnus Chlotharius rex,* von dem er auf einem Reichstag erlassen worden ist[a], *ubi fuerunt XXXIII episcopi et XXXIII duces et LXXII comites,* nur Chlothar II. (584—629) sein; die Deutung auf Chlothar IV. (717/19)[3], verursacht durch die handschriftlich nahegelegte, aber irrige Beziehung auf die Lex Alamannorum, ist mit FRANZ BEYERLE[4] zu verwerfen. Der Anfall Austrasiens an Chlothar II. im Jahre 613 und seine Wiederverselbständigung unter dessen Sohne Dagobert I. im Jahre 623 begrenzen die Zeitspanne, innerhalb deren diese *Recensio Chlothariana* anzusetzen ist[5]. Wie die gleichzeitig begonnene, in derselben Kanzlei ausgearbeitete, doch erst 623/25 Gesetz gewordene Lex Ribvaria bezweckt der Pactus Alamannorum die gesetzgeberische Eingliederung des Dukats, für den er erlassen ist, in das von Neuster aus regierte fränkische Gesamtreich und mit der Fixierung die gesetzliche Sicherung des alemannischen Rechts[6].

Eine zweite Kodifikation alemannischen Rechtes verzeichnen wir in der *Lex Alamannorum.* Ihre noch nicht durch Verschmelzung mit dem

a) Lediglich mittels einer nicht schlüssigen Argumentation e silentio hält KARL LEHMANN noch in seiner Ausgabe des Pactus an seiner schon von RICH. SCHRÖDER [Zur Kunde der dt. Volksrechte, ZRG G VII (1887) S. 17] widerlegten Behauptung fest, daß dieser eine Privatarbeit sei. Abwegig ist auch FRANZ BEYERLES Versuch [ZRG G LXXIII (1956) S. 85—97], den Pactus in mehrere Textschichten zu zerlegen [vgl. ECKHARDT, Leges Alamannorum I (1958) S. 78ff.].

Pactus kontaminierte, in ursprünglicher Gestalt nur in zwei Handschriften bewahrte Überschrift und der ebendort noch vorliegende authentische Eingang[7] führen das Gesetz auf den *dux Alamannorum Lantfridus* zurück, einen der Söhne des 709 verstorbenen Alemannenherzogs Godofrid, der frühestens 712 seinem älteren Bruder (?) Willehari in das Herzogtum folgte, zunächst in hergebrachter Weise mit den Franken zusammenarbeitete, seit 725 jedoch von Karl Martell in straffer Abhängigkeit gehalten wurde und bei seiner Empörung gegen die fränkische Oberhoheit im Jahre 730 den Tod fand. Die *Recensio Lantfridana*, als Herzogsgesetz verkündet, aber die Belange des fränkischen Königs loyal wahrend, gehört demnach in die Jahre 712—725. Es spricht manches dafür, sie mit GEORG BAESECKE[8] in der (724 von Pirmin gegründeten) fränkisch-alemannischen Abtei Reichenau zu lokalisieren und folgerichtig in das Jahr 724/25 zu setzen. Reichhaltiger als der Pactus, auf dem sie nur teilweise beruht, moderner als die Lex Salica, an die sie sich gelegentlich anschließt, ordnet die Lantfridana ihren Stoff in drei Massen: Kirchensachen, Herzogssachen, Volkssachen. Wir besitzen sie nur in einer (vorwiegend durch Kontaminierung mit dem Pactus hergestellten) fränkischen Überarbeitung, der *Pseudo-Chlothariana*, die nach Lantfrids I. Tode im Jahre 730, spätestens 743 hergestellt worden ist und ihrerseits der Lex Baiuvariorum als Vorlage gedient hat[9]. Haben wir von der Pseudo-Chlothariana zwölf Handschriften (davon, wie schon erwähnt, zwei mit Lantfridana-Überschrift und -Eingang, aber einem ansonsten nicht abweichenden Text) [= A], so gehören die zahlreicheren restlichen der karolingischen *Emendata* [= B] an. Von dieser wieder hat sich eine, anscheinend im Entwurf steckengebliebene jüngere Fassung [=K] abgezweigt, welche in den überarbeiteten Titeln erheblich abweicht und mit der redaktionellen Tätigkeit des Aachener Reichstags von 802/03 in Zusammenhang stehen mag.

2. Die Lex Alamannorum gab, vor allem in der Dreigliederung und Einzelanordnung, das Vorbild ab, dem die Redaktoren des Rechtes der Bayern[10], der *Lex* (oder des *Pactus*) *Baiuvariorum*[11] folgten. Diese haben dabei noch andere fremdstämmige Materialien benutzt, so die Lex Salica[12] und, wenigstens bei den beiden ersten Titeln, den langobardischen Edictus Rothari von 643[13]. Besonders auffallend und merkwürdig ist die starke Abhängigkeit der Lex Baiuvariorum von dem ältesten Wisigotenrecht, dem Codex Eurici von 475/76[b], der in seinem

b) Die Anlehnung ist so eng, daß K. ZEUMER mit Hilfe der Lex Baiuvariorum eine Reihe von Titeln des Codex Eurici wiederherstellen konnte. Vgl. § 4 Z. 1 (zwischen Anm. 20 u. 21).

Entstehungsgebiet faktisch schon im 6. Jahrh., endgültig im Jahre 654 außer Kraft getreten war. KONRAD BEYERLE[14] hat dafür die einleuchtende Erklärung gefunden, daß die Reichenauer Pirminsmönche, die 741 unter Führung Eberswinds das bayerische Kloster Niederaltaich gründeten, eine Handschrift des Wisigotenrechts zur bibliothekarischen Ausstattung der Neugründung beigesteuert hätten, die dann von den (folgerichtig in Niederaltaich zu suchenden) Redaktoren der Lex Baiuvariorum ausgeschrieben worden sei. Deren älteste, fränkisch ausgerichtete Redaktion [= A] ist um 743/44 unter Odilo Gesetz geworden[c]. Ihr folgt mit kaum verändertem Text eine bayerische Redaktion [= B] von 772[15], in welche *Decreta Tassilonis* aus dem gleichen Jahre eingeschoben sind. Den Hauptteil der Handschriften liefert auch bei dieser Lex die karolingische Emendata [= E], die mit triftigen Gründen in das Jahr 788 gesetzt wird[16]. Von den übrigen Rezensionen, die samt und sonders Mischtexte inoffiziellen Charakters sind, ist eine an sich wertlose Klasse [C] dadurch bemerkenswert, daß die eine ihrer beiden Handschriften, die anscheinend kurz nach 1100 von Niederaltaich an das neugegründete Oberaltaich gegeben wurde, Spezialberührung mit den Quellen der Lex Baiuvariorum, insbesondere auch dem Codex Eurici, zeigt, d. h. entweder nach diesem selbst[17] oder nach dem Entwurf der Lex Baiuvariorum (in dem diese Lesarten noch zur Wahl gestellt waren)[18] durchkorrigiert worden ist; so oder so verstärkt dieser Sachverhalt die für die Lokalisierung des Bayerngesetzes in Niederaltaich geltend gemachte Begründung. Die Lex Baiuvariorum ist das umfangreichste und zugleich das am stärksten durchgeformte westgermanische Volksrecht. Ihre juristischen Ambitionen, ihr pretentiöser Stil spiegeln sich in dem an die Spitze gestellten Prolog *Moyses gentis Hebreae*, der — obwohl zum überwiegenden Teil aus Isidors Etymologien abgeschrieben — durch seine Exzerpte aus der Recensio Theuderica des Pactus legis Salicae: *Theodericus rex Francorum*[19] und aus der ältesten Fassung der Lex Ribvaria: *Dagobertus rex gloriosissimus*[20] von hohem historischen Interesse ist.

Die bayerische Gesetzgebung außerhalb der Lex trägt zunächst staatskirchenrechtlichen Charakter. Dahin gehören die Beschlüsse der Aschheimer Synode von 755/60, wahrscheinlich von 756, die Dingolfinger Dekrete von 770, die Neuchinger von 772, letztere beiden handschriftlich als Anhang zur Lex überliefert, Auszüge aus den Neuchinger

c) Herrschende Meinung! v. SCHWIND u. KRUSCH votierten für 728, ERNST MAYER für stufenweise Entstehung vom Ausgang des 6. bis Mitte des 7. Jahrh., FRANZ BEYERLE neuestens [ZRG G LXXIII (1956) S. 128f.] sogar für Abfassung des „Grundtextes“ unter Theudebert I. (532—548).

Dekreten auch in den B-Text derselben eingeschoben[d]. Ob es eine frankonisierte „Lex Baiuvariorum canonice compta" gegeben hat, wie SECKEL[21] aus den redaktionellen Abweichungen in den Exzerpten des Benedictus Levita schließen wollte, bedarf nochmaliger Prüfung.

Vorwiegend weltlichen, speziell strafrechtlichen Inhalts sind die *Capitula quae ad legem Baioariorum Karolus imperator addere iussit* von 801/13, durch welche die fränkischen Bannfälle in Bayern eingeführt wurden. Ein ca. 810 erlassenes Capitulare missorum bezieht sich in c. 5 auf die *eoa Baiuvariorum*, in c. 8 auf die *iustitiae Tassilonis seu Liutpirgae*, d. h. des letzten bayerischen Herzogspaares, war also für nach Bayern entsandte Missi bestimmt.

3. Eine in zwei Handschriften überlieferte Epitome unbestimmten Alters[22] stellt fest, daß 41 (einzeln aufgeführte) Rechtssätze *in pacto Bawariorum desunt, que in pacto Alamannorum habentur.*

Oberdeutsche Formelbücher[23] setzen mit dem Ende des 8. Jahrh. ein. Die alemannischen und bayerischen Bischofssitze und Abteien sind es, deren Verbindungen mit Westfranken der dortigen Formelliteratur, insbesondere der Markulfschen Sammlung und der von LINDENBRUCH herausgegebenen, Eingang verschaffen, und aus denen nun neue Hilfsmittel der *ars dictandi* hervorgehen. Am produktivsten ist die Diözese Konstanz, wo z. B. Reichenau drei Formelbücher (*Formulae Augienses*) darunter zwei aus dem 8. Jahrh., dann St. Gallen, außer verschiedenen Einzelformeln und kleineren Kollektionen zwischen 750 und 890 (*Formulae Sangallensis miscellanea*), eine größere Mustersammlung für Urkunden und Briefe (*Collectio Sangallensis*) aus der zweiten Hälfte des 9. Jahrh. (von Notker Balbulus) aufzuweisen hat. Im Gegensatz zu den älteren Sammlungen gewinnen hier die eingestreuten theoretischen Anweisungen an Raum.

---

d) Zur Überlieferung der bayer. Synodalstatuten von Reisbach u. Freising vgl. P. ALBAN DOLD, DA VIII (1950/51) S. 364—383.

[1]) Vgl. LUDW. SCHMIDT, Geschichte der dt. Stämme bis z. Ausgang d. Völkerwanderung II, 2: Die Westgermanen ([2]1940). | [2]) Maßgebende Ausgabe: *Leges Alamannorum* (GR NF), ed. K. A. ECKHARDT I (1958) [Einführung u. Recensio Chlothariana (Pactus)], II (1960) [Recensio Lantfridana], beide mit Übersetzung. Ältere Ausgaben: *Lex Alamannorum* (MGH Leges III S. 1—182), ed. JOHANNES MERKEL (1851) [grundlegend]; *Leges Alamannorum* (MGH Leg. nat. germ. V, 1), ed. KARL LEHMANN (1888). Schulausgaben mit Übersetzung: *Pactus legis Alamannorum* (GR I, 2), ed. K. A. ECKHARDT (1935, [2]1957); *Lex Alamannorum* (GR II, 2), ed. K. A. ECKHARDT (1934, [2]1960). Schrifttum: BRUNNER, Dt. RG [2]I § 42; BUCHNER, RQ § 10; RLGA III S. 153; SachWB S. 631 f.; BRUNO KRUSCH, Die Lex

Bajuvariorum (1924) S. 305—333; FRANZ BEYERLE, Die beiden süddt. Stammesrechte, ZRG G LXXIII (1956) S. 84—140. | 3) HEINR. BRUNNER, Über d. Alter d. Lex Alamannorum, SB Berlin 1885 S. 149ff. [= Abh. z. RG I (1931) S. 569ff.]; KRUSCH, a. a. O. S. 327ff., sowie Neue Forschungen (1927) S. 128ff. | 4) ZRG G XLIX (1929) S. 384ff. | 5) ECKHARDT, Leges Alamannorum I (1958) S. 90ff. 6) ECKHARDT, Lex Ribvaria I (1959) S. 115ff. | 7) HEINR. BRUNNER, a. a. O. S. 157ff. [= Abh. I S. 579ff.]. | 8) Vor- u. Frühgeschichte d. dt. Schrifttums II, 1 (1950) S. 58ff. | 9) ECKHARDT, Die Lex Baiuvariorum (1927), S. 35ff., Leges Alamannorum II (1960). | 10) Vgl. LUDW. SCHMIDT, a. a. O. II, 1: Die Westgermanen (²1938) S. 194ff; IGNAZ ZIBERMAYR, Noricum, Baiern u. Österreich (1944). | 11) Maßgebende (wenngleich auf irriger Bewertung der Handschriften aufbauende) Ausgabe: *Lex Baiwariorum* (MGH Leg. nat. Germ. V, 2), ed. ERNST V. SCHWIND (1926). Ältere Ausgabe: *Lex Baiuwariorum* (MGH Leges III S. 183—496), ed. JOHANNES MERKEL (1863). Schulausgabe mit Übersetzung: *Recht der Bayern* (GR II, 2), ed. K. A. ECKHARDT (1934). Schrifttum: BRUNNER, Dt. RG ²I § 43; BUCHNER RQ § 9; RLGA III S. 153f.; SachWB S. 632; BRUNO KRUSCH, Die Lex Bajuvariorum (1924) S. 1—305, sowie Neue Forschungen über die drei oberdt. Leges (1927) S. 1—107; ECKHARDT, Die Lex Baiuvariorum (1927); FRANZ BEYERLE, ZRG G LXXIII (1956) S. 97—140. Über die dt. Bestandteile d. Textes handelt D. v. KRALIK, NA XXXVIII (1913) S. 13—55, 401—449, 581—624. | 12) E. v. SCHWIND, NA XXXIII (1908) S. 620—647. | 13) Vgl. HEINR. BRUNNER, Über ein verschollenes merow. Königsgesetz d. 7. Jahrh., SB Berlin 1901 S. 938f. [= Abh. I (1931) S. 605ff.]; KRUSCH, Die Lex Bajuvariorum S. 265 u. 272. | 14) Lex Baiuvariorum (1926) S. LXV—LXXVI. Vgl. ECKHARDT, Die Lex Baiuvariorum (1927) S. 56—68; BAESECKE, a. a. O. S. 61—63; ROM. BAUERREISS OSB, Benediktinerregel u. Lex Baiuv., Studien u. Mitteil. z. Geschichte d. Benediktinerordens LXI (1947) S. 73—76, Kirchengeschichte Bayerns I (1950) S. 161f.; K. REINDEL, Neue Forschungen z. Lex Baiuw., Zeitschr. f. bayer. Landesgeschichte XXI (1958) S. 130—137. | 15) Lichtdruck, Transkription u. Übersetzung der Ingolstädter Handschrift veröffentlichte KONR. BEYERLE, a. a. O. S. 2—187, in vorbildlicher Ausgabe. | 16) KRUSCH, Neue Forschungen S. 46ff. 17) ECKHARDT, a. a. O. S. 60—68. | 18) FRANZ BEYERLE, ZRG G XLIX (1929) S. 265f. | 19) ECKHARDT, Pactus legis Salicae I, 1 (1954) S. 208f. | 20) ECKHARDT, Lex Ribvaria (1959) S. 127ff. | 21) NA XXXI (1906) S. 112ff. Dazu KRUSCH, Neue Forschungen (1927) S. 51—58. | 22) Gedruckt bei K. LEHMANN, Leges Alamannorum (1888) S. 158f.; ECKHARDT, Leges Alamannorum II (1960). | 23) Hrsg. von K. ZEUMER, Formulae (1882/86) S. 329ff.

§ 9

Sachsen, Thüringer, Chamaven, Friesen

1. Dem Volksrecht[1] der Sachsen[2] gingen zwei sächsische Kapitularien voraus. Entweder gelegentlich der Eingliederung Sachsens in das fränkische Reich und der Einführung der fränkischen Grafschaftsverfassung auf dem Tag von Lippspringe im Juli 782 oder aber im Jahre 785 nach Niederkämpfung des großen Aufstandes hat Karl der Große die *Capitulatio de partibus Saxonie* erlassen[3], welche über Sachsen eine Art Standrecht verhängt, „indem sie die Annahme und Aufrechterhaltung des Christentums, die Unterdrückung des Heidentums und die fränkische Herrschaft durch Strafen grausamer Härte sicherzustellen sucht"[4]. Die Charakterisierung trifft jedoch lediglich für die c. 1—23 und 34 des nur in einer Handschrift überlieferten Gesetzes zu (*Capitulatio A*), während die restlichen c. 24—33 (*Capitulatio B*) zwar ebenfalls für Sachsen erlassen sind, sich jedoch in nichts von einem normalen fränkischen Kapitular unterscheiden. Die Schlußbestimmung der letzteren: c. 33 *De periuris secundum legem Saxonorum sit* bezieht sich eindeutig auf c. 21 und 22 der Lex Saxonum; demnach ist Capitulatio B im Anschluß an diese, wohl im Jahre 803 entstanden[5]. Wahrscheinlich auf Alkvins Initiative, der im Spätsommer 796 Karl dem Großen zu bedenken gab *Si tanta instantia .. durissimo Saxonum populo praedicaretur, quanta decimarum redditio vel legalis pro parvissimis quibuslibet*

culpis edicti necessitas exigebatur, forte baptismatis sacramenta non abhorrerent[6], erließ Karl unter Zuziehung von Sachsen aus den drei Hauptabteilungen des Stammes und unter Berücksichtigung der überkommenen *ewa Saxonum* am 28. Okt. 797 das wesentlich mildere *Capitulare Saxonicum* in 11 Kapiteln. Fragmente eines weiteren sächsischen Kapitulars hat uns Ansegis (III 65 u. 66, App. II 34 u. 35) erhalten.

Der *Liber legis Saxonum*, die eigentliche „Lex Saxonum“, liegt in zwei Handschriften und den auf je eine verschollene Handschrift zurückgehenden Drucken von Tilius und Herold vor. Die abschließende Redaktion ist ohne Zweifel auf dem Aachener Reichstag vom Okt. 802 bzw. im Anschluß an diesen im Frühjahr 803 erfolgt, als auch die Leges Thuringorum, Chamavorum und Frisionum aufgezeichnet wurden. Die 66 kurzen Kapitel lassen sich in fünf Abschnitte gliedern. Der erste, c. 1—20, in Anlehnung an die Anordnung und teilweise auch an den Wortlaut der Lex Ribvaria verfaßt, ist ein ausgesprochenes „Adelsgesetz“. Der zweite, c. 21—39, behandelt die Kapitalverbrechen und berührt sich stark mit Capitulatio A, wird aber andrerseits in Capitulatio B bereits zitiert. Der dritte, c. 40—49, bietet ehe-, ehegüter- und erbrechtliche Bestimmungen von zum Teil hoher Altertümlichkeit, wobei gelegentlich das Recht der Westfalen dem der Engern und Ostfalen entgegengesetzt wird. Der vierte, c. 50—60, behandelt die Ungefährwerke und zwar zunächst, in Anlehnung an das Kapitular zur Lex Ribvaria von 803, die Haftung für Knechte, dann einzelne Gefährdungstatbestände. Der fünfte, c. 61—66, trägt Sonderbestimmungen nach und ist möglicherweise nachträglich angefügt. Die in c. 66 überlieferte, teilweise auch in c. 16 interpolierte Bestimmung *maiori solido aliae compositiones, minori homicidia conponuntur* kann jedenfalls der Lex ursprünglich nicht angehört haben, da in dieser wie die Wergelder so auch die Bußen nach dem kleineren Solidus zu zwei fränkischen Tremissen berechnet sind. Die wiederholten Versuche, Teile der Lex noch vor die Capitulatio, andere zwischen Capitulatio und Capitulare zu datieren, haben zu keinem befriedigenden Ergebnis geführt[7].

2. Das Gesetz der Thüringer[8] trägt in der allein auf uns gekommenen Corveyer Handschrift den Namen *Lex Thuringorum*, ist jedoch in der Ausgabe Herolds, die einer verschollenen zweiten Handschrift folgt, mit *Lex Angliorum et Vuerinorum hoc est Thuringorum* überschrieben[9]. Es handelt sich also nicht um thüringisches Volksrecht, sondern um das der ingwäonischen Angeln und Warnen, die in den Gauen *Englehem* (*Engili*) [südl. der Unstrut] und *Werenofeld* [zwischen Saale und Elster] innerhalb

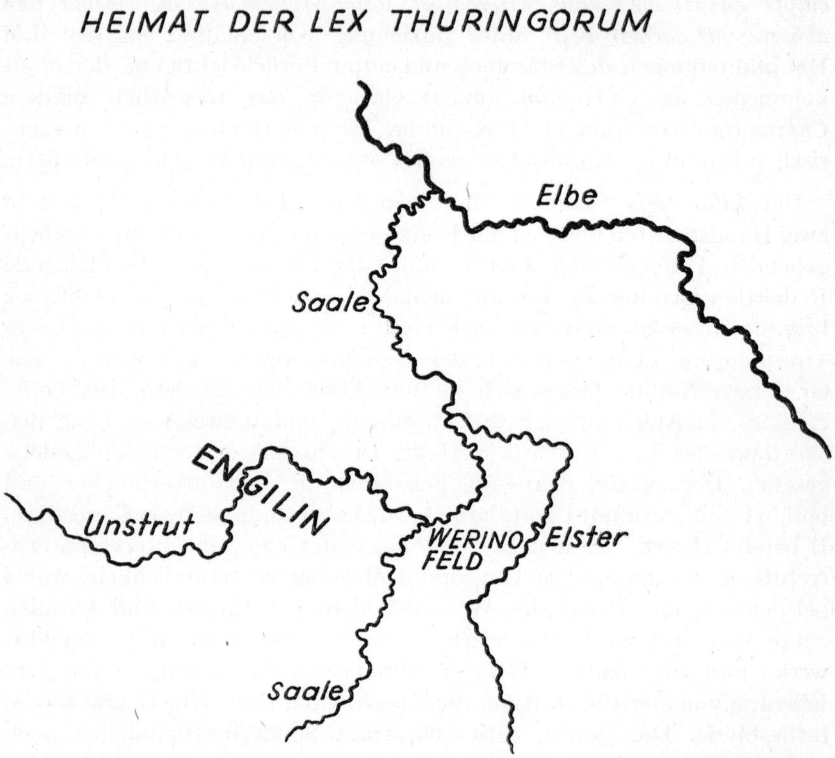

der Grenzen des alten Thuringenreiches wohnten. Die anglowarnische Lex ist unter Karl dem Großen, höchstwahrscheinlich 802/03 im Zusammenhang mit dem Aachener Reichstag aufgezeichnet worden. Trotz ihrer Knappheit enthält sie wichtige Nachrichten, darunter das älteste Schriftzeugnis über Heergewäte und Gerade. Die Formulierung schließt sich im wesentlichen an die Lex Ribvaria an; eine Änderung des Kapitulars zur Lex Ribvaria von 803 scheint berücksichtigt. Eine gewisse Textverwandtschaft mit der Lex Saxonum und der Lex Frisionum kann angesichts der gleichzeitigen Aufzeichnung nicht wundernehmen. Sowohl die Corveyer Handschrift wie der HEROLDsche Druck haben die mehr kasuistisch gefaßten Normen der c. 26—59 von den reinen Bußbestimmungen der c. 1—25 abgesprengt; doch wird dies auf eine technische Störung in der entfernteren Vorlage zurückgehen und keine textkritische Bedeutung haben. Die geschlossene Voranstellung der Bußbestimmungen und die Abhandlung der übrigen Materien erst hinter diesen bahnt sich schon im Pactus legis Salicae an und ist seit dem Pactus Alamannorum und der Lex Ribvaria ein mehrfach befolgtes gesetzgeberisches Ordnungsprinzip.

3. Ein vom königlichen Missus erfragtes Weistum über das im chamavischen Dukat geltende Recht in 48 knappen Kapiteln ist uns in zwei Handschriften [bzw. in drei, wenn man die Abschrift einer

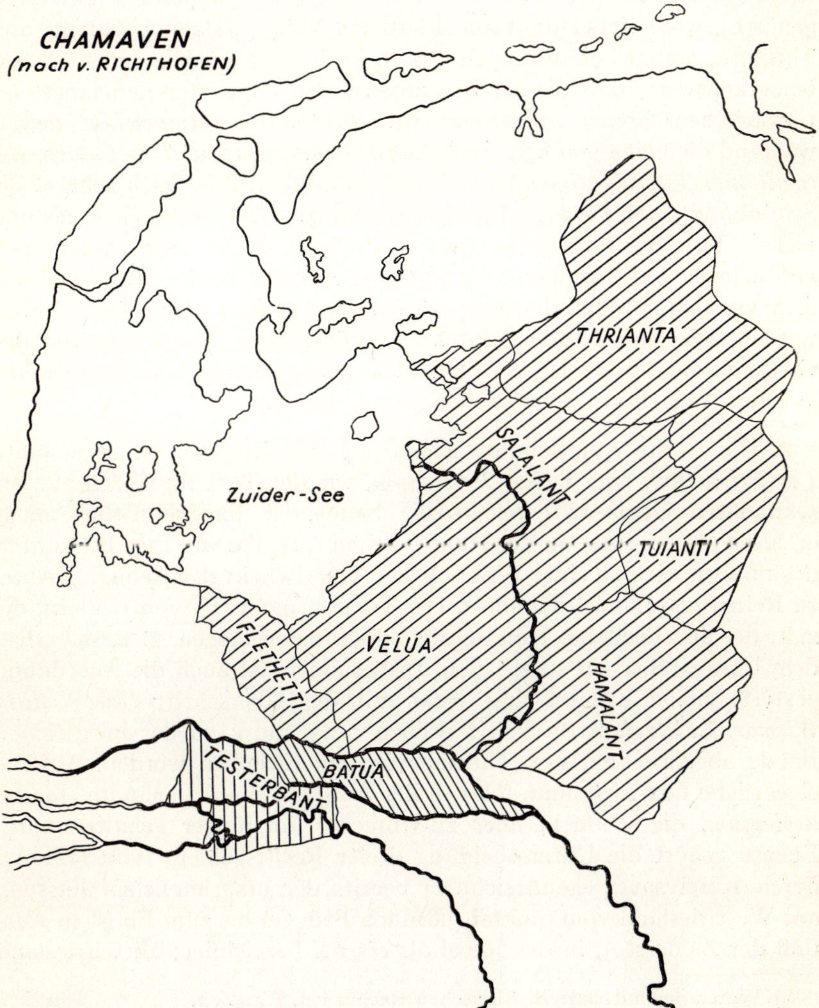

von ihnen mitzählen will] unter der Überschrift *Notitia vel commemoratio de illa ewa, quae se ad Amorem habet* erhalten[10]. Seine übliche Zitierung als „Lex (Francorum) Chamavorum" darf nicht zu dem Fehlschluß verleiten, es habe lediglich in dem seit der Mitte des 9. Jahrh. wiederholt genannten *comitatus Hamalant* Gültigkeit gehabt. Der Dukat, der zugleich ein Missaticum bildete, gliederte sich vielmehr in drei Grafschaften (c. 44), d. h. er umfaßte wahrscheinlich den gesamten fränkischen Teil der Diözese Utrecht [zu der außerdem Friesland gehörte], wohl sicher die Gaue Flethetti, Velua, Salalant, Tuianti und Thrianta, wahrscheinlich auch Batua und Testerbant[11]. Jedenfalls ist bemerkenswert, daß die Divisio imperii von 837 unter den längs der ribwarischen Grenze gelegenen Grafschaften das *Hammolant* nennt, während diejenige von 839 *comitatum Hamarlant, comitatum Batavorum, comitatum Testrabenticum* nacheinander aufführt[12]. Zugleich schlägt die Schreibung *Hamarlant* die Brücke zu dem *ad Amorem* des Gesetzes und vielleicht zu den Namen der Orte Amersfoort an der Eem, Amerongen nördlich der Lek, Ammerstol und Groot-Ammers beiderseits derselben, Ammerzoden nördlich der Maas, die in der Tat *in Amore* gelegen haben werden. Die Aufzeichnung durch den königlichen Missus verweist das Gesetz in die karolingische Zeit, und es wird gewiß mit Recht ebenfalls auf den Aachener Reichstag von 802/03 bezogen.

4. Die älteste Aufzeichnung friesischen[13] Rechts[a], die sogenannte *Lex Frisionum*, oder besser *Fresionum*, wie der Text im Gegensatz zur sekundären Überschrift regelmäßig bietet, ist handschriftlich nicht erhalten und uns nur aus der HEROLDschen Ausgabe von 1557 bekannt[14]; doch haben wir von einer verschollenen Handschrift der Remigius-Abtei zu Reims zuverlässige Kunde[15]. Der Text ist nicht frei von Fehlern, die z. T. der abgedruckten Handschrift entstammen mögen, z. T. sicherlich dem Herausgeber zur Last fallen. Insbesondere ist auch die Anordnung gestört; einige Kapitel sind sogar mit der Überschrift *Haec iuditia Wlemarus dictavit* irrtümlich zwischen c. 25 und c. 26 der im gleichen Bande abgedruckten Lex Thuringorum eingeschoben worden. Auf die eigentliche Lex Frisionum folgt in der Ausgabe eine sogenannte *Additio sapientum*, die vielfach, aber zu Unrecht, für jünger gehalten wird. Ebenso gehört die Unterscheidung dreier Rechtsgebiete [von HEROLD durch Kursivsatz gekennzeichnet] bereits der ursprünglichen Fassung an: Westfriesland vom Sinkfal (nördlich Brügge) bis zum Fli (dem Ausfluß der Zuidersee), in der Regel als *cis Fli* bezeichnet; Mittelfriesland

a) Wegen des mittelalterl. friesischen Rechts vgl. § 21 Z. 2.

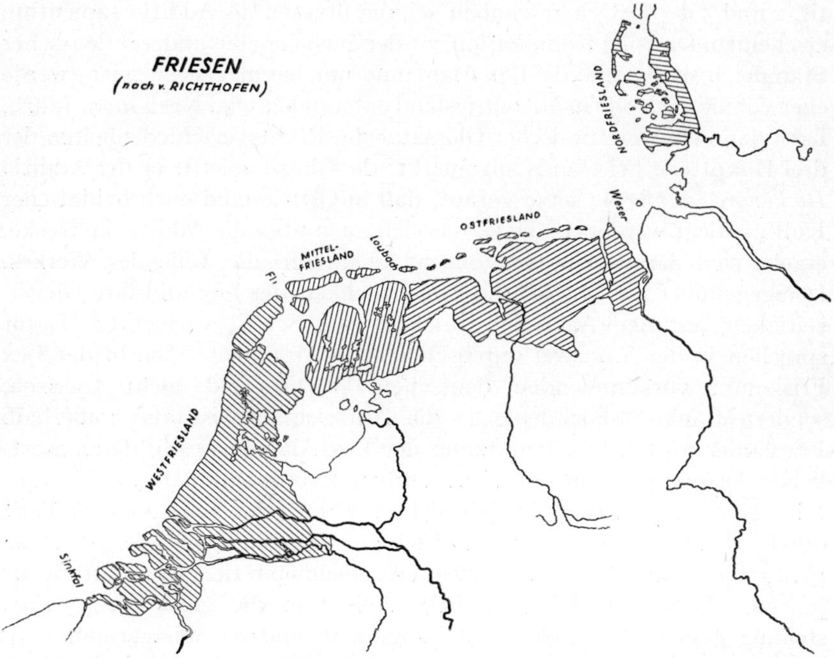

zwischen Fli und Laveke (Laubach), das Kerngebiet des Gesetzes, gelegentlich ausdrücklich durch *inter Laubachi ac Flehum* umschrieben oder mit Westfriesland durch *inter Laubaci et Sincfalam* zusammengefaßt; Ostfriesland von der Laveke bis zur Weser, auch als *trans* oder *ultra Laubaci* angeführt.

Während bei den anderen Volksrechten der fränkischen Zeit zwar Meinungsverschiedenheiten, aber keine grundsätzlichen Differenzen bestehen, ist über Wesen und Ursprung der Lex Frisionum keinerlei Übereinstimmung erzielt worden. AMIRA bekannte sich zu der Auffassung, daß es sich um ein Rechtsbuch handele, und zwar das merkwürdigste, das auf unsere Zeit gekommen ist. Unter die 22 zum Teil umfangreichen Titel seien mindestens drei verschiedene fränkische Strafgesetze für Friesland aus dem 8. Jahrh. verteilt. Dazwischen seien tit. 2 und 14 (mit 15?) aus einem Traktat über Tötung eingeschaltet, der seiner Diktion nach der karlischen Literaturepoche angehöre; auch tit. 11 der Lex und tit. 11 der Additio entstammten Privataufzeichnungen. Eine dritte Schicht des Materials bestehe aus Weistümern eines Wlemar und eines Saxmund aus dem 9. Jahrh., wovon das erste zwischen tit. 2 und 3 der Lex eingeschoben sei, die übrigen als Additio sapientum erscheinen. Die rohe Kompilation, zu der auch Gesetze anderer deutscher Stämme, insbesondere die Lex Alamannorum, herangezogen seien, werde eher vor als nach 850 in Mittelfriesland entstanden sein. Noch im 9. Jahrh. habe dann ein westfriesischer Glossator die Rechtsverschiedenheiten der drei Hauptteile Frieslands angemerkt; die Glosse vor tit. 11 der Additio *De honore templorum* setze voraus, daß in Ostfriesland noch heidnischer Kult gepflegt werde; da die Glosse sich auch über die Additio erstrecke, ergebe sich daraus ein terminus ad quem für alle Teile des Werkes. Demgegenüber hat HECK[16] die Einheitlichkeit der Lex und ihre Gleichzeitigkeit mit den Aachener Gesetzen von 802/03 verfochten. Dafür sprechen in der Tat zwei durchschlagende Argumente. Die in der Lex Frisionum vorkommenden deutschen Wörter sind nicht friesisch, sondern fränkisch-hochdeutsch; die Aufzeichnung ist also außerhalb Frieslands erfolgt. Die Benutzung der Lex Alamannorum, deren wörtliches Ausschreiben in einem friesischen Rechtsdenkmal ohnehin auffällig genug ist, beschränkt sich nicht auf einen der Teile, sondern läuft durch. Damit ist für die vermeintlich zur ältesten Textstufe gehörigen tit. 17 und 18, für den zu einer zweiten gerechneten tit. 22 und für die als jüngste Masse aufgefaßte Additio sapientum die gleichzeitige Entstehung gesichert[17]. Andererseits zeigt kein anderes westgermanisches Volksrecht so tiefgreifende und unüberbrückbare innere Gegensätze, keines ist so dürftig (nur in einem Druck) überliefert; beides Punkte, die es füglich bezweifeln lassen, daß die „Lex" Frisionum jemals Gesetzeskraft erlangte. Sie dürfte ein gelegentlich des Aachener Reichstags gefertigter Entwurf, eine teils sorgfältiger stilisierte, teils flüchtig zu Protokoll genommene Aufzeichnung sein, die keine abschließende Redaktion erfahren hat.

[1]) Maßgebende Ausgabe: *Leges Saxonum und Lex Thuringorum* (MGH Fontes iur. germ. ant.), ed CL. FRHR. V. SCHWERIN (1918). Ältere Ausgabe: *Leges Saxonum* (MGH Leges V S. 1—102), edd. KARL FRHR. V. RICHTHOFEN u. KARL FRIEDR. V. RICHTHOFEN (1875). Schulausgabe mit Übersetzung: *Recht der Sachsen* (GR II, 3), ed. K. A. ECKHARDT (1943). Schrifttum: BRUNNER, Dt. RG ²I § 44; BUCHNER, RQ § 13; RLGA III S. 156; SachWB S. 635; CL. FRHR. V. SCHWERIN, Zu den Leges Saxonum, ZRG G XXXIII (1912) S. 390—452; MARTIN LINTZEL, Die Entstehung d. lex Saxonum, ZRG G XLVII (1927) S. 130—173. | [2]) Vgl. LUDW. SCHMIDT, Geschichte der dt. Stämme bis z. Ausgang d. Völkerwanderung II, 1: Die Westgermanen (²1938) S. 33ff., sowie Sachsen u. Anhalt IV (1928) S. 348ff.; MARTIN LINTZEL, ebd. III (1927) S. 1ff., IV (1928) S. 358ff., XIII (1937) S. 28ff. [dort auch Auseinandersetzung mit den Ansichten der Prähistoriker]. | [3]) Vgl. V. SCHWERIN, ZRG G XXXIII S. 444ff. | [4]) HEINR. BRUNNER, Dt. RG ²I S. 466.

[5]) MARTIN LINTZEL, Sachsen u. Anhalt XIII (1937) S. 65ff. | [6]) ECKHARDT, Lex Salica (1953) S. 64. | [7]) Vgl. v. SCHWERIN, a.a.O. S. 431ff.; MARTIN LINTZEL, ZRG G XLVII S. 130ff. | [8]) Vgl. LUDW. SCHMIDT, a. a. O. II, 2: Die Westgermanen (^{2}1940). | [9]) Maßgebende Ausgabe: *Leges Saxonum und Lex Thuringorum* (MGH Fontes iur. germ. ant.), ed. CL. FRHR. V. SCHWERIN (1918). Ältere Ausgabe: *Lex Angliorum et Werinorum hoc est Thuringorum* (MGH Leges V S. 119—144), ed. KARL FRIEDR. V. RICHTHOFEN (1875). Schulausgabe mit Übersetzung: *Recht der Thüringer* (GR II, 3), ed K. A. ECKHARDT (1934). Schrifttum: BRUNNER, Dt. RG ^{2}I § 45; BUCHNER, RQ § 14; RLGA III S. 153; SachWB S. 636. | [10]) Maßgebende Ausgabe: *Lex Francorum Chamavorum* (MGH Leges V S. 269—288), ed. RUDOLPH SOHM (1883). Schulausgabe: *Lex Ribuaria et lex Francorum Chamavorum* (MGH Fontes iur. germ. ant.), ed. RUDOLPH SOHM (1883). Schulausgabe mit Übersetzung: *Recht der chamavischen Franken* (GR II, 3), ed. K. A. ECKHARDT (1934). Schrifttum: BRUNNER, Dt. RG ^{2}I § 46; BUCHNER, RQ § 15; RLGA I S. 635; SachWB S. 632f. | [11]) Vgl. M. R. R. FRUIN, Het Vaderland van de noticia vel commemoratio de illa ewa quae se ad Amorem habet, Bijdragen voor vaderlandsche Geschiedenis en Oudheidkunde V, 9 (1922) S. 161ff.; OBREEN, La patrie de la Ewa Francorum Chamavorum, Revue Belge de philologie et d'histoire III (1924) S. 317; J. F. NIERMEYER, Het Midden-Nederlands rivierengebied in den Frankische Tijd op grond van de Ewa quae se ad Amorem habet, Tijdschrift voor Geschiedenis (1953) S. 145ff.; EUGEN EWIG, Rhein. Vierteljahrsblätter XIX (1954) S. 15. | [12]) Annales Bertiniani (MGH Scriptores in us. schol., 1883) S. 14 u. 21. | [13]) Vgl. LUDW. SCHMIDT, a. a. O. II, 1: Die Westgermanen (^{2}1938) S. 71ff. | [14]) Maßgebende Ausgabe: *La ‚Lex Frisionum'* (Estr. dalle Memorie della Reale Accademia delle Scienze di Torino II, XLIII), ed. FEDERICO PATETTA (1892). Ältere Ausgaben (nicht durch diejenige PATETTAS überholt): *Friesische Rechtsquellen*, ed. KARL FRHR. V. RICHTHOFEN (1840) S. XXVII—XLII; *Lex Frisionum* (MGH Leges III S. 631—711), ed. KARL FRHR. V. RICHTHOFEN (1863). Schulausgabe mit Übersetzung: *Recht der Friesen* (GR II, 3), ed. K. A. ECKHARDT (1934). Schrifttum: BRUNNER, Dt. RG ^{2}I § 47; BUCHNER, RQ § 16; RLGA III S. 154f.; SachWB S. 633; B. J. L. DE GEER, Über d. Zusammensetzung d. Lex Frisionum, ZRG VIII (1869) S. 134 bis 159; SIEGFR. RIETSCHEL, Das Volksrecht der Friesen, Festschr. O. Gierke (1911) S. 223—244. | [15]) Vgl. BRUNO KRUSCH, Die Lex Bajuvariorum (1924) S. 14 Anm. 4. | [16]) Die Entstehung d. Lex Frisionum, Arbeiten z. dt. Rechts- u. Verfassungsgeschichte VI (1927) [Anhang S. 139—157: ein (nicht fehlerfreier) Nachdruck der HEROLDschen Ausgabe]. | [17]) Vgl. ECKHARDT, GGA 1928 S. 343—346.

§ 10
Langobarden

1. An Vollständigkeit, Zusammenhang, Klarheit, Ordnung und guter Erhaltung wie an chronologischer Bestimmtheit werden die fränkischen Gesetze von den langobardischen[1] weit übertroffen. Den Mittelpunkt und die Hauptmasse der letzteren bildet der *Edictus Langobardorum*[2]. Er besteht aus den Gesetzen, welche von verschiedenen Königen vorgeschlagen worden sind und die förmliche Zustimmung der langobardischen Heerversammlung (durch *gairethinx*)[a] erlangt haben. Den Anfang macht das Edikt des Königs Rothari (*Hrôtharit*) vom 22. Nov. 643. Seine 388 Kapitel machen in der Hauptsache ein Straf- und Zivilgesetzbuch aus. Benützt sind Justinianische Gesetze und anscheinend auch das wisigotische Gesetz des Leowigild und der Pactus Alamannorum[3]. Gleichwohl ist das Werk eine durchweg selbständige Aufzeichnung teils altlangobardischen Gewohnheitsrechtes, teils planmäßiger Neuerungen. Bei allem Archaismus der Fassung verrät sich doch sowohl in der Ausführlichkeit wie in der systematischen Anlage und in der Deutlichkeit des Ausdrucks, auch schon in einem gewissen Rationalismus der Rechtsbesserungen der Einfluß der italischen Kultur[4]. Das Gesetzbuch scheint den beigegebenen Motiven nach unverändert so publiziert, wie es vom König vor die Landsgemeinde gebracht worden war. Für Reinhaltung des Textes, an dessen Buchstaben der Urteilfinder im Gericht gebunden war, trug eine Schlußvorschrift über amtliche Ausfertigung und Beglaubigung der Exemplare Sorge.

Den ersten Zuwachs erhielt Rotharis Edikt durch 9 Kapitel von König Grimoald (*Grimvald*) aus dem Juli 668. Eine ausgiebigere Vermehrung aber trat erst im 8. Jahrh. ein: fünfzehn „Reichsabschiede" (*volumina*), im ganzen 156 Kapitel, aus ebensovielen Regierungsjahren Königs Liutprand zwischen 713 und 735, dann 8 Kapitel des Königs Ratchis von 746, endlich 13 von Haistulf aus dem Jahre 755. Von diesen Zutaten sind nun die meisten durch Streitfragen der Gerichtspraxis veranlaßt, und manches Kapitel gibt sich geradezu als Erkenntnis des Königsgerichts samt Geschichtserzählung und Entscheidungsgründen. So bleiben denn auch die jüngeren Bestandteile des *corpus edicti* an Anschaulichkeit nicht hinter dem Edictus Rothari zurück. Aber es ist doch ein neuer Geist in diesen Gesetzen des 8. Jahrh. Längst verschwunden ist der Arianismus: für eine *catholica gens* verfaßt der *catholicus princeps* seine Satzungen, und zwar *Dei inspiratione*. Römische und mehr noch kirchliche Normen werden neben wisigotischen und burgundischen ins Langobarden-Recht eingeführt; die Fassung wird breiter und wortreicher, die Motivierung beliebt und ausführlich, vielfach mit eingestreuten Sentenzen verziert. Kurzum, es beginnt der romanische Stil.

a) Zur Erklärung der dt. Wörter in den langobard. Quellen s. W. Bruckner, Die Sprache der Langobarden (1895); G. Baesecke, PBB LIX (1935) S. 84ff., sowie Vor- u. Frühgeschichte d. dt. Schrifttums II, 1 (1950) S. 55—57; Ingeborg Schröbler in Franz Beyerles Ausgabe (1947) S. 497—508.

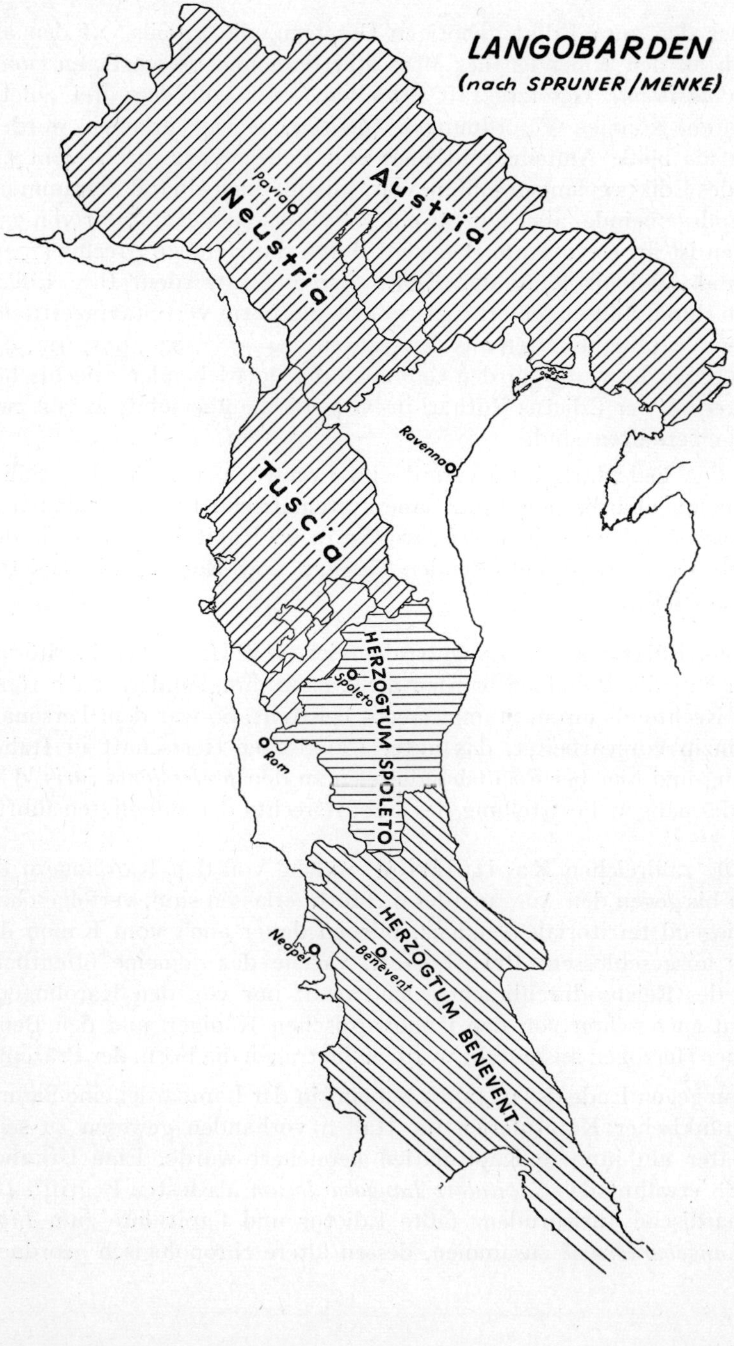
LANGOBARDEN
(nach SPRUNER / MENKE)
Pavia
Neustria
Austria
Ravenna
Tuscia
HERZOGTUM SPOLETO
Spoleto
Rom
HERZOGTUM BENEVENT
Neapel
Benevent

Außer den zum Edikt gehörigen Gesetzen, die jeweils auf den alljährlich an den Kalenden des März stattfindenden Reichstagen *cuncto populo adsistente* Gesetzeskraft erhielten, sind von den drei zuletzt genannten Königen Verordnungen (*notitiae, brevia*) erlassen worden, welche als bloße Amtsinstruktionen und Polizeivorschriften nicht zur Kraft des Edikts gelangen sollten, von Haistulf auch ein mit Zustimmung der Landsgemeinde, aber nur für ein Jahr erlassenes Kapitular von 750. Dagegen ist im Herzogtum Benevent durch die Herzöge Arechis (774—787) und Adelchis (866) das Edikt fortgesetzt worden. Ihre Edikte wurden durch Satzungen ergänzt, welche die Form von Staatsverträgen der Beneventaner Fürsten aus den Jahren 774—787, 836, 851, 911, 933 tragen. Ebenda wurde für den Gebrauch der dort lebenden griechischen Bevölkerung der Edictus Rothari ins Griechische übersetzt, wovon zwei Auszüge[5] erhalten sind.

Um 830 ließ Markgraf Everard von Friaul wie von der Lex Salica so vom langobardischen Edikt eine systematische Fassung herstellen, die *Concordia de singulis causis*, welche in 60 Kapiteln jeweils die den gleichen Gegenstand betreffenden Gesetze von Rothari bis Haistulf zusammenfaßt[6].

2. Das Edikt war im Langobardenreich von Haus aus Territorialgesetz. Nur die Romanen wurden nicht nach ihm, sondern nach römischem Rechte als ihrem Stammesrecht beurteilt. So war dem Personalitätsprinzip vorgearbeitet, das unter fränkischer Herrschaft in Italien eindrang und hier bei Rechtshandlungen zu den *professiones iuris*, d. h. zur jedesmaligen Feststellung des Geburtsrechts der Beteiligten führte.

3. Die zahlreichen Kapitularien, welche von den Karolingern für Italien bis gegen den Ausgang des 9. Jahrh. erlassen sind, verfolgen eine überwiegend territoriale Tendenz, blieben daher auch vom Kanon des Edikts ausgeschlossen. Privilegien, welche das gemeine öffentliche Recht des Reichs durchbrachen, sind nicht nur von den Karolingern, sondern auch schon von den langobardischen Königen und den Beneventaner Herzögen ausgestellt worden. Sie tragen die Form der Präzepte.

Schon gegen Ende des 9. Jahrh. scheint in der Lombardei eine Sammlung fränkischer Kapitularien für Italien vorhanden gewesen zu sein, die später um jüngere Kapitularien bereichert wurde. Eine Urkunde von 988 erwähnt das *Capitulare Langobardorum* als festen Begriff[7]. Die langobardische Jurisprudenz faßte Edictus und Capitulare zum *Liber legis Langobardorum*[8] zusammen, dessen ältere chronologisch geordnete

Gestalt als *Liber Papiensis*, dessen jüngere systematische Fassung als *Lombarda* zitiert wird.

4. Ein beneventanisches Vokabular zum langobardischen Edikt aus dem 9. Jahrh. legt mit seinen ungeschickten Versuchen, die deutschen Wörter des Textes zu erklären, Zeugnis ab für die bereits eingetretene Italianisierung des langobardischen Rechts.

1) Vgl. Ludw. Schmidt, Geschichte der dt. Stämme bis z. Ausgang d. Völkerwanderung I: Die Ostgermanen (²1934) S. 565 ff. | 2) Maßgebende Ausgabe: *Leges Langobardorum* (MGH Leges IV), edd. Friedr. Bluhme u. Alfr. Boretius (1868) [nachgedruckt von Padeletti, Fontes iur. ital. medii aevi (1877); vgl. auch P. Alban Dold, Zum Langobardengesetz: Neue Bruchstücke d. ältesten Handschr. d. Edictus Rothari, DA IV (1910) S. 1—53, u. Zur ältesten Handschr. d. Edictus Rothari (1955) S. 1—48]. Schulausgabe [mit Verbesserungen gegenüber d. Hauptausgabe]: *Edictus ceteraeque Langobardorum Leges* (MGH Fontes iur. germ. ant.), ed. Friedr. Bluhme (1869). Schulausgabe mit (blutvoller) Verdeutschung u. umfassender system. Inhaltsübersicht: *Die Gesetze der Langobarden* (GR III), ed. Franz Beyerle (1947). Schrifttum: Brunner, Dt. RG ²I §§ 54 u. 57; Buchner, RQ § 11; RLGA III S. 134f. | 3) Vgl. Ernst Mayer, Die oberdt. Volksrechte (1929) S. 6—84. 4) Vgl. Walth. Schönfeld, Das Rechtsbewußtsein der Langobarden auf Grund ihres Edikts, Festschr. Alfr. Schultze [nicht: A. Schulte, wie Buchner, RQ S. 33, zitiert] (1934) S. 283—391; E. Burzio, Il concetto di giustizia nella legislazione langobardica, Rivista di storia del diritto italiano XIII (1940); Hans Fehr, Der Geist der langobard. Gesetze, Schweiz. Beitr. z. allgem. Geschichte VI (1948) S. 37 ff. | 5) Ausgabe: Leges IV S. 225—234. | 6) Ausgabe: ebd. S. 235—288. | 7) Vgl. Jul. Ficker, Über d. Zeit u. d. Ort d. Entstehung d. Brachylogus iuris civilis, SB Wien LXVII (1871) S. 584 ff., 635 ff. | 8) Ausgabe: Leges IV S. 290—640.

§ 11

Angelsachsen

1. Wegen ihres Reizes ungetrübter Ursprünglichkeit zu den allerkostbarsten Stücken der deutschen Gesetzinkunabeln gehören die angelsächsischen[1]. Schon gleich die frühesten sind in deutscher Sprache (altenglisch)[2] verfaßt. Sie stammen aus dem zuerst christianisierten und bei seinem Übergang zum neuen Glauben mächtigsten Staat Englands, Kent, und bestehen aus 90 *dómas* von straf- und verwandtschaftsrechtlichem Inhalt und noch sehr trockenem unbeholfenem Vortrag, welche um 601/04, jedenfalls zwischen 597 und 616 durch König Aethelberht (*Æðelbirht*) — nach Beda: *consilio sapientum* — erlassen sind. Es folgte zwischen 640 und 664 eine kirchenrechtliche Satzung von König Earconberht (*Ercenbryht*), welche im Original verloren, inhaltlich wahrscheinlich in den Gesetzen Wihtreds teilweise erhalten ist.

Durch 16 straf- und prozeßrechtliche *dómas* „vermehrte die Rechte seiner Vorgänger" König Hlothere (*Hloþhære*) 673—685. Sie liegen in der Fassung vor, worin sie die Bestätigung des folgenden Königs Éadric, um 686 erhalten haben. Auf dem gleichen Gebiet wie die Gesetze seiner Vorgänger bewegen sich *Wihtrædes dómas*: 28 Kapitel, welche im Jahre 695 die kentischen Optimaten (*éadigan*), voran die geistlichen, unter Zustimmung des Königs beschlossen haben. Bei Hlothere und Wihtred macht sich bereits eine gesteigerte Gewandtheit der Satzbildung bemerkbar.

Eben sie ist es, die dem ersten Gesetzbuch von Wessex, *Ines cyninges ásetnysse*, nun einläßlichere Behandlung des zwar noch vorwiegend kirchen-, straf- und prozeßrechtlichen, daneben aber auch verwandtschafts- und güterrechtlichen Stoffes ermöglicht. Die Sprache ist weniger nüchtern als in den kentischen Gesetzen. Mitunter wird einer Bestimmung ihr Motiv beigegeben, was in durchaus volkstümlicher Weise durch Zitat eines Sprichwortes geschieht. Das Denkmal fällt in die Jahre 688—695. Ein Vorwort des im Text „gebietenden" Königs gibt Auskunft über seine Entstehung. Seitdem — z. B. schon bei dem annähernd gleichaltrigen Gesetzbuch Wihtreds — gehört ein solcher Prolog zu den regelmäßigen Bestandteilen angelsächsischer Gesetze.

Die kentischen Quellen sind nur aus einer einzigen Handschrift, dem Codex Roffensis des 12. Jahrh., bekannt. Ines Satzungen sind nur in einer Rezension erhalten, welche König Alfred seinem eigenen Gesetzbuch beigegeben hat. Verloren scheinen die dem dritten deutschen Stamm in England, dem anglischen, von dessen König Offa (788—796) gegebenen und ebenfalls von König Alfred bestätigten Gesetze. Dagegen sind mehrere Königsprivilegien (*donationes libertatum, fréolsa*) für kirchliche Anstalten, hauptsächlich vom 8. Jahrh. an, erhalten, zahlreichere allerdings gefälscht[3].

2. Das 9. Jahrh. legt den Grund zur Vereinigung der angelsächsischen Reiche, welche mit der Thronbesteigung Éadgárs (959) zum Abschluß gelangt. Dem entspricht das Aufkommen und zunehmende Wachstum einer Gesetzgebung mit gemeinrechtlicher Tendenz und das allmähliche Zurücktreten der Partikulargesetze. Der erste Gesetzgeber dieses Zeitalters ist Alfred (*Ælfréd*) (871—900). Ein Gesetzbuch — nach Eadward A Prolog: *dómbóc*, in den Ausgaben: *Ælfrédes dómas* —, welches er mit Zustimmung der Optimaten in der letzten Periode seiner Regierung erlassen hat, führt unter möglichstem Anschluß an das Bestehende einheitliches Recht für die drei deutschen Stammesgebiete des Reiches ein.

ANGELSACHSEN
(nach GREEN/STEENSTRUP)
Northumberland
Grenze des Dänelags
ANGELN
Mercia
East Anglia
Essex
SACHSEN
Kent
JÜTEN
Wessex
Sussex
Wight
JÜTEN

Die Umrahmung bilden eine für Alfreds Richtung bezeichnende ausführliche Einleitung in 49 Kapiteln, worin er halb erzählend, halb parainetisch auf das göttliche Recht verweist, sowie eine besondere Beilage für jedes Stammesgebiet, die aus den älteren Gesetzen desselben besteht[4].

Zwei kürzere allgemeine Gesetze im Kapitularienton folgen unter König Eadward (*Éadweard*) (900—925): *Éadweardes gerǽdnesse* und das sogenannte *Concilium Exoniense*. Gleichartig sind unter Aethelstan (*Æðelstán*) (925—940) ein königlicher Erlaß an die Gerefen über die kirchlichen Abgaben (*Constitutio de decimis*), eine Almoseninstruktion an die Gerefen, das *Concilium Greatanlagense* (*Æðelstánes gerǽdnesse*: 26 Kapitel vermischten Inhalts) und das *Concilium Thunresfeldense* (ein Friedensgesetz in 7 Kapiteln), wozu als vorbereitende Stücke eine Bittschrift der Notabeln von Kent (*Concilium Fefreshamense*) und eine königliche Kundmachung über die Beschlüsse eines Herrentages zu Exeter (*Concilium Exoniense*) gehören; — weiterhin unter Eadmund (940—946) ein Kirchengesetz (*Leges ecclesiasticae*: 6 Kapitel) auf einer Synode zu London gegeben, ein wahrscheinlich ebenda beschlossenes Strafgesetz (*Leges saeculares*: 7 Kapitel) und ein *Concilium Culintonense* (7 Kapitel), ein charakteristisches Beispiel für die Art, wie ältere Gesetze wiederholt wurden; — unter Eadgar (959—975) eine *Gerǽdnyss, hú mon þæt hundred healdan sceal* (sogenannte *Constitutio de hundredis*) und zwei umfassendere Reichsgesetze: *Concilium Andeferanense* und *Wihtbordestanense*, das letztere ca. 962, beide in zwei Abteilungen, *Leges ecclesiasticae* und *saeculares*. — Unter Aethelred (*Æðelréd*), dem letzten Gesetzgeber aus deutschem Stamme, tritt ein vollständiger Verfall in der Technik der Gesetzgebung ein. Die formelle Trennung von weltlichen und kirchlichen Gesetzen wird aufgegeben. Ein unaufhörlicher Rollentausch zwischen Gesetzgeber und Prediger verrät die Schwäche des Herrschers. Steht darum die Menge des Rechtsinhalts in einem Mißverhältnis zum Umfang der einzelnen Gesetze, so scheint auch die Zahl derselben der langen Regierungszeit des Königs (978—1016) weniger zu entsprechen, als gewöhnlich behauptet wird. Denn nur vier allgemeine Gesetze Aethelreds sind bekannt: *Æðelrédes cyninges gerǽdnisse* (das *Concilium Wudestockiense* I), sodann die sogenannte *Constitutio vom Jahre 1008* (wahrscheinlich ein *Concilium Wudestockiense* II), wozu das *Concilium Aenhamense* lediglich die Vorakten enthält, ein *Concilium apud Badam* (vom Jahre 1009?) und eine *Constitutio vom Jahre 1014*.

Außer den allgemeinen Gesetzen der Periode vor Knut kommen noch die schriftlichen Friedensverträge (*friðgewritu*) in Betracht, welche die

Verhältnisse in dem den Anglo-Dänen eingeräumten Gebiet (*Dena lagu*) ordnen. Wir haben solche aus der Zeit Alfreds zwischen 880 und 890, Eadwards (vielleicht um 906) und Aethelreds (991). Weiterhin sind fünf Partikulargesetze zu nennen, von denen jedes in seiner Art einzig dasteht. Die *Iudicia civitatis Lundoniae* aus Aethelstans Zeit (nach dem Concilium Thunresfeldense), das älteste germanische Gildestatut und zugleich das älteste Denkmal angelsächsicher Autonomie, sodann ein *Concilium Wanetungense*, enthaltend ein Königsgesetz von 997 für das anglo-dänische Gebiet der „fünf Städte", die *Gerǽdnes betweox Dúnsétan*, ein gemeinsames Statut anglischer Optimaten und welscher „Ratgeben" über den Grenzverkehr am linken Severnufer in Worcestershire wahrscheinlich aus der ersten Hälfte des 10. Jahrh., ferner ein zur Vorbereitung eines Gesetzes bestimmtes Weistum *De institutis Lundoniae* (um das Jahr 1000).

3. Aus dem nächsten Abschnitt der angelsächsischen Rechtsgeschichte bringt nur die Knutsche Periode (1016—1035) allgemeine Gesetze, zuerst (?) einen Erlaß des Königs aus dem Jahre 1020, worin er die Grundlinien des Rechtszustandes unter der neuen Dynastie zieht, sodann nach 1028 das *Concilium Wintoniense*, eine Kodifikation in 110 Kapiteln, welche nicht nur auf die ältere Einteilung solcher Werke in Leges ecclesiasticae und saeculares zurückgreift, sondern auch den Stoff größtenteils aus älteren Quellen kompiliert. Unter die Partikulargesetze dieser Zeit gehören die *Norðhymbra préosta lagu*, im ganzen 67 Kapitel, doch aus zwei getrennten Gesetzen im zweiten Viertel des 11. Jahrh. zusammengearbeitet, das erste (c. 1—45) anscheinend ein Synodalstatut.

Seit dem 11. Jahrh. mehren sich die Gildenstatute. Drei hochinteressante Beispiele aus Abbotsbury, Exeter und Cambridge sind erhalten.

4. Aus der Zeit der normannischen Herrschaft werden mit gutem Grund die Gesetze Wilhelms I. (1066—1087) noch den angelsächsischen zugerechnet. Aber nur wenige sind in unüberarbeiteter Fassung erhalten: eine kurze Carta für London um 1067, worin das „Recht Edwards" bestätigt wird, daran anschließend ein Gesetz über das Strafverfahren zwischen Engländern und Franzosen in 3 Kapiteln *Willelmes cyninges ásetnysse* und die staatskirchenrechtlichen Fundamentalartikel in der sogenannten *Carta Willelmi* um 1072.

5. Außer den bisher genannten Gesetzen und der beträchtlichen Menge von Privilegien, welche in diesem Zeitalter ebensosehr Wirkung wie Ursache des Machtzuwachses der angelsächsischen Großen, namentlich der geistlichen waren, finden sich noch in den Handschriften drei allgemeine Gesetze, deren Zeit sich nur als nach-Alfredisch angeben läßt, nämlich die Stücke *Be bláserum and be morðslihtum, Be forfange* und *Dóm be hátan ísene and wætre,* wogegen die Sätze von der Totenberaubung und vom Königsfrieden [altertümliche Maßbestimmung!] eher für Weistümer zu halten wären.

Die Sprache, worin die Gesetze verfaßt sind, ist regelmäßig und selbst noch unter Wilhelm I. die altenglische. Doch liegen einige nicht mehr im Urtext, sondern nur in den unten zu erwähnenden lateinischen Versionen vor.

Die angelsächsischen Privatarbeiten über das Recht hatten sich im vorausgehenden Zeitalter ausschließlich auf kirchlichem Gebiet bewegt (Poenitentialbücher). Jetzt ziehen sie auch das weltliche in ihren Kreis. Den Übergang können einigermaßen die 31 Kapitel *Be griðe and be munde* veranschaulichen, die wohl im 11. Jahrh. verfaßt sind. Vielleicht älter (etwa aus der Zeit um 1025) und jedenfalls durch Form wie Inhalt unvergleichlich wertvoller sind die *Rectitudines singularum personarum,* ein Traktat in 21 Kapiteln über Lasten und Rechte verschiedener weltlicher Volksklassen vom königlichen Gefolgen bis zum untersten Gutshörigen, und ihre Fortsetzung *Be gescéadwisan gerefan,* kleinere Aufsätze aus vornormannischer Zeit über Verlöbnis, Wergeld und Stände, darunter einer metrisch erzählend, andere, wie ja auch sonst die angelsächsische Literatur, zu Betrachtung und Gnomik neigend, sämtliche in altenglischer Sprache verfaßt.

Schöpfen diese Privataufzeichnungen fast ganz und gar aus der Praxis, so schlagen die der normannischen Zeit eine entgegengesetzte Richtung ein. Gemeinsam ist diesen die Absicht, das vom Eroberer bestätigte „Recht Edwards" darzustellen, gemeinsam auch das kompilatorische Verfahren zu diesem Zweck, gemeinsam die lateinische Abfassung. Sammlungen, lateinische Übertragungen, paraphrasierende und interpolierende Bearbeitungen von Rechtsschriften aus Wessex und aus anglischen Gegenden sind die Vorläufer. Diesen zunächst steht eine Reihe von Kompilationen aus Heinrichs I. Zeit (1100—1135). Zu Anfang des 12. Jahrh. wurde in französischer Sprache ein Rechtsbuch verfaßt, die sogenannten *Leis Willelme,* die, in ihrer ersten Hälfte vornehmlich aus Weistümern, in ihrer zweiten aus römischrechtlichen Quellen und Knuts Concilium Wintoniense schöpfend, das vom Eroberer gewährleistete Recht der Zeit Eadwards des Bekenners darstellen wollen. Derselben Richtung folgt um 1110 ein ebenfalls aus Knuts Concilium Wintoniense und mancherlei anderen Materialien zusammengestelltes Rechtsbuch in drei Abteilungen, dem man neuerdings den Titel *Instituta Cnuti aliorumque regum Anglorum* gegeben hat[5]. Viel weitläufiger und systematischer angelegt, ebenso theologisch wie juristisch und schon stark romanistisch ist eine bis jetzt nur stückweise veröffentlichte Kompilation, die den Titel *Quadripartitus* trägt, von 1114[6]. Sie war in vier Teilen geplant, aber nur zwei davon sind ausgeführt worden. Mit ihr in genetischem Zusammenhang wie in Ideengemeinschaft steht ein großes Rechtsbuch in 94 Kapiteln, dem der Inhalt seiner beiden ersten Kapitel den Namen der *Leges Heinrici I.* verschafft hat[7]. Um 1118 verfaßt, gewährt es mit seinen scholastischen Einteilungen und seinem kritiklosen, oft widerspruchsvollen Aufreihen der verschiedensten einheimischen und fremden Rechtssätze ein Bild vom äußersten Verfall des angelsächsischen Rechts. Doch ist es durch mancherlei Angaben, die sich in keiner ältern Quelle finden, wertvoll. Letzteres gilt auch von dem beliebtesten Rechtsbuch der normannischen Zeit vor Glanvilla, dem *Tractatus de legibus*, dem Neuere den Namen *Leges Edwardi confessoris* gegeben haben[8]. Er ist wahrscheinlich um 1130 verfaßt und beschränkt sich mehr aufs einheimische Material. Noch vor 1160 wurde er einer Überarbeitung unterzogen. Jedenfalls noch dem zweiten Viertel des 12. Jahrh. gehört eine lateinische Bearbeitung von Gesetzen Knuts und einigen anderen Stücken an, welche unter dem Namen *Consiliatio Cnuti* herausgegeben ist[9]. Bis in den Beginn des 13. Jahrh. setzen sich verschiedene interpolierende Bearbeitungen eines Gesetzes von Wilhelm I., der sogenannten „10 Artikel", fort[10].

6. Wenn auch wie die Traktate und Rechtsbücher theoretische, so doch viel schlichtere und zugleich unmittelbarere Äußerungen des Rechtsbewußtseins sind die Weistümer, nämlich die mündlichen Aussagen über hergebrachtes Recht, wie sie meist auf amtliche Anfrage durch vereidigte Leute aus dem Volk ergangen und durch den Frager aufgeschrieben worden sind. Schon einige kleinere angelsächsische Aufzeichnungen scheinen von dieser Art[11]. In normannischer Zeit enthalten die lateinischen Grundbücher und Heberollen, wie z. B. das *Domesday book* (1083—1086), der *Liber niger* von Peterborough (1125), das *Boldon book* (1183) mancherlei Protokolle über mündliche Weisungen von Rechtssätzen, die nicht nur in die angelsächsische Zeit zurückreichen, sondern auch unter rein angelsächsischer Bevölkerung in Kraft geblieben waren.

Den Traktaten, Rechtsbüchern und Weistümern gegenüber steht eine kleine, aber wichtige Gruppe von angelsächsischen Formeln für Eide und andere mündliche Rechtshandlungen[a]. Ihnen reihen sich nun seit dem 10. Jahrh. auch in England einige *Ordines iudiciorum Dei* an, wie man sie früher schon im fränkischen Reich verfaßt hatte[b], sowie das Ritual der Königskrönung[12].

7. Machen sich noch vor der normannischen Eroberung dänische Einflüsse im angelsächsischen Recht bemerkbar[13], so unterliegt dasselbe im nächsten Jahrhundert den durch die Eroberer vermittelten französischen, und unter Heinrich II. (1154—1189) wird das Erlöschen des rein angelsächsischen Rechtslebens als entschieden anzusehen sein. Das englische Mittelalter gehört nicht mehr in den Bereich unserer Darstellung[14].

Noch früher hört der süd- und westkontinentale Denkmälerkreis auf, Gegenstand unserer Betrachtung zu sein, selbst wo er auf germanischen Fundamenten der vorigen Periode weiterbaut. Ein spanischer Fuero oder ein portugiesischer Foral, eine französische oder normannische Coutume ist weder ein germanisches Denkmal des Rechts noch ein Denkmal des germanischen Rechts. Und genau so steht es mit dem *Liber Papiensis* und seiner Familie[c]. Fällt jener der Geschichte der spanischen Gesetzgebung anheim, so die spätlombardischen Quellen der Geschichte der italienischen Jurisprudenz.

Ehe wir uns den Rechtsdenkmälern des deutschen Mittelalters zuwenden, richten wir den Blick auf diejenigen des skandinavischen Nordens, welche, obwohl an kalendermäßigem Alter den deutschmittelalterlichen vergleichbar, inhaltlich noch ganz in der germanischen Zeit wurzeln.

a) Vgl. § 2 Z. 3.
b) Vgl. § 7 Z. 8.
c) Vgl. § 10 Z. 3.

[1]) Maßgebende Ausgabe: *Die Gesetze der Angelsachsen*, ed. FELIX LIEBERMANN, I: Text u. Übersetzung (1903), II, 1: Wörterbuch (1906), II, 2: Rechts- u. Sachglossar (1912), III: Einleitung u. Erläuterungen (1916) [höchsten Ranges]. Sonstige Ausgaben, sämtlich mit Übersetzung (in d. Sprache d. Editors): *Die Gesetze der Angelsachsen*, ed. REINHOLD SCHMID (1832, ²1858); *The Laws of the Earliest English Kings* [von Aethelberht bis Aethelstan], ed. F. L. ATTENBOROUGH (1922); *The Laws of the Kings of England from Edmund to Henry I*, ed. A. J. ROBERTSON (1925); *Leges Anglo-Saxonum* [601—925] (GR NF), ed. K. A. ECKHARDT (1958). Schulausgabe mit Übersetzung: *Gesetze der Angelsachsen* [601—925] (GR XIII), ed. K. A. ECKHARDT (1958). Schrifttum: HEINR. BRUNNER, Geschichte der engl. Rechtsquellen im Grundriß (1909) [meisterhafte Zusammenfassung]. | [2]) Vgl. BOSWORTH/TOLLER, An Anglo-Saxon Dictionary (1882 ff.); TOLLER, Suppl. zu

vorigem (1921); F. HOLTHAUSEN, Altengl. etymolog. Wörterbuch (1934). ED. SIEVERS, Angelsächs. Grammatik ([3]1898); J. WRIGHT, Old English Grammar ([3]1925); R. GIRVAN, Angelsaksisch handboek (1931). | [3]) Gedruckt bei BIRCH, Cartularium Saxonicum I (1885), II (1887). | [4]) Vollständig bei TURK, The legal code of Ælfred the great (1893). | [5]) Hrsg. von LIEBERMANN in Transactions of Royal Historical Society (1893). | [6]) Übersicht u. Auszüge bei LIEBERMANN, Quadripartitus (1892); soweit es sich um Übersetzung der angelsächs. Gesetze handelt, auch in deren Ausgaben von SCHMID, LIEBERMANN, ECKHARDT. | [7]) Vgl. LIEBERMANN, Über d. engl. Rechtsbuch Leges Heinrici (1901). | [8]) Vgl. LIEBERMANN, Über die Leges Edwardi Confessoris (1896). | [9]) von LIEBERMANN, Consiliatio Cnuti (1893). | [10]) Vgl. auch LIEBERMANN, Über die Leges Anglorum saec. XIII ineunte Londoniis coll. (1894). | [11]) z. B. KEMBLE, Cod. dipl. Nr. 977, 1077. | [12]) Vgl. FREEMAN, Hist. of the Norman Conquest [2]III S. 626ff.; PERCY E. SCHRAMM, Geschichte d. engl. Königtums im Lichte d. Krönung (1937). Zum Vergleich WAITZ, Die Formeln d. dt. Königs- u. d. röm. Kaiser-Krönung (1873) S. 19ff. | [13]) Vgl. J. STEENSTRUP, Normannerne IV (1882). | [14]) Zur Ergänzung sind heranzuziehen STUBBS, Select charters 7 (1890), u. die Diplomatarien von KEMBLE, THORPE u. BIRCH. Viel Angelsächsisches enthält auch die Kompilation lokalrechtlicher Aufzeichnungen aus nach-angelsächs. Zeit von MARY BATESON, Borough Customs I (1904), II (1906).

Vierter Abschnitt

NORDGERMANISCHE RECHTSDENKMÄLER

§ 12

Einführung

1. Die Rechtsdenkmäler der Nordgermanen oder Skandinaven beginnen im 12. Jahrh., also rein zeitlich gesehen nur um ein weniges vor der vom Sachsenspiegel eingeleiteten deutschen Rechtsbücherperiode. Sie beginnen, was Beachtung verdient, erst nach der Einführung des Christentums im Norden, obgleich das skandinavische Schriftwesen in Gestalt der Runenschrift schon um viele Jahrhunderte früher in verhältnismäßig lebhaftem Gebrauch stand. So langsam war die skandinavische Rechtsentwicklung verlaufen. Ereignisketten von so grundstürzenden Folgen wie die südgermanische Völkerwanderung kennt die skandinavische Geschichte nicht, und nachhaltig erschüttert wurden staatliche und religiöse Verhältnisse in den nordischen Stammländern erst seit dem 9. Jahrh. und auch dann hauptsächlich nur in Norwegen. Fremde Zivilisationen hatten skandinavische Leute zwar viel früher, doch immer nur im Auslande kennen gelernt. Auch von den seit dem 9. Jahrh. gegründeten skandinavischen Ansiedlungen in der Fremde, soweit sie im gegenwärtigen Zusammenhang in Betracht kommen, sind nur die dänischen auf eine fertige und zum Teil übermächtige Kultur gestoßen, während die norwegischen einen jungfräulichen Boden vorfanden. Unter der Gunst dieser Umstände konnten ums Jahr 1000 die nordgermanischen Rechte von ihren ursprünglichen Zuständen mehr bewahren als die meisten (und uns bestbekannten) südgermanischen um 500. Die Veränderungen aber, welche im öffentlichen Leben des Nordens während des Frühmittelalters eintraten, ließen doch die entscheidende Teilnahme des Volkes, insbesondere der Bauerschaft an der Rechtsbildung im wesentlichen unangegriffen. Daher gingen auch jetzt noch die Rechtsveränderungen bei den Skandinaven durchaus volkstümlich und sacht vor sich. Immer noch herrschte ein Widerwille gegen gesetzgeberische Neuerungen, der nirgends zu schlagenderem Ausdruck kommt als gerade in dem klassischen Land nordischer Gesetzgebungskunst, auf Island, wo man bis ins 13. Jahrh. daran festhielt, ein „Neugesetz" (*nýmæle*) müsse jeden dritten Sommer vom Gesetzsprecher vorgetragen werden, um seine Kraft zu behalten.

2. Jenen allgemeinen Charakterzügen der skandinavischen Rechtsbildung nun entspricht nach Form wie nach Inhalt der **Charakter der skandinavischen Rechtsaufzeichnungen**. Von Anfang an herrscht in ihnen nicht die lateinische, sondern die Volkssprache vor, und zwar nicht nur hinsichtlich der Mundart, sondern auch in bezug auf den Stil, der dem des deutschen Bauernweistums gleichkommt, während er ihn an Deutlichkeit des Ausdrucks weit hinter sich läßt und so zugleich von der langen Übung des Volkes in Rechtsdingen Zeugnis ablegt. Ferner, unter den skandinavischen Rechtsdenkmälern des Frühmittelalters überwiegt nicht, wie bei den Südgermanen noch in dieser Zeit, das Gesetz, sondern die Privatarbeit. Und unter den Gesetzen nehmen wiederum diejenigen den breiteren Raum ein, welche sich mit der Ordnung der neubegründeten kirchlichen Verhältnisse beschäftigen.

Die wichtigsten Privatarbeiten mögen wir im Anschluß an ihren eigenen Sprachgebrauch „Rechtsbücher" nennen. Aber mit den deutschen Werken gleichen Namens — und nur die besseren unter diesen eignen sich zum Vergleich — zeigen doch nur die dänischen eine gewisse Ähnlichkeit. Die schwedischen und westnordischen dagegen unterscheiden sich von jenen ganz wesentlich in bezug sowohl auf die Herkunft ihres Stoffes wie auf Zweck und Anlage. In ihnen nämlich erkennen wir den schriftlichen Niederschlag einer uralten und amtlich gepflegten und gehüteten mündlichen Überlieferung, jenes großen Weistums über das gesamte Landrecht, welches in periodischem Vortrag (schwed. *laghsaga*, westnord. *lǫgsaga* oder *lǫgtala*) vor der Landesversammlung der einzelnen schwedischen und westnordischen Rechtsverbände, der „Länder", erteilt wurde.

Das Abhalten dieses Vortrages war neben judizierenden oder doch konsultativen und bestimmten administrativen Funktionen Aufgabe des eigens dazu angestellten „Rechtsmannes" (schwed. *laghmaþer*, norweg. *lǫgmaðr*) oder „Rechtsprechers" (isländ. *lǫgsǫgumaðr*, lat. *legifer*). Wird herkömmlicherweise der Amtstitel durch „Gesetzsprecher" verdeutscht, so kann dies damit gerechtfertigt werden, daß dem Vortrag durch widerspruchsloses Anhören die gesetzgebende Versammlung gesetzliche Kraft verlieh (isländ. *fylla uppsǫgu*)[a]. Zur Zeit der älteren Rechtsbücher wurde der Gesetzsprecher auch von der gesetzgebenden Versammlung gewählt, nur daß diese in Norwegen und auf Island nicht mehr wie in Schweden eine Landsgemeinde aller Bauern, sondern eine unter sehr wesentlicher Teilnahme des Königtums berufene Notabelnversammlung bzw. in Island eine Versammlung der Häuptlinge war.

Ursprünglich aphoristisch gehalten und aus kurzen metrischen Stücken (schwed. *flokkar*) bestehend, wurde der Vortrag mittels prosaischer Erweiterung und planmäßiger Anordnung der letzteren ausgebildet und derart ausgesponnen, daß er auf eine Mehrzahl von Tagen, ja Versammlungsperioden abschnittsweise verteilt werden mußte. Je umfänglichere Aufgaben aber die gesteigerte Technik sich stellte, desto näher lag es, ihre Errungenschaften schriftlich festzuhalten, sei es, um die Vorbereitung des freien Vortrags zu erleichtern, sei es, um diesen durch das Vorlesen zu ersetzen. Solche Niederschriften nun bilden den Kern, ja die Hauptbestände der schwedischen und westnordischen Rechtsbücher. Darum dürfen diese auch nicht, wie die deutschen, als Symptome eines Niederganges im Rechtsleben aufgefaßt werden. Sie bezeichnen vielmehr den Höhepunkt einer Entwicklung, auf dem ein so vollständiges Ebenmaß des gegenseitigen Einflusses zwischen Jurisprudenz und Volksbewußtsein, eine so vollständige Übereinstimmung beider erreicht ist, wie sie ihresgleichen in der Weltrechtsgeschichte nicht finden[b].

Vermittelnd zwischen einer ungeschriebenen und der geschriebenen Literatur und hierdurch ebenso wie chronologisch sich in die vorderste Reihe der literargeschichtlichen Denkmäler stellend, teilen diese Rechtsbücher alle stilistischen Eigenschaften der Laghsaga: die Genauigkeit und Ausführlichkeit der Stoffbehandlung, die Gliederung des Stoffes in „Haufen“ (*bælkir, balkar*) oder in „Schnüre“ (*þættir*) und dieser, nun mit eigenen Überschriften versehenen Abteilungen in „Schwärme“ (*flokkar*), von späteren Abschreibern „Kapitel“ genannt, endlich das Apostrophieren von Zuhörern, insbesondere die feierlichen Eingänge und Schlußformeln der Hauptabschnitte. Der Vortrag der Gesetzsprecher lebte aber nicht bloß in den Rechtsbüchern, sondern auch in den Kodifikationen des Landrechts fort, welche in Schweden, Norwegen und auf Island von den gesetzgebenden Gewalten ausgegangen sind,

a) Einwendungen gegen diese Deutung erhebt KARL HAFF, Der german. Rechtsprecher als Träger d. Kontinuität [ZRG G LXVI (1948) S. 364—368].

b) Dazu BERNH. REHFELDT, Saga u. Lagsaga [ZRG G LXXII (1955) S. 47—55].

indem man entweder ein bereits abgeschlossenes Rechtsbuch oder mehrere der Kodifikation zugrunde legte oder aber unmittelbar den Rechtsvortrag gesetzlich redigierte. Dergestalt bleibt der Zusammenhang selbst des spätmittelalterlichen Rechts mit dem der frühesten geschichtlichen Zeiten auch formell aufs beste erhalten. Bewahrheitet sich dies vor allem auf dem Gebiet des Landrechtes, so tritt doch in Schweden und Norwegen auch das Stadtrecht trotz seiner zahlreichen Neuschöpfungen und trotz seiner häufigen Anleihen in Deutschland und England nicht völlig aus dem Verband jener alten Überlieferungen heraus.

3. Einfache und große Züge sind es demnach, welche die schwedische und westnordische Quellengeschichte in ihrer zeitlichen Gliederung vor der südgermanischen voraus hat. Die gleiche Erscheinung nehmen wir wahr, wenn wir auf die räumliche Gliederung sehen. Während die deutsche Quellengeschichte des Mittelalters im Vervielfältigen statt im Vervollständigen der Denkmäler sich erschöpft, schlägt die schwedische und westnordische die umgekehrte Richtung ein. Die anfänglich hier bestehende Partikularisierung des Rechts und seiner schriftlichen Quellen macht im 13. und 14. Jahrh. einer Konzentration Platz, deren vornehmster Ausdruck die sogenannten „gemeinen" Land- und Stadtrechte sind. Die nämliche politische Entwicklung, welche diesen Wandel mit sich bringt, weist dabei die Haupttätigkeit der Staatsgesetzgebung zu, während die Rechtsbücherperiode längst abgeschlossen ist.

Dänemark, das wie geographisch und durch seine inneren Zustände zwischen den anderen skandinavischen Ländern und Deutschland vermittelt, nimmt eine analoge Mittelstellung ein, wenn es sich um Klassifikation der Rechtsaufzeichnungen handelt. Während unter den ältesten dänischen Rechtsquellen, im Gegensatz zu den deutschen nicht bloß der Frühzeit, sondern sogar des nämlichen Jahrhunderts, die Rechtsbücher das Übergewicht behaupten, fehlt diesen Rechtsbüchern doch wieder, im Gegensatz zu den schwedischen und westnordischen, der Zusammenhang mit einer organisierten mündlichen Überlieferung. Ferner hat Dänemark seine Rechtsquellen nicht nur viel mehr partikularisiert als die anderen skandinavischen Länder die ihrigen, sondern es hat diese Partikularisierung während des Mittelalters auch nicht durch eine gemeinrechtliche Kodifikation zu überwinden vermocht; ein Umstand, welcher die Fortdauer vieler altertümlicher Züge im Recht später Quellenperioden begünstigte, aber auch die partikularen Rechtsgebiete (Landschaften, Städte) zu gegenseitigen Rezeptionen ihrer Rechtsaufzeichnungen wie in Deutschland veranlaßte.

4. Spezifisch skandinavische Quellen liegen nur aus Dänemark, aus Schweden mit Gotland, aus Norwegen und Island vor. Wir ordnen dieselben nach Stammesgebieten, denen im ganzen auch die politischen Hauptgebiete entsprechen, und stellen die ostnordische Gruppe voran.

NORDGERMANISCHE QUELLENWERKE

A. EINFÜHRUNGEN

Konr. Maurer, Udsigt over de nordgermaniske Retskilders Historie (1878), Übersicht über die nordgerman. Rechtsquellen [v. Holtzendorffs Enzyklopädie I (^{5}1889) S. 349ff.]; E. Hertzberg, De nordiske Retskilder [Nordisk Retsencyklopædi I: Retskilderne og Statsretten (1890) §§ 5—44, 49—59]. — C. Rosenberg, Nordboernes Aandsliv II (1880) [S. 67—94, 155—174]; K. Hegel, Städte u. Gilden I (1891) [S. 156—206, 263—323, 355—368, 123—131, 422—432 (an verschiedenen Stellen)].

B. EDITIONSREIHEN

Samling af gamle danske Love, ed. J. L. A. Kolderup-Rosenvinge I, 1: Lex Scaniæ antiqua latine reddita per Andream Sunonis (1846); II: Lex Siellandica Erici Regis (1821); III: Kong Valdemar den Andens Jydske Lov og Thord Degns Artikler (1837); IV: De oldenborgske Kongers Recesser og Ordinantser (1824); V: Danske Gaardsretter og Stadsretter (1827). — *Aarsberetninger fra det kongelige Geheimearkiv* II (1856/60), V (1871/75). — *Danmarks gamle Landskabslove med Kirkelovene* [= DGL] I, 1: Skånske Lov [Text 1—3], edd. Johs. Brøndum-Nielsen/Svend Aakjær (1933); I, 2: Skånske Lov [Anders Sunesøns Parafrase, Skånske Kirkelov], edd. Svend Aakjær/Erik Kroman (1933); II: Jyske Lov [Text 1], ed. Peter Skautrup (1933); III: Jyske Lov [Text 2—4], ed. Peter Skautrup (1932, 1946, 1951); IV: Jyske Lov [Text 5—6], edd. Stig Iuul/Peter Jørgensen (1945); Suppl. IV: Knud Mikkelsens Glosser og Thords Artikler, ed. Erik Buus (1951, 1954); V: Eriks Sjællandske Lov [Text 1—2], ed. Peter Skautrup (1936); VI: Eriks Sjællandske Lov [Text 3—5], ed. Mogens Lebech (1937); VII: Valdemars Sjællandske Lov [Arvebog og Orbodemål], ed. Erik Kroman (1932, 1936, 1942); VIII: Valdemars Sjællandske Lov [Ældre og yngre Redaktion], ed. Erik Kroman (1939, 1941). — *Danmarks gamle Love paa Nutidsdansk* [= DGL ND], edd. Erik Kroman/Stig Iuul I: Skaanske Lov, Valdemars Sjællandske Lov (1945); II: Eriks Sjællandske Lov, Jyske Lov, Skaanske og Sjællandske Kirkelov (1945); III: Retshistor. Inledning (1948). Schulausgabe: Skaanske Lov og Jyske Lov, edd. Erik Kromann/Stig Iuul (1956). — *Danmarks gamle Købstadslovgivning,* ed. Erik Kroman I: Sønderjylland (1951); II: Nørrejylland (1952).

Samling af Sweriges Gamla Lagar (Corpus juris Sueo-Gotorum antiqui) [=CJSG] I: Westgöta-Lagen, edd. H. S. Collin/C. J. Schlyter (1827); II: Östgöta-Lagen, edd. Collin/Schlyter (1830); III: Uplands-Lagen, ed. C. J. Schlyter (1834); IV: Södermanna-Lagen, ed. C. J. Schlyter (1838); V: Westmanna-Lagen, ed. Schlyter (1841); VI: Helsinge-Lagen, Kristnu-Balken af Smålands-Lagen och

Bjärköa-Rätten, ed. SCHLYTER (1844); VII: Gotlands-Lagen, ed. SCHLYTER (1852); VIII: Wisby Stadslag och Sjörätt, ed. SCHLYTER (1853); IX: Skåne-Lagen, ed. SCHLYTER (1859); X: Konung Magnus Erikssons Landslag, ed. SCHLYTER (1862); XI: Konung Magnus Erikssons Stadslag, ed. SCHLYTER (1865); XII: Konung Christoffers Landslag, ed. SCHLYTER (1869); XIII: Ordbok till Samlingen af Sweriges Gamla Lagar, von C. J. SCHLYTER (1877). — *Svenska Landskapslagar, tolkade och förklarade för nutidens svenskar* [= SLL], edd. ÅKE HOLMBÄCK/ELIAS WESSÉN I: Östgötalagen och Upplandslagen (1933); II: Dalalagen och Västmannalagen (1936); III: Södermannalagen och Hälsingelagen (1940); IV: Skånelagen och Gutalagen (1943); V: Äldre Västgötalagen, Yngre Västgötalagen, Smålandslagens Kyrkobalk och Bjärköarätten (1946). — *Corpus codicum suecicorum medii ævi* [= CCS] I: Lex communis regni Sueciæ vetustior [Magnus Erikssons Landslag], ed. HENRIK CORNELL (1943); IV: Lex municipalis regni Sueciæ [Magnus Erikssons Stadslag], ed. NIELS AHNLUND (1944); V: Lex Gotlandiæ svetice et germanice, ed. ELIAS WESSÉN (1945); VI: Lex Vestro-Gothica recentior [Yngre Västgötalagen], ed. ADOLF SCHÜCK (1946); VIII: Lex Helsingiæ [Hälsingelagen], ed. AXEL NELSON (1948); IX: Lex Sudermanniæ [Södermannalagen], ed. ELIAS WESSÉN (1948); XII: Lex Vestro-Gothica vetustior [Äldre Västgötalagen], ed. ELIAS WESSÉN (1950) [II, III, VII, X, XI, XIII, XIV enthalten Facsimile-Ausgaben hier nicht einschlagender Texte].

Norges gamle Love indtil 1387 [= NGL] I: Norges Love ældre end Kong Magnus Haakonssöns Regjerings-Tiltrædelse i 1263, edd. R. KEYSER/P. A. MUNCH (1846); II: Lovgivningen under Kong Magnus Haakonssöns Regjeringstid fra 1263 til 1280 [mit Nachträgen zu I], edd. R. KEYSER/P. A. MUNCH (1848); III: Lovgivningen efter Kong Magnus Haakonssöns Död 1280 indtil 1387, edd. R. KEYSER/P. A. MUNCH (1849); IV: Supplementer til de tre foregaaende Bind samt Haandskriftbeskrivelse med Facsimiler, ed. GUSTAV STORM (1885); V: Supplement til foregaaende Bind og Facsimiler samt Glossarium med Registre, edd. G. STORM/EBBE HERTZBERG (1890/95). — *Norges gamle Love anden Raekke: 1388—1604* [= NGL AR] I: 1388—1447, a) Tekst, ed. ABSALON TARANGER (1904/12), b) Registre, von OSCAR ALB. JOHNSEN (1912); II: 1448—1482, edd. OSC. ALB. JOHNSEN/OLUF KOLSRUD/ABS. TARANGER (1914/34).

C. SPRACHLICHE HILFSMITTEL

J. FRITZNER, Ordbog over det gamle norske Sprog I—III ([2]1886—1896); FALK/TORP, Norweg.-dän. etymolog. WB I (1910), II (1911); L. HEGGSTAD, Gammalnorsk ordbok med nynorsk tyding (1930); FERD. HOLTHAUSEN, Vergleichendes u. etymolog. WB d. Altwestnordischen (1948); JAN DE VRIES, Altnord. etymol. WB (seit 1957 im Erscheinen). — Ordbok öfver svenska språket utgifven af Svenska akademien (1898ff.); K. F. SÖDERWALL, Ordbok öfver svenska medeltidsspråket I (1884), II (1900), Suppl. (1925—1951); E. HELLQUIST, Svensk etymologisk ordbok I u. II (1948). — ALEXANDER JOHANNESSON, Isländ. etymol. WB (1951—1956); GEIR T. ZOËGA, A concise Dictionary of old Icelandic (1926).

Unter den sprachlichen Hilfsmitteln zur Terminologie einzelner Rechte sind ersten Ranges die Glossare C. J. SCHLYTERS in den Bänden I—XII von SGL und das zusammenfassende Glossarium des Bandes XIII (1877). Demnächst ist zu nennen E. HERTZBERGS Glossar zu den altnorweg. Rechtsdenkmälern in NGL V (1895) und das Namen-, Wort- u. Sachregister O. A. JOHNSENS zu den norweg. Gesetzen von 1388—1447 in NGL AR I b (1912), sowie das Orts-, Namen- u. Wortregister von VILHJ. FINSEN in d. Arnamagnaeanischen Ausgabe der Grágás (1883). — Beschränktere Aufgaben setzen sich PÁLL VÍDALÍN [† 1727], Skyríngar yfir fornyrði lögbókar þeirrar er Jónsbók kallast (Reykj. 1854); LUND, Det ældste danske Skriftsprogs Ordforråd (1877) [dazu KONR. MAURER in Kr. Vjschr. XXI (1879) S. 94—96]; A. SCHAGERSTRÖM, Upplandslagens ordskatt (1911); H. PIPPING, Aeldre Västgötalagens ordskatt (1913).

§ 13

Dänen

1. Zu einer Zeit, in welcher in Deutschland der Sachsenspiegel[a] noch das einzige Rechtsbuch ist, hat es Dänemark[1] gleich zu vier Rechtsbüchern gebracht, die jenem weder unter dem quantitativen noch unter dem qualitativen Gesichtspunkt nachstehen, mögen sie auch die geniale juristische Prägnanz eines Eike von Repchow nicht erreichen.

Die ältesten Rechtsbücher stellen das Recht der Landschaft Schonen im weiteren Sinne (einschließlich Halland) dar, welche nicht nur kirchlich und bis in 14. Jahrh. zudem ununterbrochen staatlich zu Dänemark gehörte[b], sondern auch eine rein dänische Bevölkerung hatte. Ein dänischer Text, *Skånelagen* in der SCHLYTERschen[2], *Skånske Lov* in den dänischen Ausgaben[3] betitelt und in der Haupthandschrift 241 Kapitel umfassend, ist zwischen 1203 und 1212 auf Grundlage eines ältern, jetzt verlorenen Rechtsbuches aus der zweiten Hälfte des 12. Jahrh. und unter Benützung anderer ebenfalls verlorener Quellen hergestellt[4]. Die nämlichen Vorlagen nebst anderen Materialien verarbeitet paraphrasierend, kommentierend, motivierend ein lateinischer Text: *Liber legis Scaniæ* — von den Herausgebern[5] auch *Iuris Scanici expositio* oder *Lex Scaniæ provincialis* genannt — in 150 Kapiteln, welchen zwischen 1206 und 1215 der gelehrte und welterfahrene Erzbischof Andreas Sunesson von Lund verfaßt hat[c]. Die beiden Rechtsbücher liegen in verschiedenen Redaktionen vor, von denen die jüngeren den Stoff in Bücher einteilen. Überdies gehen die dänischen Texte in bezug

a) Vgl. § 24 Z. 1.

b) endgültig schwedisch seit dem Frieden von Roeskilde (1658).

c) Eine Lebensbeschreibung dieses merkwürdigen Mannes von P. E. MÜLLER (1830) in KOLDERUP-ROSENVINGES Samling af gamle danske Love I, 1 (1846). Vgl. STIG IUUL, Anders Sunesen som lovgiver og jurisdisk forfatter (1948); S. SKOV, Anders Sunesøn og Guterloven (Festschr. Erik Arup 1946).

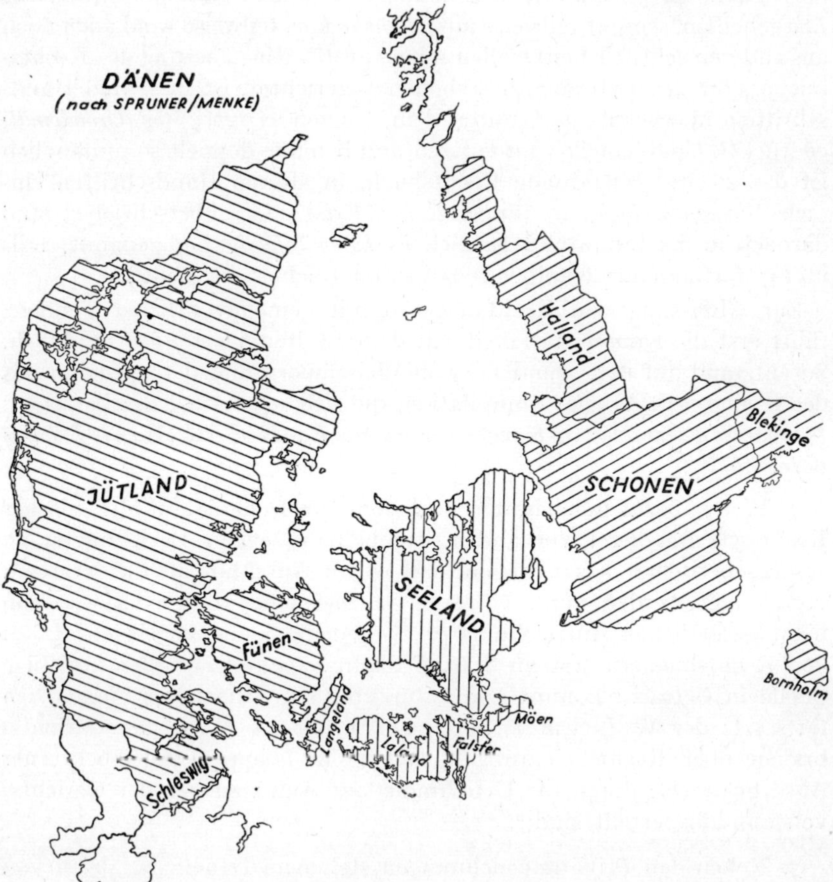

auf Vollständigkeit auseinander. Rezipiert wurde Skånske Lov auf Bornholm und in Bleking, obgleich die Bewohner der letzteren Landschaft småländischen Stammes waren.

Wie Schonen, so ist auch Seeland (einschließlich der Inseln Möen, Lolland und Falster) durch zwei Rechtsbücher vertreten. Beide sind jedoch in dänischer Sprache geschrieben und in der überlieferten Gestalt jünger als Skånske Lov, aber vor 1241 verfaßt. Das ältere, handschriftlich und vielleicht ursprünglich *Sialanzfaræ logh*, in der Literatur aber nach Angaben jüngerer Handschriften fälschlich *Valdemars sællandske Lov* geheißen, schöpft teilweise aus *Skånske Lov*, teilweise wohl auch noch aus anderen schriftlichen Quellen seinen Stoff[6]. Eine Fassung des Rechtsbuches, für den Gebrauch in Schonen zugerichtet, ist in späten Handschriften überliefert und unter dem Namen *Arvebog* (*og Orbodemål*) gedruckt[7]. Unabhängig vom vorigen und beinahe doppelt so umfänglich ist das zweite seeländische Rechtsbuch, in älteren Handschriften einfach *Siælænzk logh*, in jüngeren *Lex Erici regis* überschrieben und darnach in der Literatur fälschlich *Eriks sællandske Lov* genannt, teils in 147 fortlaufende Kapitel, teils in drei Bücher eingeteilt[8].

Zur Abfassung von Rechtsbüchern mit gemeinrechtlicher Tendenz führt erst die Sammlertätigkeit seit dem zweiten Viertel des 15. Jahrh. So entstand auf der Grundlage von Weistümern und der Spruchpraxis des Königsgerichts eine Kompilation, die sich selbst als „Reichsrecht": *Danmarks Rigens Ret og Kongens og Rigens Raads og gode Mands Domme* bezeichnet[9].

2. Was außer den genannten noch sonst an Denkmälern altdänischer Rechtsschriftstellerei vorhanden, steht in so engen Beziehungen zu gesetzgeberischen Erzeugnissen, daß es im Anschluß an die letzteren verzeichnet werden muß. Dagegen ist hier einer andern Klasse von nicht gesetzlichen Aufzeichnungen zu gedenken, die im Gegensatz zu den Rechtsbüchern erst im Spätmittelalter als einigermaßen ergiebige Quelle in Betracht kommt und dafür über das Mittelalter hinaus sich fortsetzt: der Weistümer. Sie tragen meist die Form von Gerichtsbriefen über Rechtsbelehrungen, welche in knapper und nüchterner Ausdrucksweise durch die Urteilfinder auf Anfragen aus der Gerichtsversammlung erteilt sind[10].

3. Neben den Privataufzeichnungen stehen in Dänemark gleich von Anfang an tief eingreifende, geschriebene Gesetze. Vor dem 13. Jahrh. ist freilich ihre Zahl noch eine geringe, und über das 12. Jahrh. zurück erfahren wir von dänischen Gesetzen überhaupt nur aus den zum Teil mythischen Erzählungen des Saxo Grammaticus und anderer Geschichtsschreiber.

Die ältesten Gesetze, deren Texte uns erhalten sind, gehören dem Partikularrecht an. Eine geschlossene Gruppe unter ihnen bilden die Kirchenrechte von Schonen und Seeland. Das schonische, im 13. Jh. „die *skraa*" genannt, ist von Erzbischof Æskil von Lund (1137—1178) mit seinen Diözesanen (im Jahr 1162?) vereinbart und im dänischen Original sowie in einer lateinischen Übersetzung bewahrt[11]. Das seeländische Kirchengesetz wurde nach dem Muster des vorigen vom Bischof Absalon von Roeskilde und den Bauern auf dem Landsthing zu Ringsted am 21. Juli 1171 beschlossen[12]. Die Weiterbildung des gesetzlichen Partikularkirchenrechts in Dänemark vollzog sich, wenn man von Kompromissen zwischen Bischof und Diözesanen, wie dem von König Waldemar II. 1228 auf Fünen vermittelten, absieht, in spezifisch kirchlichen Formen[13].

Die Reihe der weltlichen Gesetze wird auf dem Gebiet des Landschaftsrechts durch einen lateinischen Erlaß König Knuts VI. über verschiedene Strafsachen vom 28. Dez. 1200 für Schonen eröffnet. Bis gegen die Mitte des 13. Jahrh. beschäftigt sich dann die allgemeine Königsgesetzgebung ausschließlich mit Schonen. Und auch später bleibt ein sehr beträchtlicher Teil derselben den einzelnen Landschaften gewidmet. Dabei bleibt das im *landsting* (*commune, generale placitum*) zu gesetzlicher Zeit oder auf Ruf des Königs oder seines Landrichters (*landsdommere, legifer, rector placiti generalis*) versammelte Volk aller freien Männer im Prinzip wesentlicher Faktor der Gesetzgebung. Und nur insofern wurde davon abgewichen, als man in dem vom König an seinen Hof berufenen Reichstag (*hof, Danehof*; *concilium, parlamentum generale Danorum*) ein Surrogat des Landsthings erblickte. Andererseits kommt es noch im 15. Jahrh. öfter vor, daß ein Landsthing ohne den König eine „Willkür" (*vedtekt, vilkor*) beschließt, höchstens nachher die königliche Bestätigung einholt[14].

Das weitaus bedeutendste und berühmteste Werk der Landschaftsgesetzgebung, zugleich die älteste Kodifikation, welche in der germanischen Welt bis zu unserem Jahrhundert in Geltung geblieben, ist das Gesetzbuch für Jütland (mit Fünen, Langeland und den Nebenländern): *Jydske Lov*, in dänischer Sprache[15] von König Waldemar II. auf einem Reichstag zu Wordingborg im März 1241 erlassen und nicht ohne Reminiszenzen aus dem Decretum Gratiani bevorwortet. Einen großen Teil seines Stoffes entnimmt Jydske Lov aus älteren, jetzt verlorenen Texten, darunter einem, der (möglicherweise sogar aus zweiter Hand) auch in Skånske Lov benützt ist, also jedenfalls ziemlich tief ins 12. Jahrh. zurückgeht. Die Überarbeitung dieser verschiedenartigen Materialien war nicht gründlich genug, um alle Widersprüche zu tilgen. Zwei Redaktionen liegen vor, eine in 187 ursprünglich nicht nummerierten Kapiteln[16] und eine Vulgata mit Einteilung in drei Bücher[17]. Das Jydske Lov hat noch während des Mittelalters eine Literatur hervorgerufen, eine nicht fehlerfreie lateinische Übersetzung um 1350 und eine davon abhängige plattdeutsche für Südjütland, ebenfalls aus dem 14. Jahrhundert[18]; Vorläufer von anderen Übersetzungen, die im 16. Jahrh. nachfolgten, darunter derjenigen des Blasius Ekenberger von 1593, zu welcher der Übersetzer in den Jahren 1595/98 eine glossierende *Elucubratio*[19] schrieb. Ihr war schon 1488 eine von Bischof Knud Mikkelsen verfaßte Glosse vorangegangen, von jener konkordierenden Tendenz zwar, wie sie in den analogen deutschen Arbeiten des Spätmittelalters[d] herrscht, aber durch ihre Mitteilung aus der Praxis nicht ohne Wert. Einen Entwurf von 53 Novellen zum Gesetzbuch stellte in den Jahren 1284—1304 der Landrichter von Nordjütland Thord litle (*Thordo legifer Norjuciæ*) auf; als Mitglied einer königlichen Kommission von 1304 fügte er noch 44 Artikel hinzu. Erhalten sind der lateinische Originaltext, der wahrscheinlich 1326 die königliche Bestätigung erhalten hat, und mehrere abgekürzte dänische Bearbeitungen, die man bis in die neuere Zeit als *Thord Degns Artikler* zitierte[20].

Die Sonderrechtsbildung für Landschaften galt in Dänemark so sehr als selbstverständlich, daß die Form von Landschaftsgesetzen zuweilen auch gewählt wurde, wenn der Gesetzesinhalt aufs ganze Reich berechnet war. Ergehen in solchen Fällen für die drei Hauptländer Schonen, Seeland und Jütland gesonderte Ausfertigungen, so pflegen darin die partikularen Ausführungsgesetze für das Bestimmungsland gleich mit erledigt zu werden. Unter den auch der Form nach allen Reichsteilen gemeinsamen Reichsgesetzen bilden eine genetisch zusammengehörige Gruppe die „Handfesten" im engern Sinne, d. h. die vom Reichstage beschlossenen Wahlkapitulationen der Könige seit 1320. Die Ursprache der Reichsgesetze ist regelmäßig die lateinische. Eine Privatsammlung von Gesetzen in 25 Artikeln ist unter dem Namen einer Verordnung von „König Christof" bekannt und wahrscheinlich noch im 13. Jahrh. entstanden[21].

4. Fruchtbarer noch als auf dem Gebiet des Landrechts betätigte sich die dänische Gesetzgebung auf dem des Stadtrechts. Schon unter den frühesten dänischen Rechtsaufzeichnungen treffen wir Stadtgesetze an, was sich aus der langen Entwicklung erklärt, die schon damals die älteren dänischen Städte hinter sich hatten. Dagegen weniger hieraus als aus dem unmittelbaren genetischen Zusammenhang der altdänischen Stadtverfassung mit der Schutzgilde dürfte sich erklären, daß die dänischen Stadtrechtsdenkmäler, im Gegensatz zu den älteren deutschen, Erzeugnisse der Autonomie sind. Erst während des 13. Jahrh. fangen etliche dänische Städte an, ihre Statuten vom König oder Stadt-

d) Vgl. § 26 Z. 2.

herrn bestätigen zu lassen. Diese Bestätigungen vermitteln den Übergang zu den eigentlichen Privilegien und Rechtsbriefen, deren Blütezeit in die beiden letzten Jahrhunderte des Mittelalters fällt und von denen die älteren sich noch ebensosehr als Konfirmationen alten Stadtrechts wie als Satzungen von neuem geben.

Die Gruppierung der dänischen Stadtrechte stimmt im wesentlichen mit jener der Landrechte überein. Der Zeit nach steht die jütländische Gruppe, welche eine schleswigsche unter sich befaßt, voran. In der erhaltenen Gestalt 1200—1202 anzusetzen sind die lateinischen Statuten von Schleswig, einer der allerältesten dänischen Städte. Von Schleswig wurden sie an Horsnes (Horsens) und von hier in der überkommenen Fassung an Æbeltoft mitgeteilt. In der bei der letzten Übertragung ausgestellten Urkunde sind die Statuten (91 Paragraphen) auf uns gekommen. Auch auf andere Städte Jütlands gingen sie, wenigstens in umgearbeiteter Gestalt, über, so auf Flensburg wiederum zunächst in lateinischer Fassung (1284?), die zu einem dänischen Text (um 1295?) umredigiert wurde. Auf letzterem beruht eine plattdeutsche Redaktion aus dem 15. Jahrh. und auf dieser eine lateinische Rückübersetzung. In Schleswig selbst wurde ca. 1400 auf Grundlage der lateinischen Statuten eine deutsche Redaktion des Stadtrechts veranstaltet. Eine von anderen Lokalrechten unabhängige *skraa* gab es schon vor 1241 zu Apenrade (Opneraa). Wir haben sie in einer lateinischen Fassung in 53 Artikeln, welche 1335 bestätigt und nachmals, vor 1474, ins Deutsche übertragen wurde. Wegen seiner Selbständigkeit ist noch unter den älteren jütländischen Stadtrechten das von Hadersleben zu nennen, welches 1292 bestätigt wurde, jedoch nur in einer neudänischen Rezension (vor 1639?) vorliegt. Andere Städte in Jütland sind im 13. Jahrh. unter den Einfluß des lübischen Rechts geraten. Eine Mitteilung des letztern nach Tondern erfolgte 1243. Der hier rezipierte lübische Codex wurde in Ribe (Ripen) bei Anfertigung eines lateinischen Stadtrechts in 59 Artikeln benützt, das von König Erich Glipping im Jahre 1269 bestätigt ist. Durch Einschreibung und Anhängung von Zusätzen sowie nebensächlichere Abänderungen entstand eine jüngere Redaktion dieser Statuten in 123 Artikeln, wovon auch eine dänische Übersetzung erhalten ist. Das ältere Recht von Ribe wurde auf andere Städte in Jütland und auf Fünen übertragen, und eine sowohl unter Auslassungen als unter Zusätzen verfaßte Überarbeitung jener Statuten scheint diesem Zweck gedient zu haben. In mindestens zwei Rezensionen dänischer Fassung (nach 1350?) ist sie unter dem Namen *Kong Erik Glippings almindelige Stadsret* (*Byret*) bekannt. In einer derartigen Bearbeitung, die unter dem Namen *Landbirkeret* ebenfalls auf König Erich Glipping zurückgeführt wurde, haben im 14. Jahrh. auch einige jütländische Grundherrschaften das Recht von Ribe rezipiert.

Auf Seeland und im Bereich seines Rechts bilden Kopenhagen und Roeskilde die eigentlichen Heimstätten von ganz oder halb autonomen Rechtsquellen: Kopenhagen mit einer Reihe von Stadtrechten seit 1254, wovon das von 1443 in einer Redaktion mit und einer andern ohne Anleihen aus dem schonischen Stadtrecht für andere Städte als sogenanntes „allgemeines Stadtrecht König Christofs von Bayern" weitergebildet wurde; Roeskilde mit einem zuerst 1268 bestätigten, nachher vermehrten und für andere seeländische Städte bearbeiteten Statut.

Die statutarischen Quellen der schonischen Städte haben einen gemeinsamen Grundstock ihrer Bestände, ein Stadtrecht (*biærke ræt*) in dänischer Sprache und ursprünglich in 54 Kapiteln, welches in der zweiten Hälfte des 13. Jahrh. wahrscheinlich für Lund abgefaßt und nachher von den anderen schonischen Städten sowie von denen auf Bornholm rezipiert wurde.

In der Unionszeit treten Versuche auf, ein allgemeines Stadtrecht in ganz Dänemark einzuführen. Mag sein, daß schon das „allgemeine Stadtrecht König Christofs von Bayern" und ein anderes, das der Königin Margarete zugeschrieben wird, in diese Reihe gehören. Jedenfalls aber ist hierher zu stellen das „allgemeine Stadtrecht" in 160 Kapiteln, welches sich mit einer Vorrede von König Hans einführt, 1484 oder 1487 erlassen sein will und schwedischen mit dänischem Rechtsstoff zu verschmelzen sucht.

Teils den königlichen Rechtsbriefen für Städte, teils den Statuten der letzteren verwandt und wegen ihrer Seltenheit besonderer Aufmerksamkeit wert sind die Marktfriedensverordnungen. Sie waren aber nur zur zeitweiligen Geltung und daher zu alljährlicher Neupublikation bestimmt. Drei Denkmäler dieser Gattung, sämtlich für schonische Märkte verfaßt, sind bekannt: die mit den hansischen Kaufleuten vereinbarte *motbok* für Skanör und Falsterbo in dänischem Text (*Skanör logh och Falsterbothe*) aus 1397—1412, in deutschem Text aus dem Anfang des 15. Jahrh. (?), die dänischen *Skanerlogh* aus unbestimmter Zeit, wahrscheinlich aber der Motbok vorausgegangen, endlich die Herbstmarktordnung für Malmö, ebenfalls in dänischer Sprache (15. Jahrh. ?)[22].

5. Wegen ihrer Heimatverhältnisse und ihrer Bedeutung für die Stadtrechte im nächsten Anschluß an diese müssen unter den Rechtsdenkmälern der autonomen Körperschaften zuerst die Gildestatuten erwähnt worden. Wie die ältesten so auch die wichtigsten darunter sind die Statuten von Schutzgilden (Schwurbrüderschaften), im Vergleich zu den wenigen Resten analoger Gesetze aus anderen germanischen Ländern eine dänische Spezialität. Schon im 12. Jahrh. standen die Schutzgilden in den dänischen Städten in Blüte. Die Verfassung der dänischen Schutzgilde ist älter als die städtische Ratsverfassung. Um so weniger kann es befremden, wenn nicht nur als Abschlüsse einer selbständigen Rechtsentwicklung einzelner Gilden Statuten aus dem 13. Jahrh. vorliegen, wie die Skraaen der Knutsgilde zu Odense um 1250 oder derjenigen zu Flensburg um 1285, beide in dänischer Sprache, sondern auch Statuten, die von einem im Jahre 1256 durch 18 Gilden zu Skanör vereinbarten gemeinsamen lateinischen Text ausgehen. Skraaen von Handwerkergilden (*laug*) sind, obgleich diese schon um 1200 vorkommen, ebenso wie von Kaufmanns- und geistlichen Gilden, erst seit der Mitte des 14. Jahrh. erhalten[23].

Das Recht der Gefolgschaftsverbände ist in Dänemark zuerst durch den *Vitherlagsret* vertreten. Unter diesem Titel pflegt man zwei Privatarbeiten zusammenzufassen, welche in vorzugsweise geschichtlicher Haltung das Recht des *viþerlagh*, d. i. des von Knut d. Gr. gegründeten Gefolgenheeres, auch *þingliþ* (= *þiginliþ*) genannt, beschreiben. Die eine dieser Arbeiten ist ein kurzer dänischer Aufsatz, der seinen Inhalt als auf Veranlassung von Knut VI. und Erzbischof Absalon, also 1182—1201 niedergeschrieben und auch in anderen als königlichen Gefolgschaften anwendbar hinstellt; die andre und ausführlichere eine von Sven Aggeson verfaßte *Historia legis castrensis* (*legis curiae*), welche gleichfalls von einer dänischen Aufzeichnung des Erzbischofs Absalon ausgeht und im X. Buch des Saxo Grammaticus[24] ihr Seitenstück findet. Die Hauptbestandteile des Vitherlagsret in diesen jüngeren Fassungen sind Gesetzen entnommen, wovon die ältesten noch von Knut d. Gr. herrühren. Zwischen 1240 und 1259 ergingen königliche Novellen zum Vitherlagsret. Dagegen scheint derselbe vom 14. Jahrh. an außer Gebrauch gekommen zu sein. Seit 1400 ungefähr wurde das schwedische Burg- und Hofdienstrecht (*gardsret*) in Dänemark eingeführt und mehrfach überarbeitet[25].

[1]) Vgl. L. Holberg, Leges Waldemari regis (1886), Dansk Rigslovgivning 1241—1281 (1889) [dazu M. Pappenheim, Kr. Vjschr. XXXII S. 32—81], Dansk og fremmed Ret, Retshistoriske Afhandlinger (1891) [dazu E. Hertzberg in

Tidsskr. Retsvidensk. 1893 S. 495—504]; H. MATZEN, Danske kongers Haandfæstninger (1889), Forelæsninger over den danske Retshistorie: Inledning, Retskilder (1897); CHR. KJER, Valdemars sjællandske Lov (1890) [dazu STÖCHEL in Ugeskrift for Retsvæsen 1892 S. 481—493; SECHER in Tidsskr. Retsvidensk. 1892 S. 386—396], in Aarbøger for nord. Oldkyndigh. 1891 S. 124—146 [dazu SECHER, a. a. O. S. 397f.], Edictus Rotari, Studier vedrørende Langobardernes Nationalitet (1898) [dazu M. PAPPENHEIM, ZRG G XXI (1900) S. 253—256], Dansk og langobardisk Arveret (1901) [dazu M. PAPPENHEIM, a. a. O. XXII (1901) S. 366—399]; P. J. JØRGENSEN, Udsigt over den Danske Retshistorie [3]I (1926), Dansk Retshistorie, Retskildernes og Forfatningsrettens Historie indtil sidste Halvdel af det 17. Aarhundrede (1947); EUGEN WOHLHAUPTER, Rechtsquellen Schleswig-Holsteins I (1938). | [2]) CJSG IX (1859). | [3]) P. G. THORSEN, Skånske Lov og Eskils skånske Kirkelov, tilligemed Andreæ Sunonis lex Scaniæ prouincialis etc. (1853), Det Arnamagnæanske Haandskrift No. 28 8⁰: Codex Runicus, udgivet i fotolitografisk Aftryk (1877); BRØNDUM-NIELSEN/AAKJÆR, DGL I, 1 (1933); AAKJÆR/KROMAN, DGL I, 2 (1933). Neuschwed. Übersetzung: EBBE KOCK, SLL IV (1943) S. 1—172. Neudän. Übersetzung: KROMAN/IUUL, DGL ND I (1945) u. Schulausg. (1956). Vgl. RLGA IV S. 186. | [4]) Zum Sprachlichen: PAUL MACHULE, Die lautlichen Verhältnisse u. d. verbale Flexion d. schon. Land- u. Kirchenrechts (1885); NILS HÄNNINGER, Fornskånsk ljudutveckling (1917). | [5]) KOLDERUP-ROSENVINGE, Samling af gamle danke Love I,1 (1846); SCHLYTER, CJSG IX (1859) S. 239ff.; AAKJÆR/KROMAN, DGL I,2 (1933). | [6]) Ältere Redaktion (ohne Büchereinteilung): P. G. THORSEN, Valdemars Sællandske Lov og Absalons Sællandske Kirkelov (1852); photolithograph. Reproduktion eines Pergamentbruchstücks von ca. 1275: Det Arnamagnæanske Haandskrift No. 24 4⁰ (1869). Jüngere Redaktion (mit Bucheinteilung): P. KOFOD ANCHER, Dansk Lov-Historie I (1769) S. 527ff. Beide Redaktionen: ERIK KROMAN, DGL VIII (1939, 1941). Neudän. Übersetzung: KROMAN/IUUL, DGL ND I (1945). Vgl. RLGA IV S. 66f. | [7]) P. G. THORSEN, Skånske Lov etc. (1853) S. 207ff. als „Skånske Arvebog"; ERIK KROMAN, DGL VII (1932, 1936, 1942). Dt. Übersetzung: v. SCHWERIN, GR VIII (1938) S. 157—194. | [8]) Redaktion in 147 Kapiteln: P. G. THORSEN, Eriks Sællandske Lov (1852). Redaktion in drei Büchern: KOLDERUP-ROSENVINGE, Samling af gamle danske Love II (1821). Sämtliche Fassungen: P. SKAUTRUP u. M. LEBECH, DGL V u. VI (1936/37). Neudän. Übersetzung: KROMAN/IUUL, DGL ND II (1945). Dt. Übersetzung: v. SCHWERIN, GR VIII (1938) S. 1—156. | [9]) Hrsg. v. KOLDERUP-ROSENVINGE, Danske Magazin III, 1 S. 177ff. | [10]) Beispiele aus dem 15. Jahrh. in KOLDERUP-ROSENVINGES Udvalg af Gamle Danske Domme I (1842); eines von 1384 in Aktstykker til Oplysn. af Danmarks indre Forhold (Odense 1841) S. 98f. | [11]) Ausgaben: P. G. THORSEN, Skånske Lov og Eskils skånske Kirkelov etc. (1853) S. 76ff.; SCHLYTER, CJSG IX (1859) S. 355ff.; AAKJÆR/KROMAN, DGL I, 2 (1933) S. 819ff. Neudän. Übersetzung: KROMAN/IUUL, DGL ND II (1945). Dt. Übersetzung: v. SCHWERIN, GR VIII (1938) S. 199—205. | [12]) Drucke des dän. Textes bei GR. J. THORKELIN, Samling af Danske Kirkelove (1781); P. G. THORSEN, Valdemars Sællandske Lov og Absalons Sællandske Kirkelov (1852) S. 65ff. Neudän. Übersetzung: KROMAN/IUUL, DGL ND II (1945). | [13]) Quellen u. deren Ausgaben sind in ROSENVINGES Grundriß §§ 37 u. 87 genannt. | [14]) z. B. Dipl. Viberg. Nr. 70 mit 73, 1471ff. | [15]) Zur Grammatik: K. J. LYNGBY, Udsagneordenes Böjning i J. L. (1863) [dazu KONR. GISLASON in Annaler for Nord. Oldkyndigh. 1862 S. 356—369]. [16]) Hrsg. v. P. G. THORSEN, Valdemar den Andens Jydske Lov efter den Flensborgske

Codex (1853); Facsimile-Ausgabe v. P. SKAUTRUP, DGL III (1932). | [17]) Hrsg. v. KOLDERUP-ROSENVINGE, Samling af gamle danske Love III (1837). Normalisierte Ausg.: N. M. PETERSEN, Jyske Lov (1850). Sämtliche Texte bei P. SKAUTRUP, DGL II u. III (1933—1951). Neudän. Übersetzung: KROMAN/IUUL, DGL ND II (1945) u. Schulausg. (1956). Dt. Übersetzung: N. FALCK, Das jütsche Low (1819); KLAUS von SEE, Die altdänischen Gesetze I: Das jütsche Recht (1959). Vgl. RLGA II S. 624. | [18]) Beide hrsg. v. KOLDERUP-ROSENVINGE, a. a. O.; IUUL/JØRGENSEN, DGL IV (1945). | [19]) Hrsg. vom Verleger BALTH. OTTO BOSSECK (Flensburg 1717) mit einer Glossa von JOACH. BLÜTING als zweitem Teil; sodann N. FALCK, a. a. O.; K. HAFF, Elucubratio Blasii Ekenbergers I (1932). | [20]) Das latein. Glossar hrsg. v. IUUL/JØRGENSEN, DGL IV (1945); der dän. Text u. Thords Artikler hrsg. v. ERIK BUUS, DGL Suppl. IV (1951, 1954). | [21]) Die neuesten Drucke von Einzelgesetzen für Reich u. Landschaften findet man in Aarsberetninger fra det Kongelike Geheimearkiv II (1856—1860) [die königl. Handfesten von 1282—1662], V (1871—1875) [die königl. Gesetze —1500], u. soweit Verordnungen u. Privilegien für d. hansische Geschichte wichtig sind, in HÖHLBAUMS Hans. UB I—III (1876—1886). Vgl. auch V. A. SECHER, Corpus Constitutionum Daniae I—VI (1887—1918) [dän. Reichsgesetzgebung von 1558—1600]. | [22]) Ausgaben der Stadtrechte: KOLDERUP-ROSENVINGE, Samling af gamle danske Love V (1827) [teilweise veraltet]; Aktstykker til Oplysn. af Danmarks indre Forhold (Odense 1841); P. G. THORSEN, De med Jydske Lov beslægtede Stadretter for Slesvig, Flensborg, Aabenraa og Haderslev (1855); SCHLYTER, Codex iuris urbici Scaniae (Skånska Stadsrätten) in CJSG IX (1859) S. 397 ff.; die Marktordnungen ebd. S. 435 ff., 485 ff. [dt. Text der Motbok auch bei DIETR. SCHÄFER, Hans. Geschichtsquellen IV (1887) Beilage 1]; SECHER, Den såk. Erik glippings alm. byret (1882); EUGEN WOHLHAUPTER, a. a. O. S. 17—30 [mit weiterer Literatur]; P. HASSE, Das Schleswiger Stadtrecht (1880) [dazu SECHER, Hist. Tidsskr. (Kjøbenhavn 1881) S. 196—219; A. D. JØRGENSEN, Aarbøger f. nord. Oldkyndigh. 1880 S. 1—46], Die Quellen d. Ripener Stadtrechts (1883) [dazu SECHER, a. a. O. 1883 S. 480—496; M. PAPPENHEIM, Kr. Vjschr. XXVI (1884) S. 578—585; vgl. auch FERD. FRENSDORFF, Hans. Geschichtsbl. 1883 S. 89—110]; A. SACH, Der Ursprung d. Stadt Hadersleben u. d. Stadtrecht Herzog Waldemars IV. v. J. 1292 (1892); F. FRAHM, Das Stadtrecht der Schleswiger u. ihre Heimat (Zeitschr. f. schlesw.-holst. Geschichte 1936); F. GRAEF, Entstehung u. Bedeutung d. Flensburger Stadtrechts (1934); C. VOIGT, Zur Geschichte d. Flensburger Stadtrechts (ebd. 1938). | [23]) Umfassende Sammlung von C. NYROP, Danmarks Gilde- og Lavsskraaer fra Middelalderen I (1895), II (1904); eine Sammlung dän. Schutzgildestatuten bei MAX PAPPENHEIM, Die altdän. Schutzgilden (1885) S. 437ff. | [24]) Beste Ausg.: J. OLRIK/H. RAEDER, Saxonis Gesta Danorum I [Text], II, 1—3 [Wortregister von F. BLATT] (1935—1948). | [25]) Ausgaben: KOLDERUP-ROSENVINGE, Samling af gamle danske Love V (1827) [Vitherlagsret u. Gardsret]; M. CL. GERTZ, Scriptores minores hist. danicae I (1917/18) S. 64ff. [Sven Aggeson]. Neudän. Übersetzung: L. HOLBERG, Dansk Rigslovgivning (1889) S. 250ff. Dt. Übersetzung von Knuts Gefolgschaftsrecht: v. SCHWERIN, GR VIII (1938) S. 195—198.

§ 14
Schweden

1. Mit Schweden[1] betreten wir den klassischen Boden jener skandinavischen Rechts- und Gesetzbücher, welche der *laghsaga*[a] entstammen. Rechtsbücher dieser Art bilden denn auch die ältesten schwedischen Rechtsdenkmäler, wenn wir von einer kurzen, aber nach verschiedenen Richtungen lehrreichen Runeninschrift des 12. Jahrh. absehen, die sich auf dem ehemaligen Türring der Kirche zu Forsa in Helsingeland befindet[2]. Die Gesetzbücher des schwedischen Festlandes[b] müssen zusammen mit den Rechtsbüchern besprochen werden, weil sie entweder wie diese unmittelbar aus der Laghsaga hervorgegangen oder aber auf der Grundlage von Rechtsbüchern ausgearbeitet sind. Bis zur Mitte des 14. Jahrh. ist der Inhalt der Rechts- und Gesetzbücher wesentlich „Landschafts"- oder „Provinzial"-Recht. Vertreten sind durch solche Werke die Rechte der Götar in West- und Östgötaland und in den Tiuhæraþ, ferner der Svear in Upland, Södermanna-, Westmanna- und Helsingeland (nebst Finnland). Außer Tiuhæraþ besitzt jedes dieser „Länder" mindestens ein vollständig erhaltenes Rechts- oder Gesetzbuch, während die in Urkunden angeführten Gesetzbücher der Landschaften Nerike aus 1285—90 und Wermland ungefähr aus der gleichen Zeit vollständig verloren sind.

Das älteste Rechtsbuch ist das westgötische, die *laghbok Væsgöta* (sogenannte *Westgötalagh*)[3]. Es liegt in zwei Redaktionen vor, einer kürzeren (Westgötalagh I)[4] aus der Mitte und einer ausführlicheren (Westgötalagh II)[5], welche die seit der vorigen eingetretenen Neuerungen berücksichtigt, aus dem Schluß des 13. Jahrh., doch vor 1296. Die ältere, schon in 13 oder 14 Balkar eingeteilt, aber vielfach noch aphoristisch und wortkarg, geht in ihrem Grundstock zurück auf eine älteste, die um 1225 der siebzehnte Gesetzsprecher, der berühmte Æskil Magnusson verfaßt hatte, von dem durchaus zuverlässig berichtet wird, er habe sich um die Erhaltung der echten, zum Teil auf seinen frühesten Vorgänger Lumbær (10. oder 9. Jahrh.) zurückgeführten Laghsaga die allergrößten Verdienste erworben. Von dieser Æskilschen Redaktion sind nur Fragmente, nämlich das unter dem Namen *Hednalagh* bekannte Stück vom Zweikampf[6], ein paar kleinere Exzerpte in der Chronik des Olaus Petri und zwei gleichzeitige Pergamentblätter erhalten. Zwischen 1281 und 1325 ungefähr suchte man durch Nachträge

a) Vgl. § 12 Z. 2.
b) Über Gotland siehe § 15 Z. 1.

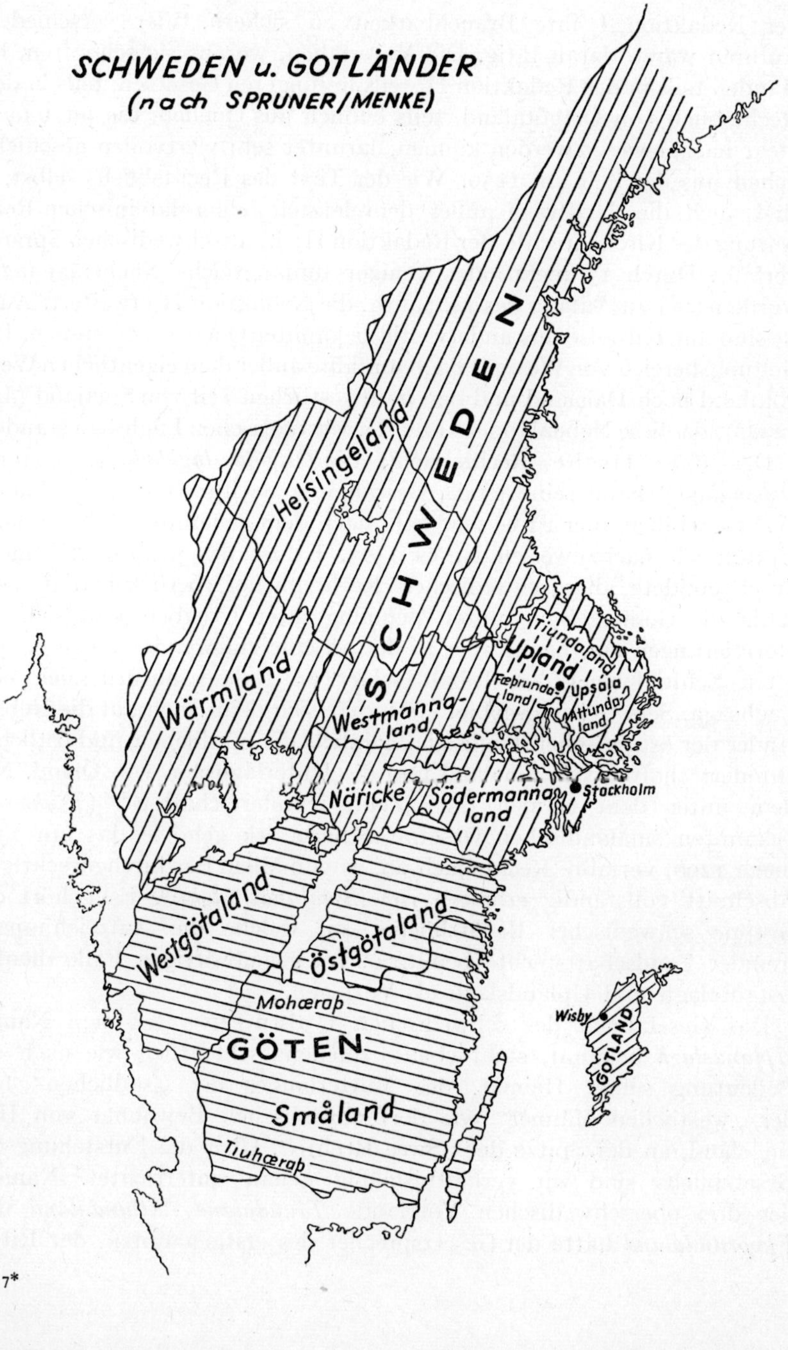
SCHWEDEN u. GOTLÄNDER
(nach SPRUNER/MENKE)
SCHWEDEN
Helsingeland
Wärmland
Tiundaland
Upland
Fæbrunda land
Upsala
Attunda land
Westmanna-land
Näricke
Södermanna land
Stockholm
Westgötaland
Östgötaland
Mohærap
GÖTEN
Småland
Tiuhærap
Wisby
GOTLAND

der Redaktion I ihre Brauchbarkeit zu sichern. Vier verschiedene Autoren waren daran tätig. Die Materialien, woraus sie schöpften, bestanden teils in der Redaktion II, teils in jüngeren Gesetzen, teils in dem Rechtsbuch von Östgötaland, teils endlich aus Quellen, die jetzt nicht mehr nachgewiesen werden können, darunter sehr wertvollen geschichtlichen aus der Zeit um 1250. Wie der Text des Rechtsbuchs selbst, so sind auch die Nachträge außer dem letzten (einer lateinischen Bearbeitung des Kirchenrechts der Redaktion II) in altschwedischer Sprache verfaßt. Durch 13 mehr oder weniger umfangreiche Nachträge (*add.*) wurde ferner zu Anfang des 14. Jahrh. die Redaktion II erweitert. Auch sie sind nur teilweise aus anderweitig bekannten Quellen genommen. Der Geltungsbereich von Westgötalagh umfaßte außer dem eigentlichen Westgötaland noch Dalsland und den nordwestlichen Teil von Småland (*Mohæraþ*), da diese Nebenländer unter der westgötischen Laghsaga standen.

Das östgötische Rechtsbuch[7], die *Östgöta laghbok* (sogenannte *Östgötalagh*)[8] kann seine jetzige Gestalt erst nach 1285 erhalten haben. Wahrscheinlich aber ist es sehr bald nach dem genannten Jahr verfaßt. Urkundlich nachzuweisen ist es 1303. Es ist das größte und meist durchgebildete aller schwedischen Rechtsbücher, berücksichtigt sorgfältig die Gesetzgebung unter Nennung ihrer Urheber, läßt sich auf Motivierungen ein, nennt aber in der an eine zuhörende Menge gerichteten Schlußformel den Inhalt seiner 10 Balkar ausdrücklich eine Laghsaga. Sein Geltungsgebiet erstreckte sich denn auch auf die Nebenländer der östgötischen Laghsaga, nämlich die nördlichen und östlichen Hundertschaften von Småland und die Unterlaghsaga von Öland. Nur dem unter dem Namen der „Zehn Hundertschaften" (*Tiuhæraþ*) bekannten smaländischen Gesetzsprecherbezirk gehörte das um 1300 (nach 1296) verfaßte Rechtsbuch an, wovon allein der kirchenrechtliche Abschnitt vollständig erhalten ist[9] (*Smålands lagh*)[10]. Es gehört der Gruppe schwedischer Rechtsbücher zu, welche die Aufzeichnungen fremder Landschaftsrechte benützen. Im gegenwärtigen Falle dienten Östgötalagh und Uplandslagh als Vorlagen.

Das Gesetzbuch des schwedischen Upland[11], unter dem Namen *Uplandslagh* bekannt, steht ebenso quellengeschichtlich wie nach der Bedeutung seiner Heimat, des Mutterlandes der „südlichen" und der „westlichen Männer" wie der schwedischen Bewohner von Helsingeland, an der Spitze der „Swea-Rechte". Über die Entstehung des Gesetzbuchs sind wir verhältnismäßig genau unterrichtet. Namens der drei oberschwedischen Volklande *Tiundaland, Attundaland* und *Fiæþrundaland* hatte der Gesetzsprecher des erstgenannten, der Ritter

Birghir Persson bei König Birghir Magnusson eine Kodifikation des oberschwedischen Rechts beantragt. Mit der Abfassung desselben wurde Birghir Persson und eine von diesem aus den drei Volklanden berufene Kommission betraut. Die Kommission entledigte sich ihres Auftrags, indem sie auf Grundlage älterer Aufzeichnungen eine zeitgemäß verbesserte „laghsaga" in 8 Balkar herstellte. Dabei ging sie, wie einst der westgötische Æskil Magnusson von den *Lumbs lagh*, so ihrerseits von den ungefähr ebenso alten *Vigers flokkar* aus, d. h. von den Stücken des Rechtsvortrags, die dem alten „Rechtswirker" Viger spa zugeschrieben wurden. Die jüngere Gesetzgebung wurde wie in Östgötalagh berücksichtigt. Nachdem der Entwurf auf der Landsgemeinde einstimmig angenommen war, erhielt er am 2. Jan. 1296 die königliche Bestätigung. Bei Gelegenheit späterer Abschriften hat der Text sowohl Abänderungen als Zutaten erfahren, so daß er in mehrfacher Rezension vorliegt.

Im ganzen nach dem Vorbild und oft unter wörtlicher Anlehnung an Uplandslagh sind die Rechts- und Gesetzbücher der anderen Swea-Landschaften verfaßt, wofür die Erklärung bei der inneren Verwandtschaft der Landrechte nahe genug liegt. Ein Rechtsbuch von solcher Art stand im Jahre 1325 schon längere Zeit in Södermannaland[12] in Gebrauch. Aus einer Umarbeitung desselben durch eine Kommission unter Leitung des södermannischen Gesetzsprechers Laurentius Ulfsson und Teilnahme des westgötischen Gesetzsprechers Knut Magnusson scheint das Gesetzbuch hervorgegangen, welches wir unter dem Namen *Södermannalagh*[13] kennen. Nachdem es Gegenstand wiederholter Verhandlungen in der Landsgemeinde geworden, wurde es am 10. Aug. 1327 von König Magnus Eriksson (mit Vorbehalten) bestätigt. Wir besitzen sowohl den Entwurf, der 1325 fertig war und von einer Kommission revidiert wurde (Text A) als auch das vom König Magnus Eriksson sanktionierte Gesetzbuch (Text B). Ein Rechtsbuch in zwei sehr verschiedenartigen Redaktionen, man könnte ebensogut sagen: zwei Rechtsbücher sind aus Westmannaland erhalten (*Westmannalagh I* und *II*). Der Text I, schon in alter Zeit als *Dalalagh* bezeichnet und wahrscheinlich auch mit besonderer Rücksicht auf die Verhältnisse in der westmännischen Hundertschaft Dalarne redigiert[14], ist der kürzere und wohl nach 1327 anzusetzen[15]. Verrät sich schon ihm das Muster von Uplandslagh und Södermannalagh, so nimmt Text II (*Wæstmanna laghbok*[16], wahrscheinlich vor 1347), indem er I vollständig umarbeitet, gleich den ganzen Text des oberschwedischen Gesetzbuchs zur Grundlage[17]. In ähnlicher Weise verfuhr man beim Abfassen des „Landbuches" oder „Rechtsbuches" für Helsingeland[18] (sogenannte *Hel-*

singelagh, handschriftlich *Helsingæ landæ laghbok, landsens bok*)[19] zwischen 1320 und 1347.

Was nun schon bei oberflächlicher Durchsicht aller dieser Schriftwerke auffällt, das ist die im ganzen gleichmäßig wiederkehrende Methode der Stoffverteilung. Sie ist namentlich auch solchen Rechts- oder Gesetzbüchern gemeinsam, die in keinem Filiationsverhältnis zueinander stehen. Systematisch in unserm Sinn kann sie nicht genannt werden. Sie folgt mit Vorliebe praktischen Gesichtspunkten, indem sie die einzelnen Materien gruppiert und die so entstehenden Balkar aufreiht. Ein kirchenrechtlicher Abschnitt (*kirkiu-* oder *kristnu balker*) macht in jedem Landschaftsrecht den Anfang[c]. Die Abschnitte von Tötung und Körperverletzung und vom Diebstahl (samt Verfolgung von Fahrhabe) können auch dort deutlich voneinander unterschieden werden, wo sie unter einem gemeinsamen Titel beisammenstehen. Das nämliche gilt vom Ehe- und Erbrecht, von denen jenes (außer in Westgötalagh) diesem voranzugehen pflegt, weil „sich auf Bettes Zeugung alles Erbrecht gründet". Ein Grundgüterrecht (*iorþæ balker* oder *eghna salur*) fehlt fast nirgends. Aus ihm wächst während des 13. Jahrh. ein besonderer Abschnitt vom Gemeinderecht (*bygda-* oder *bygninga-* oder *viþerbo balker*) heraus, der auch das Landwirtschaftsrecht erledigt. Häufig findet sich ferner ein Abschnitt über die Thingordnung einschließlich der allgemeinen prozessualen Grundsätze. Die Landfriedensgesetzgebung von 1285 ruft einen besonderen Balker über *kunungs eþsöre* nebst verwandten strafrechtlichen Gegenständen hervor, welcher in den Swea-Rechten durch allerhand verfassungsrechtliche Zutaten zu einem *kunungsbalker* ausgebildet wird. Dies die Grundlinien, bei deren Ausführung die Individualität der Verfasser, der Bedürfnisse und der Traditionen zur Geltung kommt.

2. Die schwedischen Landschaftsrechte bilden bis gegen 1350 den Grundstock, an welchen sich alles schriftliche Quellenmaterial ansetzt. Zunächst das der Einzelgesetze (*staþgar, statuta*), deren Aufzeichnungen mit dem 13. Jahrh. beginnen. Gewöhnlich gehen sie vom König aus. Soweit es sich aber nicht um bloße Verwilligungen, „Gaben" des Königtums handelte — wie bei den meisten Privilegien für kirchliche Anstalten und hohe Kleriker[d] —, hing bis auf König Magnus (Birghisson)

c) Über das Verhältnis zum kanon. Recht handelt ausführlich Ivar Nylander, Das kirchl. Benefizialwesen in Schweden während d. MA (Stockholm 1953). Vgl. auch P.-E. Wallén, Kyrkohist. Årsskr. LVII (1957) S. 1—24.

d) Das älteste Privileg [Dipl. Svec. Nr. 115] ist in einen Schenkungsbrief eingekleidet.

Ladulås (1275—1290) die Giltigkeit des Königsgesetzes von der Zustimmung der Landsgemeinden ab. Seit Magnus Ladulås, in dessen Person das altschwedische Königtum den Gipfel seiner Machtentwicklung ersteigt, erscheint als Surrogat der Landsgemeinden des Königs erweiterter Rat, das „Reichsgespräch" (*rikis samtala*) oder der „Herrentag"; eine Veränderung, welche durch den Eintritt der Gesetzsprecher in des Königs Dienst und Rat vermittelt war und die allmähliche Schöpfung eines gemeinen Gesetzesrechts fürs ganze Reich ermöglichte.

Die allgemeinen Gesetze und Privilegien vor 1250 beschäftigen sich vorzugsweise mit kirchlichen Verhältnissen. Ihre Sprache ist daher die lateinische und erst später wurden sie ins Schwedische übertragen. Seit den Söhnen des Jarles Birghir, Waldemar und Magnus, mehren sich die weltlichen Gesetze. Und in der Zeit des letztgenannten Königs beginnen die schwedischen Originaltexte der Einzelgesetze. Als das älteste und quellengeschichtlich folgenreichste unter ihnen ist das 1285 zu Alsnö ausgefertigte und überwiegend strafrechtliche Gesetz zu nennen, dessen Durchführung schon vor 1281 von Magnus und 22 geistlichen und weltlichen Herren — analog den deutschen Landfrieden — beschworen war. Die strafrechtliche Abteilung desselben geht auf Bestimmungen des Jarles Birgher von 1262 oder gar 1251 zurück und wurde unter dem Namen des „Königseidschwurs" (*kunungs eþsöre*) in den Rechts- und Gesetzbüchern fortgebildet[20].

3. Wie in Dänemark, so lassen auch in Schweden Landschaftsrechte und Einzelgesetze der Sonderentwicklung eines Stadtrechts (richtiger: Marktrechts) Raum. Im Vergleich freilich zum dänischen oder gar zum deutschen Stadtrecht ist das schwedische arm an Denkmälern. Auch beginnen sie wie überhaupt die Ausbildung des schwedischen Städtewesens viel später. Um 1300 scheint eine sich selbst als *biærköæ rætter* einführende und ziemlich planlose Sammlung von Stadtrechtssätzen entstanden, die ursprünglich für Stockholm bestimmt war, aber später auch in anderen schwedischen Städten rezipiert worden ist und das Stadtrecht schon unter deutschem Einfluß zeigt[21]. Von einem andern für Söderköping unter starker Benützung von Östgötalagh ausgearbeiteten Stadtrecht sind nur Splitter in J. Bures Glossaren[22] übrig geblieben[e].

4. Auf Grundlage der bis gegen 1340 angewachsenen Materialien an Rechtsbüchern und Gesetzen schritt man um jene Zeit zu einer gemeinrechtlichen Kodifikation für das schwedische Hauptland. Und zwar scheint man sich damals zum Beispiel genommen zu haben,

e) Über Wisby siehe § 15 Z. 2.

was 70 Jahre früher in Norwegen geschehen war[f]. Wahrscheinlich schon 1347 war von einer aus drei Gesetzsprechern bestehenden Kommission ein Landrecht ausgearbeitet, das unter zeitgemäßen Verbesserungen die bestehenden Landschaftsrechte konkordieren sollte. Als Hauptquellen hatten dabei Uplands- und Östgötalagh gedient. Dem Herrentag zu Örebro im März genannten Jahres schlug König Magnus Eriksson den Entwurf des Gesetzbuchs zur Annahme vor. Da aber die Geistlichkeit gegen die mit dem kanonischen Recht unvereinbaren Bestimmungen des Entwurfs protestierte, scheint eine förmliche Bestätigung des letztern durch den König nicht ergangen zu sein. Dagegen wurde das Gesetzbuch mit Ausnahme des Kirkiubalker in den einzelnen Landschaften im Laufe des 14. Jahrh. mehr oder weniger vollständig rezipiert, so daß daneben nicht nur die Kirchenrechtsabschnitte, sondern auch noch mancherlei andere Stücke der älteren Landschaftsrechte ihre Geltung behalten konnten. Es ist daher die handschriftliche Überlieferung des Gesetzbuchs eine sehr ungleichmäßige[23]. Eine Revision dieses „Rechtsbuchs von Schweden" (*legisterium Swecie*) in Gestalt eines Reichsgesetzbuchs kam mit Bestätigung durch König Christof vom 2. Mai 1442 zustande[24]. Die beiden Landrechte waren einander zu ähnlich, als daß das ältere sofort durch das neuere hätte vollständig verdrängt werden können. Vielmehr wurde sein Text auch während des 14. Jahrh. noch fortgebildet. Dies gab Anlaß zu der seit dem 16. Jahrh. sich ausbreitenden Fabel, daß zwischen dem Landrecht Magnus Erikssons und dem von König Christof ein vermittelndes erlassen worden sei (sogenanntes *Medellag*). Im Glauben, das neuere Landrecht vor sich zu haben, hat gegen den Ausgang des 15. Jahrh. der Archidiakon von Upsala und Doctor decretorum Ragvald Ingemundsson das Landrecht Magnus Erikssons ins Lateinische übersetzt[25].

Früher als auf dem Gebiete des Landrechts gelang auf dem des Stadtrechts die Herstellung der Rechtseinheit. Indem er den Text seines Landrechts zur Grundlage gab, ließ Magnus Eriksson ein gemeines Stadtrecht ausarbeiten (1350—1357?)[26], wobei die Thingordnung durch einen *radzstuffvu balker* ersetzt und unter Benützung älterer Stadtrechtsquellen ein Abschnitt vom Seerecht (*skipmala balker*)[27] eingefügt wurde. Vor 1365 scheint das Stadtgesetzbuch allgemein eingeführt worden zu sein.

Einzelgesetze, welche von der Königsgewalt erlassen werden, bauen während des Spätmittelalters auf den gemeinrechtlichen Kodifikationen weiter.

f) Vgl. § 16 Z. 4.

5. Auch in Schweden schließen sich zunächst an das Stadtrecht Statuten der autonomen Körperschaften. Von Statuten eigentlicher Schutzgilden sind nur wenige Reste in einer dem Anschein nach späten Fassung vorhanden. Durch ihre Form merkwürdig ist die *skra* einer oberschwedischen St. Eriksgilde, indem sie die Einteilung der Landrechte in Balkar nachahmt. Zahlreicher sind die Skraen von Handwerker- und von geistlichen Gilden. Doch scheint keiner der erhaltenen Texte über 1350 zurückzureichen[28].

Das Hofdienst- oder Schloßrecht (*gardsrætter, slotsrætter*) wurde in Schweden dem Anschein nach zuerst unter König Magnus Ladulås zum Gegenstand einer kurzen Privataufzeichnung gemacht, welche von König Magnus Eriksson und später auch noch von anderen Königen bestätigt und den Höfen der Reichsratsmitglieder verliehen wurde. Es sind übrigens nur zwei jüngere voneinander unabhängige Redaktionen dieses Gardsrætter erhalten, welche beide mit dem dänischen Gardsret von derselben Vorlage abstammen[29].

Weniger produktiv an Rechtsschriften als die rein persönlichen Rechtsverbände scheinen während des Spätmittelalters die lokalen. Interessante Beispiele markgenossenschaftlicher Statuten sind die „Waldordnungen" für den *Hammars-* und den *Meþalþriþiunger* in der oberschwedischen Hundertschaft Trögd ca. 1320[30].

[1]) Vgl. H. Hildebrand, Sveriges medeltid I—III (1879—1903); Karl v. Amira, Nordgerm. Obligationenrecht I: Altschwed. Obligationenrecht (1882) S. 1—21; K. G. Westman, De svenska rättskällornas historia (1912); C. J. Schlyter, Juridiska afhandlingar I (1836, [2]1891) S. 55—113, II (1879) S. 122—191; Leffler in Vitterhets ... Akad. Månadsbl. 1879 S. 100—140, u. Om 1607 års upplaga af Uplandslagen (in Upsala Univ. Årsskr. 1880); Schlyter, Om en föregifven ... redaktion of Södermannalagen (in Acta Univ. Lund. XVII 1880—1881); Lind, Om rim och verslemningar i svenska landskapslagarne (in Upsala Univ. Årsskr. 1881); H. Hjärne, Om förhållandet mellan landslagens båda redaktioner (ebd. 1884); K. H. Karlsson in Hist. Tidskr. (Stockholm 1889) S. 45—48; H. Schück, Bidrag till frågan om Dalelagen (in Upsala Univ. Årsskr. 1891); Beauchet in Nouv. Revue hist. de droit 1890 S. 720—786, 1891 S. 215—277; Nat. Beckman im Arkiv f. nord. Filol. XXVIII S. 54—98, 140—167, XXX S. 1—16; Westman in Nordiska Studier 1904 S. 89—114, Svenska rådets historia till år 1306 (1904) S. 186—197, 201—213, Den svenska kyrkans utveckling från St. Bernhards tidevarv till Innocentius II.s (1915); W. Sjögren, De fornsvenska kyrkobalkarna (Tidsskr. Retsvidensk. XVII (1904); A. Nordén, Ett rättsdokument från en fornsvensk offerlund (Fornvännen 1931); H. Munktell, Mose lag och svensk rättsutveckling (Lychnos 1936). Torsten Wennström, Studier över böter och myntvärden i Västgötalagarna (SVSL XIII 1931), Tjuvnad och fornæmi, Rättsfilologiska studier i svenska landskapslagar (1936) [dazu v. Schwerin, ZRG G LVII (1937) S. 503—519], Brott och böter, Rättsfilologiska studier i svenska landskapslagar

(1940) [dazu v. SCHWERIN, a. a. O. LXI (1941) S. 480—485]. E. ESTLANDER, Jaroslavs „ryska rätt", en förbisedd germansk rättskälla? (Tidskrift ... Juridiska föreningen i Finland 1902); NAT. BECKMAN, Jaroslavs rätt och de svenska landskapslagarna (1912); A. NORRBACK, Rusernas rätt och de svenska landskapslagarna (1943); KARL WÜHRER, die schwed. Landschaftsrechte u. Tacitus' Germania, ZRG G LXXVI (1959) S. 1—52. | [2]) Ausg. u. Erklärung v. S. BUGGE, Rune-Indskriften paa Ringen i Forsa Kirke (1877) [dazu KONR. MAURER, Kr. Vjschr. XX S. 146—148; K. v. AMIRA, Nordgerman. Obligationenrecht I (1882) S. 148f., 415; WADSTEIN, Runeninskriften på Forsaringen (1898); HELM. ARNTZ, Handbuch d. Runenkunde ([2]1944) S. 105f.]. | [3]) Zum Sprachlichen: KARLSSON im Arkiv f. nord. Fil. 1883 S. 384—392; KLOCKHOFF, Relativsatsen i. d. ä. Fornsvenskan etc. (1884) [dazu GROTH im Arkiv 1886 S. 91—94]; H. PIPPING, Äldre Västgötalagens ordskatt (1913); R. HOLLMÉRUS, Ordskatten i Yngre Västgötalagens lekmannabalkar (Studier i nordisk Filologi XV, 1924). Weitere Literatur bei HOLMBÄCK/WESSÉN, SLL V (1946) S. XXXVf. [4]) Ausgaben: COLLIN/SCHLYTER, CJSG I (1827) S. 1—74; G. KLEMMING, Småstycken på Fornsvenska (1868—1881); E. SCHWARTZ/AD. NOREEN (1876); H. VENDELL (1897); B. SJÖROS, Äldre Västgötalagen (1919). Facsimile-Ausgaben: A. BÖRTZELL/H. WIESELGREN (1889); ELIAS WESSÉN, CCS XII (1950). Neuschwed. Übersetzungen: IVAR OTMAN (1883); B. SJÖROS (1923); N. BECKMAN (1924); (HOLMBÄCK)/WESSÉN, SLL V (1946) S. 1—200. Dt. Übersetzungen: BERNH. REHFELDT (maschinenschriftl. Kiel 1926); v. SCHWERIN, GR VII (1935) S. 1—62. Französ. Übersetzung: L. BEAUCHET (1889, [2]1894). Engl. Übersetzung: ALFR. BERGIN (1906). Zur Textkritik: NOREEN im Arkiv för Nord. Filol. V S. 385ff., VIII S. 176ff. Vgl. RLGA IV S. 388f. | [5]) Ausgabe: COLLIN/SCHLYTER, CJSG I (1827) S. 75—253. Facsimile-Ausgabe: ADOLF SCHÜCK, CCS VI (1946). Neuschwed. Übersetzung: (HOLMBÄCK)/WESSÉN, SLL V (1946) S. 201—403. Französ. Übersetzung: L. BEAUCHET (1894). | [6]) Ausgabe: COLLIN/SCHLYTER, CJSG I (1827) S. 255—281 [Lydekini Excerpta; neuschwed. Übersetzung: SLL V S. 404—420], S. 283—344 [ÆSKIL]. Vgl. LEFFLER, Om den fornsvenska hednalagen (Akad. Månadsbl. 1879). [7]) Ausgaben: COLLIN/SCHLYTER, CJSG II (1830); A. O. FREUDENTHAL (1895). Facsimile-Ausgabe (1898). Neuschwed. Übersetzung: HOLMBÄCK/WESSÉN, SLL I (1933) Heft 1, 3, 5, 7/8. Vgl. RLGA III S. 387. | [8]) Zur Grammatik: J. E. OLSON, Östgötalagens ljudlära (1904). | [9]) Ausgaben: SCHLYTER, CJSG VI (1844) S. 95—110; E. BJÖRKMAN, Smålandslagens ljudläre (1896) S. 67—73. Neuschwed. Übersetzungen: ARNOLD BRATT in Kyrkohistorisk tidskrift VI (1905) S. 149ff.; (HOLMBÄCK)/WESSÉN, SLL V (1946) S. 421—449. Vgl. RLGA IV S. 195. | [10]) Zur Grammatik: E. BJÖRKMAN, a. [Anm. 9] a. O. | [11]) Ausgaben: SCHLYTER, CJSG III (1834); O. F. HULTMAN (1916). Abdrucke neugefundener Codices: OTTO v. FRIESEN (1902) [Cod. Ängsö]; R. GEETE (1912) [Fragm. COLLIJN]; HENNING (1934) [Cod. Esplunda]. Neuschwed. Übersetzung: (HOLMBÄCK)/WESSÉN, SLL I (1933) Heft 2, 4, 6, 7/8. Französ. Übersetzung: L. BEAUCHET (1908). Dt. Übersetzung: v. SCHWERIN, GR VII (1935) S. 63—242. Vgl. RLGA IV S. 376f. | [12]) Ausgaben: SCHLYTER, CJSG IV (1838); K. H. KARLSSON, Södermannalagen efter Cod. Havn. Ny Kgl. Saml. 4⁰ Nr. 2237 (Svenska Fornskriftsällskapets samlingar XXXVII 1904). Ein Fragment edierte KONR. MAURER, SB München 1894 S. 433—437. Facsimile-Ausgabe: E. WESSÉN, CCS IX (1948). Neuschwed. Übersetzung: (HOLMBÄCK)/WESSÉN, SLL III (1940) S. 1—258. Vgl. RLGA IV S. 199. | [13]) Zum Sprachlichen: R. LARSSON, Södermannalagens språk I: Ljudlära (1891); A. NORDLING, Ordskatten i Södermannalagens textcodex (Acta Societatis Scientiarum Fennicæ

XLIX, 5 1928). | [14]) Zu seiner Grammatik: E. BRATE, Äldre Västmannalagens ljudlära (Upsala Univ. Årsskr. 1887) u. Dalalagens böjningslära (1890). | [15]) Ausgaben: SCHLYTER, CJSG V (1841) S. 1—66; Fragmente in NILS HANSSON BRASKS Kopiar edierte HENRIK SCHÜCK, Bidrag till frågan om Dalelagen (Språkvetenskapliga Sällskapets i Uppsala förhandlingar 1888—1891. Neuschwed. Übersetzung: NILS SJÖDAHL, SLL II (1936) S. 1—113. Vgl. RLGA IV S. 389. [16]) Zum Sprachlichen: K. K. SILJESTRAND, Ordböjningen i Västmannalagen I—III (1891—1893); N. BECKMAN, Studier över outgivna fornsvenska handskrifter (1917) S. 94ff. | [17]) Ausgabe: SCHLYTER, CJSG V (1841) S. 67—239. Neuschwed. Übersetzung: (HOLMBÄCK)/WESSÉN, SLL II (1936) S. 115—181. | [18]) Ausgabe: SCHLYTER, CJSG VI (1844) S. 1—93. Facsimile-Ausgabe: AXEL NELSON, CCS VIII (1948). Neuschwed. Übersetzungen: JOH. KJELLSTRÖM, Hälsingelagen tolkad (1909); (HOLMBÄCK)/WESSÉN, SLL III (1940) S. 259—413. Vgl. LILJENSTRAND, Om Helsingelagens ålder och betydelse för lagskipningen i Finland (Juridiska föreningens i Finland Tidskrift II 1866); RLGA II S. 503. | [19]) Zum Sprachlichen: O. F. HULTMAN, Hälsingelagen och Upplandslagens Ärfdabalk i Cod. Ups. B 49 (Acta Societatis Scientiarum Fennicæ XXXIII, 2 1908). | [20]) Die Gesetzestexte bringen Diplomatarium Suecanum, hrsg. v. LILJEGREN, HILDEBRAND u. a. I—VIII (1829—1954); Svenskt Diplomatarium [1401ff.], hrsg. v. C. SILVERSTOLPE I—IV (1904—1909); Acta pontificum Svecica, hrsg. v. L. M. BÅÅTH I, 1 (1942). Vgl. auch Sveriges Traktater med främmande makter, hrsg. v. O. S. RYDBERG u. a. I—XIV (1877—1921); HÖHLBAUM u. a., Hansisches UB I—XI (1876—1939). [21]) Ausgaben: JOHAN HADORPH, Biärköa Rätten (1687); SCHLYTER, CJSG VI (1844) S. 11, 134; J. LIEDGREN, Ett nyfunnet fragment av en Bjärköarätt (Upsala Univ. Årsskr. 1939). Neuschwed. Übersetzung: (HOLMBÄCK)/WESSÉN, SLL V (1946) S. 451—493. Vgl. G. BOLIN, Stockholms uppkomst (1933) u. Bjärköarätten, Stockholms äldsta stadslag (1935); K. HAFF, Übereinstimmungen im Stadtrechte von Schleswig (Haithabu) u. in d. Bjärköa-Ret, ZRG G LIX (1939) S. 277—282; E. HJÄRNE, Sveriges holme och Bjärköarätten (Åbo 1949). Zum Sprachlichen: G. F. ZETTERBERG, Bjärköarättens ljud- och böjningslära (1893); A. KOCK im Arkiv för Nord. Filol. XII (1896) S. 85ff. | [22]) Zusammengestellt u. rekonstruiert von G. KLEMMING, Upplysningar och anmärkningar om en för Sveriges laghistoria vigtig urkund, den förlorade Söderköpingsrätten (Kong. Vitt. Akad. Handl. XXV, NF V 1867). Vgl. LJUNGGREN/GAGNÉR/LJUNG, Fragmenten av Söderköpingsrätten (Beilage zu LJUNG, Söderköpings historia I 1949). | [23]) Ausgabe: SCHLYTER, CJSG X (1862). Facsimile-Ausgabe: HENRIK CORNELL, CCS I (1943). | [24]) Ausgabe: SCHLYTER, CJSG XII (1869). | [25]) Ausgabe: JOH. MESSENIUS, Leges Svecorum Gothorumque etc. (1614). | [26]) Ausgabe: SCHLYTER, CJSG XI (1865). Facsimile-Ausgabe: NIELS AHNLUND, CCS IV (1944). Vgl. C. T. ODHNER, Bidrag till svenska städernas och borgareståndets historia före 1633 (1860); A. SCHÜCK, Sveriges stadsväsen under medeltiden (Nordisk kultur XVIII 1933); R. JOSEPHSON, Svenska stadskartor och stadsplaner (1923); E. J. LUNDBERG, Söderköping, Topografiska stadsundersökningar I (1928). | [27]) Vgl. Sveriges Rijkes Siö-Lagh (1667); Å. HOLMBÄCK, Studier i äldre sjörätt (Upsala Univ. Årsskr. 1926). | [28]) Drucke: G. E. KLEMMING, Skrå-Ordningar (1856); ergänzt durch desselben Småstycken på forn svenska I (1868—1881) u. SILVERSTOLPE, Fornsv. Dipl. Nr. 602. | [29]) Drucke: *Magnus Erikssons Gardsrätt* und *Eriks af Pommerns Gardsrät* bei G. E. KLEMMING, Småstycken på forn svenska I S. 53—68. | [30]) Gedruckt bei JOHAN HADORPH, Biärköa-Rätten (1687) S. 23ff., u. G. E. KLEMMING, a. a. O. S. 71ff.

§ 15

Gotländer

1. Ganz eigentümlich hat sich die Denkmälergeschichte der Insel Gotland[1] gestaltet, die ja auch politisch eine Sonderstellung unter den ostnordischen Landschaften einnahm, bis 1361 nur Schutz- und Schatzland des schwedischen Königs, im übrigen Freistaat, nachher bald dänisch, bald schwedisch, bald Deutschordensgebiet war. Im Gegensatz zu Schweden entbehrte Gotland eines Gesetzsprecheramts. Daher ist auch das älteste und wichtigste Rechtsdenkmal der Insel, *Gutalagh*, von wesentlich anderm Schlag als die Landschaftsrechte des schwedischen Festlandes. Es gleicht mehr den dänischen, ermangelt insbesondere der Einteilung in Balkar, kennt nur Kapitel. Der Vortrag ist trocken, unbehilflich, oft dunkel und zuweilen nicht frei von Widersprüchen. Merkwürdig ist die Benützung norwegischer Quellen. In der überlieferten Gestalt ist Gutalagh Gesetzbuch, „vereinbart" von der gutnischen Landsgemeinde am Schluß des 13. Jahrh. Als Gesetzbuch ist es auch fortgebildet worden. Wir haben zwei Rezensionen in gutnischer Sprache[2] (in je einer Handschrift)[3], wovon die eine dem Rechtstext die berühmte *Guta saga* oder *Historia Gotlandiae*[4] anhängt. Dazu kommen eine in der Deutschordenszeit (1398—1408) gefertigte deutsche[5] und eine um 1550 entstandene dänische[6] Übersetzung nach verlorenen gutnischen Texten.

2. Der halb deutschen, halb gutnischen Stadt Wisby bestätigte König Magnus Eriksson eine Kodifikation in vier Büchern, deren plattdeutsches Original[7] von 1341/44[8] erhalten ist. Das Stadtrecht entlehnt eine nicht geringe Zahl seiner Bestimmungen mehr oder weniger wörtlich niederdeutschen, insbesondere lübischen und hamburgischen Stadtrechtsquellen, was durch die Stellung Wisbys in der Hanse genugsam erklärt wird[9]. Daß diese Kodifikation nicht am Anfang des Wisby-Rechtes steht, wird durch Fragmente älterer Aufzeichnungen von etwa 1270[10] teils strafrechtlichen, teils familienrechtlichen Charakters erhärtet. Daß dem Einfluß des deutschen Rechts eine Periode der Anlehnung an schwedische Rechte voraufgegangen ist[11], wird man aus der von Wisby her beeinflußten Rechtsentwicklung Rigas[12] und vor allem Nowgorods[13], das abwechselnd in Wisby und Lübeck zu Haupte ging, schließen dürfen. Die um 1270 entstandene, sehr knapp gefaßte älteste Nowgoroder Skra und dann wieder die gegen 1325 aufgezeichnete dritte zeigen Beziehungen zum Recht von Wisby, die nicht durch lübisches Recht vermittelt sind[14]. Im 15. Jahrh. entstand zu Wisby noch ein kleines Rechtsbuch in 35 Artikeln über die Privilegien der Stadt. Es ist in dänischer Sprache verfaßt und auch ins Plattdeutsche übersetzt worden[15].

3. Außer diesen Hauptdenkmälern des Rechts auf Gotland belehren über jenes auch noch die von den Gotländern bzw. Wisbyern geschlossenen Staatsverträge und ein paar für die Insel erlassene Einzelgesetze[16] sowie die Skra der St. Katharinengilde im Kirchspiel Björke von 1443[17].

[1]) Ausführliche Literaturangaben bei GÖSTA HASSELBERG, Studier rörande Visby stadslag och dess källor (1953). | [2]) Dazu S. SÖDERBERG, Forngutnisk ljudlära (1879); HUGO PIPPING, Gutalag och Gutasaga jämte ordbok (1905/07) Einleitung; LIS JACOBSEN, Guterlov og Gutersaga (1910) Kapitel: Sprogformen i Loven of Sagaen. | [3]) Ausgaben: SCHLYTER, CJSG VII (1852) S. 1—112; CARL SÄVE, Gutniska urkunder (1859); HUGO PIPPING, Gotländska studier (1901) u. insbesondere Gutalag och Gutasaga jämte ordbok (1905/07). Facsimile-Ausgabe: E. WESSÉN, CCS V (1945). Neuschwed. Übersetzungen: SCHLYTER, a. a. O.; (HOLMBÄCK)/WESSÉN, SLL IV (1943) S. 203—290. Dt. Übersetzung: KARL SCHILDENER, Guta-Lagh, d. i. der Insel Gothland altes Rechtsbuch (1818). Neudän. Übersetzung: LIS JACOBSEN, Guterlov og Gutersaga (1910). Vgl. RLGA II S. 342. | [4]) In den gleichen Ausgaben u. Übersetzungen, z. B. SCHLYTER, S. 93—104; (HOLMBÄCK)/WESSÉN, S. 291—295; SCHILDENER, S. 106—115. | [5]) SCHILDENER, a. a. O. S. 1—89; SCHLYTER, a. a. O. S. 113—168. Vgl. S. EKELUND, Studien über eine md. Übersetzung d. altgutnischen Rechtes (1906). | [6]) SCHLYTER, a. a. O. S. 169—218. | [7]) Ausgabe: SCHLYTER, CJSG VIII (1853) S. 1—182 [danach S. 183—466 das sogenannte Seerecht von Wisby, eine späte Kompilation in mnd. Sprache]. Vgl. J. A. HANSSON, Studien über d. Stockholmer Handschr. B 63 d. Wisbyschen Stadtrechtes (1928). [8]) Vgl. KARL LEHMANN, Das Bahrgericht (Abh. f. Konr. Maurer 1893) S. 40f.; G. HASSELBERG, a. a. O. S. 18ff. | [9]) Vgl. KARL V. AMIRA, Nordgerman. Obligationenrecht I (1882) S. 7f.; KARL HEGEL, Städte u. Gilden I (1891) S. 300ff.; G. HASSELBERG, a. a. O. S. 28ff. | [10]) Hrsg. v. WOLG. SCHLÜTER, Zwei Bruchstücke einer mnd. Fassung d. Wisbyschen Stadtrechtes aus d. 13. Jahrh. (Mitteilungen aus .. d. Geschichte Liv-, Est- u. Kurlands XVIII 1908) S. 487—553. Vgl. FERD. FRENSDORFF, Das Stadtrecht von Wisby (Hans. Geschichtsbl. XXII 1916) S. 7ff. | [11]) Nachweis von G. HASSELBERG, a. a. O. S. 31—354. | [12]) Vgl. J. G. L. NAPIERSKY, Die Quellen d. Rigischen Stadtrechts bis z. J. 1673 (1876); WOLFG. SCHLÜTER, Die Nowgoroder Skra nach d. Rigaer Handschr. (1893). | [13]) P. TAL', Tret'ja novgorodskaja skra (Moskau 1905); WOLFG. SCHLÜTER, Die Novgoroder Schra in sieben Fassungen (1911); HJ. ALVING, Die Nowgoroder Skra nach der Kopenhagener Handschr. (1917). Vgl. FERD. FRENSDORFF, Das statutarische Recht der dt. Kaufleute in Novgorod I u. II (1886/87); WOLFG. SCHLÜTER, Die Nowgoroder Schra in ihrer geschichtl. Entwicklung vom 13. bis z. 17. Jahrh. (1911). | [14]) G. HASSELBERG, a. a. O. S. 49ff. | [15]) Drucke: SCHLYTER, CJSG VIII S. 172—182. | [16]) Aus SCHLYTER, CJSG VII S. 219—234, den schwed. Diplomataren u. dem Hans. UB zusammenzusuchen. | [17]) in gutnischer Sprache bei G. E. KLEMMING, Småstycken på forn svenska I (1868—1881) S. 149—151.

§ 16

Norweger

1. Mutterland des westnordischen Rechtes ist Norwegen[1]. Hier nun stoßen wir ähnlich wie in Dänemark auf Erzählungen des Mittelalters, welche bestimmten Königen schon seit dem 9. Jahrh. eine mehr oder weniger tiefgreifende gesetzgeberische Tätigkeit nachrühmen. Verdienen diese Berichte bis zu einem gewissen Grad unsern Glauben, so gilt nicht das gleiche von jenen anderen, wonach die ältesten Aufzeichnungen westnordischen Rechts vom hl. Olaf etwa um 1020—1025 und von seinem Sohne Magnus dem Guten 1040 veranstaltet sein sollen. Wer die Entstehung der westnordischen Literatur kennt, wird sich schwerlich zu der Annahme entschließen, daß es einen derartigen Rechtstext handschriftlich vor dem 12. Jahrh. gegeben habe[2]. Von dem, was an altnorwegischen Rechtsschriften erhalten ist, kann auch das älteste nicht mit Sicherheit über 1100 hinaufgesetzt werden. Auch haben wir es bei den ältesten Denkmälern keineswegs mit Gesetzbüchern zu tun, die etwa ein König hat schreiben lassen, sondern mit Privataufzeichnungen. Diese sind — von einem 1083 erteilten, in zwei Redaktionen überlieferten Weistum über norwegisch-isländische Beziehungen[3] abgesehen — von der nämlichen Art, wie wir sie an den älteren schwedischen Rechtsbüchern kennengelernt haben. Zwar liegen über die altnorwegische *lǫgsaga* keine so zahlreichen und unzweideutigen Zeugnisse vor wie über die altschwedische. Dafür aber spricht sie sich in den ältesten Rechtstexten kaum weniger unmittelbar aus. So haben denn auch die altnorwegischen Rechts- und Gesetzbücher in der Hauptsache die nämliche äußere Anlage wie die schwedischen. Die Gesichtspunkte, welche über die Bildung der *bælkir* entscheiden, sind beinahe die gleichen. Höchstens, was ihre Reihenfolge betrifft, scheint es eine westnordische Eigenheit, daß die Thingordnung (der *þingfarabalkr*) den Anfang zu machen pflegt.

2. Vier Provinzial- oder richtiger Landschaftsrechte sind es zunächst, deren Denkmäler teils vollständig, teils wenigstens stückweise jene Gestalt zeigen. Es sind die Rechte der vier großen Thingverbände oder „Bundesstaaten", zu denen bis zum Beginn der Rechtsbücherzeit die meisten norwegischen Volklande zusammengetreten waren. Die Rechtsaufzeichnungen oder „Bücher" selbst sind nach den Hauptversammlungen (*lǫgþing, allsherjarþing*) benannt, auf denen alljährlich das Recht jener Verbände vorgetragen wurde.

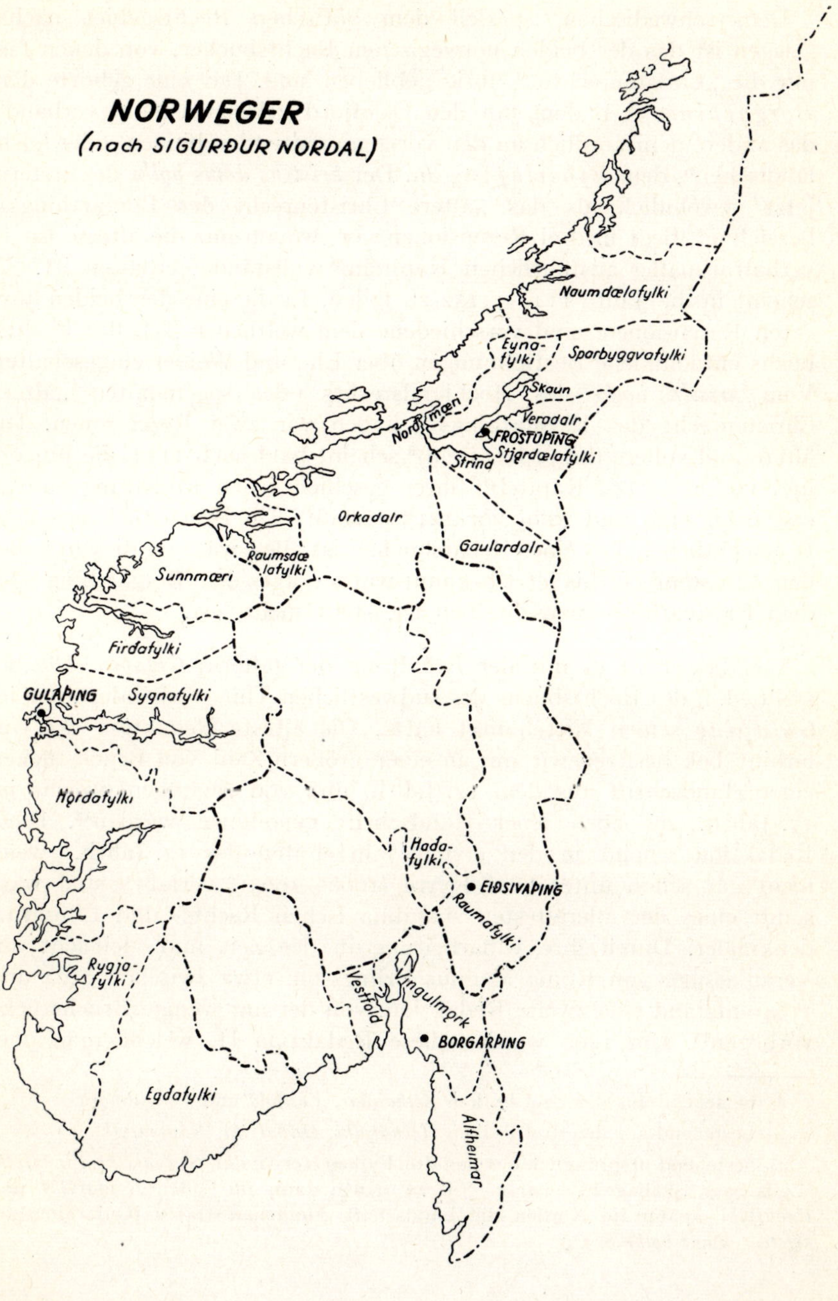
NORWEGER
(nach SIGURÐUR NORDAL)
Naumdælafylki
Eyna-
fylki
Sparbyggvafylki
Skaun
Nordmæri
Veradalr
FROSTUÞING
Stjørdælafylki
Strind
Orkadalr
Gaulardalr
Raumsdæ
lafylki
Sunnmæri
Firdafylki
GULAÞING
Sygnafylki
Hǫrðafylki
Haða-
fylki
EIÐSIVAÞING
Raumafylki
Rygja-
fylki
Vestfold
Vingulmǫrk
BORGARÞING
Egdafylki
Álfheimar

Dem schwedischen, speziell dem götischen Rechtsgebiet nächst gelegen ist das der beiden norwegischen Rechtsbücher, von denen fast nur die „Christenrechte“[4] übrig geblieben sind. Das eine gehörte dem *Borgarþing*, d. i. dem um den Oslofjord gelegenen Thingverband[a], das andere dem nördlich an den vorigen grenzenden binnen- oder hochländischen[b], dem *Eiðsifaþing* an. Der *kristins dóms bǫlkr* des erstern, jetzt gewöhnlich als das „ältere Christenrecht des Borgarthings“[5] bezeichnet, liegt in drei Rezensionen vor, wovon nur die älteste (in 18 verhältnismäßig ausführlichen Kapiteln)[6] vollständig erhalten ist. Sie scheint in die Jahre 1140—1152 zu fallen. In die eine der beiden jüngeren Rezensionen[7] sind verschiedene dem weltlichen Teil des Rechtsbuchs entnommene Bestimmungen über Ehe und Weiber eingeschaltet. Vom *kristin bǫlkr* des Hochlandsrechts oder sogenannten „ältern Christenrecht des Eiđsifathings“[8] haben wir zwei Rezensionen. Die ältere und vollere (in 53 Kapiteln)[9] scheint bald nach 1152, die jüngere und verkürzte (44 Kapitel)[10] ihrer geschichtlichen Einleitung zufolge erst nach 1184 und wohl vor 1215 verfaßt. Ein Bruchstück aus dem strafrechtlichen Teil eines Rechtsbuchs[11] ist alles, was von diesem außer dem Christenrecht bis jetzt bekannt wurde; ob es dem Borgarthing oder dem Eiđsivathing zuzuschreiben ist, steht nicht fest.

Viel besser ist es mit der Erhaltung der (ältern) *Gulaþingsbók* bestellt, d. i. des Rechtsbuchs des südwestlichen Thingverbandes[c], der im *Gulaþing* seinen Mittelpunkt hatte. Die älteste Redaktion der Gulathingsbok besitzen wir nur in einer größern Zahl von Bruchstücken einer Handschrift aus dem 12. Jahrh. und von Auszügen, welche im 17. Jahrh. aus eben jener Handschrift genommen wurden[12]. Diese Redaktion scheint in den ersten Jahrzehnten des 12. Jahrh. [wenn nicht gar schon unter Olaf Kyrre (1066—1093)] verfaßt[13] und wäre somit eines der allerältesten skandinavischen Rechts- und Literaturdenkmäler. Durch ihre Umarbeitung in der Zeit und vielleicht auf Veranlassung von König Magnus Erlingsson, etwa zwischen 1164 und 1184 entstand eine zweite Redaktion, von der nur wenige Bruchstücke vorliegen[14]. Um 1200 wurden diese Redaktion II, welche man dem

a) bestehend aus den drei Fylken *Álfheimar*, *Vestfold* und *Vingulmǫrk*.

b) bestehend aus den drei Fylken *Heinafylki*, *Haðafylki*, *Raumafylki*.

c) bestehend ursprünglich aus den drei Fylken *Hǫrðafylki*, *Sygnafylki*, *Firðafylki* [Egils Saga Skallagrímssonar c. 56], zu denen dann im Süden *Rygjafylki* und *Egðafylki*, später im Norden die Landschaft *Sunnmœri* traten [Gulathingsbok *kristins dóms bǫlkr* c. 3].

König Magnus, und die Redaktion I, welche man jetzt einem „Olaf", d. h. dem hl. Olaf († 1030), beilegte, kompiliert. Von der dadurch entstandenen Redaktion III[15] haben wir Bruchstücke einer ältern und einen nahezu vollständigen Codex einer jüngern Fassung (*Codex Rantzovianus*), welche dem Rechtsbuch unter anderen Zutaten die im ersten Viertel des 13. Jahrh. vom Drontheimischen Gesetzsprecher Bjarne Maðarson verfaßte Wergeldtafel anhängt[16].

Eine ähnliche Geschichte wie die Gulathingsbok hat das Rechtsbuch der zum *Frostuþing* verbundenen Volklande um den Drontheimsfjord[d] erlebt, die (ältere) *Frostuþingsbók*. Um 1164 gab es im Frostuthing bereits mehrere unter sich abweichende Rechtsaufzeichnungen, worin man das „Recht des hl. Olaf" zu finden meinte[17]. Von diesem „Recht des hl. Olaf" ebenso wie von einer Revision desselben, welche zwischen 1164 und 1174 unter dem entscheidenden Einfluß des Drontheimer Erzbischofs Eysteinn Erlendsson veranstaltet wurde (*Gullfjǫðr*?)[e], sind Bestandteile nur durch Vermittlung späterer Redaktionen erhalten. Die erste unter diesen scheint ungefähr zwischen 1215 und 1220 entstanden und wird durch die „Tübinger Bruchstücke"[18] vertreten. Eigentümlich ist ihr die Einteilung des Stoffes in „Bücher" (*bœkr*), der Bücher in „Teile" (*lutir* oder *bælkir*), der Teile endlich in Kapitel mit gebrochener Zählung. Diese Einteilung hat der nächstfolgende Überarbeiter um 1220/25 (?) durch eine einfachere ersetzt: 16 (?) *lutir* mit Kapiteleinteilung und vorangestellten Inhaltsverzeichnissen. Von seiner Redaktion[19] besitzen wir ein Fragment des zweiten und des sechsten *lutr*; der letztere (*saktal* oder Wergeldordnung) ist inhaltlich wichtig und stammt im wesentlichen aus der Zeit vor 1164. Die letzte Redaktion endlich, die „Vulgata" in 16 *lutir*[20], dürfte um 1225/50 anzusetzen sein. Sie läßt die Anordnung der vorigen unberührt, zeigt aber im sechsten *lutr* ein wesentlich verändertes *saktal*. Ihre Erhaltung ist eine nahezu vollständige. Von einem nach 1247 verfaßten, aber jetzt verlorenen Text des Christenrechts der Frostuthingsbok mit der Thronfolgeordnung von 1164 an der Spitze haben wir aus einer dänischen Übersetzung[21] Kunde.

---

d) bestehend aus den vier Fylken der *Innþrœndir*: *Veradalr, Skaun, Sparbyggvafylki, Eynafylki* und den vier Fylken der *Utþrœndir*: *Strind, Stjórdœlafylki, Gaulardalr, Orkadalr*, wozu später noch die drei Fylke *útan fjarðar*: *Naumdœlafylki, Norðmœri, Raumsdœlafylki* (vorübergehend anscheinend auch *Sunnmœri*) kamen.

e) Gegen die Annahme W. Holtzmanns [DA II (1938) S. 376 Anm.], daß die „Goldfeder" eine Sammlung päpstlicher Dekretalen und norweg. Synodalbeschlüsse gewesen sei, vgl. Rud. Meissner, GR IV (1939) S. XX.

3. Nicht nur dem Zeitalter dieser Quellen angehörig, sondern auch mit einer derselben in genetischem Zusammenhang sind die älteren Denkmäler des Marktrechts oder „Weichbildes" (*bjarkeyjar réttr*). Es handelt sich um die Überreste eines nach 1164 verfaßten Rechtsbuchs, welches den Bjarkeyjar rettr in seiner Anwendung auf die Stadt Nidaros (*Niðarós*) und im Anschluß an die Frostuthingsbok darstellte. Gleicht insofern das Werk ganz dem Stadtrecht von Söderköping[f], so zeigt es doch auch wieder eine gewisse Verwandtschaft zu den dänischen Marktrechten[g], indem es dem Bjarkeyjar rettr ebenso die ununterbrochene Giltigkeit wie die Bindung an einen bestimmten Ort abspricht. Wie keine andere Quelle veranschaulicht es daher den Übergang des Marktrechts zum Stadtrecht und die Entstehung des letzteren. Drei Handschriften-Fragmente (I, II und IV)[22] und zwei Sammlungen von Auszügen (III)[23] liegen vor. Fragment IV läßt auf die letzten Kapitel des Christenrechts die ersten des Seerechts (*farmannalǫg*) folgen und repräsentiert dem Anschein nach die älteste, aber jedenfalls nach 1174 verfaßte Redaktion. Vielleicht dazu gehört Fragment II, welches die ersten 43 Kapitel des strafrechtlichen Abschnitts (*mannhelgi*) enthält. Dagegen sind die ersten 9 Kapitel des Christenrechts, woraus I besteht, in dieser Fassung jünger als IV, zwar vor 1247, aber nach der vorletzten Überarbeitung der Frostuthingsbok redigiert. Jünger noch war der Text, woraus die III-Exzerpte genommen sind.

4. Die Revisionsarbeit, welche sich in der Geschichte der Frostuthingsbok bis tief in die Regierungszeit Hákons des Alten hinein fortgesetzt zeigt, erstreckte sein Sohn, der „Gesetzverbesserer" Magnus (1263—1280)[24] auch auf die anderen Rechtsbücher. Und von jetzt an macht das Rechtsbuch dem Gesetzbuch Platz. Im Jahre 1267 brachte der König eine neue *Gulaþingsbók*, im Jahre 1268 eine *lǫgbók* für das Eiðsifathing und Borgarthing zur Annahme, wogegen er 1269 am Frostuthing nur zur Revision der weltlichen Teile des Rechtsbuchs ermächtigt wurde. Von den 1267 und 1268 eingeführten Gesetzbüchern sind die Christenrechtsabschnitte erhalten (das „neuere" Christenrecht des Gulathings[25] und des Borgarthings[26]), die übrigen Bestandteile verloren. Das eine wie das andere erklärt sich aus dem weitern Verlauf, den die Gesetzgebung unter König Magnus und seinen Nachfolgern nahm. Infolge der Vorgänge in Drontheim 1269 und des daran sich anschließenden kirchenpolitischen Konflikts, der erst durch das Konkordat von Tunsberg

f) Vgl. § 14 Z. 3.
g) Vgl. § 13 Z. 4.

1277[27] einen vorläufigen Abschluß erhielt, beschränkte sich der König darauf, der Kodifikation für das Frostuthing einen rein nominellen *kristins dóms bǫlkr* einzufügen, im übrigen aber einen Inhalt zu geben, der das Recht des Thingverbandes dem anderer Thingverbände, vor allen dem des Gulathing möglichst näherte. Zu diesem Zweck wurden nicht nur die neueren fürs ganze Reich erlassenen Einzelgesetze (bis 1273) verwertet, sondern auch die Hauptbestände des Gesetzbuchs aus der ältern Frostuthingsbok und der ältern Gulathingsbok unter beiläufiger Rücksichtnahme auf die anderen Landschaftsrechte kompiliert. Im Gegensatz zu den letzten Redaktionen der alten Frostuthingsbok kehrt die neue zur Einteilung in (10) *bælkir* zurück. Am 24. Juni 1274 wurde das Gesetzbuch vom Frostuthing angenommen. Bald nachher (bis 1276?) scheint es auch in den anderen, nunmehr beträchtlich erweiterten Thingverbänden und in den noch selbständigen Volklanden eingeführt worden zu sein, wobei nur die wenigen redaktionellen Änderungen im Text stattfanden, die durch die Verfassungsverhältnisse gefordert waren. Damit war wenigstens in der südlichen Hälfte von Norwegen die materielle Einheit des kodifizierten weltlichen Rechts hergestellt, und unter diesem Gesichtspunkt fassen wir die nahezu gleichlautenden Texte der „neueren" *Frostuþings-*, *Gulaþings-*, *Borgarþings-* und *Eiðsifaþingsbók* unter dem Namen des neueren oder gemeinen „Landrechts des Königs Magnus Hákonarson"[28] zusammen. Eine Bearbeitung dieses gemeinen Landrechts für die Städte mit eigenem *lǫgþing* wurde in Bergen, Nidaros, Oslo und Tunsberg eingeführt, in der erstgenannten Stadt schon am 22. Jan. 1276. Das gemeine „Stadtrecht des Königs Magnus Hákonarson" („neuerer" *bjarkeyjar réttr*)[29] folgt, abgesehen von dem Seerecht (*farmannalǫg*), in der Hauptsache dem Landrecht wörtlich bis auf den *þingskaþanar bǫlkr*, den es umredigiert, sowie *landabrigði* und *landsleigu bǫlkr*, welche beiden Abschnitte es durch eine Stadtordnung (*bœjarskiþan*) ersetzt.

Während die unifizierende Bewegung auf dem Gebiet des weltlichen Rechts im Gange war, zeigten sich analoge Bestrebungen auf dem Gebiet des kirchlichen, welche teils vom König, teils vom Episkopat ausgingen. Als die nächsten Früchte der einschlägigen Arbeiten haben wir drei Entwürfe zu Christenrechten anzusehen, wovon einer, das sogenannte „Christenrecht des Königs Sverrir"[30], sehr roh aus den Christenrechten der ältern Frostuthingsbok (Redaktion nach 1215) und der ältern Gulathingsbok (Redaktion III); ein zweiter[31] aus der ältern Frostuthingsbok, den älteren Christenrechten des Borgarthing und Eiðsifathing; der dritte endlich[32] aus den vier älteren Landschaftsrechten kompiliert ist. Im Gegensatz zu diesen bloß textgeschichtlich wichtigen Quellen ist das 1273 (?) ebenso ungeschickt kompilierte „Christenrecht des Erzbischofs Jón“ (rauđe)[33] wirklich unter Zustimmung des Königs 1277 im ganzen Lande als Gesetz zur Geltung gelangt, nachdem es eine nur oberflächliche Revision erfahren hatte.

5. Von den Einzelgesetzen (*réttarbœtr*) der norwegischen Könige beginnen die Texte in der zweiten Hälfte des 12. Jahrh. Aber erst um ein Jahrhundert später treten sie in etwas rascherer Folge auf, und seit dem gemeinen Land- und Stadtrecht beruht die Fortbildung des geschriebenen Rechts fast ausschließlich auf diesen Verordnungen, welche jetzt dem Epilog der Kodifikationen gemäß der König einseitig erlassen konnte. Die meisten von ihnen beziehen sich auf die staatsrechtlichen Verhältnisse. In der Unionszeit kommen zu den eigentlichen Rettarbœtr alten Stils noch die Unionsurkunden und Wahlkapitulationen (Handfesten) als wichtige Quellen des Staatsrechts[34].

6. Seit dem Konkordat von 1277 übte, wiewohl dasselbe nachmals von der Staatsgewalt rückgängig gemacht wurde, der Episkopat die autonome Gesetzgebung der norwegischen Kirche aus[35].

Unter den rein persönlichen Verbänden mit weltlicher Rechtsbildung steht das königliche Dienstgefolge (*hirð*) voran. Von Königsgesetzen für die Hirđ seit dem hl. Olaf ist in den Geschichtsquellen die Rede. Auch über eine alte *hirðskrá*, d. h. ein Rechtsbuch für die Hirđ aus der Zeit des Königs Sverrir etwa, fallen mehrfache Andeutungen. Sie ist wie alle älteren Gesetze in ursprünglicher Gestalt verloren, weil verdrängt durch die jüngere *hirðskrá*, eine ausführliche Kodifikation der *hirðlǫg* in 54 Kapiteln, welche in 1274/77 König Magnus Hákonarson erlassen hat. Die Weiterbildung der Hirđlǫg gelangt dann in etlichen königlichen Verordnungen zum Ausdruck, die man unter den Rettarbœtr zu suchen hat[36].

An Gildestatuten des Mittelalters ist Norwegen noch ärmer als Schweden. Der spezifisch norwegischen Statuten sind bislang überhaupt nur drei bekannt, die sämtlich dem Westen des Landes entstammen: eines von ca. 1200 aus der Stadt Drontheim[37], zwei weitere aus dem 13. und 14. Jahrh.[38].

7. Die juristische Privatschriftstellerei zeigt sich in Norwegen ähnlich wie in Schweden erlahmt, seitdem der freie Vortrag des Gesetzsprechers verstummt und das Rechtsbuch dem Gesetzbuch gewichen ist. Immerhin fehlt es auch jetzt wenigstens nicht an mancherlei Formu-

larien für mündliche Geschäfte, noch auch an kleineren Rechtsaufzeichnungen. Zu den ältesten Stücken der ersteren Gattung gehören jedenfalls die so oft als Prachtmuster poetischer Rechtssprache zitierten Friedensformulare (*griðamál* und *trygðamál*), welche sich vollständig nur in isländischen Kompilationen [Gragas Cod. Reg. 114, 115, Cod. Arnam. 383, 388 vgl. mit Gulathingsbok 320] erhalten haben. Jüngere Formulare[39] sind vor allem prozessual beachtenswert. Unter den theoretischen Rechtsschilderungen mag außer der schon erwähnten Wergeldtafel des Bjarne Marđarson[h] eine auf den Burgdienst bezügliche Bearbeitung des schwedischen Gardsrætter[i] genannt werden, welche, vor 1320 verfaßt, ihren Inhalt unter dem Namen *borgara réttr* einem König Hákon zuschreibt[40]; ferner der in späten Handschriften vorkommende erbrechtliche Aufsatz eines geistlichen Verfassers[41].

In einem gewissen Sinn läßt sich auch der zweite und größere Teil des unter dem Titel *Speculum regale* bekannten und aus der ersten Hälfte des 13. Jahrh. stammenden altnorwegischen Dialogs (Kapitel 24—70) der Rechtsliteratur einreihen, indem er nämlich auf eine anschauliche Schilderung der königlichen Hirđ, der königlichen Gewalt und ihres Verhältnisses zur kirchlichen ausgeht[42]. Viel weiter ab steht schon um seiner leidenschaftlichen Einseitigkeit willen das sogenannte *Anecdoton Sverreri*[43], eine um 1200 wahrscheinlich von König Sverrir selbst verfaßte und in den willkürlichsten Paraphrasen und Interpretationen kirchlicher Quellen sich ergehende altnordische Streitschrift zugunsten der königlichen Allgewalt gegenüber dem Episkopat. Ein anderes, nicht minder oft besprochenes, diesmal aber von kirchlicher Seite hinterlassenes Erinnerungszeichen der staatskirchlichen Streitigkeiten in Norwegen gehört in die Reihe der gefälschten Rechtsquellen, nämlich die um 1276 verfertigte lateinische Urkunde mit der Reichsschenkung von König Magnus Erlingsson an den hl. Olaf und den Privilegien desselben Königs an den Drontheimer Metropolitanstuhl[44].

h) Vgl. § 16 Z. 2 unter *Gulaþingsbók*.
i) Vgl. § 14 Z. 5.

[1]) Vgl. P. A. Munch, Historisk-geograph. Beskrivelse over Kongeriget Norge (1849); Vigfusson, Prolegomena § 35 seiner Oxforder Ausgabe der Sturlunga Saga (1878); F. Brandt, Forelæsninger over den norske Retshistorie I u. II (1880—1883); Karl v. Amira, Nordgerm. Obligationenrecht II: Westnord. Obligationenrecht (1895) S. 1—44; Konr. Maurer, Vorlesungen über altnord. RG I, 1 (1907) S. 3—94; Absalon Taranger, Utsikt over den norske rétts historie I: Innledning, Rettskildenes historie ([2]Knut Robberstad 1935). Ed. Sievers, Tübinger Bruchstücke d. älteren Frostuthingslög (Tübinger Fakultätsprogr. 1886) S. 3—39, 50—52 [dazu K. v. Amira, GGA 1886 S. 541—555; Konr. Maurer, SB München 1886

S. 317—358, Hist. Tidsskr. (Oslo 1887) S. 3—35]; M. PAPPENHEIM, Ein altnorweg. Schutzgildestatut (1888); G. STORM, Tidsskr. Retsvidensk. 1890 S. 415—445, Christ. Videnskss. Forhandlinger 1879 Nr. 14, 1880 Nr. 14. | [2]) Vgl. die treffenden Bemerkungen von KONR. MAURER in ERSCH u. GRUBERS Encykl. XCVII S. 389—391 [Gulaþing], die weiterführenden Untersuchungen von EBBE HERTZBERG in den Historiske afhandlinger für J. E. Sars (1905). | [3]) Beste Drucke: die Fassung der *Konungsbók* bei VILHJ. FINSEN, Grágás I, 2 (1852) S. 195—197 = c. 247 u. 248; die Fassung der *Skálholtsbók* ebd. III (1883) S. 463—466 = Tillæg IV. | [4]) Vgl. RUD. MEISSNER, Die norweg. Volkskirche nach den vier alten Christenrechten, Deutschrechtl. Archiv II (1941). | [5]) Ausgabe mit dt. Übersetzung: RUD. MEISSNER, GR NF Nordgerm. Recht I (1942) S. 1—73. Vgl. RLGA I S. 304. | [6]) Ausgabe: KEYSER/MUNCH, NGL I (1846) S. 339—352. Facsimile-Ausgabe des Codex Tunsbergensis (1886). | [7]) Ausgabe von Borgarthingsbok II: KEYSER/MUNCH, NGL I S. 353—363, verbessert von G. STORM, NGL IV (1885) S. 66—70; Ausgabe von Borgarthingsbok III: KEYSER/MUNCH, NGL I S. 363—372. | [8]) Ausgabe mit dt. Übersetzung: RUD. MEISSNER, a. a. O. S. 74—133. Vgl. RLGA I S. 527. | [9]) Ausgabe: KEYSER/MUNCH, NGL I S. 375—393. | [10]) Ausgabe: KEYSER/MUNCH, NGL I S. 393—406, ergänzt von G. STORM, NGL IV S. 673f. | [11]) Ausgabe: KEYSER/MUNCH, NGL II (1848) S. 522f.; dazu Facsimile: NGL IV Tafel XVII (und Tafel II oben). Ausgabe mit dt. Übersetzung: RUD. MEISSNER, a. a. O. S. 134—139. | [12]) Ausgabe: KEYSER/MUNCH, NGL I S. 111—115, ersetzt durch G. STORM, NGL IV S. 3—14. | [13]) Vgl. KONR. MAURER, Die Entstehungszeit d. älteren Gulaþingslög, Abh. München 1872; EBBE HERTZBERG a. a. O.; RLGA II S. 337. | [14]) Ausgabe: KEYSER/MUNCH, NGL II S. 495—500, ergänzt von G. STORM, NGL IV S. 795f. [15]) Ausgabe: KEYSER/MUNCH, NGL I S. 3—110, 115—118, ergänzt von G. STORM, NGL IV S. 14—19. Dt. Übersetzung: RUD. MEISSNER, GR VI (1935). | [16]) KEYSER/MUNCH, a. a. O. S. 104—110; RUD. MEISSNER, a. a. O. S. 185—195. | [17]) Vgl. KONR. MAURER, Die Entstehungszeit d. älteren Frostuþingslög, Abh. München 1875, u. Die Einteilung d. älteren Frostuþingslög, Historisk Tidsskr. II, 6 (Oslo 1875) S. 203ff.; K. v. AMIRA, Zur Textgeschichte d. Frostuþingsbók, Germania XXXII (1887) S. 129—164; RLGA II S. 102f.; ABSALON TARANGER, Frostatingsboken, Tidsskr. Retsvidensk. 1928 S. 1—68; W. HOLTZMANN, DA II (1938) S. 341—400. [18]) Ausgaben: ED. SIEVERS, Tübinger Bruchstücke d. älteren Frostuthingslög (Tübinger Fakultätsprogr. 1886) S. 39—50; G. STORM, NGL V (1890/95) S. 1—7 mit Facsimile-Tafeln I—VI. | [19]) Ausgabe: KEYSER/MUNCH, NGL II S. 520f. [6. Lutr] u. G. STORM, NGL IV S. 30f. [2. Lutr]. | [20]) Ausgabe: KEYSER/MUNCH, NGL I S. 121—258, II S. 500—519, 521—523, dazu die Teilabschrift d. vernichteten Codex von ARNE MAGNUSSON bei G. STORM, NGL IV S. 19—30. Dt. Übersetzung: RUD. MEISSNER, GR IV (1939). | [21]) Ausgabe: G. STORM, NGL IV S. 31—65. | [22]) Ausgaben von I, II u. IV: KEYSER/MUNCH, NGL I S. 303f., 305—315, 334—336, letztere ersetzt durch G. STORM, NGL IV S. 71—74. Ausgaben mit dt. Übersetzung: RUD. MEISSNER, GR NF Nordgerm. Recht III (1950) S. 310—369, 450—457. [23]) Ausgabe: KEYSER/MUNCH, NGL I S. 315—334, ersetzt durch G. STORM, NGL IV S. 75—97. Ausgabe mit dt. Übersetzung: RUD. MEISSNER, a. a. O. S. 368—449. [24]) Vgl. RLGA III S. 172. | [25]) Ausgabe: KEYSER/MUNCH, NGL II S. 306—338. [26]) Ausgabe: ebd. S. 293—306. | [27]) Latein. Text: ebd. S. 462—467; norweg. Übersetzung: ebd. S. 468—477. | [28]) Unzureichende Ausgabe: KEYSER/MUNCH, NGL II S. 7—178, ergänzt von G. STORM, NGL IV S. 117—159. Neunorweg. Übersetzung: ABSALON TARANGER, Magnus Lagabøters Landslov (1915). Ausgabe mit dt.

Übersetzung: RUD. MEISSNER, GR NF Nordgerm. Recht II (1941). | [29]) Ausgabe: KEYSER/MUNCH, NGL II S. 185—290. Neunorweg. Übersetzung: KNUT ROBBERSTAD, Magnus Lagabøters Bylov (1923). Ausgabe mit dt. Übersetzung: RUD. MEISSNER, GR NF Nordgerm. Recht III (1950) S. 2—309. | [30]) Ausgabe: KEYSER/MUNCH, NGL I S. 409—434. | [31]) Ausgabe: G. STORM, NGL IV S. 50—65. | [32]) Ausgabe: ebd. S. 160—182. | [33]) Ausgabe: KEYSER/MUNCH, NGL II S. 341—386. [34]) Die Einzelgesetze bis zum Tod d. Königs Olaf Hákonarson († 1387) findet man größtenteils in NGL I S. 437—463, II S. 453—491, III (1849) S. 4—226, IV S. 357—386; von 1388—1482 fortgesetzt von TARANGER/JOHNSEN/KOLSRUD in NGL AR I (1904/12), II (1914/34); ergänzt durch das Diplomatarium Norvegicum I—XXI (1847—1915). | [35]) Provinzialstatuten von 1280—1351, meist in altnord. Fassung, in NGL III S. 229—310, sowie in NGL AR. | [36]) Ausgaben: KEYSER/MUNCH, NGL II S. 391—450; RUD. MEISSNER, Hirđskrá (1938). Facsimile-Ausgabe des Codex Tunsbergensis (1895). Dt. Übersetzung: RUD. MEISSNER, GR V (1938). Vgl. RLGA II S. 529. | [37]) Hrsg. von G. STORM in Sproglig-histor. Studier für Unger (1897) S. 218—220. | [38]) Sorgfältig hrsg. u. ins Dt. übersetzt von MAX PAPPENHEIM, Ein altnorweg. Schutzgildestatut (1888) S. 145—159 u. 160—167; danach G. STORM, NGL V S. 7—11 u. 11—13. | [39]) Vgl. G. STORM, NGL IV S. 389—790 (unter dem Strich). | [40]) Hrsg. von KEYSER/MUNCH, NGL III S. 144f. | [41]) Hrsg. von G. STORM, NGL IV S. 431f. Anm. 4. | [42]) Ausgaben: KEYSER/MUNCH/UNGER (1848); BRENNER (1881). Dt. Übersetzung: RUD. MEISSNER, Der Königsspiegel (1944). Vgl. WILH. BERGES, Die Fürstenspiegel d. hohen u. späten MA (1938) S. 159—185 [mit weiterer Literatur]. | [43]) Hrsg. von WERLAUFF (1815). | [44]) Drucke: NGL I S. 442—444; Diplomatarium Islandicum I (1857) Nr. 39.

§ 17

Isländer und Fähringer

1. Aus norwegischer Wurzel erwachsen und nach ebenso eigenartiger als selbständiger Entwicklung wieder neuen Einflüssen aus Norwegen verfallen ist das Recht auf Island[1]. Um 930 (?) erhielt der Freistaat sein erstes formuliertes Landrecht durch den eingewanderten Norweger Ulfljótr von Lón, welcher dabei hauptsächlich dem Vorbilde der Gulathingslǫg folgte. Von diesen *Ulfljóts lǫg*, worunter man sich nur die älteste isländische *lǫgsaga*[a] vorstellen kann, sind spärliche Exzerpte heidnisch-sakralrechtlichen Inhalts durch Vermittlung des Vaters der isländischen Geschichtsschreibung Are frođe in verschiedenen jüngeren Geschichtsquellen[2] erhalten. Durch die gesetzliche Einführung des Christentums im Jahre 1000, wie durch eine Reihe anderer Gesetze, wurde jener Grundstock der Lǫgsaga teils abgeändert, teils erweitert, bis im Jahre 1117 ein Allthingsbeschluß den Goden Hafliđe Másson mit der Aufgabe betraute, das Landrecht mit geeigneten Verbesserungen „zu Buch schreiben" zu lassen. Im Winter 1117/18 wurde dies Werk

a) Vgl. § 12 Z. 2.

nach den Angaben des Gesetzsprechers Bergthórr Hrafnsson und „anderer kundiger Männer" vollbracht, und das nächste Allthing erhob es zum Gesetz. Die *Hafliðaskrá* schloß sich in der Einteilung wesentlich der Lǫgsaga an, und als einer ihrer Abschnitte wird uns namentlich *vígslǫðe* (die Folgen der Schlägerei) bezeichnet. *Kristinna laga þáttr* (der Abschnitt vom Christenrecht) jedoch wurde erst in 1122/32 „gesetzt und geschrieben". In ihrer ursprünglichen Gestalt sind diese Gesetze nicht auf unsere Tage gekommen. Wohl aber machen sie mit einem Zehntgesetz von 1096 den Kern jener kompilatorischen Rechtsaufzeichnungen aus den letzten Zeiten des Freistaates und den ersten Jahren der Königsherrschaft aus, denen die gelehrte Geschichtskonstruktion um 1600 den Namen des halbmythischen Gesetzbuches von König Magnus dem Guten[b], der *Grágás* [Graugans], beigelegt hat. Behalten wir diesen nun einmal üblichen Namen in Ermangelung eines quellenmäßigen bei, so dürfen wir doch darüber nicht vergessen, daß wir es keineswegs etwa bloß mit Rezensionen eines und des nämlichen Werkes, sondern mit verschiedenen, voneinander unabhängigen Sammelarbeiten zu tun haben, deren gegenseitige Beziehungen nur auf der Gemeinschaft ihrer Materialien beruhen. Es bestanden aber diese Materialien vor allem aus den Rechtsvorträgen, welche über den schon genannten Texten und den später hinzugekommenen Novellen (*nýmæle*) erwachsen waren, weiterhin aus Einzelentscheidungen (Gutachten) von Gesetzsprechern, partikularen Beliebungen, Formularen. Auch norwegische Quellen haben sich die Sammler zunutze gemacht, so die oben erwähnten Friedensformeln und das ältere *saktal* der Frostuthingsbok[c], das Weistum von 1083[d]. Zwei Kompilationen sind es, welche diese aus sehr verschiedenen Zeiten stammenden Aufzeichnungen verhältnismäßig am vollständigsten vereinigen: die *konungsbók* [= K] im „Codex regius" zu Kopenhagen aus den Jahren 1258/60 und die *Staðarhólsbók* [= St] in der Arnamagneanischen Handschrift von 1262/71. Beide folgen in ihrer Anlage dem Grundplan der Lǫgsaga, ohne doch ganz gleichmäßig deren sämtliche Abschnitte zu enthalten, wie z. B. St außer der Wergeldordnung auch die zu ihrer Zeit obsoleten staatsrechtlichen Abschnitte fortläßt. Höchst ungleich aber ist die Reihenfolge, in der K und St ihre gemeinsamen Materialien vorbringen. K ist mehr Entwurf und führt uns als solcher unmittelbar in die Werkstätte des Kompilators, dem wir zusehen, wie er beim Abschreiben seiner Haupttexte die Bestandteile

b) Vgl. § 16 Z. 1 u. Anm. 17.
c) Vgl. § 16 Z. 2 (gegen Ende).
d) Vgl. § 16 Z. 1 mit Anm. 3.

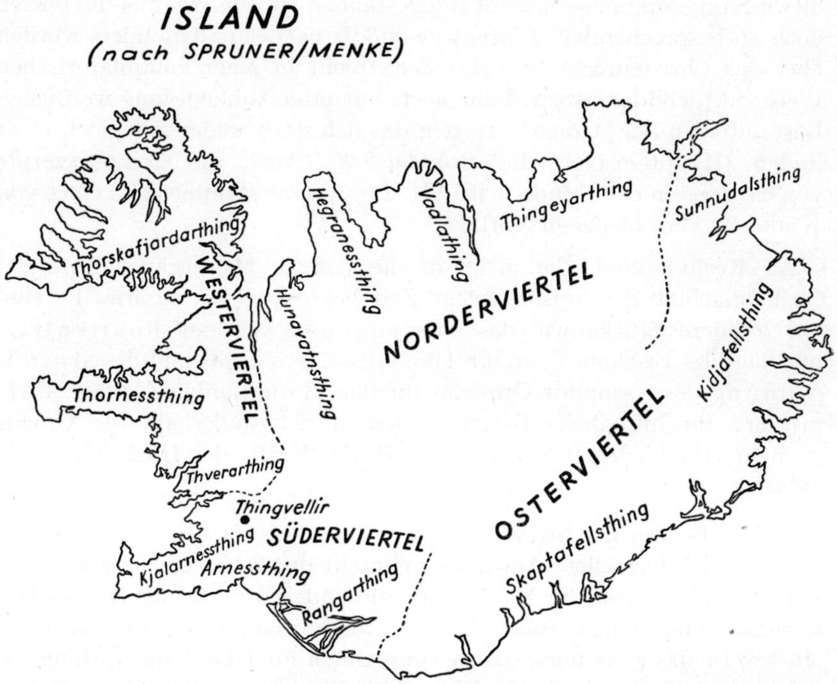

aus Nebentexten vorläufig notiert, welche die beabsichtigte Überarbeitung in extenso aufnehmen soll. St dagegen ist mehr ausgeführte und systematischer angeordnete Kompilation. Sorgfältiger gibt sie auch durch ihre Marginalzeichen die Stellen an, wo ein *nýmæle* beginnt. Bei aller Verschiedenheit jedoch stimmen K und St in bezug auf Ausführlichkeit, insbesondere eine auf die Spitze getriebene Kasuistik, überein. Läßt sich nun nicht bezweifeln, daß diese Eigenschaften schon die Vorlagen der Kompilatoren charakterisieren, so kann doch andererseits nicht angenommen werden, daß jemals in dieser ganzen Weitläufigkeit der Inhalt der Gragas mündlich sei vorgetragen worden, am wenigsten, daß er in der Hauptsache schon in der Hafliđaskra so vorhanden gewesen. Zu deutlich vielmehr verrät sich die langsam fortbauende Arbeit der Jahrhunderte und der Literatur. Die Kompilationen von K und St waren denn auch weder die ersten Werke in ihrer Art, noch sind sie die letzten geblieben. Von älteren Sammlungen bis über 1200 zurück besitzen wie Bruchstücke. Von einer andern liegt das Strandrecht (*rekaþáttr*) in der *þingeyrabók* vollständig vor. Und dieser Sammlung nahe scheint die gestanden zu sein, woraus die (gleich noch zu besprechende)[e] *Jónsbók* geschöpft hat. Ganz besonders wurden aber das Christenrecht und das Zehntrecht in jener kompilatorischen Weise fortgebildet, wozu dann noch mitunter Anhänge aus weltlichen Bestandteilen der „Gragas" traten, die sich doch weder in K noch in St finden (Hauptbeispiel: die *Belgsdalsbók*). Auch die Gragasexzerpte von ca. 1600 in der Handschrift AM. 125 A in 4⁰ stammen aus einer von K und St verschiedenen Vorlage[3].

An Rechtstexten, die nicht in die Gragas übergegangen, ist der Quellennachlaß der freistaatlichen Zeit begreiflicherweise arm. Es sind nur kleinere Stücke wie das Fastengebot und das Pönitentialbüchlein des Bischofs Thorlákr Thórhallsson ca. 1178[4] und die Strandordnung des Sæmundr Ormsson für den Hornafjǫrđr ca. 1245[5]. Formulare für mündliche Geschäfte haben sich außerhalb der Gragas noch in verschiedenen Sǫgur, wie z. B. der Njála, der Heiđarviga saga erhalten.

2. Der Beginn der norwegischen Herrschaft über Island wurde zu gesetzlich-formellem Ausdruck gebracht durch die Urkunden, worin sich im Jahre 1262 die Nord- und Südländer dem König Hákon Hákonarson und seinem Sohn Magnus unterwarfen[6]. 1271—1273 gelangte stückweise das erste norwegische Gesetzbuch für Island am Allthing zur Annahme, die (nach ihrem Einband?) sogenannte *Jarnsíða*. In 141 Kapiteln oder Absätzen folgt sie materiell dem Grundplan, den wir auch sonst in den Gesetzbüchern des Königs Magnus Hákonarson eingehalten sehen. Wie nachher im gemeinen Landrecht ist auch hier schon das Christenrecht nur nominell vertreten. Die Arbeit ist auch ganz die kompilatorische wie in den anderen Gesetzgebungswerken mit gemeinrechtlicher Tendenz aus der Regierungszeit jenes Königs. Hauptsächlich sind norwegische Quellen, nebenher auch isländische, ausgeschrieben. Die Redaktion ist sehr eilfertig und unharmonisch hergestellt, was mehrfach auf Rechnung der wechselnden Teilnahme von Norwegern und Isländern an der Abfassung fällt[7].

Noch König Magnus selbst nahm den Ersatz der Jarnsiđa durch ein umsichtiger gearbeitetes und umfassenderes Gesetzbuch in die Hand. Auch dieses ist Kompilation, nur daß jetzt das gemeine Landrecht als Muster diente. Als Quellen wurden außer diesem selbst benützt das gemeine Stadtrecht, insbesondere dessen Seerecht, dann die Jarn-

e) Vgl. § 17 Z. 2 mit Anm. 8.

siđa, die ältere Gulathingsbok, endlich aber auch ziemlich ausgiebig eine „Gragas", die weder in K noch in St vorliegt. Erst unter dem Sohn und Nachfolger von König Magnus, König Erik, wurde das „neue Gesetzbuch" am Allthing 1281 angenommen, nach schwierigen Verhandlungen, die uns die Arna biskups saga anschaulich beschreibt. Der Lǫgmađr Jón Einarsson, der wahrscheinlich auch an der Herstellung des Textes teilgenommen, hatte denselben nach Island gebracht. Noch im Mittelalter wurde nach ihm das Gesetzbuch die *Jónsbók* genannt[8]. Die Jónsbok hat in complexu bis heute ihre Gültigkeit behalten. Doch trat schon mit ihrer Einführung kein Stillstand in der gesetzlichen Weiterbildung des weltlichen Rechts auf Island ein. Die Hauptform dafür war jetzt die der königlichen *réttarbót*, welche unter vorgängiger oder nachträglicher Zustimmung des Allthings in kraft trat[9].

Zwischen die Jarnsiđa und die Jónsbok fällt die Ausarbeitung eines neuen Christenrechts durch Bischof Arne von Skálholt, wobei das norwegische Christenrecht von Erzbischof Jón[f] zum Muster diente, doch auch das hergebrachte isländische berücksichtigt wurde. Im Jahre 1275 vom Allthing provisorisch angenommen, nachher aber von der Staatsgewalt angefochten, scheint der *kristinréttr Arna biskups* nur durch die Praxis in Geltung gekommen zu sein[10].

Eine Reihe von Formularen für die verschiedenartigsten mündlichen Geschäfte[11] ist das einige, was an juristischen Privatarbeiten die isländische Literatur des Spätmittelalters darbietet.

3. Kein Gebiet germanischer Zunge ist so reich wie Island an literarischen Denkmälern, aus denen auch der Rechtshistoriker reiche Belehrung schöpfen kann. An der Spitze stehen die Götter- und Heldenlieder der Edda[12], samt den in Snorri Sturlusons „Prosa-Edda"[13] überlieferten und umschriebenen Einzelstrophen. Schon in der ersten Hälfte des 12. Jahrh. setzt auch die Geschichtsschreibung ein: Ares *Íslendingabók*[14], die verschiedenen Fassungen der *Landnámabók*[15] und vor allem die *Heimskringla*[16]. Ist der Wert dieser Quellen im wesentlichen unbestritten, so wurde bei der großen Gruppe der Isländer-Sagas[17] neuerdings nicht nur ihr historischer, sondern auch ihr „zuständlicher" Wahrheitsgehalt in Zweifel gezogen[18]. In der Tat liegt die Vermutung nahe, daß die Sagas [wie das Nibelungenlied] die gesellschaftlichen und rechtlichen Zustände zur Zeit ihrer Niederschrift, nicht zur Zeit der Geschehnisse spiegeln[19]; und für eine von ihnen, die *Njála*[20], steht dies fest[21]. Mit Recht ist jedoch betont worden, daß gerade der fühlbare

f) Vgl. § 16 Z. 4 mit Anm. 33.

Abstand zwischen dem Prozeßrecht der *Njála* und demjenigen anderer Sagas deren größere Überlieferungstreue beweist: „Die Verfasser der klassischen Sagas haben die alte Zeit nicht nach dem Bilde der Verhältnisse ihrer eigenen Tage geschildert.“[22] Daß Geschichtsschreibung und Saga verschiedenen Literaturgattungen zuzurechnen sind[23], trifft ohne Zweifel zu. Aus dem unterschiedlichen Anliegen folgt jedoch nicht, daß die Saga-Verfasser historische Fakten unterdrückt, geschweige denn, daß sie die Rechtszustände abweichend gezeichnet haben.

Man kann die beiden großen Werke Snorri Sturlusons, die als Geschichtsdarstellung geschriebene *Heimskringla* und die skaldische *Egils saga Skallagrímssonar*[24], nicht durch die Gegenüberstellung charakterisieren[25]: „SNORRI war gleich groß als Geschichtsschreiber wie als Dichter; die *Egils saga* wäre dann die literarische Nebenfrucht seiner historischen Studien, so wie etwa *Ein Kampf um Rom* von FELIX DAHN aus dessen Forschungen über die Geschichte der germanischen Könige hervorgegangen ist.“ DAHN schaltet mit historischen Fakten völlig frei [beispielsweise läßt er den Gotenkönig Witiches auf der Flucht fallen, die Mataswintha den Freitod wählen, um der Wiederverheiratung mit dem kaiserlichen Prinzen Germanus zu entgehen, obwohl ihm selbstverständlich bekannt war, daß Witiches sein Leben als Patricius in Byzanz beschloß, Mataswintha den Germanus geheiratet und überlebt hat]. SNORRI ist kein derartiges Abweichen von der Überlieferung nachzuweisen; insbesondere decken sich die chronologischen Angaben der Heimskringla und der Egils saga durchaus, selbst dort wo sie [wie bei den dänischen Königen] auf unzutreffenden Ansätzen beruhen[26]. Für den Rechtshistoriker kann es schlechterdings keinen Unterschied machen, welche der beiden Quellen er zugrundelegt, wenn beide übereinstimmend berichten, daß das Heer durch Aussenden des Kriegspfeiles aufgeboten wurde[27], daß es rechtens war, den Kampfplatz für eine Entscheidungsschlacht zu „haseln“[28], daß der Herrscher dem Vater eines in seinem Dienst gefallenen Mannes Sohnesbuße schuldete[29], daß ein König auf seine Stellung verzichten und die Jarlswürde annehmen konnte[30], daß Harald *hárfagr* die freien Bauern des gesamten Landes enteignete[31], daß er um 928/31 seinen Enkel Harald *gráfeldr* mit Wasser besprengen ließ, ihm seinen eigenen Namen gab und bestimmte, er solle dereinst als Nachfolger von Erich *blóðøx* König werden[32], daß Hákon *Aðalsteinsfóstri* gegen 934/35 Recht und Gesetz in Norwegen neu ordnete[33], daß es Sitte war, bei Gelagen paarweise zusammen zu trinken, was interessante Rückschlüsse auf die Stellung der Frau erlaubt[34], und anderes mehr.

Nicht minder erweisen sich die anderen älteren Sagas als rechtliche Erkenntnisquellen von hohem Rang.

4. Außer Island sind es unter den westnordischen Kolonien nur noch die Færöer[35], von deren Recht wir schriftliche Denkmäler aus dem Mittelalter haben: freilich erst königliche Verordnungen aus der Zeit nach der Einführung des norwegischen gemeinen Landrechts[36], wovon aber doch wenigstens eine, das sogenannte *saudabréf* von 1298[37], auf den Færöern selbst verfaßt ist.

[1]) Vgl. P. Herrmann, Island in Vergangenheit u. Gegenwart I—III (1907—1910); Fel. Niedner, Islands Kultur z. Wikingerzeit (1920) [Einleitungsbd. z. den 24 Bänden der Sammlung „Thule"]; RLGA II S. 601—609. Vilhj. Finsen vor seinen Ausgaben der Grágás II (1879) [wozu Konr. Maurer in Germania XXV S. 234—240] u. III (1883); Konr. Maurer in Festg. d. Münchener Jur. Fak. 1887 S. 119—149; Vilhj. Finsen, Om den oprindelige Ordning af nogle af den isl. Fristats Institutioner (in Vidensk. Selsk. Skr. Kjøbenhavn 1888) [dazu K. v. Amira, GGA 1889 S. 249—259, u. Konr. Maurer in Kr. Vjschr. 1890 S. 332—356]; Konr. Maurer im Arkiv f. Nord. Filol. V S. 98—108; Karl v. Amira, Nordgerman. Obligationenrecht II: Westnord. Obligationenrecht (1895) S. 37—44; Andreas Heusler d. J. vor seiner Übersetzung der Gragas, GR IX (1937). Konr. Maurer, Vorlesungen über altnord. RG IV: Das Staatsrecht d. isländ. Freistaates (1909), V: Altisländ. Strafrecht u. Gerichtswesen (1910). | [2]) Dazu Eckhardt, Ingwi u. die Ingweonen (^{2}1940) S. 6—17. | [3]) Kombinierte Ausgabe der *Konungsbók* u. der *Staðarhólsbók* mit latein. Übersetzung: Thórdur Sveinbjörnsson, Hin forna lögbók Íslendinga sem nefnist Grágás (Kjøbenhavn 1829) [Arnamagnæanische Ausg.]. Maßgebende Einzelausgaben: Vilhjálmur Finsen, Grágás, Islændernes Lovbog i Fristatens Tid, udg. efter det kong. Bibliotheks Haandskrift, 2 Bde. (1852) [= *Konungsbók*, zit. Grágás Ia u. Ib] mit neudän. Übersetzung, 2 Bde. (1870) [zit. Grágás Ic u. Id], Grágás efter det Arnamagnæanske Haandskrift Nr. 334 fol. (1879) [= *Staðarhólsbók*, zit. Grágás II; Neuausgabe von Kålund (1907)], Grágás, Stykker som findes i det Arnamagnæanske Haandskrift Nr. 351 fol. *Skálholtsbók* og en Række andre Haandskrifter (1883) [zit. Grágás III, mit gehaltvollem Wortregister]. Facsimile-Ausgabe: Páll E. Ólason, Codex Regius of Grágás (1932). Dt. Übersetzung: Andreas Heusler d. J., Isländ. Recht: Die Graugans, GR IX (1937). Vgl. RLGA II S. 327f. Die Texte des Zehntgesetzes: Jón Sigurðsson im Diplomatarium Islandicum I (1857) Nr. 22. | [4]) Dipl. Island. I Nrr. 42 u. 43. | [5]) Ebd. Nr. 137. | [6]) Ebd. Nr. 152. | [7]) Bester Druck nach d. einzigen lückenhaften Handschr., doch unter dem falschen (erst seit d. 17. Jahrh. aufgekommenen) Titel *Hákonarbók*: Keyser/Munch, NGL I (1846) S. 259—300, ergänzt von G. Storm, NGL V (1890/95) S. 13—15. Hrsg. ferner von Th. Sveinbjörnsson (1847). Vgl. RLGA II S. 614. [8]) Ausgabe einer Rezension auf Grund der vier ältesten Handschriften: G. Storm, NGL IV (1885) S. 185—340. Vorzuziehen: Ólafur Halldórsson, Kong Magnus Hakonssons Lovbog for Island vedtaget paa Altinget 1281 (1904). Vgl. RLGA II S. 614. | [9]) Die älteren *réttarbœtr* 1294—1314 in NGL IV S. 341—353, andere im Dipl. Island. II u. III (1888 ff.). | [10]) Ausgabe: G. Storm, NGL V S. 16—56. Spätere bischöfl. Statuten im Dipl. Island. II u. III. | [11]) Gedruckt im Dipl. Island. | [12]) Gängigste Ausgabe: Gustav Neckel, Edda, Die Lieder d. Codex regius nebst verwandten Denkmälern I: Text (^{3}1936), II: Kommentierendes Glossar (^{2}1936). Beste Verdeutschung: Felix Genzmer, Edda I: Heldendichtung (^{3}1928), II: Götterdichtung u. Spruchdichtung (^{2}1932) = Thule I u. II [mit Anmerkungen von Andr. Heusler]. | [13]) Ausgaben: Ernst Wilken I: Text (^{2}1912), II: Glossar (^{2}1913); Finnur Jónsson (^{2}1926); Anne Holtsmark/Jón Helgason (1950); Verdeutschung: Gustav Neckel/Felix Niedner, Die jüngere Edda (1925) = Thule XX. | [14]) Ausgabe: Wolfg. Golther, Ares Isländerbuch (^{2}1923) = Altnord. Saga-Bibl. I. Verdeutschung: Walt. Baetke, Islands Besiedlung u. älteste Geschichte (1928) S. 41—57 = Thule XXIII. | [15]) Ausgabe: Finnur Jónsson, Landnámabók Íslands (1925). Verdeutschung: Walt. Baetke, a. a. O. S. 59—157. | [16]) Ausgaben: Finnur Jónsson, Heimskringla (1893—1901 u. 1911). Verdeutschung:

FELIX NIEDNER, Snorris Königsbuch I—III (1922/23) = Thule XIV—XVI. [17]) Ausgaben: Altnord. Saga-Bibl. I—XVIII (1892—1928) u. NF I ff. (seit 1952); Íslenzk Fornrit I—XII (Reykjavík 1933ff.). Verdeutschungen: Thule III—XIII; Bauern u. Helden (Geschichten aus Alt-Island) I—XI (1925—1938); ARTH. BONUS, Isländerbuch (⁷1935); KONSTANT. REICHARDT, Thule (1934). | [18]) Vor allem von WALT. BAETKE, Christl. Lehngut in der Sagareligion, SB Leipzig XCVIII, 6 (1951). Anders: FELIX GENZMER, Festschr. P. Kluckhohn/Herm. Schneider (1948) S. 1 ff.; HANS KUHN, Heldensaga vor u. außerhalb d. Dichtung (1952); SIEGFR. BEYSCHLAG, Möglichkeiten mündl. Überlieferung in d. Königssaga, Arkiv f. Nordisk Filologi LXVIII (1953) S. 109ff., insbes. S. 127ff. | [19]) So bereits BJ. M. ÓLSEN, Safn VI Nr. 3 S. 37f. | [20]) Ausgabe: EINAR Ó. SVEINSSON, Íslenzk Fornrit XII (1954). Verdeutschung: ANDR. HEUSLER, Die Geschichte vom weisen Njal (1922) = Thule IV. [21]) Vgl. ANDR. HEUSLER, Das Strafrecht der Isländersagas (1911); CL. FRHR. V. SCHWERIN, ZRG G XXXIII (1912) S. 491—520. | [22]) BERNH. REHFELDT, Saga u. Lagsaga, ZRG G LXXII (1955) S. 34ff., speziell S. 45. | [23]) WALT. BAETKE, Über d. Entstehung der Isländersagas, SB Leipzig CII, 5 (1956) S. 49ff. | [24]) Ausgabe: SIGURÐUR NORDAL, Íslenzk Fornrit II (1933). Verdeutschung: FELIX NIEDNER, Die Geschichte vom Skalden Egil (1923) = Thule III. | [25]) BAETKE, Über d. Entstehung S. 95. | [26]) ECKHARDT, Nord. Chronologie (1940) S. 19 ff. u. 33 ff. | [27]) Thule III S. 32, XIV S. 215 u. ö. | [28]) Thule III S. 136f., XIV S. 159 u. 217. | [29]) Thule III S. 147f. u. 171, XIV S. 111. | [30]) Thule III S. 31, XIV S. 96. | [31]) Thule III S. 35, XIV S. 94f. | [32]) Thule III S. 163, XIV S. 131. | [33]) Thule III S. 188, XIV S. 146. [34]) Thule III S. 38 u. 126f., XIV S. 66. | [35]) Vgl. J. F. JACOBSEN/S. STOVE, Færöyane (Oslo 1944). | [36])Die erste von 1273, gedruckt NGL IV S. 353f. | [37]) Gedruckt: NGL III (1849) S. 33—40.

Fünfter Abschnitt

DEUTSCHE RECHTSDENKMÄLER

§ 18

Einführung

1. Während die skandinavische wie die angelsächsische Rechtsbildung einheitliche Formen annimmt, wird die kontinentaldeutsche durch den Wandel der staatlichen Verhältnisse in die umgekehrte Richtung gedrängt. Dem entspricht es, wenn im mittelalterlichen Deutschland nicht die Denkmäler des Reichsrechts, sondern die des Partikularrechts den Blick des Beschauers zuerst auf sich ziehen. Während des 10. und 11. Jahrh. zehrt die Anwendung des geschriebenen Stammes- und Reichsrechts nahezu ausschließlich von den Errungenschaften der Karolingerzeit. Das sind denn auch die Jahrhunderte, aus denen wir die meisten Handschriften der Leges und Kapitularien haben. Gleichzeitig hat aber auch schon die Aufsaugung des Stammesrechts durch das Lokal- und Territorialrecht begonnen. Diesem fällt fortan bei der gesamten Rechtsbildung die führende Rolle zu. In jedem Immunitätsgebiet, in jeder Grundherrschaft, jeder Stadt, jedem Dorf finden Sondergewohnheiten und Sondergesetze den freiesten Spielraum. Und selbst der Inhalt des gemeinen Rechts pflegt sich in das Gewand des Sonderrechts zu kleiden. Die letzten Nachklänge des Personalitätssystems vernehmen wir im 13. Jahrh. Aber im ganzen war damals das Stammesrecht, formell genommen, durchs partikulare Territorialrecht überwunden.

2. Hiermit im Zusammenhang steht, daß die Menge der lokalen Rechtsdenkmäler während des Mittelalters bis zur Zahllosigkeit anschwillt. Die einzelnen aufzuzählen wäre aber in dem hier abgesteckten Rahmen nicht nur undurchführbar, sondern auch überflüssig, weil manches als Beispiel für hunderte gelten kann. Es handelt sich also nur darum, sie zu klassifizieren und zu exemplifizieren.

Wir stellen zunächst diejenigen Privatarbeiten zurück, welche einen unoffiziellen Charakter tragen, d. h. die Rechtsbücher[a] und die Erzeugnisse der Jurisprudenz[b], und bleiben vorweg bei den Gesetzen und Weistümern[c] stehen. Zwei Ursprungs- und Geltungsgebiete sind es vornehmlich, deren volkswirtschaftliche und politische Eigenart jene der Quellen bestimmt: das Bauerndorf[d] und die Kaufstadt[e].

§ 19
Bauernrecht

1. In den bäuerlichen Rechtsquellen äußert sich das Hofrecht der Grundherrschaft und das Markrecht der Nachbarschaft oder Markgenossenschaft. Reicht dieses in die frühesten Zeiten der Ansiedlungen zurück, so jenes zumindest in die letzten Jahrhunderte der fränkischen Zeit; das Mittelalter ist für die Grundherrschaft nur die Zeit der Ausbreitung, Befestigung und Vervollkommnung. Bei Fortdauer der älteren einfachen Lebensverhältnisse stellen Hof- und Markrecht nur seltene und geringe Aufgaben an eine bewußt schaffende Tätigkeit. Meist sind es leise Übergänge, in denen das bäuerliche Recht von seinem ursprünglichen Standpunkt sich entfernt. Daher bestehen seine Denkmäler weit weniger aus Gesetzen der Grundherren und aus Beliebungen der Markgenossen als aus Aufzeichnungen über das hergebrachte Recht[1].

2. Die regelmäßige Form für seine Feststellung ist das Weistum (mhd. *wîstuom* oder *offenunge*). Was „gewiesen" oder „eröffnet" wurde, war das schon zur Zeit der Aussage geltende Recht. Dieses konnte ältere Satzung sein. Gemeiniglich aber war es Übung und Brauch. Entscheidend ist für das bäuerliche wie für jedes Weistum, daß nicht neues Recht gesetzt, sondern überkommenes als solches kundgemacht wird, während es auf die Form, in der diese Kundmachung erfolgt, nicht ankommen kann[2]. Daher bleibt auch die Grenze zur „Dorfordnung" fließend.

Den Anlaß zum Weistum konnte die Aufnahme des Güterbesitzes und der Einkünfte des Grundherrn bieten, so daß wie in England[a] Zinsregister (Urbar)[3] und Weistum im nämlichen Schriftstück vereinigt

a) Vgl. §§ 24 u. 25.
b) Vgl. § 26.
c) §§ 19—23.
d) § 19.
e) § 20.

a) Vgl. § 11 Z. 6.

sind[4]. Noch öfter jedoch nötigten Streitigkeiten über das alte Recht dazu, dieses durch die Rechtsgenossen selbst feststellen zu lassen. Ein besonders merkwürdiges Stück — zugleich eine erwünschte Bereicherung der nicht zahlreichen Belege für Weistümer freier Dorfgemeinden und somit ein zusätzliches Argument gegen die grundherrschaftliche Fundierung der Weistümer durch ALFONS DOPSCH[5] und seine Schule[6] — ist ein „contrat social" des Jahres 1355, mit welchem die freien Bauern des (später in der Stadt Eschwege aufgegangenen) Dorfes Schlierbach sich der Gerichtshoheit des hessischen Landgrafen unterstellten und das von ihnen gewiesene Recht garantieren ließen[b].

Je nach den Anlässen mochten die Arten der Erhebung wechseln. Die Regel aber war, daß in der Gerichtsversammlung der Bauern der Gerichtshalter oder Gerichtsherr die Urteilfinder um das Recht fragte, daher das Weistum auch Frage (mhd. *vrâge*) genannt wird. Die gewöhnliche Form der Thinghegung durch Fragen und Finden von Urteilen über Gerichtszeit und -besetzung, Friedensgebot usw. diente ungesucht als Rahmen fürs Fragen nach dem Weistum. Von hier aus ergab sich leicht die periodische Wiederkehr desselben. Daher finden wir so oft, daß das Weistum selbst nach dem Gericht benannt wurde: in Österreich z. B. *panteidinc* (in Weingegenden *bercteidinc*), in Bayern *êhaft teidinc*, *êteidinc*, in der Schweiz *jârdinc*, in Niederdeutschland *holting* [Holz-Thing]. Die Wiederholung befestigte Inhalt und Wortfassung des Weistums, so daß auch in spät aufgeschriebenen Quellen dieser Art sehr alte Zeugnisse des Rechts vorliegen können.

---

b) Gedruckt bei ECKHARDT, Quellen z. RG d. Stadt Eschwege I (1959) S, 71f.: Landgraf Heinrich II. bekennt, daß *Lodwig Zcymerman, heymborge zu der czit*, und mit ihm 33 Männer und 4 Frauen [offenbar Witwen], *gebur des dorffes zu Slirbach, sich an uns gewant unde gelaßen haben . . . also daß sy unse gerichte obber sich gewillekort habin, deß vor nicht enwaß* [Schlierbach gehörte ursprünglich zum Fiskus Eschwege], *also das wir mit one zu Slirbach drig gerichte jo des jars sollen laßen sitczen*, jeweils am Montag *noch dem zcwelfften tage* [6. Jan.], *noch der osterwochin, noch der gemeyntwochen* [Woche nach 29. Sept.]; die höchste Brüche von 1 Pfd. Heller erhält der Landgraf, die mittelste von 5 Schilling fällt *an daß goddeßhuß zcu Slirbach zu dem gebuwe, zu lichten, zu wine, zu oblatten unde zu des goddeshuses nôtdorfft*, die niederste von 1 Schilling *sal eyn heymborge von deß dorffes unde von der gebur weyn . . . uffnemen, do mede sal man daß dorff befredden an slegen* [Landwehr], *an rynneboymen* [Schlagbäumen] *unde an zcunen*. Als Gegenleistung für Schutz und Schirm sollen jährlich *zcu bete adder zcu schenckunge* 4 Pfd. Heller gegeben werden. Der Landgraf verpflichtet sich, sie darüber hinaus nicht *mit gerichte adder mit dinste adder mit keyncherley gulde oder bette* zu bedrängen, und sagt zu, er *ensolle adder enwolle sy weder mit dem gerichte adder mit dem gelde vorgenant nymande vorkeuffen, setczen, geben adder bewießen.*

In der Tat empfand man das Bedürfnis des Aufschreibens selten vor dem 14. Jahrh. Die meisten erhaltenen Texte[7], gewöhnlich zum periodischen Vorlesen bestimmt (Ding-, Twing- oder Hofrödel im Alemannischen) und in deutscher Sprache aufgezeichnet, gehören sogar erst dem ausgehenden Mittelalter oder der Neuzeit an, was in Anbetracht der Stabilität des Bauernrechts ihre vorsichtige Benützung beim Ermitteln der älteren Zustände nicht zu verhindern braucht. Freilich enthalten nicht wenige jüngere Weistümer gesetzgeberische Zutaten, zumal wenn sie in Dorfordnungen inseriert sind; und nachdem einmal die Beamten und die Gesetzgebung sich eingemischt, haben auch Erhebungen von Weistümergruppen auf Grund eines „Fragebogens" in allen Dörfern eines grundherrlichen Bereichs, ja selbst Wanderungen der geschriebenen Texte und „Verleihung" eines Weistums an ein anderes Dorf stattgefunden, so daß Weistümerfamilien unterschieden werden können. Aber ihnen steht eine beträchtliche Menge anderer Stücke gegenüber, selbst noch aus dem 18. Jahrh., welche ihre ursprüngliche und mittelalterliche Fassung auch in der speziellen Form von Fragen und Antworten bewahrt haben.

Nach all dem erklärt es sich, wenn man seit Jacob Grimm[8] das Bauernweistum im allgemeinen als die Hinterlage der urwüchsigeren und volkstümlicheren Schicht unseres deutschen Rechts anzusehen pflegt. An Altertümlichkeit und Volkstümlichkeit des Stils jedenfalls, wie sie sich äußern in anschaulicher Terminologie, in Alliteration, Endreim, Metrum, in Metaphern und Tautologien, in sprichwörtlichen und humoristischen[9] Wendungen, im epischen Schildern von Menschen und Dingen, an allen diesen literarischen Reizen tut es dem bäuerlichen Weistum keine andere theoretische Aufzeichnung gleich[10].

[1]) Vgl. v. Inama-Sternegg, Über die Quellen d. dt. Wirtschaftsgeschichte, SB Wien 1877 S. 151—180; Hans Fehr, Über Weistumsforschung, VSWG XIII (1916) S. 555—561; Willi Andreas, Stand u. Aufgaben d. Weistumsforschung, vornehml. am Oberrhein, Blätter f. dt. Landesgeschichte LXXXIII (1937) S. 102—117; Herm. Aubin, Weistümer u. andere ländl. Geschichtsquellen, VSWG XXXIV (1941) S. 300ff.; Eugen Wohlhaupter, Die Bauernbeliebungen Schleswig-Holsteins, Kieler Blätter 1938 S. 163—185; O. Stolz, RG d. Bauernstandes u. d. Landwirtschaft in Tirol u. Vorarlberg (Bozen 1949); Karl S. Bader, Studien z. RG d. mittelalterl. Dorfes I (1957) [dazu Helm Feigl, MIÖG LXVII (1959) S. 162—165]. | [2]) Zur Problematik: Paul Gehring, Um die Weistümer, ZRG G LX (1940) S. 261—279 [gut orientierend, aber hinsichtlich der Unterscheidung von „Form-Weistümern" und „Editionen-Weistümern" abwegig]. [3]) Vgl. G. Caro, Zur Urbarforschung, Hist. Vjschr. IX (1906). Ausgaben siehe bei G. Franz, Bücherkunde z. dt. Geschichte (1951) Nrr. 1402, 1483—1487, 1868. Als

Beispiel sei angeführt: Das Habsburgische Urbar I (1894), II (1904) [dazu Ulr. Stutz, ZRG G XXV (1904) S. 192—257]. | [4]) Beispiele bei Kindlinger, Geschichte d. dt. Hörigkeit (1819) Nr. 32 a. 1264—1268, vielleicht auch Nr. 20 a, ca. 1224. Ein sehr interessantes Stück dieser Art von ca. 1100 datierte und veröffentlichte Heinr. Büttner: Ein unbeachtetes Hofrecht d. 12. Jahrh., Festschr. Edm. E. Stengel (1952) S. 31—39. | [5]) Die freien Marken in Deutschland (1933), bes. S. 9—37 [dazu Walth. Merk, ZRG G LIV (1934) S. 319—325], Herrschaft u. Bauer in d. dt. Kaiserzeit (1939) S. 111f. [vgl. Theod. Mayer, ZRG G LX (1940) S. 411ff.]. | [6]) Speziell Erna Patzelt, Entstehung u. Charakter der Weistümer in Österreich (1924) [dazu Eberh. Frhr. v. Künssberg, ZRG G XLV (1925) S. 484—488], Grundherrschaft u. bäuerl. Weistumsrecht, Archiv f. Kulturgeschichte XX (1929); Herm. Wiessner, Sachinhalt u. wirtschaftl. Bedeutung der Weistümer im dt. Kulturgebiet (1934) [dazu Walth. Merk, ZRG G LV (1935) S. 317—332; Otto Stolz, VSWG XXIX (1936) S. 161—179]; Herm. Baltl, Die österr. Weistümer, MIÖG LIX (1951) S. 365—410, LXI (1953) S. 38—78; Kollnig, Probleme d. Weistumsforschung, Heidelberger Jahrbücher 1957 S. 13—30. | [7]) *Ältere Ausgaben:* Jacob Grimm (u. Rich. Schröder), Weisthümer I—VII (1840—1878); L. Schlesinger, Dt.-böhm. Dorfweistümer. Mitteil. d. Vereins f. Geschichte der Deutschen in Böhmen XV (1877), XXII (1884) [dazu Georg Schmidt, Dt. Dorfrechte aus Westböhmen, MIÖG XXXVII (1917) S. 598—631]; P. v. Chlumetzky, Dorfweistümer aus Mähren, AÖG XVII (1856); Aug. Hanauer, Les constitutions des campagnes de l'Alsace (1864) [dazu I. B. Kaiser, Weistümer aus dem Kreise Diedenhofen (1935); vgl. P. W. Finsterwalder, ZRG G LVI (1936), S. 380—393; K. G. Kollnig, ZORh NF L (1936) S. 207ff., u. Elsäss. Weistümer (1941)]; Hardt, Luxemburger Weisthümer (1870); Herrmann Wasserschleben, Dt. Rechtsquellen d. MA (1892) S. 160—291; Herm. Knapp, Die Zenten des Hochstifts Würzburg I: Die Weistümer u. Ordnungen (1907). *Ausgabenreihen:* Österr. Weistümer I—XIV, 3 (1870—1958); Sammlung schweizer. Rechtsquellen: Kanton Zürich, Offnungen u. Hofrechte I (1910) u. II (1915), Kanton Bern Landschaft I—V (1912—1952), Kanton St. Gallen Offnungen u. Hofrechte I (1903) u. II (1906), Landschaft I (1951), Kanton Argau Landschaft I (1923), II (1926), III (1927), V (1933); Württemberg. Ländl. Rechtsquellen I (1910), II (1922), III (1941) [dazu Karl S. Bader, ZRG G LXIII (1943) S. 456—463; vgl. Paul Gehring, Weistümer u. schwäb. Dorfordnungen, Zeitschr. f. württemberg. Landesgeschichte IV (1940) S. 48ff.]; Badische Weistümer u. Dorfordnungen I, 1 (1917) [dazu Joh. Kühn, Festg. f. G. Seeliger (1920) S. 29ff.; Willi Andreas, Blätter f. dt. Landesgeschichte LXXXIII (1937) S. 102—117]; Pfälzische Weistümer Lieferung 1 (1957) [vgl. auch E. Zimmermann, Die Weistümer u. d. Ausbau d. Landeshoheit in d. Kurpfalz (1937)]; Die Weistümer d. Rheinprovinz: Kurfürstentum Trier I (1900), Kurfürstentum Köln I, 1 (1913) u. I, 2 (1914); Karl Dinklage, Fränk. Bauernweistümer [50 ausgewählte Texte] (1954). | [8]) Vgl. Dt. Rechtsaltertümer (1828) S. IXff. [= ^{4}I (1899) S. XIff.]. Grimms angekündigtes Buch über die Weistümer ist nicht erschienen. | [9]) Vgl. Otto v. Gierke, Der Humor im dt. Recht (1886, ^{2}1925); Bernh. Thormann, Über den Humor in den dt. Weistümern (phil. Diss. Münster 1907). | [10]) Als Beispiele für juristische Auswertung der Weistümer seien angeführt: Hans Fehr, Die Rechtsstellung d. Frau u. der Kinder in den Weistümern (1912) [dazu Eberh. Frhr. v. Künssberg, ZRG G XXXIII (1912) S. 564—577]; Eduard Schulte, Das Gewerberecht der dt. Weistümer (1909) [dazu O. Peterka, ZRG G XXXI (1910) S. 465—466].

§ 20

Stadtrecht

1. Waltet auf dem Gebiet des bäuerlichen Rechts das Weistum vor, so auf dem Gebiet des Stadtrechts oder „Weichbildes“[a] das Gesetz. Und das nämliche gilt von der Vorstufe des Stadtrechts, dem Marktrecht. Im Wesen von Markt und Stadt liegt schon etwas künstliches, und künstlich wie ihre ersten Einrichtungen pflegen auch ihre späteren zustande zu kommen. Denn im Gegensatz zu den bäuerlichen Rechtskreisen eignet der Stadt eine schnelle, oft sprungweise Entwicklung ihres Rechts, welches mannigfaltigen wirtschaftlichen und politischen Verhältnissen angepaßt und so Gegenstand der Überlegung werden muß. Daher überwiegt in den städtischen Quellen das Verstandesmäßige und eine gewisse Trockenheit des Tons[b], wogegen sie sich vor den Bauernweistümern durch Vielseitigkeit, Klarheit und Genauigkeit auszeichnen.

2. Die Denkmäler des Stadtrechts beginnen mit den königlichen Privilegien für den Stadtherrn (typisch die Privilegien der sächsischen Kaiser). Es folgen, zuerst im 11. Jahrh., königliche Privilegien für die Bewohner der Stadt selbst und Gesetze des Stadtherrn. Die wichtigste Gruppe der letzteren bilden die „Rechtsbriefe“ oder „Handfesten“ (fläm. *koeren*), d. h. diejenigen Aktenstücke, worin der Stadtherr die Grundzüge des Rechts seiner Stadt feststellt.

Sieht man ab vom sogenannten Hofrecht des Bischofs Burkhard von Worms, den *Leges et statuta familiae s. Petri* (um 1023)[1], welches nur teilweise hier einschlägt, sowie von den ältesten Marktrechtsbriefen (für Allensbach 1075 und für Radolfszell 1100[2]), so gehören die ältesten Rechtsbriefe für Städte erst dem 12. Jahrh. an (früheste Beispiele: Staveren 1108[3], Ypern 1116[4], Freiburg i. Br. 1120/22[5], St. Omer 1127 und 1128[6]). Die Rechtsbriefe mehren sich rasch von der Zeit an, wo das Gründen von Städten ein wesentliches Glied im Finanzsystem der Territorialherren und des Grundadels ausmachte.

Der Stiftungsbrief ist Bewidmungsbrief, wenn er für die neu gegründete Stadt das Recht einer ältern als Muster aufstellt. Bisweilen ist aber die Bewidmung erst lange auf den Stiftungsbrief gefolgt.

---

a) Vgl. § 1 Z. 6 zu **bilida.*

b) Wie sehr dieses doch nur im Vergleich mit den bäuerlichen Quellen der Fall, ergeben die Zusammenstellungen von „Formeln“ in den Rechtsquellen von Basel II S. 510—612.

3. Seit ungefähr 1150 treten die ersten Erzeugnisse städtischer Autonomie auf, teils den Landfrieden[c] analog in Gestalt beschworener „Friedenseinungen" der Bürger (*coniurationes*, „Schwör- oder Friedbriefe")[7], die periodisch erneuert wurden, teils als Weistümer aus der Mitte der Bürgergemeinde (z. B. Straßburg ca. 1150, Augsburg 1152/56[8]), teils als kodifikatorische Küren der Bürger (wie z. B. die *antiqua et electa iusticia* von Soest nach 1150[9]), teils in Gestalt von Verträgen unter mehreren Städten über die gegenseitige Behandlung ihrer Bürger (wie zwischen Köln und den Flandrern 1197—1215[10]).

Zu Weistümern gaben bald Streitigkeiten der Bürger mit dem Stadtherrn den Anlaß (wie bei den oben angeführten Aufzeichnungen), bald aber auch die schon erwähnten Rechtsübertragungen, in dem die zum Muster genommene (Mutter-) Stadt der bewidmeten (Tochter-) Stadt nicht nur ihre eigenen Rechtsbriefe übersandte, sondern auch über ihr Gewohnheitsrecht schriftliche Belehrungen erteilte (Beispiele: Magdeburg von 1211 an[11], Halle 1235[12], Lübeck bald nach 1227[13], Dortmund um 1255 und 1275[14], Ulm 1296[15]). Schöffen und Rat sind die berufenen Weiser des Stadtrechts. Ans Abgeben von Weistümern aber knüpft naturgemäß das spezifisch städtische, vom gemeindlichen verschiedene Kürrecht an, auch wo es der Stadt nicht förmlich verliehen wurde (wie angeblich schon 1163 an Lübeck[16], später an viele andere Städte). So wenig sich das Kürrecht von selbst verstand und sooft es auch, namentlich im 13. Jahrh., vom Stadtherrn angefochten wurde, es griff doch unter der Gunst der allgemeinen politischen und wirtschaftlichen Verhältnisse immer weiter um sich. Vom Rat allein oder unter Zustimmung der Bürger, d. h. in der Regel der städtischen Korporationen oder eines von ihnen eingesetzten Kontrollorgans ausgeübt, zieht die autonome Gesetzgebung das gesamte städtische Rechtsleben in ihren Kreis.

Seit dem 13. Jahrh. kommt es denn auch zu umfassenden Rechtsaufzeichnungen durch den Rat in förmlichen Statutenbüchern (niederländ. *keurboeken*), wobei die lateinische Sprache ihre Herrschaft an die deutsche abtreten muß (selbst in Trient[16*]). In einigen Städten werden Rechtsmitteilungen, die nach auswärts ergangen waren, in Gestalt eines Statutenbuchs aufbewahrt und weitergebildet (so in Lübeck[17]); in anderen wird das Statutenbuch [vergleichbar dem langobardischen *corpus edicti*] als ein *corpus statutorum* durch einen förmlichen Gesetzgebungsakt gestiftet, indem vorerst das überkommene Recht

c) Vgl. § 21 Z. 3.

kodifiziert, für die künftigen Willküren aber in dem sorgfältig gehüteten Pergamentband Raum freigelassen wird (so in Hamburg 1270 und 1292[18], Augsburg 1276[19], Goslar 1290—1310[20], Zürich ca. 1290 und 1304[21], Bremen 1303/08[22], Bamberg 1306[23]). Dabei wird eine primitive Systematik beobachtet, die an einigen Stadtrechten auch äußerlich durch Gliederung des Stoffes in Bücher sich zu erkennen gibt. Häufig ist das Statutenbuch mit dem Protokollbuch äußerlich verbunden, welches über Rechts- und Verwaltungsgeschäfte geführt wird. Aber planmäßig angelegte und umfangreiche Statutenbücher wurden gesondert geführt, nicht selten unter individuellen Namen: es gab „weiße", „schwarze", „rote" Bücher, in Wien ein „eisernes", zu Kampen ein „goldenes", in Utrecht ein „rauhes" und eine „Rose", in Breslau eine „Hirsuta Hilla" und einen „Nudus Laurentius", in Soest eine „alte" und eine „neue Kuhhaut", in Lüneburg und Hameln einen „Donat". In niedersächsischen und niederländischen Städten erscheinen, wenn das Statutenbuch nicht oder nur für bestimmte Gegenstände geschlossenes corpus sein sollte, Verordnungen des Rats, insbesondere die polizeilichen, als gesonderte, zum Verlesen vor versammelter Bürgerschaft abgefaßte Schriftstücke (*bûrspraken, civiloquia*; Hauptbeispiel: die bremischen *kundigen rullen* von 1450, 1489[24] und 1756[25]). Immerhin aber bleibt das Statutenbuch der Grundstock alles geschriebenen Stadtrechts[26].

Die städtischen Protokollbücher — Stadtbücher im engeren Sinn — werden teils unterschiedslos für Eintragungen aller Art verwendet, teils untergegliedert, teils nur für bestimmte Rechtsakte geführt[27]. In unserem Rahmen interessieren besonders die „Urteilsbücher" über Prozeßentscheidungen (Gerichtsbücher, Haderbücher, Schöffenbücher), verhängte Strafen (Libri excessuum, Varbücher, Wettebücher), Stadtverweisungen (Libri proscriptorum, Achtbücher, Verfestungsbücher)[28] und die „Urkundsbücher", allen voran die in Köln aus den Schreinskarten des 12. Jahrh. entwickelten Schreinsbücher[29], die Grund-, Währschafts- und Pfandbücher, die Kontrakt-, Schuld-, Erbe- und Gemächtebücher[30], aus denen sich das neuzeitliche Grundbuch- und Registersystem entwickelt hat[31].

Die älteren Quellengattungen behalten im allgemeinen nur noch für Städte jüngerer Gründungszeit ihre ursprüngliche Bedeutung. Eine sehr bemerkenswerte Ausnahme macht ein Stadtrecht für München, welches noch um 1340 wesentlich in der Form des Rechtsbriefes in dem „versiegelten Buch" Kaiser Ludwigs des Bayern kodifiziert und dann auch anderen oberbayerischen Städten verliehen wurde[32].

4. S t a d t r e c h t s f a m i l i e n lassen sich unter zwei Gesichtspunkten unterscheiden, einem quellengeschichtlichen und einem rechtsgeschichtlichen. Einmal nämlich folgte aus dem Bewidmungswesen, daß die Quellen der Tochterrechte mit jenen des Mutterrechts und auch unter sich in engem derivativem Zusammenhang standen[33]. Sodann aber sorgte der damit Hand in Hand gehende Zug vom Gericht der Tochterstadt ans Gericht der Mutterstadt als ihren Oberhof, wie er in Norddeutschland, im Rheingebiet und in den slawischen Ländern bestand, für die Fortdauer der prinzipiellen Rechtsgemeinschaft unter den Städten der nämlichen Gruppe. Auf solche Weise haben sich einerseits niedersächsisches und oberdeutsches Recht weit in slawische Länder verbreitet und sind andererseits Beziehungen zwischen flandrischem und französischem Recht hergestellt worden.

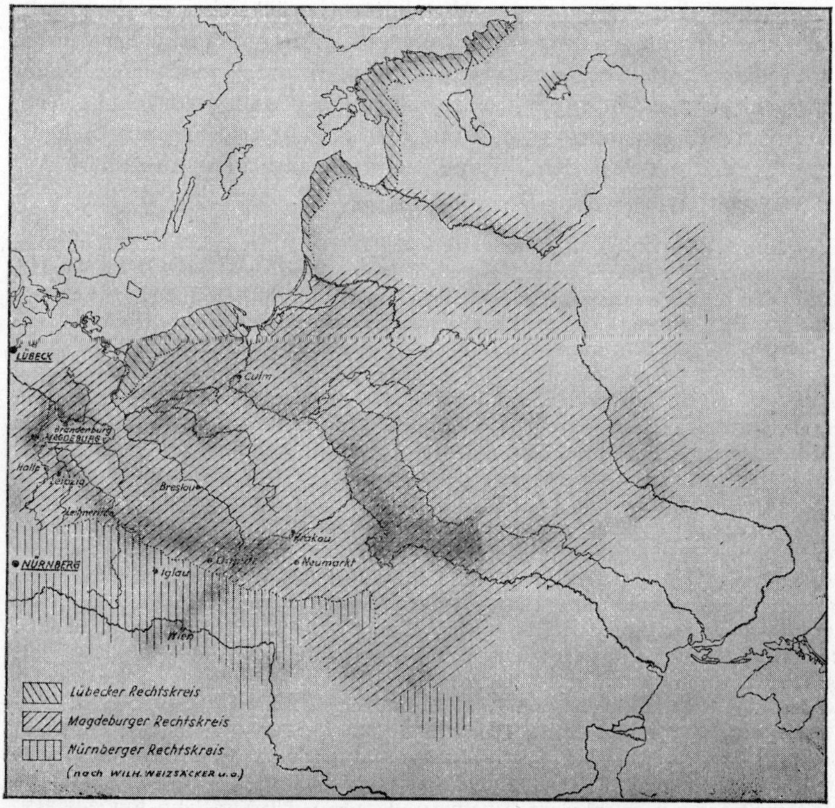

Tönung zeigt Massierung bewidmeter Orte an

Eine innergeschichtliche Gruppierung der Stadtrechte ergibt sich aber auch aus dem Fortleben der alten Stammesrechte in den ersteren, wobei freilich Kreuzungen stattzufinden pflegen. Das Stammesrecht ist mit Kolonisten und Fernkaufleuten (Hansen) nach weit entlegenen Städten gewandert, wofür das mit der fränkischen Durchdringung nach Hessen, Thüringen und Sachsen übertragene fränkische Recht[34], das nach Lübeck mitgenommene westfälische Recht[35], das sich nach Sachsen und Österreich, nach Böhmen, Mähren und Ungarn verzweigende flämische Recht[36] klassische Beispiele bieten. In Kolonisationsländern wirkte das Stadtrecht auch aufs bäuerliche Recht ein, so vornehmlich in Preußen und in Mähren, wo die systematische Anlage von Kolonistendörfern den Städten die Stellung von Oberhöfen gegenüber jenen verschaffte.

5. Gegen den Ausgang des Mittelalters berücksichtigen die Stadtrechtsaufzeichnungen das römische Recht. Ältere Stadtbücher wurden unter dem Einfluß der romanistischen Zeitströmung modernisiert oder „reformiert": Köln 1437[37], Nürnberg 1479—1484 (gedruckt 1484!), Worms 1489, Hamburg 1497, Frankfurt a. M. 1509, Freiburg i. Brsg. 1520[38], oder es wird dem „Kaiserrecht" ausdrücklich subsidiäre Anwendbarkeit beigelegt (z. B. Lüneburg 1402)[39].

1) Ludw. Weiland, MGH Constitutiones I (1893) Nr. 438. | 2) F. Keutgen, Urkunden z. Städt. Verfassungsgeschichte (1901) Nrr. 99 u. 100. | 3) G. Waitz, Urkunden z. dt. Verfassungsgeschichte im 11. u. 12. Jahrh. (²1886) Nr. 17 [Echtheit umstritten]. | 4) Fernand Vercauteren, Actes des comtes de Flandre 1071—1128 (1938) Nr. 79. | 5) Keutgen, a. a. O. Nr. 33. Vgl. Franz Beyerle, Untersuchungen z. Geschichte d. älteren Stadtrechts v. Freiburg u. Villingen (1910). | 6) Vercauteren, a. a. O. S. 295ff.; A. Giry, Histoire de la ville de Saint-Omer (1877). | 7) Dazu Hans Planitz, Kaufmannsgilde u. städt. Eidgenossenschaft in niederfränk. Städten im 11. u. 12. Jahrh., ZRG G LX (1940) S. 1ff., insbes. S. 30—52, 101—105; F. L. Ganshof, Einwohnergenossenschaft u. Graf in den flandr. Städten, ebd. LXXIV (1957) S. 98—118. | 8) Keutgen, a. a. O. Nrr. 126 u. 125. | 9) Keutgen, a. a. O. Nr. 139. | 10) K. Höhlbaum, Hansisches UB I (1876) S. 25. | 11) P. Laband, Magdeburger Rechtsquellen (1869). | 12) Erich Sandow, Das Halle-Neumarkter Recht (1932). | 13) Hach, Das alte lübische Recht (1839); Gustav Korlén, Das mnd. Stadtrecht von Lübeck nach seinen ältesten Formen (1951). | 14) Ferd. Frensdorff, Dortmunder Statuten u. Urteile (1882). | 15) Keutgen, a. a. O. Nr. 156. | 16) Die Urkunde, die sich als Privileg Heinrichs d. Löwen von 1163 gibt, ist ein Ratsstatut vom Ende d. 14. Jahrh. Vgl. Ferd. Frensdorff, Über d. Alter niederdt. Rechtsaufzeichnungen, Hansische Geschichtsbl. VI (1876) S. 138ff. Zum Grundsätzlichen: Wilh. Ebel, Die Willkür (1953) S. 46—55, u. Der Bürgereid (1958). | 16*) J. A. Tomaschek, Die ältesten Statuten d. Stadt u. d. Bistums Trient in dt. Sprache (Archiv f. Kunde österr. Geschichtsquellen XXVI); Voltelini, Die ältesten Statuten v. Trient u. ihre Überlieferung (1902). | 17) Vgl. Ferd. Frensdorff,

Das lübische Recht u. seine ältesten Formen (1883). | [18]) J. M. LAPPENBERG, Die ältesten Stadt-, Schiff- u. Landrechte Hamburgs (1845) [dazu H. REINCKE, Zeitschr. f. hamburg. Geschichte XXV S. 1ff.; Jahrb. d. Vereins f. nddt. Sprachforschung LXXI/LXXIII S. 134—146; ZRG G LXXII S. 83—110]; GUSTAV KORLÉN, Das Stader Stadtrecht v. J. 1279 (1950). | [19]) CHRISTIAN MEYER, Das Stadtbuch von Augsburg (1872). | [20]) OTTO GÖSCHEN, Die Goslarischen Statuten (1840). | [21]) Vgl. HEINR. GLITSCH, Zum Strafrecht d. Zürcher Richtebriefs, ZRG G XXXVIII (1917) S. 204—208. | [22]) K. A. ECKHARDT, Die mittelalterl. Rechtsquellen d. Stadt Bremen (1931). Vgl. CARL HAASE, Untersuchungen z. Geschichte d. Bremer Stadtrechts im MA (1953). | [23]) ZOEPFL, Das alte Bamberger Recht (1839). [24]) ECKHARDT, a. a. O. S. 247ff. u. 271ff. | [25]) GERH. OELRICHS, Sammlung alter u. neuer Gesetzbücher der . . . Stadt Bremen (1771) S. 746ff. | [26]) Verzeichnisse von Stadtrechtsdenkmälern geben WARNKÖNIG, Flandr. Staats- u. RG I S. 394—406 [mit Diplomat. Anhang I—III]; GENGLER, Dt. Stadtrechte d. MA (1852, ²1866) [vgl. auch Dt. Stadtrechtsaltertümer (1882) S. 478—505]; BISCHOFF, Österr. Stadtrechte u. Privilegien (1857) [zur Ergänzung LUSCHIN V. EBENGREUTH, Österr. Reichsgeschichte S. 138 u. 142]; FOCKEMA ANDREAE, Overzicht van Oud-Nederlandsche rechtsbronnen (1881); ORELLI, Grundriß d. schweizer. RG §§ 2 u. 27. Vgl. auch ERICH KEYSER, Dt. Städtebuch I—IV, 1 (1939—1957). Von den zahllosen Ausgaben können hier nur die Sammelwerke u. größeren Editionsreihen aufgeführt werden: E. F. RÖSSLER, Dt. Rechtsdenkmäler aus Böhmen u. Mähren I (1845), II (1852); E. TH. GAUPP, Dt. Stadtrechte d. MA I (1851), II (1852); A. L. J. MICHELSEN, Rechtsdenkmale aus Thüringen (1863); H. G. PH. GENGLER, Codex juris municipalis Germaniae medii aevi I (1863) [Aachen-Duisburg]; Recueil des anc. cout. de la Belgique (1867—1894); NANNINGA UITTERDIJK, Overijsselsche stad-, dijk- en markeregten I (1875); Oude vaderlandsche rechtsbronnen, Werken der vereeniging tot uitgave van Oud-Vaderlandsche rechtsbronnen 1. Reihe I—XX (1880—1895), 2. Reihe I—XIII (1900—1911); A. TELTING, Het oud-friesche stadrecht (1882), De friesche statrechten (1883); Sammlung schweizer. Rechtsquellen: Kanton Bern I—IV (1902—1956), Kanton Freiburg I—V (1925—1958), Kanton Solothurn I (1949), Kanton Argau I—VII (1898—1917), Kanton Genf I—IV (1927—1935). Fontes rerum Austriacum: Fontes iuris I (1953), II (1954); HAEUTLE, Einige altbayer. Stadtrechte (Oberbayer. Archiv XXV 1889 S. 163—261); Bayer. Rechtsquellen I, 1 (1934/36), II (1933); Oberschwäb. Stadtrechte I (1914), II (1924); Oberrhein. Stadtrechte: 1. Abt. Fränk. Rechte I—IX, 2. Abt. Schwäb. Rechte I—III, 3. Abt. Elsäss. Rechte I—III (1895—1938); Quellen z. Rechts- u. Wirtschaftsgeschichte der rhein. Städte: Bergische Städte I—III, Kurkölnische Städte I, Jülichsche Städte I u. II, Kurtrierische Städte I (1907—1932); Westfäl. Stadtrechte: 1. Abt. Grafschaft Mark I, 1—3 (1901—1930); Quellen z. RG d. hessischen Städte I—VI (1918—1960). [27]) Vgl. C. G. HOMEYER, Die Stadtbücher d. MA, insbes. d. Stadtbuch v. Quedlinburg, Abh. Berlin (1861); KONR. BEYERLE, Die dt. Stadtbücher, Dt. Geschichtsbl. XI (1910) S. 145—200; P. REHME, Über Stadtbücher als Geschichtsquelle (1913), Stadtbücher d. MA I (1927). | [28]) Vgl. P. REHME, Stadtbuchstudien, ZRG G XXXVII (1916) S. 1—93; GERTR. SCHUBART-FIKENTSCHER, Das Brünner Schöffenbuch, DA I (1937) S. 457—498. [vgl. ebd. III (1939) S. 430—496.]; ADALB. ERLER, Die Ingelheimer Haderbücher, Festschr. Karl Haff (1950) S. 51—61. Beispiele: J. FR. BEHREND, Ein Stendaler Urtheilsbuch aus d. 14. Jahrh. (1868); WILH. EBEL, Das Revaler Ratsurteilsbuch (1952); G. HERTEL, Die Hallischen Schöffenbücher I

(1882), II (1887); E. NEUBAUER, Die Schöffenbücher d. Stadt Aken, Magdeb. Geschichtsbl. XXX (1895) S. 251ff., XXXI (1896) S. 148ff., XXXII (1897) S. 33ff.; HERM. LAPPE, Das Kieler Varbuch (1899); O. FRANCKE, Das Verfestungsbuch d. Stadt Stralsund, Hans. Geschichtsquellen I (1875). | [29]) Vgl. KONR. BEYERLE, Quellenreihe z. Geschichte d. älteren Kölner Schreinswesens (1930) [Auszüge aus Rechtsquellen u. Schreinspraxis], Die Anfänge d. Kölner Schreinswesens, ZRG G LI (1931) S. 318—509; THEA BUYKEN/HERM. CONRAD, Die Amtleutebücher der Köln. Sondergemeinden (1936) [Ergänzungen: ZRG G LVIII (1938) S. 808—810, LIX (1939) S. 263—269]; HANS PLANITZ/THEA BUYKEN, Die Kölner Schreinsbücher d. 13. u. 14. Jahrh. (1937) [Heranzuziehen: H. PLANITZ, Konstitutivakt u. Eintragung in den Kölner Schreinsurkunden d. 12. u. 13. Jahrh., Festschr. Alfr. Schultze (1934) S. 175—205; HERM. CONRAD, Liegenschaftsübereignung u. Grundbucheintragung in Köln während d. MA (1935)]. | [30]) Vgl. L. M. B. AUBERT, Beiträge z. Geschichte d. dt. Grundbücher, ZRG G XIV (1893) S. 1—74; P. REHME, Geschichte d. Münchener Grundbuches, Festg. f. Fitting (1903), Über d. älteste bremische Grundbuch (1908), Über die Breslauer Stadtbücher (1909), Über die Kieler Stadtbücher d. MA, ZRG G XXXVIII (1917) S. 164—202, Neues über die Stralsunder Stadtbücher, ebd. LVIII (1938) S. 674—708; FRITZ SCHUBERT, Das älteste Glatzer Stadtbuch, ebd. XLV (1925) S. 250—366; THEA BUYKEN/HERM. CONRAD, Die ältesten Stadtbücher v. Koblenz, ebd. LIX (1939) S. 165—193. Beispiele: H. ZELLER-WEIDMÜLLER, Die Züricher Stadtbücher d. 14. u. 15. Jahrh. I—III (1899—1906); P. REHME, Das Lübecker Ober-Stadtbuch (1895) [vgl. FRITZ RÖRIG, Das Lübecker Niederstadtbuch d. 14. Jahrh., Ehrengabe f. d. dt. Juristentag (1931) S. 35ff.; AHASV. v. BRANDT, Der Lübecker Rentenmarkt von 1320—1350 (1935)]; WILH. REINECKE, Lüneburgs ältestes Stadtbuch u. Verfestungsregister (1903). | [31]) Als Beispiele weniger spezialisierter Stadtbücher seien genannt: P. CLAUSWITZ, Das Berlinische Stadtbuch aus d. Ende d. 14. Jahrh. (1883); HORCICKA/BERNDT/PETERKA, Das älteste Böhmisch Kamnitzer Stadtbuch (1915) [1380—1516]; WILH. u. K. A. ECKHARDT, Das Witzenhäuser Stadtbuch 1558—1612 I (1927), II (1931); P. WALTH. TECKLENBURG, Das mittelalterl. Stadtbuch von Wiedenbrück [ca. 1480] (1947). | [32]) PIUS DIRR, Denkmäler d. Münchner Stadtrechts I (1934), speziell S. 301—502, II (1936). | [33]) Vgl. einerseits H. THIEME, Staufische Stadtrechte im Elsaß, ZRG G LVIII (1938) S. 654—673; andererseits GERTR. SCHUBART-FIKENTSCHER, Die Verbreitung der dt. Stadtrechte in Osteuropa, FDR IV, 3 (1942). | [34]) Vgl. EDM. E. STENGEL, Der Stamm der Hessen u. d. „Herzogtum" Franken (1940); Die fränk. Wurzel d. mittelalterl. Stadt in hess. Sicht, Gedächtnisschr. f. Fritz Rörig (1953) S. 37—60. | [35]) Vgl. HEINR. REINCKE, Kölner, Soester, Lübecker u. Hamburger Recht in ihren gegenseitigen Beziehungen, Hansische Geschichtsbl. LXIX (1950) S. 14—45. | [36]) Vgl. THEOD. GOERLITZ, Das flämische u. d. fränk. Recht in Schlesien usw., ZRG G LVII (1937) S. 138—181; KARL HAFF, Einfluß der Niederländer auf d. Kolonisation u. Deichverfassung in Schleswig-Holstein, Tijdschrift voor Rechtsgeschiedenis XVI (1938) S. 347—358. [37]) Vgl. STOBBE, Geschichte der dt. Rechtsquellen II (1864) S. 288—293. | [38]) Neuere Ausgaben: HEINR. REINCKE/CONR. BORCHLING, Die Bilderhandschr. d. Hamburger Stadtrechts von 1497 (1917) [dazu K. v. AMIRA, ZRG G XL (1919) S. 308—318]; HILDEG. BERTHOLD/K. HAHN/ALFR. SCHULTZE, Die Zwickauer Stadtrechtsreformation (1935) [dazu ALFR. SCHULTZE, ZRG G LVIII (1938) S. 709—751]; WOLFG. KUNKEL, Quellen z. Neueren Privatrechtsgeschichte Deutschlands I, 1: Ältere Stadtrechtsreformationen [Nürnberg, Worms, Frankfurt, Freiburg i. Brsg.] (1936). Vgl. auch HELM. COING, Die Frankfurter Reformation von 1578 u. d. Gemeine Recht ihrer Zeit (1935), Die Rezeption d. röm. Rechts in Frankfurt a. M. (1939). | [39]) Vgl. HERM. KRAUSE, Kaiserrecht u. Rezeption (1952) S. 121f. Anm. 640.

§ 21

Territorialrecht

1. Über die Rechtsbildung in Dörfern und Städten erhebt sich zunächst die der Bezirke, der Grafschaften, der landesherrlichen Territorien. Gesetze für die letzteren sind allerdings in der früheren Entwicklungszeit der Landeshoheit selten. Zwar haben wir Beschlüsse einer bayerischen Synode zu Dingolfing von 932[1] und eine *constitutio* (von Ranshofen) des Herzogs Heinrich II. und der bayerischen Großen aus dem Ende des 10. Jahrh.[2] Auch in dem bereits erwähnten[a] Hofrecht des Bischofs Burkhard von Worms und in einer Verordnung wahrscheinlich desselben Bischofs über die Pflicht zum Wormser Mauerbau[3] kündigt sich schon die landesherrliche Territorialgesetzgebung an. Aber in Fluß kommt diese eigentlich erst im 13. Jahrh.

Zwei Formen sind es, worin sie vor sich geht: Spezialgesetz und Landesordnung. Die beliebtere Form ist im 13. Jahrh. noch das Spezialgesetz. Es ist der älteren Gattung fürstlicher Legislation, dem Privileg und dem Stadtrechtsbrief nächstverwandt und schließt sich äußerlich an sie an. Der Inhalt der Spezialgesetze bezieht sich vorzugsweise auf die Rechtsstellung bestimmter Volksklassen, wie die Privilegien für Gilden, für Kolonisten, dann die sogenannten Judenprivilegien, ferner seit dem 13. und 14. Jahrh. die fürs Verfassungsrecht der Territorien so wichtigen „Freibriefe" der Landstände, besonders zahlreich seit 1311 in Bayern[4]. Aber auch, was schon altherkömmlicherweise als objektives Sonderrecht betrachtet war, wie das Bergrecht[5], blieb im fürstlichen Territorium dem Spezialgesetz vorbehalten. Im Spätmittelalter gesellen sich noch mancherlei „Landgebote" in Sachen des Prozesses, der Polizei, des Landfriedens hinzu. Auch die Ordnung des allgemeinen Landesrechts knüpft in den ersten Zeiten mehrmals an den Rechtsbrief an, indem sie sein Anwendungsgebiet erweitert (Kulmer Handfeste von 1233 und 1251[6]). An selbständigeren Kodifikationen des Territorialrechts sind im Lauf des 13. Jahrh. zustande gekommen kleine Landrechte in Keurenform für die flandrischen Bezirke Furnes (1240), Waes (1241) und Vier Ämter (1242)[7], sodann eine Landesordnung für Österreich, angeblich von Herzog Leopold VI. (1198—1230) erlassen, überliefert jedoch nur in zwei

a) Vgl. § 20 Z. 2.

jüngeren Fassungen, deren gemeinsamer Kern auf eine Neuredaktion um 1298 zurückgehen dürfte[8]. Entwurf geblieben ist ein böhmisches Gesetzbuch von Wenzel II. (1294)[9]. Dagegen kommen im 14. und 15. Jahrh. selbst größere Werke dieser Art zustande, an der Spitze das oberbayerische „Rechtsbuch" von 1336 (nur aus Umarbeitungen rekonstruierbar) und das oberbayerische Landrecht von 1346 (in 350 Artikeln)[10].

Nach einem Weistum des Reichshofes von 1231[11] sollten „neue" Rechte durch den Landesherrn nur unter Zustimmung der *meliores et maiores terrae* gesetzt werden können. Dieser Norm lebte man in der Folge wenn auch nicht überall, so doch in den meisten Territorien nach. Es findet sich sogar, daß die Landesordnung die Form eines Vertrags des Herrn mit seinen Ständen erhält (Würzburg 1435) oder daß der Fürst den Ständen das Erlassen der Landesordnung delegiert (Breslau 1346).

Die Quellen, woraus die Territorialgesetze schöpfen, sind meist einheimische, darunter auch Rechtsbücher[b]. Das Breslauer (sogenannte „schlesische") Landrecht[12] ist im wesentlichen nur Bearbeitung des Sachsenspiegels. Dem römischen Recht werden beträchtliche Zugeständnisse nur in Böhmen gemacht (*ius regale montanorum* um 1300)[c]. Hier bleibt denn auch die Gesetzessprache die lateinische, während sonst die deutsche zur Herrschaft gelangt ist[d].

2. Wo sich die Landeshoheit nur unvollkommen entwickelte oder wo sie gestürzt wurde, sehen wie die alten Gerichtsgemeinden für sich allein oder im Bunde zu mehreren autonom vorgehen. Hauptsächlich drei Rechtsgebiete haben es zu einer ebenso eigenartig volkstümlichen als ununterbrochenen Selbstgesetzgebung gebracht: Friesland, Dithmarschen, die Schweiz.

Zwischen Zuidersee (Fli) und Weser hatte schon im 12. Jahrh. eine Friedenseinung unter mehreren Gauen und Gauteilen zu Vereinstagen vereidigter Gewaltboten der Bundesgenossen bei Upstallesbom (in der

b) Vgl. §§ 24 u. 25.

c) Umstritten ist die Herkunft der *Summa legum* des „Doctor Raymundus von Wiener-Neustadt" [hrsg. v. ALEXANDER GÁL (1926); vgl. ERNST LANDSBERG, ZRG G XLVII (1927) S. 821—838; ECKHARDT, GGA 1928, S. 133—144].

d) Als Beispiele von Ausgaben territorialfürstlicher Urkunden seien zitiert: KARL JORDAN, Die Urkunden Heinr. d. Löwen I (1941), II (1949); FICHTENAU/ZÖLLNER, UB z. Geschichte der Babenberger in Österreich I (1950). Vgl. auch H. RALL, Die bayer. Herzogsurkunde als verfassungsgeschichtl. Aussage [Festg. f. Kronprinz Rupprecht (1954) S. 194—214].

Nähe von Aurich) geführt. Hier kamen gleich in der ersten Zeit der Eidgenossenschaft[13] verschiedene Bundesküren zustande, denen zu Anfang des 13. Jahrh. und wiederum 1323 (diesmal mit Richtung gegen die Landeshoheit) Nachtragsgesetze folgten. Von diesen Satzungen liegen lateinische und friesische Texte, auch niedersächsische und niederländische Bearbeitungen vor. Außer ihren Bundessatzungen haben aber noch die einzelnen friesischen „Länder" und Gemeinden zwischen Zuidersee und Weser seit dem 13. Jahrh. eine stattliche Menge von Küren aufzuweisen, darunter viele in friesischer Sprache, voll von gereimten und metrischen Formeln[14]. Die meisten sind Spezialgesetze und beziehen sich vorzugsweise auf Wergeld, Bußtaxen, Erbrecht, Deich- und Sielrecht. Die umfangreichste (gesetzliche?) Zusammenstellung von Küren ist der „Brokmer Brief" (*littera Brocmannorum*) in friesischer Sprache und ursprünglich 69 Kapiteln aus dem letzten Viertel des 13. Jahrh., denen später 152 weitere Kapitel hinzugefügt worden sind. Eine besondere Gruppe friesischer Gesetze bilden die Sendbriefe, welche zwischen den „Ländern" und den Kirchengewalten vereinbart sind[15]. Nordfriesische Beliebungen in niedersächsischer Sprache hat das 15. Jahrh. hinterlassen, darunter die bekannte „Siebenharden-Beliebung" von 1426[16].

Im Lande Dithmarschen beginnen die Denkmäler der Autonomie mit Verträgen des Landes und der Kirchspiele aus dem 14. Jahrh. Zur ersten Kodifikation kam es nach Errichtung der wöchentlichen „Landesvollmacht" zu Heide. Es wurde 1447 in der Art der Stadtbücher ein Landrecht beschlossen, in welches bis 1467 die Novellen eingetragen wurden, im ganzen 257 niedersächsische Artikel[17].

In der Schweiz treffen wir seit dem 13. Jahrh. ähnliche Verhältnisse wie in Friesland. Sie werden aber fester begründet, wirken nachhaltiger. Teils sind es die einzelnen Gerichtsgemeinden (in Churrätien „Hochgerichte"), Talschaften und „Länder", deren „Landleute" mit Zustimmung der Herrschaften oder ganz unabhängig von solchen geschworene Einungen und „Aufsätze" machen (ältestes Beispiel Schwyz 1294, schon in deutscher Sprache), und im Spätmittelalter sogar umfassende Statuten- oder „Land"-Bücher anlegen (Appenzell 1409, Zug 1432, Glarus 1448). Teils führen die in der West- und Mittelschweiz bis 1243 und 1244 zurückreichenden Bündnisse (Eidgenossenschaften, Burg- und Landrechte, Verständnisse), in Churrätien der Graue Bund von 1395 und der Zehngerichtenbund von 1436 zu Bundesgesetzen. Eine Mittelstellung zwischen Bundesgesetzen und den ganz selbständigen Gesetzen der Einzelländer nehmen die gemäß vorher abgeschlossenen „Verkomnissen" gleichlautenden Gesetze der konkordierenden Länder ein[18].

Außerhalb dieser drei großen autonomen Gebiete kommen vereinzelt landrechtliche Selbstgesetzgebungsakte auch in fürstlichen Territorien vor, wie der vom Landesherrn nur mündlich bestätigte Keurbrief der Freien von Brügge 1190[19]; ähnliches in Siebenbürgen und in der Grafschaft Zips (Ungarn) im 14. Jahrh.

3. Der Bundesgedanke hat sich nicht bloß und auch keineswegs zuerst in der Rechtsbildung der von Landeshoheit freien oder die Freiheit anstrebenden Länder triebkräftig erwiesen. Schon im 11. Jahrh. äußert er sich in den gemeinsamen Landfrieden (mittellatein. *treugae*), d. i. den teils aus den älteren Gottesfrieden[20] übernommenen, teils selbständig gestalteten strafrechtlichen, polizeilichen und prozessualen Bestimmungen, welche die Fürsten im gesamten Reich oder in den Stammesgebieten oder in größeren geographischen Ländergruppen vereinbaren, und denen sie selbst und ihre Untergebenen eidlich Gehorsam versprechen, so daß Bruch des Friedens als Missetat unter erschwerenden Umständen und demgemäß verschärfter Sanktion beurteilt werden muß[21]. Seit dem 13. Jahrh. treten auch Städte den Landfriedenseinungen bei oder schließen solche unter sich allein ab. Auch wenn, wie bei den Reichsfrieden regelmäßig, formell der König als Veranlasser der Satzung erscheint, ist diese doch nicht wesentlich kraft der königlichen Gewalt geschaffen[22]. Der Landfriede ist und bleibt zumeist Gesetz in Vertragsform — ein Rückfall ins Urrecht, der ebenso die zentrifugale Entwicklung des Reichs kennzeichnet, wie er die bloß zeitweilige Geltung des Friedensgesetzes erklärt. Daß die Landfriedenseinungen zur Zeit Heinrichs IV. (1094) einsetzen, kann unter diesem Aspekt nicht überraschen. Seit der Mitte des 12. Jahrh. werden sie durch Landfriedensgesetze im technischen Sinne ergänzt und schließlich abgelöst[e].

Weiter führten Bündnisse, welche vom 13. Jahrh. an deutsche Städte unter sich und mit benachbarten Territorien eingingen. In Gestalt von Vereinstagen werden gemeinschaftliche Gesetzgebungsorgane der Verbündeten geschaffen. Dienen die älteren und kleineren Organisationen dieser Art, wie z. B. die seit 1220 von Bremen mit den benachbarten Landdistrikten vereinbarten[23], im wesentlichen nur dem Landfrieden, so greift schon die kurze Wirksamkeit der Tagsatzungen des rheinischen

e) Vgl. § 22 Z. 1.

Bundes von 1254—1257[24] über dieses Ziel hinaus[25]. Weit umfassender ist aber die der hansischen Beschlüsse (*arbitria, statuta*, später *recessus*)[26].

4. Die Gesetze auf dem Gebiet des partikularen Territorialrechts waren weniger durch politische Veränderungen veranlaßt als durch das Verschwinden des Rechts aus dem Gedächtnis der breiten Volksschichten, wovon wiederum in der fortschreitenden Arbeitsteilung die Hauptursache lag. Hierdurch erklärt sich, daß so viele Gesetze dieser Periode lediglich den Zweck verfolgen, das überlieferte Recht zu kodifizieren. Nähern sich schon diese Gesetze materiell den Weistümern, so gehen neben ihnen noch andere Aufzeichnungen her, die formell wie materiell weiter nichts als Weistümer sein wollen, sich aber in Handschriften (und Ausgaben) unter die Gesetze zu verlieren pflegen, weil sie gewöhnlich wie Gesetze rezipiert worden sind. Unter ihnen vielleicht das allerfrüheste Stück sind die auf königlichen Befehl im Jahre 906 erhobenen *Leges portorii* von Raffelstätten[27]. Andrerseits setzen sich diese Landrechtsweistümer nicht nur das ganze Mittelalter hindurch fort (eine besonders reichhaltige Gruppe bilden die Femweistümer des 15. Jahrh.[28]); sie finden vielmehr auch noch in der Neuzeit, insbesondere anläßlich der Vorarbeiten für Gesetze, ihre Nachfolger, deren Zeugnis für das mittelalterliche Recht nicht verschmäht werden darf.

[1]) Merkel, Leges III, 2 (1863) S. 482f. | [2]) Ebd. S. 484f. | [3]) Keutgen, Urkunden z. Städt. Verfassungsgeschichte (1901) Nr. 31. | [4]) Vgl. v. Lerchenfeld (u. Rockinger), Die altbayer. landständ. Freibriefe (1853); Ludw. Rockinger, Denkmäler d. baier. Landesrechts vom 13. bis ins 16. Jahrh. (1891). | [5]) Beispiele u. Nennung von Ausgaben bei Stobbe, Geschichte der dt. RQ I (1860) S. 574—576, II (1864) S. 269; Klostermann, Das gemeine dt. Bergrecht I (1871) §§ 11 u. 12 [dazu Ergänzungen im Cod. dipl. Saxon. XIII (1886); Ermisch, Das sächs. Bergrecht d. MA (1887) S. 73ff.; Adolf Zycha, Das Recht d. älteren dt. Bergbaues bis ins 13. Jahrh. (1899), Das böhm. Bergrecht d. MA I u. II (1900), speziell II S. 40—297, Über d. Ursprung d. dt. Bergbaufreiheit, ZRG G XXIV (1903) S. 338—347; Otto Stolz, Die Anfänge d. Bergbaues u. Bergrechtes in Tirol, ebd. XLVIII (1928) S. 207—263; Ernst Schönbauer, Beiträge z. Geschichte d. Bergbaurechts (1929); Wilh. Weizsäcker, Das alte Zinnbergrecht v. Graupen im Erzgebirge, ZRG G L (1930) S. 233—309; Adolf Zycha, Montani et Silvani, DA III (1939) S. 175—210; Herm. Löscher, Die erste Annaberger Bergordnung v. 1493, ZRG G LXVIII (1951) S. 435—444, u. Zur Frühgeschichte des Freiberger Bergrechts, ebd. LXXVI (1959) S. 343—352; Karl Frölich, Die älteren Quellen z. Geschichte d. Bergbaus am Rammelsberge, DA X (1953) S. 132—159; G. K. Schmelzeisen, Die Arbeitsordnung in den jüngeren Berggesetzen, ZRG G LXXII (1955) S. 111—153. | [6]) Guido Kisch, Die Kulmer Handfeste (1931) S. 110—162, sowie Studien z. Kulmer Handfeste, ZRG G L (1930) S. 180—232. | [7]) Warnkönig, Flandr. Staats- u. RG II Nrr. 160, 220, 222. | [8]) Hrsg. am vollständigsten von

Victor Hasenöhrl, Österr. Landesrecht im 13. u. 14. Jahrh. (1867) S. 236—263 u. 263—278 [danach v. Schwind/Dopsch, Ausgewählte Urkunden z. Verfassungsgeschichte der dt.-österr. Erblande (1895) S. 55ff. u. 101ff.; Altmann/Bernheim, Ausgewählte Urkunden z. Erläuterung d. Verfassungsgeschichte Deutschlands ([4]1909) S. 330ff.]. Vgl. Alfons Dopsch, Entstehung u. Charakter d. österr. Landrechtes, AÖG LXXIX (1893) S. 1ff. u. CVI (1918) S. 429ff., sowie im Jahrbuch f. Landeskunde v. Niederösterreich NF XIII/XIV (1914/15) S. 161ff.; Harold Steinacker, ebd. NF XV/XVI (1916/17) S. 230ff. u. MIÖG XXXIX (1923) S. 58ff.; K. H. Ganahl, Versuch einer Geschichte d. österr. Landrechts im 13. Jahrh., MIÖG Erg. XIII (1935) S. 229—384 [dazu Ernst Klebel, ZRG G LVI (1936) S. 447—452]. | [9]) Vgl. Stobbe, a. a. O. I S. 567—569; Emil Werunsky, Die Maiestas Karolina, ZRG G IX (1888) S. 64ff., Der Ordo iudicii terre Boemie, ebd. X (1889) S. 98ff. | [10]) Vgl. Ludw. Rockinger, Kaiser Ludwigs erstes oberbaier. Land- u. Lehenrecht (Abh. München 1908); Otto Riedner, Die Rechtsbücher Ludwigs d. Bayern (1911). | [11]) Constitutiones II (1896) Nr. 305. Vgl. auch Werner Näf, Herrschaftsverträge d. Spätmittelalters (Bern 1951.) | [12]) Vgl. E. Th. Gaupp, Das schlesische Landrecht oder eigentl. Landrecht d. Fürstentums Breslau (1828); Homeyer/Eckhardt, Die dt. Rechtsbücher d. MA [3]I (1934) S. 13; Theod. Goerlitz, Die Breslauer Rechtsbücher d. 14. Jahrh., ZRG G LIX (1939) S. 155ff. Über das ähnlich geartete Löwenberger Rechtsbuch vgl. Homeyer/Eckhardt, a. a. O. S. 14; Waldem. Geike, Das Löwenberger Rechtsbuch (maschinenschriftl. jur. Diss. Breslau 1942). | [13]) Vgl. Karl v. Amira, GGA 1881 S. 1357f. | [14]) Sammlung der letzteren: M. Heyne, Formulae allitterantes (1864) u. in Germania IX (1864) S. 437—449. | [15]) Karl Frhr. v. Richthofen, Friesische Rechtsquellen (1840). Vgl. desselben Untersuchungen über Friesische RG I (1880), II, 1 u. 2 (1882), III, 1 (1886); P. Sipma, Oudfriese taal- en rechtsbronnen I—IX ('s-Gravenhage 1927—1954); ferner T. D. Wiarda, Asega-Buch, ein alt-fries. Gesetzbuch der Rüstringer (1805); M. Hettema, Het Fivelingoer en Oldampster Landregt (1841) u. Oude Friesche Wetten (1845—1851); S. Gratama, Drentsche Rechtsbronnen (1894); Th. Siebs, Westfries. Studien (Abh. Berlin 1895); Rud. His, Die Überlieferung der fries. Küren u. Landrechte, ZRG G XX (1899) S. 39—114, Untersuchungen z. den älteren RQ Ostfrieslands, ebd. LVII (1937) S. 58—137; Conr. Borchling, Die niederdt. RQ Ostfrieslands I (1908); Walth. Steller, Das altwestfries. Schulzenrecht (1926); Sidney Fairbanks, The old west Frisian Skeltana Riucht (Cambridge 1939); Willy Krogmann, Zu den Emsgauer Bußen, ZRG G LXIX (1952) S. 345—349, Eine latein. Vorstufe ostfries. Bußregister, ebd. LXXV (1958) S. 352—367, Zur Überlieferung d. Bischofssühne, ebd. LXXVI (1959) S. 338—343; P. Gerbenzon, Excerpta legum (jur. Diss. Groningen 1956) [dazu Georges Chevrier, ZRG G LXXV (1958) S. 436—439]. [16]) Max Pappenheim, Die Siebenhardenbeliebung (1926). Dazu Otto Hartz, Nordfries. Jahrbuch XXIV (1937) S. 158ff., u. Die Rechtssätze d. Siebenhardenbeliebung, ZRG G LX (1940) S. 300—313; W. Carstens, Zeitschr. d. Gesellsch. f. Schlesw.-Holstein. Geschichte LXV (1937) S. 368ff., u. Die Siebenhardenbeliebung u. d. polit. Entwicklung Nordfrieslands im MA, ZRG G LXII (1942) S. 358—371. Vgl. auch A. Wetzel, Das Landrecht u. die Beliebungen des rothen Buches in Tönning (1888). | [17]) A. L. J. Michelsen, Sammlung altdithmarscher RQ (1842), u. sein Urkundenbuch z. Geschichte d. Landes Dithmarschen (1834); K. A. Eckhardt (1960). | [18]) Amtliche Sammlung der älteren Eidgenössischen Abschiede I—VIII (1843—1886); Sammlung schweizer. RQ [kantonal gegliedert, 1. Abt.: Zürich, 2. Abt.:

Bern, 9. Abt.: Freiburg, 10. Abt.: Solothurn, 14. Abt.: St. Gallen, 16. Abt.: Argau, 22. Abt.: Genf] (1898ff.) [vgl. die ausführl. Besprechungen von Ulr. Stutz u. Karl S. Bader, ZRG G XIXff.]; Quellenwerk z. Entstehung d. schweizer. Eidgenossenschaft [1. Abt.: Urkunden, 2. Abt.: Urbare u. Rödel, 3. Abt.: Chroniken] (1933—1957); Nabholz/Kläui, Quellenbuch z. Verfassungsgeschichte d. Schweizer. Eidgenossenschaft u. der Kantone ([3]1947); E. F. J. Müller, Quellentexte z. Übungen über Schweizer. RG (1956). Wegen der von diesen Editionsreihen noch nicht erfaßten Rechtsdenkmäler vgl. Zeitschr. für noch ungedruckte schweizer. RQ I u. II (1844); Zeitschr. f. schweizer. Recht (seit 1852); RQ v. Basel Stadt u. Land I (1856), II (1865); Schnell/v. Stürler, Übersicht der älteren RQ d. Kantons Bern (1871); Leuenberger, Studien über Bernerische RG (1873) §§ 5—9, 13—23. Aus der reichen Literatur seien angeführt: Theod. Mayer, Die Entstehung d. Schweizer Eidgenossenschaft, DA VI (1943) S. 150—187, die Schweizer Eidgenossenschaft u. d. dt. Reich im MA, ebd. VII (1944) S. 239—288; Harold Steinacker, Die Habsburger u. d. Ursprung d. Eidgenossenschaft, MIÖG LXI (1953) S. 1—37. | [19]) Warnkönig, Flandr. Staats- u. RG II Nr. 45. | [20]) Ausgabe: Weiland, Constitutiones I (1893) Nrr. 419—432 [ein Genfer Gottesfrieden von 1137; ZRG G LXXV (1958) S. 99 Anm. 13; ein Wangerländer Gottesfrieden von 1312: NA XVII (1892) S. 597f.]. Vgl. Aug. Kluckhohn, Geschichte d. Gottesfriedens (1857); L. Huberti, Studien z. RG der Gottesfrieden u. Landfrieden (1892), Der Gottesfriede in d. Kaiserchronik, ZRG G XIII (1892) S. 133—163; Eug. Wohlhaupter, Studien z. RG der Gottes- u. Landfrieden in Spanien (1933) [dazu Lotte Hüttebräuker, ZRG G LIV (1934) S. 317f.]; Roger Bonnaud-Delamare, L'idée de paix à l'époque carolingienne (1939) [dazu Partsch, ZRG G LXXV (1958) S. 101f.]; Herm. Conrad, Gottesfrieden u. Heeresverfassung in d. Zeit der Kreuzzüge, ZRG G LXI (1941) S. 71—126 [mit Textbeigaben]; Viktor Achter, Über d. Ursprung der Gottesfrieden (1955) [dazu Karl S. Bader, ZRG G LXXIII (1956) S. 432f.]; Bernh. Töpfer, Volk u. Kirche z. Zeit d. beginnenden Gottesfriedensbewegung in Frankreich (1957). | [21]) Die älteren „Friedebriefe" von 1094—1330 bei Weiland/Schwalm, MGH Constitutiones I—VI, 1 (1893—1927) [ein Walliser Landfrieden, vielleicht noch aus dem 12. Jahrh.: ZRG G LXXV (1958) S. 94—96], Landfrieden aus d. Zeit Karls IV. bei E. Fischer, Die Landfriedensverfassung unter Karl IV. (1883) S. 105—134, u., soweit in die Jahre 1346—1348 gehörig, bei Zeumer/Salomon, Constitutiones VIII (1910/26); die Landfrieden zwischen 1376 u. 1437 in den Deutschen Reichstagsakten I—XVII (1877—1956); Drucke von jüngeren [und Literatur] sind angeführt bei Rich. Schröder/v. Künssberg, Lehrbuch d. dt. RG ([7]1932) S. 712ff. Vgl. Ludw. Quidde, Histoire de la paix publique en Allemagne au moyen age (1929) [dazu Eckhardt, ZRG G LI (1931) S. 709]; W. Schnelbögl, Die innere Entwicklung der bayer. Landfrieden d. 13. Jahrh. [dazu Eckhardt, ebd. LIII (1933) S. 341—346]; Bruno Meyer, Die Sorge f. d. Landfrieden im Gebiet d. werdenden Eidgenossenschaft 1250—1350 (1935) [dazu Ulr. Stutz, ebd. LVI (1936) S. 590—592]; Karl S. Bader, Probleme d. Landfriedensschutzes im mittelalterl. Schwaben, Zeitschr. f. württemberg. Landesgeschichte III (1939) S. 1—56 [dazu Eug. Wohlhaupter, ZRG G LX (1940) S. 380—382]. | [22]) Nicht widerlegt von J. Gernhuber, Die Landfriedensbewegung in Deutschland bis z. Mainzer Reichslandfrieden von 1235 (1952) [dazu Guido Kisch, Tijdschrift voor Rechtsgeschiedenis XXI (1953) S. 369ff.; Wolfg. Schnelbögl, ZRG G LXX (1953) S. 344—349]. | [23]) Vgl. Karl Frhr. v. Richthofen, Untersuchungen über Fries. RG I (1880) S. 554—573; Ph. Heck, Der Ursprung der gemeinfries. RQ u. der fries. Gottesfrieden, NA XVII (1892) S. 567—598. | [24]) WEILAND/SCHWALM, Constitutiones II (1896) Nrr. 428—437. | [25]) Vgl. auch JÖRG FÜCHTNER, Geschichte der Städtebündnisse im Bodenseegebiet von d. Mitte d. 13. bis z. Mitte d. 15. Jahrh. (1959). | [26]) Die Recesse u. andere Akten der Hansetage von 1256—1430, hrsg. v. K. KOPPMANN I—VIII (1870—1897 [dazu FERD. FRENSDORFF, Hans. Geschichtsbl. XII S. 155—161]; von 1431—1476, hrsg. v. G. v. D. ROPP I—VII (1876—1892); von 1477—1530, hrsg. v. DIETR. SCHÄFER/F. TECHEN I—IX (1881—1913); von 1531—1560, hrsg. v. G. WENTZ I (1939). | [27]) MGH Capitularia II Nr. 253; KEUTGEN, a. a. O. Nr. 70 [vgl. ER. ZÖLLNER, MIÖG LX (1952) S. 108—119]. | [28]) Vgl. C. PH. u. ULR. FRIEDR. KOPP, Über d. Verfassung der heiml. Gerichte in Westphalen (1794); P. WIGAND, Das Femgericht Westfalens (1825, ²1893); F. P. USENER, Die Frei- u. heiml. Gerichte Westfalens (1832); TH. LINDNER, Die Veme (1886, ²1896); F. PHILIPPI, Das Westfäl. Femegericht u. seine Stellung in d. dt. RG (1888); OTTO SCHNETTLER, Die Veme (1921, ²1933) [dazu ULR. STUTZ, ZRG G XLIV (1924) S. 482]; KARL v. AMIRA, Das Femgerichtsbild d. Soester Stadtarchivs (1927); HOMEYER/ECKHARDT, Die dt. Rechtsbücher d. MA ³I (1934) S. 47; EDUARD NAUMANN, Die Feme, DRW III (1938) S. 289—305; CARL WILH. SCHERER, Die westfäl. Femgerichte u. d. Eidgenossenschaft (1941) [dazu HANS FEHR, ZRG G LXIII (1943) S. 455f.]; ALBERT K. HÖMBERG, Die Entstehung der westfäl. Freigrafschaften (1953) [dazu ERICH MOLITOR, ZRG G LXXI (1954) S. 435—443]. Vgl. auch unten § 24 Anm. 59.

§ 22
Reichsrecht

1. Allgemeine Reichsgesetze kommen vor der Staufischen Periode selten vor. Nur eines aus dieser früheren Zeit muß hier wegen seiner fürs Staatskirchenrecht grundlegenden Bedeutung genannt werden, das Wormser Konkordat von 1122[1]. Das meiste, was man von sonstigen Reichsgesetzen bis zum eben erwähnten angeführt liest, stellt sich bei näherem Besicht, soweit überhaupt für Deutschland erlassen, entweder als kirchlicher Konzilsschluß oder als Landfriedenseinung dar. Die inneren und äußeren Kämpfe des Reichs unter den sächsischen und fränkischen Kaisern ließen es zu keiner weltlichen Zentralgesetzgebung kommen.

Dies ändert sich unter Friedrich I. Von 1156 an wird der Landfriede durch königliche Konstitutionen geboten, wiewohl als ein zunächst von Fürsten und Herren zu beschwörender und obgleich daneben die Landfrieden in Vertragsform ihren Fortgang nehmen[a]. Durch die *Constitutio Moguntina* Friedrichs II. von 1235[2] erhält der Landfriede eine erweiterte Fassung, in der er den Landfriedensgesetzen späterer Könige bis auf das Albrechts I. (1298)[3] zugrunde liegt. Der Mainzer Reichslandfrieden von 1235 ist zugleich die erste Konstitution, von der

a) Vgl. § 21 Z. 3. Zu den Ronkalischen Gesetzen von 1158 vgl. P. W. FINSTERWALDER, ZRG G LI (1931) S. 1—69; ADALB. ERLER, ebd. LXI (1944) S. 127—149.

eine amtliche Ausfertigung in deutscher Sprache vorliegt[b]. Außer dem Landfrieden bildeten bis zum 15. Jahrh. fast ausschließlich Verfassungsfragen den Gegenstand der Reichsgesetze. Eine erste Gruppe von Verfassungsgesetzen, zwischen 1220 und 1232 teils von Friedrich II., teils von seinem Sohn Heinrich (VII.) als römischem König erlassen[4], beschäftigt sich mit der Ausbildung der Landeshoheit, eine jüngere zweite, die *Constitutio de iure imperii* („Licet iuris") von 1338[5] und die „goldene Bulle" von 1356 (Nürnberg 10. Jan., Metz 25. Dez.)[6] hauptsächlich mit der Thronbesetzung und der Rechtsstellung der Kurfürsten.

Zahlreicher werden die Gegenstände der Reichsgesetze im 15. Jahrh., indem nicht nur im Zusammenhang mit dem Landfrieden das schon von der Konstitution von 1235 berührte Gerichtswesen, sondern auch die Kriegsverfassung, die Reichssteuer (der „gemeine Pfennig") und das Münzwesen geordnet werden; mit einem praktischen Erfolg freilich, der bei den Mängeln in der Organisation der gesetzgebenden und der ausführenden Gewalt im günstigsten Fall nur ein teilweiser und zeitweiliger sein konnte[7]. Die Zeit Maximilians I. bringt, wie auf so manchen anderen Gebieten des Kulturlebens, so auch in der Reichsgesetzgebung den Abschluß des Mittelalters: ewiger Landfriede, Reichskammergericht (unter reichsgesetzlicher Feststellung des Verhältnisses zwischen römischem und nationalem Recht), Polizeigesetze, Kreisverfassung, Notariatsordnung[8].

2. Während die allgemeinen Reichsgesetze bis zum Ausgang des Mittelalters an Tragweite und Zahl hinter den Partikulargesetzen zurückbleiben, gilt das Gegenteil von den königlichen Privilegien[9], und zwar im höchsten Maße gerade zu der Zeit, wo die allgemeine Reichsgesetzgebung nahezu völlig still steht, im Frühmittelalter. Das Privileg war recht eigentlich die Gesetzesform, in der sich die Neuschöpfungen des Königtums und die Zerstückelung der Königsgewalt vollzogen haben[10].

---

b) Das Verhältnis des latein. und des dt. Textes ist streitig; der dt. Text scheint sekundär zu sein, doch hat die Weiterentwicklung an ihn angeknüpft. Vgl. K. Zeumer, Studien z. den Reichsgesetzen d. 13. Jahrh., ZRG G XXIII (1902) S. 61—86, Der dt. Urtext d. Landfriedens von 1235, NA XXVIII (1903) S. 435—483; H. v. Voltelini, Die dt. Fassung d. Mainzer Landfriedens, Festschr. f. Luschin v. Ebengreuth (1931) S. 73ff.; Harold Steinacker, Der latein. Entwurf z. Mainzer Landfrieden u. d. Landfriede König Heinrichs (VII.), MIÖG XLVI (1932) S. 188ff.; Heinr. Mitteis, Zum Mainzer Reichslandfrieden von 1235, ZRG G LXII (1942) S. 18—33 [jetzt auch in den gesammelten Abhandlungen: Die Rechtsidee in der Geschichte (1957)].

3. An Mannigfaltigkeit des Inhalts übertroffen werden die Reichsgesetze durch die Weistümer oder gemeinen Urteile des Reichshofs (*curia regis*), d. h. der Ratgeber des Königs und der Urteilfinder in seinem oder seines Hofrichters Gericht. Das Recht, welches sie wiesen, hieß zwar wegen seiner Erscheinungsform ein *ius* oder eine *lex* „*curiae*“, konnte aber um so eher als gemeines Reichsrecht gelten, je öfter die Zusammensetzung des Reichshofs wechselte und je verschiedener die in ihm vertretenen sozialen Gruppen waren. Die erfragten Rechtssätze werden bald theoretisch, bald und überwiegend in Anwendung auf vorgelegte Fälle ausgesprochen, auch wohl durch einen angefügten königlichen Ausführungsbefehl ergänzt. Die größte Zahl dieser Sentenzen des Reichshofes, von denen viele in Urkunden der Könige oder der Hofrichter erhalten, weitere in anderen Quellen überliefert sind, fällt zwischen 1150 und 1350[11].

4. Die alsbaldige Übernahme reichsrechtlicher Sätze in gleichzeitige Rechtsbücher — der Gesetze und Landfrieden von 1220, 1221 und 1224 in den Sachsenspiegel[12], einer Baseler Sentenz von 1224 in das Mühlhäuser Reichsrechtsbuch[13], der Hagenauer Sentenzen von 1274 in den Deutschenspiegel[14] — beweist, daß Reichsgesetze und -urteile überraschend schnell zu allgemeiner Kenntnis gelangten.

[1]) WEILAND, MGH Constitutiones I (1893) Nrr. 103—110; BERNHEIM, Quellen z. Geschichte d. Investiturstreites ²II (1914). Vgl. DIETR. SCHÄFER, Zur Beurteilung d. Wormser Konkordats (Abh. Berlin 1905); E. BERNHEIM, Das Wormser Konkordat u. seine Vorurkunden (1906); HERM. RUDORFF, Zur Erklärung d. Wormser Konkordats (1906); FRITZ SALOMON, Der Sachsenspiegel u. das Wormser Konkordat, ZRG G XXXI (1910) S. 137—145; ADOLF HOFMEISTER, Das Wormser Konkordat, Festschr. Dietr. Schäfer (1915) S. 64ff.; JOH. HALLER, Die Verhandlungen von Mouzon, Neue Heidelberg. Jahrbücher II (1892) S. 147ff. [= Abh. z. Geschichte d. MA (1944) S. 175ff.]; WALTH. HOLTZMANN, NA L (1935) S. 318f.; H. ZATSCHEK, Die Verhandlungen d. Jahres 1119, DA VII (1944) S. 48ff.; TH. SCHIEFFER, Nochmals die Verhandlungen von Mouzon, Festschr. Edm. E. Stengel (1952) S. 324—341. | [2]) WEILAND/SCHWALM, Constitutiones II (1896) Nrr. 196 u. 196a; ZEUMER, Quellensammlung z. dt. Reichsverfassung ²I (1913) Nr. 58 A u. B; FRIEDR. WILHELM, Corpus der altdt. Originalurkunden I (1932). | [3]) SCHWALM, Constitutiones IV, 1 (1906) Nr. 33. | [4]) Vgl. E. SCHRADER, Ursprünge u. Wirkungen der Reichsgesetze Friedrichs II. v. 1220, 1231/32 u. 1235, ZRG G LXVIII (1951) S. 354—396; E. KLINGELHÖFER, Die Reichsgesetze v. 1220, 1231/32 u. 1235 (1955) [dazu KARL S. BADER, ZRG G LXXIII (1956) S. 538f]; HEINR. KOLLER, Zur Diskussion über die Reichsgesetze Friedr. II., MIÖG LXVI (1958) S. 29-51. [5]) ZEUMER, NA XXX (1904) S. 85—112, Quellensammlung ²I Nrr. 141 u. 142. [6]) ZEUMER, Quellen u. Studien z. Verfassungsgeschichte d. Dt. Reiches II, 2 (1908), Quellensammlung ²I Nr. 148. | [7]) Ältere Ausgaben sind verzeichnet bei STOBBE, Geschichte der dt. RQ I S. 459—481. SCHWALM, Constitutiones III-VI, 1 (1904—1927);

ZEUMER/SALOMON, Constitutiones VIII (1910/26); Deutsche Reichstagsakten, Ältere Reihe I—XVI: 1376—1442 (1867—1928, ²1956/57), XVII, 1 u. 2,1: 1442—1444 (1956) [in Arbeit XVII, 2,2—XXIII: 1445—1477, geplant XXIV: 1477—1493]; vgl. HERM. HEIMPEL, Deutsche Reichstagsakten Ältere Reihe, in Die Histor. Komm. bei d. Bayer. Akad. 1858—1958 (1958) S. 82—117], HEINZ LIEBERICH, Kaiser Ludwig d. Bayer als Gesetzgeber, ZRG G LXXVI (1959) S. 173—245. ZEUMER, Quellensammlung ²I (1913). Zur Kriegsverfassung vgl. WILH. ERBEN, Kriegsgeschichte d. MA (1929); HERM. CONRAD, Geschichte d. dt. Wehrverfassung I (1939). Zum Reichssteuerrecht vgl. BRUNO HEUSINGER, Servitium regis in d. dt. Kaiserzeit, AUF VIII (1922) S. 26—159; ZEUMER, Zur Geschichte der Reichssteuern im früheren MA, HZ LXXXI (1898) S. 24—45; ALOIS SCHULTE, Zu d. neugefundenen Verzeichnis der Steuern d. Reichsgutes v. J. 1241, ZORh NF XIII (1898) S. 425—440; BENNO HILLIGER, Die Reichssteuerliste von 1242, Hist. Vjschr. XXVIII (1934) S. 88—118 [dazu HARTMANN, AUF XVIII (1944) S. 99ff.]; GERO KIRCHNER, Die Steuerliste von 1241, ZRG G LXX (1953) S. 64—104. | [8]) Ältere Ausgaben sind verzeichnet bei STOBBE, Geschichte der dt. RQ II S. 183—205. Das Wichtigste bei ZEUMER, Quellensammlung ²II (1913). Vgl. E. MOLITOR, Die Reichsreformbestrebungen d. 15. Jahrh. (1921); HEINZ ANGERMEIER, Begriff u. Inhalt d. Reichsreform, ZRG G LXXV (1958) S. 181—205; KARL BEER, Der gegenwärtige Stand d. Forschung über d. Reformatio Sigismundi, MIÖG LIX (1951). S. 55—93; HEINR. KOLLER, Eine neue Fassung d. Reformatio Sigismundi, MIÖG LX (1952) S. 143—154, sowie DA XIII (1957) S. 482—524, XIV (1958) S. 418—468, XV (1959) S. 137—162; LOTHAR GRAF DOHNA, Reformatio Sigismundi (1959); INGEB. MOST, Der Reichslandfriede v. 1467, Syntagma Friburgense (1956) S. 191—233; O. FRANKLIN, Das Reichshofgericht im MA I (1867), II (1869); RUD. SMEND, Das Reichskammergericht I (1911); H. SPANGENBERG, Die Entstehung d. Reichskammergerichts u. die Anfänge d. Reichsverwaltung, ZRG G XLVI (1926) S. 231—289; OSW. V. GSCHLIESSER, Der Reichshofrat v. 1559—1806 (1942); KARL S. BADER, Die Rechtsprechung d. Reichshofrats u. die Anfänge d. territorialen Beamtenrechts, ZRG G LXV (1947) S. 363—379; HERB. GRUNDMANN, Valentin v. Tetleben: Protokoll d. Augsburger Reichstages 1530 (1958); ferner die Verfassungsgeschichten d. Neuzeit v. FRITZ HARTUNG (⁶1954), H. E. FEINE (³1943), E. FORSTHOFF (²1940), ER. MOLITOR (1948), sowie WILH. EBEL, Geschichte d. Gesetzgebung in Deutschland (²1958). | [9]) Kritisch hrsg. in d. Reihe Diplomata regum et imperatorum Germaniae der MGH von SICKEL/BRESSLAU/OTTENTHAL/HIRSCH/KEHR/v. GLADISS I (1879—1884) [Konr. I.—Otto I.], II (1888—1893) [Otto II. u. Otto III.], III (1900—1903) [Heinr. II.], IV (1909) [Konr. II], V (1931) [Heinr. III.], VI (1941—1952) [Heinr. IV.], VIII (1927) [Lothar III.]. Zur Ergänzung: BÖHMER/FICKER/WINKELMANN, Regesta imperii (1831 ff.); PAUL ZINSMAIER, Nachträge z. den Kaiser- u. Königsurkunden der Regesta Imperii 1198—1272, ZORh CII (1954) S. 188—273. Vgl. LEO SANTIFALLER, Neuere Editionen mittelalterl. Königs- u. Papsturkunden, eine Übersicht (1958). | [10]) Grundsätzlich: G. BESELER, Die dt. Kaiserurkunden als RQ, ZRG II (1863) S. 367—416. | [11]) O. FRANKLIN, Sententiae curiae regiae (1870). Die einzelnen Sentenzen auch in den Constitutiones u. in Auswahl bei ZEUMER, Quellensammlung ²I (1913). Vgl. ZEUMER, Ein Reichsweisthum über die Wirkungen d. Königswahl aus d. J. 1252, NA XXX (1905) S. 403—415 [dazu ECKHARDT, Rechtsbücherstudien II (1931) S. 31—33]. | [12]) ECKHARDT, ebd. S. 46ff., 56ff. | [13]) ECKHARDT, DA XV (1959) S. 456ff. | [14]) ECKHARDT, Rechtsbücherstudien I (1927) S. 141f.

§ 23
Sonderrecht

1. Die rein territoriale Rechtsbildung, von deren offiziellen Denkmälern gehandelt worden ist[a], hat zwar das alte Stammesrecht als solches verdrängt, aber neben ihr hat sich eine neue persönliche vollzogen. Das Mittelalter ist die Zeit, in der sich die Arten des Berufs und der Lebensführung scharf voneinander trennen. Dies wirkte auf die Entstehung der gesellschaftlichen Gruppen mindestens ebenso stark ein wie die räumliche Abgrenzung der politischen Herrschaftsgebiete, und es wuchs eine bunte Menge rein persönlicher Verbände empor, deren innere Zustände nach rechtlicher Ordnung verlangten. Letztere zu schaffen würde das Mittelalter auch dann nicht zu den Aufgaben der gesetzgeberischen Zentralgewalt gerechnet haben, wenn diese stärker gewesen wäre als in Deutschland. Demgemäß schlossen sich die persönlichen Verbände ebenso wie die örtlichen als Rechtsgenossenschaften ab: unterstützt von ihrer genossenschaftlichen Rechtspflege bildeten sie ihr eigenes Gewohnheitsrecht aus, gaben sie sich ihre eigenen Gesetze. Zwei Klassen solcher im weitern Sinn autonomer Verbände haben wir auseinanderzuhalten: die durch einen Herrn gebildeten und die freien.

2. In den herrschaftlichen, den Lehns- oder Dienstverbänden, ist es der Herr, der ursprünglich allein, später im Einvernehmen mit den ihm untergebenen Mitgliedern des Verbandes, den Vassallen bzw. Dienstmannen, Satzungen erläßt[1]. Dies ist öfters in Verbindung mit einer landrechtlichen Legislation geschehen[2]. Hier jedoch handelt es sich nur um diejenigen Gesetze, die ausschließlich Lehnrecht[3] oder Dienstrecht[4] enthalten. Solche sind nur in spärlicher Zahl vorhanden[b], was sich daraus erklärt, daß in den partikularen Lehnrechtskreisen das Reichslehnrecht nachgeahmt und daß dem Bedürfnis seiner schriftlichen Darstellung durch die Land- und Lehnrechtsbücher[c] genügt wurde, während das Dienstrecht in der ersten Hälfte des Mittelalters fast ganz gewohnheitlich sich entwickelte und in der zweiten in die Bahnen des Lehnrechts einmündete. Weniger fehlt es an Weistümern, zumal dienstrechtlichen Inhalts (älteste lateinisch 11. und 12. Jahrh., die

a) §§ 18—22.

b) Die meisten von Stobbe [Geschichte der dt. RQ I (1860) S. 577—584] angeführten lehn- u. dienstrechtlichen Quellen sind keine Gesetze.

c) So das Lehnrecht des Sachsenspiegels, Deutschenspiegels, Schwabenspiegels, das Reichsdienstmannenrecht des Frankenspiegels. Vgl. § 24 Z. 1—3.

jüngeren teils lateinisch, teils deutsch, in Flandern auch französisch[5]). Manche derartige Aufzeichnungen stehen in den „Lehenbüchern", d. i. den Registern, welche die größeren Lehnherren über die an Vassallen und Dienstmannen geliehenen Güter anlegen ließen.

3. Weit reicher ist die Menge der aus den freien Genossenschaften hervorgegangenen Rechtsaufzeichnungen. Hier treffen wir von Anfang an innerhalb eines vom territorialen Recht sehr weit gezogenen Rahmens auf eine statutarische Gesetzgebung, wovon die Mitglieder infolge der Vielgestaltigkeit ihrer Interessen einen äußerst lebhaften Gebrauch machen. Sollte, wie z. B. bei den Zünften, das Recht der Genossenschaft seinen Zwang auch gegen Ungenossen kehren, so war freilich die Gültigkeit des Statuts von der Mitwirkung der übergeordneten Gesetzgebungsgewalt abhängig. Sonst aber war die letztere höchstens nur mit ihrem Veto beteiligt.

Neben den Statuten gehören dann auch Weistümer zum gewöhnlichen Quelleninventar fast aller Genossenschaften. Die frühesten und meistverbreiteten unter diesen sind die verschiedenen Ableger der uralten Schutzgilde[d], wie sie sich in den Städten, seltener auf dem Lande, seit dem 11. Jahrh. entwickelt haben. Von den massenhaften und oft genetisch untereinander zusammenhängenden schriftlichen Erzeugnissen der Autonomie in den älteren Brüderschaften, den Gilden der Kaufleute und Handwerker, mögen die frühesten zumeist durch jüngere überholt sein. Doch hebt die lange Reihe der Zunftsatzungen mit einem Kölner Statut von 1149 an[6]. Nur wenig später beginnen die Rechtsaufzeichnungen für Münzerhausgenossen[7], ferner im 13. Jahrh. Statuten und Weistümer der Gewerkschaften[8] und der Hansekontore oder des „gemeinen deutschen Kaufmanns" im Auslande[9]. Dagegen reichen kaum über 1300 hinauf die ältesten und sichtlich nach dänischem Muster gebildeten Bestandteile des einzigen[e] kontinental-deutschen Schutzgildestatuts, nämlich der „Schra" der Knutsgilde zu Reval[10]. Mit seinen Fortsetzungen aber ragt dieses Denkmal des frühesten Gildetypus hinein in die eigentliche Blütezeit der jüngeren autonomen Korporationen, die während der beiden letzten Jahrhunderte des Mittelalters eintritt. Zünfte verbünden sich jetzt zu gemeinschaftlichen Satzungen. Unter den Bauhütten wiederholt sich der gleiche Vorgang seit 1459 mit dauerhafteren Ergebnissen[11]. Von den Zünften machen sich die Vereine der Handwerks-

d) Vgl. § 13 Z. 5, § 14 Z. 5, § 16 Z. 6.

e) Denn die Soester „Schraen" sind Stadtrechtsaufzeichnungen, keine Gildestatuten [vgl. Wilh. Ebel, ZRG G LXX (1953) S. 105—124].

gesellen unabhängig[12] und lösen sich die Schützenbrüderschaften ab[13]. Gildenartig organisieren sich die Schöffenkollegien in den Städten mit eigenen Statuten[14].

4. Der Koalitionsgeist hat auch die Kreise des niedern Adels ergriffen. Während die alten geistlichen Ritterorden in eine Verfallzeit treten, kommen neue Adelsverbände im Dienste rein weltlicher Interessen auf. Von kleineren Rittergesellschaften wie der „Gelübd" im Ingelheimer Grund haben wir Aufzeichnungen ihres althergebrachten Rechts noch aus dem 14. Jahrh.[15] Im 15. kommen die Urkunden der großen reichsritterschaftlichen Verbände[16] in Süddeutschland und am Rhein hinzu[17].

5. Eine dritte Klasse autonomer Genossenschaften bildete sich in den hohen Adelsfamilien aus. Ansätze zu einem gewohnheitlichen Sonderrecht in Fürstengeschlechtern finden sich schon im 12. Jahrh. Im 14. und 15. Jahrh. aber stellte sich für sie bei dem Entwicklungsgang, den das gemeine Erbrecht genommen hatte, das Bedürfnis heraus, die errungene politische Macht durch planmäßige Satzungen auf dem Gebiet des Privatrechts (Hausgesetze) zu befestigen, was in Form von Verträgen unter mehreren regierenden Herren desselben Geschlechtes oder von Verfügungen auf den Todesfall zu geschehen pflegte[18].

[1]) Die ältesten dienstrechtlichen Bestimmungen finden sich demgemäß in den Hofrechten Bischof Burchards für die *familia s. Petri* zu Worms v. 1023/25 [MGH Constitutiones I Nr. 438; ALTMANN/BERNHEIM, Urkunden z. Verfassungsgeschichte Deutschlands im MA ([4]1909) Nr. 74]; Konrads II. für die *familia* des Klosters Limburg v. 1035 [Constitutiones I Nr. 43; ALTMANN/BERNHEIM Nr. 75]; für das Kloster Weingarten aus dem 11. Jahrh. [KINDLINGER, Geschichte d. dt. Hörigkeit (1819) S. 220]; für St. Maximin b. Trier v. 1056 [BEYER, UB der mittelrein. Territorien I (1860) S. 401; für das Kloster Ebersheim aus der Mitte d. 12. Jahrh. [ALFONS DOPSCH, MIÖG XIX S. 604ff.]. | [2]) Beispielsweise in tit. 16 d. Bayer. Landrechts von 1346. | [3]) Lehnsgesetz Konrads II. v. 1037 [Constitutiones I Nr. 45; ALTMANN/BERNHEIM Nr. 76], Lothars III. v. 1136 [Constitutiones I Nr. 120; ALTMANN/BERNHEIM Nr. 81], Friedrichs I. v. 1158 [Constitutiones I Nr. 177; ALTMANN/BERNHEIM Nr. 85], sämtlich in die Libri feudorum aufgenommen [KARL LEHMANN, Das langobard. Lehnrecht (1896) S. 83ff.]. Wegen der est- u. livländischen Lehn- oder Ritterrechte d. 14. u. 15. Jahrh. vgl. § 24 Anm. 60. [4]) Bamberger Dienstrecht (*Iusticia ministerialium Babenbergensium*) v. 1057/64 [JAFFÉ, Bibliotheca rerum German. V (1869) S. 50—52; ALTMANN/BERNHEIM Nr. 77]; Dienstrecht von St. Maximin b. Trier v. 1135 [BEYER, UB der mittelrhein. Territorien I (1860) S. 538]; die Dienstrechte von Ahr v. ca. 1150 u. v. 1202 [LACOMBLET, UB f. d. Geschichte d. Niederrheins IV (1858) Nrr. 624 u. 646]; die verschiedenen latein. u. dt. Fassungen des Dienstrechts d. Kölner Erzbischofs (*Iura ministerialium beati Petri*) aus der 2. Hälfte des 12. bzw. aus dem 13. Jahrh. [FERD. FRENSDORFF, Das Recht der Dienstmannen d. Erzbischofs von Köln (1883); ALTMANN/BERNHEIM Nr. 83; v. LOESCH, Das kürzere Kölner Dienstmannenrecht,

ZRG G XLIV (1924) S. 298—307]; das Bischofs- u. Dienstmannenrecht von Basel v. ca. 1260/62 [W. WACKERNAGEL 1852; RQ von Basel I (1856) S. 6ff.; KEUTGEN, Urkunden z. Städt. Verfassungsgeschichte (1901) Nr. 132]; das Magdeburger u. das Hildesheimer Dienstrecht aus d. späten 13. Jahrh. [beide bei KRAUT/FRENSDORFF, Grundriß zu Vorlesungen über d. Dt. Privatrecht ([6]1886) S. 37f.]; das Tecklenburger Dienstrecht vor 1303 [ALTMANN/BERNHEIM Nr. 93; RICH. FRESSEL, Das Ministerialenrecht der Grafen v. Tecklenburg (1907) S. 81—84; vgl. J. PRINZ, Westfäl. Forschungen III (1940) S. 156ff.]. Daneben stehen eine Reihe zumindest formaler Fälschungen: das Dienstrecht von Weißenburg im fränk. Nordgau aus d. 1. Viertel d. 12. Jahrh., angeblich von Konrad II. 1029 erlassen [BRESSLAU, Diplomata IV (1909) Nr. 140]; das Dienstrecht d. Reichsabtei Erstein im Elsaß, angeblich von Kaiserin Irmgard 853 verliehen [SCHEFFER-BOICHORST, ZORh NF IV S. 297ff.]; die im Kloster Reichenau um die Mitte d. 12. Jahrh. auf d. Namen Karls d. Gr. gefälschte *Constitutio de expeditione Romana* [Constitutiones I Nr. 447; ALTMANN/BERNHEIM, Nr. 100; vgl. § 26 Z. 7]. Weiteres bei v. FÜRTH, Die Ministerialen (1836) S. 509—539; SANDER/SPANGENBERG, Urkunden z. Geschichte d. Territorialverfassung II, 2 (1922). Vgl. O. v. ZALLINGER, Ministeriales u. Milites (1878); H. SIEGEL, Die rechtl. Stellung der Dienstmannen in Österreich im 12. u. 13. Jahrh. (SB Wien 1883); P. KLUCKHOHN, Die Ministerialität in Südostdeutschland v. 10. bis z. Ende d. 13. Jahrh. (1910); E. MOLITOR, Der Stand der Ministerialen, vornehml. auf Grund sächs., thüring. u. niederrhein. Quellen (1912); G. WINTER Die Ministerialität in Brandenburg (1922); K. WEIMANN, Die Ministerialität im späteren MA (1924); F. L. GANSHOF, Etude sur les ministériales en Flandre et en Lotharingie (1926); H. W. KLEWITZ, Geschichte d. Ministerialität im Elsaß bis z. Ende d. Interregnums (1929); O. HAENDLE, Die Dienstmannen Heinr. d. Löwen (1930); DIETR. V. GLADISS, Beiträge z. Geschichte d. stauf. Reichsministerialität (1934); TH. ENKLAAR, De Ministerialiteit in het Graafshap Holland (1943); KARL BOSL, Die Reichsministerialität der Salier u. Staufer I (1950), II (1951) [dazu THEOD. SCHIEFFER, MIÖG LX (1952) S. 427—432, GERD KIRCHNER, DA X (1954) S. 446—474, BOSL, ebd. S. 475—487], JEAN-PIERRE RITTER, Ministérialité et chevalerie (Lausanne 1955) [dazu HEINR. APPELT, MIÖG LXVII (1959) S. 184f.]. [5]) WARNKÖNIG, Flandr. Staats- u. RG III, 2 Nrr. 106, 109, 111, 113, 115, 117. | [6]) für die Bettziechenweber [KEUTGEN, Urkunden z. Städt. Verfassungsgeschichte (1901) Nr. 255]; 1178/82 folgten die Drechsler [ebd. Nr. 256]. Zeitlich voraus liegen stadtherrliche Satzungen ohne bruderschaftl. Zusammenschluß [z. B. ebd. Nrr. 252—254; vgl. KEUTGEN, Ämter u. Zünfte (1903)]. Aus dem reichen gilde- u. zunftrechtl. Material seien zitiert: Die ält. hamburg. Zunftrollen u. Brüderschaftsstatuten (RÜDIGER 1874), Die alten Zunftordnungen d. Stadt Freiburg i. Br. I (HARTFELDER Progr. 1879), Die ält. Zunfturkunden d. Stadt Lüneburg (BODEMANN 1883), Leipziger Innungsordnungen aus d. 15. Jahrh. (BERLITT Progr. 1886), Die alten Zunft- u. Verkehrsordnungen d. Stadt Krakau (BR. BUCHER 1889), Die ältesten osnabrück. Gildeurkunden (FR. PHILIPPI 1890), Die Straßburger Zunft- u. Polizeiordnungen d. 14. u. 15. Jahrh. (BRUCKER 1890), Schragen der Gilden u. Ämter d. Stadt Riga bis 1621 (STIEDA/METTIG 1896), De Gilden van Utrecht (OVERVOORDE/JOOSTINGS I 1896, II 1897), Das Buch d. Malerzeche in Prag (PANGERL in Quellenschr. z. Kunstgeschichte XIII 1878). Rechtsquellen einzelner Zünfte bei BÖHMERT, Beitr. z. Geschichte d. Zunftwesens (1862), SCHMOLLER, Die Straßburger Tucher- u. Weberzunft (1879), H. MEYER, Die Straßburger Goldschmiedezunft (1881), KEUTGEN, a. a. O. Nrr. 257—306, sowie in Stadtrechtseditionen und städt. Urkundenbüchern, z. B. ERMISCH, Das Freiberger Stadtrecht (1889) S. 276—295; FR. KÜCH, Quellen z. RG d. Stadt Marburg I (1918); ECKHARDT, Quellen z. RG d. Stadt Witzenhausen (1954), Quellen z. RG d. Stadt Eschwege I (1959). Vgl. MANFR. WEIDER, Das Recht der Kaufmannsgilden d. MA (1931); HANS LENTZE, Der Kaiser u. d. Zunftverfassung in den Reichsstädten (1933) u. Die rechtl. Struktur d. mittelalterl. Zunftwesens in Wien u. den österr. Städten (1935) [sämtlich mit weiteren Literaturangaben]. | 7) Vgl. EHEBERG, Über d. ält. dt. Münzwesen [mit Anhang: Statuten der Mainzer Hausgenossen], ZORh 1880 S. 460—478; KEUTGEN, a. a. O. Nrr. 220, 223, 228. | 8) Nachweise bei KLOSTERMANN, Das gemeine dt. Bergrecht I §§ 7 u. 9. | 9) Vgl. LAPPENBERG/SARTORIUS, Urkundl. Geschichte d. Ursprungs d. dt. Hansa II (1830); LAPPENBERG, Urkundl. Geschichte d. hans. Stahlhofes zu London (1851); FERD. FRENSDORFF, Das statut. Recht der dt. Kaufleute in Nowgorod I (1886), II (1887) [dazu KONR. MAURER, Kr. Vjschr. 1889 S. 26—33]; HÖHLBAUM, Hans. UB III S. 344f. [über die Ordinanzien d. Kontors von Brügge]; WAGNER, Handbuch d. Seerechts I (1884, ²1906) S. 68—71; WILH. EBEL, Hansisches Recht, Begriff u. Probleme (1949). | 10) F. G. v. BUNGE, Liv-, Esth- u. Curländ. UB IV S. 287—300. | 11) Steinmetzordnungen bei HEIDELOFF, Die Bauhütte d. MA in Deutschland (1844); J. NEUWIRTH, Die Satzungen d. Regensburger Steinmetzentags i. J. 1459 (1888). | 12) Statuten teils gedruckt, teils zitiert bei SCHANZ, Zur Geschichte der Gesellenverbände (1877). Vgl. KEUTGEN, a. a. O. Nrr. 307—313. | 13) Rechtsquellen bei GENGLER, Dt. Stadtrechtsalterthümer (1882) S. 471ff.; K. FRHR. v. RICHTHOFEN, Fries. RQ (1840) S. 557—559 [Franeker *schuttereistatut* v. 1462]. | 14) Beispiele: Danzig [Scriptores rerum Pruss. IV S. 343—346], Frankfurt a. M. [J. G. THOMAS, Der Oberhof zu Frankfurt a. M. u. d. fränk. Recht in bezug auf denselben (1841) S. 255—257]. | 15) H. LÖRSCH, Der Ingelheimer Oberhof (1885) S. 508—513. | 16) Vgl. BURGERMEISTER, Reichsritterschaftl. Corpus juris (1707) u. Cod. dipl. equestris (1721); HERB. OBENAUS, Recht u. Verfassung der Gesellschaften mit St. Jörgenschild in Schwaben von 1406—1488 (1959). 17) Vgl. auch LUTZ HATZFELD, Der Staat der Wetterauer Grafen, Studien z. Geschichte dt. Eidgenossenschaften, I (1959). | 18) Die wichtigsten Hausgesetze bei HERM. SCHULZE, Die Hausgesetze der regierenden dt. Fürstenhäuser I—III (1862—1883). Zitate älterer Fundorte bei STOBBE, Geschichte der dt. RQ II (1864) S. 498—504.

§ 24

Landrechtsbücher

1. Mit dem 13. Jahrh. trat eine neue bedeutsame Kategorie von Rechtsdenkmälern[1] ins Leben. Ihr Vater und ihr berühmtester Vertreter ist der ostfälische Ritter Eike (Eico, Ecco) von Repchow (Repgow, Repechowe = Reppichau bei Dessau), der 1209—1233 bei verschiedenen gerichtlichen Geschäften, u. a. auch als Schöffe in der Grafschaft zum Billingshoch, nachgewiesen ist[2]. Seine schriftstellerische Tätigkeit war eine für jene Zeit ausgebreitete und eine andauernde. Sie griff über das juristische Gebiet hinaus; denn auch die erste Chronik in deutscher Sprache, die bis zum Ende des Jahres 1230 reichende und offenbar unmittelbar danach vollendete[3] „Sächsische Weltchronik“[4]

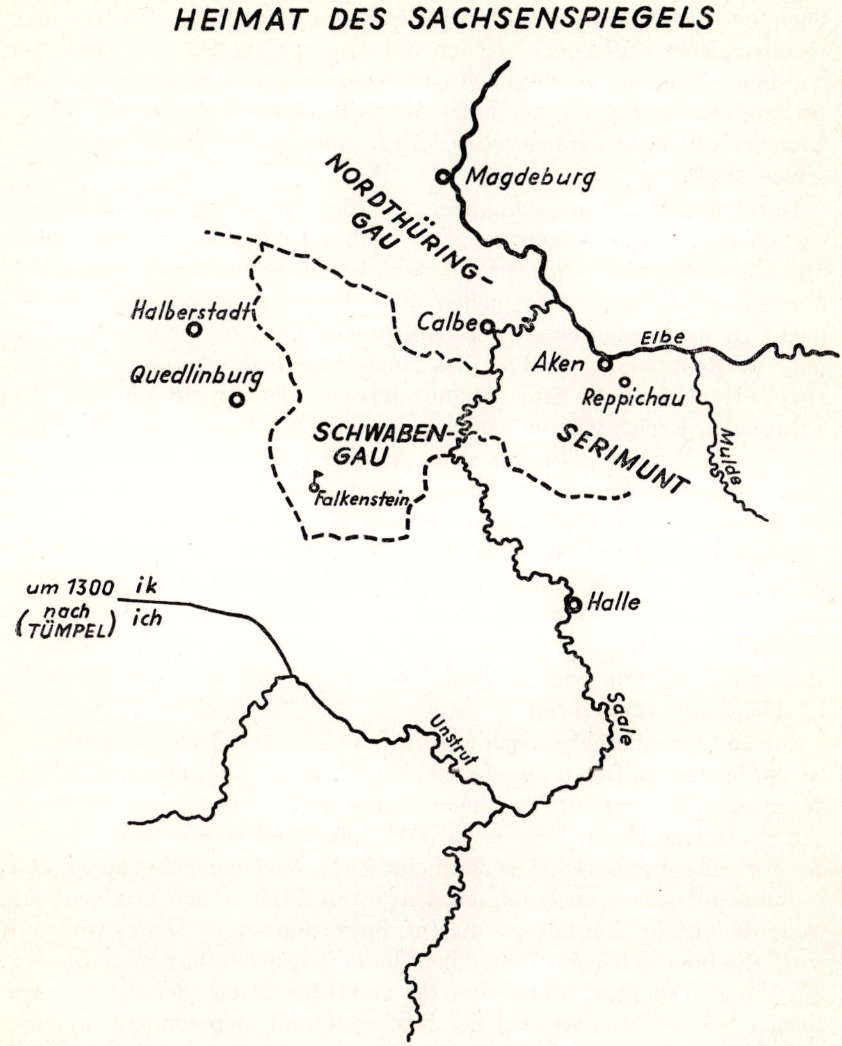

stammt aus der Feder Eikes von Repchow[5]. Sein erstes Werk war eine umfassende Darstellung des Land- und Lehnrechts in lateinischer Reimprosa, von der uns nur das Lehnrecht unter dem jüngern Titel *Auctor vetus de beneficiis*[6] erhalten und zugleich in einer selbständigen Verdeutschung des Görlitzer Rechtsbuches aus der ersten Hälfte des 14. Jahrh.[7] überliefert ist. Den Landrechtsteil hat das Görlitzer Rechtsbuch nur exzerpiert, so daß sich dessen ursprünglicher Aufbau nicht rekonstruieren läßt; doch reichen die Auszüge zu dem Nachweis aus, daß beide Teile des lateinischen Sachsenspiegels den Sächsischen Landfrieden vom 1. Sept. 1221, nicht aber die diesen fortbildende *Treuga Heinrici* von 1224 herangezogen haben, also in die Spanne 1221/24 zu setzen sind[8].

Unter Widmung[9] an seinen „Herrn"[10], den Stiftsvogt von Quedlinburg Grafen Hoyer von Falkenstein, unternahm Eike 1224/27[11] das damals unerhörte Wagnis[12] einer prosaischen Übertragung seines gleichzeitig unter Heranziehung von Quellen aller Art stark erweiterten Rechtsbuchs in die niederdeutsche Muttersprache[13]. In der metrischen Vorrede in Reimpaaren[a] will er das Buch *Spegel der Sassen* (Sachsenspiegel, abgekürzt: Ssp) genannt wissen. Denn nicht ein von ihm ersonnenes Recht will er vortragen, sondern abspiegeln will er das Recht, welches *van aldere an unsik gebracht unse guden vorevaren*[b], und zwar — vom Reichsstaatsrecht abgesehen — das gemeine Recht in allen Landen sächsischer Zunge. Eike hat sein Werk noch einmal (vor 1230)[14] überarbeitet und um Novellen[c] bereichert. Aus einer weiteren Vorrede in Strophen, die ein Magdeburger Bearbeiter und Fortsetzer 1261/70 seiner Neuauflage vorausgeschickt hat[15], ersehen wir, daß es Herrn Eike nicht an Gegnern fehlte. Möglich, daß schon damals kirchliche Tadler aufgetreten sind; möglich aber auch, daß man die Treue der Überlieferung verdächtigte.

Solche Stimmen haben sich auch in viel späteren Jahrhunderten und wieder in unseren Tagen vernehmen lassen[16]. Was jedoch die Ausstellungen der zweiten Art betrifft, so scheint immer noch zu wenig beherzigt, was der Fortsetzer Herrn Eike sagen läßt: *mich ziet manich man .. worte, der ich nie ne gewuch*[d]. Die vermeintlichen Widersprüche seiner Darstellung mit sicher beglaubigten Tatsachen dürften sich verflüchtigen, wenn die gleiche Sorgfalt auf die Interpretation seines Textes verwandt wird, die man sich beim Feststellen dieser Tatsachen hat kosten lassen. Zur Vorsicht mahnen sollte schon der gewaltige Erfolg, den der Sachsenspiegel bei der Mit- wie bei der Nachwelt und insbesondere in seiner sächsischen Heimat gehabt hat, und der nur halbwegs erklärt wird, wenn man an das Bedürfnis der Zeit nach Rechtsaufzeichnungen und an die formellen Vorzüge des Buches erinnert. Die Einfachheit, An-

a) Vers 178f.
b) Vers 151—153.
c) In ECKHARDTS Ausgabe: Antiqua in eckigen Klammern.
d) Vers 81f.

schaulichkeit und Klarheit der zwar unsystematischen, aber nicht zusammenhanglosen Schilderung[17] können nur der Ausdruck jener Sachkunde und jener Redlichkeit sein, welche schon die überwiegende Mehrheit der Zeitgenossen dem Verfasser zugetraut hat und welche er selbst ausdrücklich für sich in Anspruch nimmt. Sicherlich können an der Hand der Urkunden Herrn Eike mancherlei Irrtümer nachgewiesen werden: er mag dem einen oder andern Rechtssatz eine zu weite Verbreitung zugeschrieben, manches Veraltete für noch lebenskräftig gehalten, auch der „Zahlenmystik" des Mittelalters seinen Tribut gezollt haben; die Rechtsanschauungen Ostfalens zu Anfang des 13. Jahrh. finden dennoch in ihm ihren verlässigen Vertreter. Dogmatisch-juristische Konstruktionen wandeln ihn nur selten an; lieber wirft er philosophische Fragen auf: er kümmert sich um den Ursprung des Rechts und leitet es ab von Gott und *sinen wissagen unde guden geistleken luden unde ok kerstenen koningen* wie Constantin und Karl dem Großen, *an den Sassen lant noch sines rechten tut*[e]. Er sucht nach dem Grund der Unfreiheit und vermag ihn nur in widerrechtlicher Gewalt zu finden[f] [was nebenbei die Annahme ausschließt, daß Eike in die Ministerialität übergetreten und der bewidmete Graf Hoyer sein Dienstherr war][18]. Als echtes Kind des Mittelalters gibt er zuweilen der Spekulation nach. Aber er denkt nicht theologisch genug, um das von ihm verehrte nationale Recht durch Satzungen des Papstes (speziell das IV. Laterankonzil von 1215) *ergeren* zu lassen[g]. Von kirchlicher Seite sind denn auch die späteren Anfeindungen des Sachsenspiegels ausgegangen[h], und 14 Artikel wurden im Jahre 1374 durch die Bulle *Salvator humani generis* von Papst Gregor XI. verdammt[19]. Indes unaufhaltsam breitete sich das Ansehen des Rechtsbuches aus. Wie ein Gesetzbuch wurde es in den Gerichten angewandt, wozu freilich im 14. Jahrh. auch Irrtümer über seine Herkunft beitrugen: für die Übersetzung eines Privilegs, das Karl der Große den Sachsen gegeben, hielt man das Landrecht, für ein Gesetz von „Kaiser Friedrich" das Lehnrecht[i].

Bald redete der Sachsenspiegel in allen deutschen Zungen. In vielen jüngeren Rechtsaufzeichnungen wurde er benutzt. Ihm selbst aber

e) Textus Prologi.

f) III 42 § 6.

g) I 3 § 3. Über die religiöse Einstellung Eikes vgl. Guido Kisch, Sachsenspiegel and Bible (1941).

h) Ausgelöst durch den Augustiner Johann Klenkok, Magister u. Professor d. Theologie um 1350.

i) Vgl. § 26 Z. 2.

widmete sich fortan eine eigene Literatur. Diese vermehrte den Text des Rechtsbuchs weiter, teilte ihn in Bücher und die Artikel (oder Kapitel) in Paragraphen ein, systematisierte ihn, versah ihn mit Rubriken und Registern, stellte (in der ersten Hälfte des 14. Jahrh.) eine „Vulgata" fest. Der Sachsenspiegel wurde ferner ins Lateinische übersetzt, das Landrecht sogar gleich dreimal: eine *Versio Vratislaviensis* von 1272/92 (die als einzige sich auch auf das Lehnrecht erstreckt), eine *Versio Sandomiriensis* aus dem 14. Jahrh., beide nur im schlesisch-polnischen Raum verbreitet, und die im ersten Drittel des 14. Jahrh. wahrscheinlich in der Mark Brandenburg entstandene, doch keineswegs auf diese beschränkte *Versio vulgata*, deren älteste Fassung der Glossator Johann von Buch[i] für das originale Sachsenprivileg Karls des Großen (von angeblich 810) erachtete. Schon bevor seine Glosse den Text des Sachsenspiegels interpretierte, und später noch, suchte die zeichnende Kunst den Inhalt des Rechtsbuchs durch Bilder zu veranschaulichen; nicht etwa bloß hin und wieder nach Art der auch sonst in Rechtshandschriften vorkommenden und hauptsächlich zum Bücherschmuck dienenden Miniaturen, sondern durch fortlaufende Illustration, welche in eigentümlich naiver Weise das Darstellen wirklicher Vorgänge mit einer symbolisierenden Bilderschrift verbindet. Mindestens ein halbes Dutzend solcher Bilderhandschriften sind seit dem Ausgang des 13. und im 14. Jahrh. entstanden, nur vier davon sind uns erhalten; verloren ist der Archetyp, der zwischen 1291 und 1295 wohl zu Meißen angefertigt war[20].

2. Der Sachsenspiegel ist in einer Reihe von ähnlichen Rechtsbüchern, und zwar zuerst in Süddeutschland, nachgeahmt worden. Dabei geht aber die Absicht nicht mehr auf Schilderung eines Partikularrechts, sondern auf die des gemeinen Landrechts. Dieses mußte nun freilich bei dem engen Gesichtskreis der Verfasser eine lokale Färbung annehmen. Außerdem aber zeigt es sich getrübt durch romanistische und kanonistische Einflüsse[k], überhaupt durch eine in der Auswahl der Quellen wenig kritische Buchgelehrsamkeit, wodurch sich die dem Kreise der Augsburger Minoriten angehörenden und somit von franziskanischem Geist geprägten Autoren von ihrem großen sächsischen Vorgänger ebenso scharf unterscheiden wie durch ihre Ziele. Das schlichte „speculum" eines erlebten Rechts weicht mehr und mehr einer gekünstelten Spekulation. Das legendarische und

k) die hier zum ersten Mal einen Einbruch in das dt. Recht erzielten. Vgl. auch Heinr. Reincke, Frühe Spuren röm. u. kanon. Rechts in Niedersachsen, Festschr. Karl Haff (1950) S. 174—184.

parainetische Element nimmt einen breiten Raum ein. Eine ausführliche Geschichte von Gesetzgebern und Rechtspflegern, „der Könige Buch“, wird dem eigentlichen Rechtsbuch vorangestellt, um dieses *mit der alten ê unde mit der niuwen ê*, d. h. dem Alten und dem Neuen Testament zu bewähren[21]. In den Rechtstext selbst mischen sich Erzählungen, darunter poetische des Strickers, ein, aus denen dann die ermahnende Nutzanwendung gezogen wird.

Der erste literarische Versuch dieser Art ist der *Spiegel aller tiutscher liute* (Deutschenspiegel, abgekürzt: Dsp)[22], 1274/75 in Augsburg entstanden. Zugrunde liegt eine um 1265/70 aus Magdeburger Vorlage gefertigte Übersetzung des Sachsenspiegels ins Oberdeutsche, auf die auch eine nur fragmentarisch erhaltene Augsburger Sachsenspiegelbearbeitung zurückweist. Der Deutschenspiegler hat sein Werk in eine Handschrift der Sachsenspiegelübersetzung eingetragen, die er durch Korrekturen, Streichungen, Zusätze veränderte und um ganze Artikelgruppen vorwiegend römisch-kanonischen Inhalts bereicherte. Seine Umarbeitung bricht mit art. 109 ab, so daß der Rest des Landrechts (von einigen wenigen Korrekturen und einem größeren Zusatz in art. 317 abgesehen) und das durch Überlieferungslücken entstellte Lehnrecht die unveränderte Fassung der oberdeutschen Sachsenspiegelübersetzung bieten[23].

Das im Deutschenspiegel Begonnene wurde weitergeführt in dem „(Kaiserlichen) Land- und Lehenrecht“, auch *Kaiserrecht* schlechthin, seit Goldasts Ausgabe von 1609 Schwabenspiegel (abgekürzt: Swsp) genannt[24], dessen 1275/76 entstandene[1] älteste Fassung, der sogenannte „Urschwabenspiegel“, sich zeitlich wie inhaltlich eng an den Vorgänger anschloß, die diesem eigenen Intentionen jedoch nur zum Teil erfaßte[25]. Der erste Landrechtsteil, der ein umfangreiches religiös motiviertes Vorwort erhielt und mit der herrschenden kanonischen Doktrin (Zweischwerterlehre, Sippenzählung) in Einklang gebracht wurde, blieb im großen ganzen unverändert. Der zweite Landrechtsteil und das Lehn-

1) Rockingers Früherdatierung [Zur näheren Bestimmung d. Zeit d. Abfassung d. sog. Schwabenspiegels (SB München 1867) S. 408—450] ist durch Jul. Ficker [Über d. Entstehungszeit d. Schwabenspiegels (SB Wien 1874) S. 795—862, bes. S. 817ff. u. 840f.] schlüssig widerlegt u. durch Rockingers spätere Abhandlungen [Der Könige Buch u. d. sog. Schwabenspiegel, (Abh. München 1883) S. 1 bis 102; Über d. Abfassung d. kaiserl. Land- u. Lehenrechts (ebd. 1888) S. 277—378, 563—672; Über die Spuren d. Benützung . . im dritten u. letzten Viertel d. 13. Jahrh. (SB München 1889) S. 119—186; Von d. Zeit d. Abfassung d. kaiserl. Land- u. Lehenrechts (Abh. München 1905) S. 59—142] nicht gerettet worden. Vgl. Eckhardt, Rechtsbücherstudien I (1927) S. 133—136.

recht wurden analog bearbeitet, was besonders dem Staatsrecht zugute kam, welches der Bearbeiter an die Spitze der neuen Teile versetzte, während er sonst die vom Deutschenspiegel beibehaltene Anordnung des Sachsenspiegels respektierte. Das Quellenmaterial ist in der Hauptsache mit dem vom Deutschenspiegler herangezogenen identisch. Neu sind die starken Beziehungen zu den Schriften und Predigten der beiden Minoriten David von Augsburg und Berthold von Regensburg[26]. Neben das aus dem Deutschenspiegel übernommene und weitergeführte Königebuch trat als weitere geschichtliche Einleitung eine „Prosa-Kaiserchronik" (zu unrecht auch als „Buch der Könige neuer Ehe" bezeichnet)[27], welche sich als Auszug aus der gereimten Kaiserchronik[28] von etwa 1164/65[29] darstellt, daneben auch gelegentlich lateinische Chroniken benutzt und die geschichtlichen Partien des Landrechtsbuches teilweise an sich gezogen hat[30]. In die Verkehrsformen des Schwabenspiegels ist sie nicht übergegangen und eben aus diesem Grunde in originaler Fassung erhalten geblieben, während die Urschwabenspiegelfassung des Landrechts nur auszugsweise, vor allem in der vielbesprochenen Handschrift des Freiburger Stadtarchivs überliefert ist. Bei der Abfassungsgeschichte des Schwabenspiegels sind also zwei Entwicklungsstufen zu unterscheiden: ein Entwurf, der sich noch abhängiger vom Deutschenspiegel zeigt (Urschwabenspiegel), und das vollendete Rechtsbuch (Verkehrsformen). Dieses hat selbst wieder zahlreiche und sehr verschiedenartige Umgestaltungen erfahren[31], wobei im allgemeinen der ursprüngliche Stoff verkürzt wurde, aber auch mancherlei fremdartige Zutaten, insbesondere durch den aus karolingischen und romanistischen Quellen schöpfenden dritten Landrechtsteil erhielt.

Die Verbreitung, welche der Schwabenspiegel im Mittelalter erlangt hat, kommt der des Sachsenspiegels mindestens gleich. Nicht nur im ganzen außersächsischen Deutschland wurde er rezipiert. Sein Ansehen erstreckte sich auch nach Norddeutschland, ja nach Böhmen und Mähren und nach Burgund. In ca. 28 Handschriften liegen die drei Teile einer tschechischen Bearbeitung des 14. Jahrh. vor; 3 Handschriften überliefern eine mährische des 15. Jahrh.[32]; ein wohl im 14. Jahrh. geschriebener Codex bewahrt eine altfranzösische Übersetzung des Land- und Lehnrechts[33]. Eine lateinische Übersetzung (3 Handschriften) wurde 1356 von dem Benediktiner Oswald in Anhausen gefertigt[34]. Rund 350 Handschriften bewahren den deutschen Text in seinen verschiedenen Formen[35]. Auch mit dem Schwabenspiegel beschäftigte sich die Jurisprudenz des Mittelalters, wenn auch nicht so traditionell wie mit dem Sachsenspiegel. Fehlt es auch an einer Glosse, so doch nicht an drei verschiedenen systematisierenden Umgestaltungen, an Registern, an Bearbeitungen des Buches für den Gebrauch bestimmter Gerichte, an Auszügen aller Art[36].

3. Den bisher genannten Rechtsbüchern gegenüber selbständiger ist *Des keysers recht* (*Lex, Liber imperatoris*)[37], auch im Gegensatz zum „großen" Kaiserrecht des Schwabenspiegels als *Dat lütteke keyserrecht* betitelt, heute meist Frankenspiegel (abgekürzt: Frsp) genannt, womit jedoch, wie beim Schwabenspiegel, lediglich Entstehungsgebiet und stammesrechtliche Färbung, nicht Geltungsbereich und Verfassertendenz umschrieben werden sollen[38]. Der Verfasser des zur Zeit Ludwigs des Bayern, wohl 1328/38, im Frankfurter Rechtskreis entstandenen Rechtsbuches[39] läßt sich unter freier Benutzung des Schwabenspiegels und lokaler Quellen in vier Büchern über Gerichtswesen, materielles Landrecht, Recht der Reichsdienstmannen und der Reichsstädte aus und stellt seinen Stoff als Kaisergesetz hin, welches für die ganze Welt erlassen sei. Doch hat diese phantastische Anlage und der auch sonst vielfach phantastische Inhalt des Werks eine weite Verbreitung desselben nicht gehindert. Sein fränkischer Ursprung hat ihm vor allem in den nach fränkischem Recht lebenden Städten Hessens, Thüringens und Niedersachsens Eingang verschafft und am Niederrhein ein großes sekundäres Geltungsgebiet gesichert. Die in einzelnen Handschriften überlieferten lateinischen Titelüberschriften und ganzen lateinischen Artikel scheinen Überreste einer lateinischen Urfassung zu sein.

4. In mehr oder weniger nahem Zusammenhang mit dem Sachsenspiegel stehen einige Rechtsbücher und kleinere landrechtliche Aufzeichnungen des 14. Jahrh. aus Norddeutschland. In den Anfang dieser Zeit fällt das schon erwähnte Görlitzer Rechtsbuch in 46 Kapiteln, dessen erster Teil eine Übertragung des Auctor vetus de beneficiis ins Mitteldeutsche darstellt, während der zweite nur gelegentlich auf den (uns verlorenen) Landrechtsteil des Auctor vetus zurückgreift[7], in der Hauptsache aber eine Form des Magdeburger Weichbildes[m] zugrunde legt.

Um 1335 verfaßte der erste Glossator des Sachsenspiegels, der um 1305 zu Bologna gebildete Hofrichter der Mark Brandenburg Johann von Buch in äußerlichem Anschluß an seine Landrechtsglosse, in innerlichem an den Sachsenspiegel selbst ein niedersächsisches Rechtsgangbuch, den *richtstîch*, auch *schepenclot*, d. i. Schöffenstütze, jetzt Richtsteig Landrechts genannt, die bedeutendste Rechtsschrift des 14. Jahrh. in Deutschland[40]. Durch eine Schilderung der Formen, worin

m) Vgl. § 25 Z. 2.

das Sachsenspiegelrecht vor Gericht geltend gemacht wird, will er das alte Landrecht ergänzen; eine Absicht, die er in streng systematischer Anordnung seines Stoffes durchführt. „Die Arbeit fand eine Zustimmung und Verbreitung, welche nur der der Spiegel weicht."[41] Zeugnis davon geben die obersächsischen, schlesischen, rheinischen, hessischen, süddeutschen Übertragungen und Umbildungen des Richtsteigs. Das schon von Johann von Buch geplante Seitenstück zum Richtsteig Landrechts, den *richtstîch des lênrechtes*[42], verfaßte ein Unbekannter, vielleicht des Hofrichters Mündel Gerke von Kerkow, ebenfalls niedersächsisch in der zweiten Hälfte des 14. Jahrh., wohl vor 1386[43].

Um diese Rechtsgangbücher sowohl wie um den Sachsenspiegel selbst gruppieren sich kleinere Schriften: die beiden prozessualen Aufsätze des Hermann von Oesfeld *Cautela* und *Premis* (= Bremse) um 1359[44]; der polemische Aufsatz *Van lehengude unde dat to entfangende*[45]; die *Rechte weyse* des Lehnrechts[46] und der Aufsatz *Von bewysinge umme len unde liftucht*[47], beide Traktate aus der ersten Hälfte des 15. Jahrh.; dann das erbrechtliche *Stück vom musteil*[48], die „Sippzahlregeln"[49] und die Arbeiten[n] des Merseburger Domherrn Dr. Tammo von Bocksdorf[50].

Mit dem Sachsenspiegel insofern in Zusammenhang, als sie sein Recht mit dem römischen und dem kanonischen nach Art der Glosse zu „konkordieren" sucht, steht die Tätigkeit des geschmacklosen Vielschreibers Nicolaus Wurm (*Vermis*) zu Liegnitz. Er ist der Hauptrepräsentant der scholastischen Jurisprudenz im mittelalterlichen Deutschland. Schüler des Johannes von Lignano in Bologna (wahrscheinlich schon vor 1377) hat er außer verschiedenen Glossenwerken, außer Bearbeitungen des Richtsteigs Landrechts und der als ein Gesetz König Albrechts eingeführten Constitutio Moguntina[51] (alles dies bis 1386) und außer einem Liegnitzer Stadtrechtsbuch[52] zwei weitschweifige Werke über die Praxis des sächsischen und des fremden Rechts verfaßt: *Di blume von Magdeburg* (um 1390), worin er seine Lehren als Schöffenurteile hinstellt[53], und *Di blume ubir der Sachsen spigel und ubir weichbildis recht* (1397), einen Richtsteig, zu welchem sich die Blume von Magdeburg teilweise als Vorarbeit verhält[54]. Die Tendenz der beiden Werke spricht sich in dem Satz des Verfassers aus: *der blumen stam ist her Ecke von Repkow; die wurczil aber sint leges, daz sint keiserrecht und canones.*

Dem 15. Jahrh. gehört eine längere, gegen die Abirrungen der Gerichtspraxis vom Sachsenspiegel eifernde Schrift an, die sogenannte *Informatio ex speculo Saxonum*[55].

n) insbesondere das *Remissorium* des Sachsenspiegels von 1426.

5. Gegenüber diesem ganzen unter der Nachwirkung des Sachsenspiegels stehenden Literaturkreis sind nur vereinzelt Landrechtsbücher zu finden, die einen selbständigeren Charakter tragen. Zeitlich an erster Stelle steht das knappe, doch inhaltlich nicht uninteressante Burger Landrecht, von dem wir nur eine Handschrift (des 14. Jahrh.) besitzen[56]. Schon 1185 ist die Verleihung Burger Landrechts an einen Burgward in der Mark Meißen bezeugt. Ob man allerdings daraufhin die erhaltene Rechtsaufzeichnung für Burg (nordostw. Magdeburg), die gegen 1300 entstanden sein mag, als „allgemeines Kolonistenrecht" für die ländliche Bevölkerung apostrophieren darf[57], kann noch nicht als geklärt gelten[58].

Im westfälischen Teil des sächsischen Stammlandes sind nur wenige und verhältnismäßig minderwertige, weil kompilatorische Rechtsbücher zu Hause, die in der Hauptsache eigene Wege gehen (obschon sie gelegentlich den Sachsenspiegel oder den Richtsteig Landrechts benutzen), wie z. B. die für „Wissende" bestimmten Femrechtsbücher, sämtlich, wenn auch unter Benutzung ältern Materials, erst nach dem Arnsberger Kapitel von 1437 verfaßt[59].

6. Dagegen hat Est- und Livland einige Lehnrechtsbücher aufzuweisen, welche in ihrer Grundlage ganz und gar selbständig sind. Diese Grundlage bildet eine Beschreibung des angeblich vom Dänenkönig Waldemar II. um 1219 mit seinen deutschen Vasallen in Estland vereinbarten und 1315 von König Erich VI. bestätigten Lehnrechts, das niederdeutsche „Waldemar/Erich'sche Lehnrecht". Auf diesem aufbauend wurde 1315/22 ein Rechtsbuch für das Stift Oesel in 10 Kapiteln ausgearbeitet und von Bischof Herting bestätigt, das nur hochdeutsch erhaltene „älteste livländische Ritterrecht"; eine zweite hochdeutsche Redaktion desselben in 67 Artikeln und unter landrechtlichen Zutaten ist noch im 14. Jahrh. verfaßt. Gleichfalls im 14. Jahrh. (1322—1337?) wurde ein Auszug aus dem Sachsenspiegel mit Bestimmungen einheimischer Quellen zum sogenannten „Livländischen Rechtsspiegel" kompiliert, der wiederum nur hochdeutsch erhalten ist. Aus diesem, sowie dem „ältesten Ritterrecht" und dem Stück vom Musteil[48] für das Erzstift Riga zusammengesetzt ist das vor 1424 entstandene niederdeutsche „mittlere livländische Ritterrecht"; eine Überarbeitung des letztern das hochdeutsche „systematische livländische Ritterrecht" (vor 1450?)[60].

7. Teilweise auf verwandten Gebieten bewegte sich die originale Rechtsliteratur des mittel- und niederfränkischen Gebiets. Einer

ihrer frühesten Vertreter ist das „bergische Rechtsbuch“ in 62 Artikeln[61] aus der Zeit von 1355/97[62]. Nächst ihm wäre das gereimte „Landrecht der Freien von Brügge“ in 53 Kapiteln aus dem 15. Jahrh.[63] zu nennen. Ein angeblich aus dem 14. Jahrh. stammendes flandrisches Lehnrechtsbuch (*het oude Vlaamsche leenregt*) wurde 1528 in Antwerpen gedruckt[64]. Rein kompilatorisch ist der sogenannte „holländische Sachsenspiegel“, der aus niederländischen Sachsenspiegelhandschriften, auch der Landrechtsglosse, dem mosaischen Recht und in bescheidenem Umfang aus einheimischen Rechtsgewohnheiten schöpft; der ältesten Handschrift von 1484 geht der Gouda-Druck von 1479 zeitlich vorauf[65].

Reich an kurzen, meist auf einen speziellen Gegenstand bezüglichen Darstellungen in der Volksmundart ist Friesland, wo einige noch ins 13. Jahrh. hinaufreichen mögen[66], während nur eine einzige umfängliche Arbeit über friesisches Recht, die zwar friesisch geschriebene, aber ganz und gar kompilatorische und stark romanistische *Jurisprudentia Frisica* aus dem 15. Jahrh. zu verzeichnen ist[67].

8. Aus Süddeutschland ist mindestens ein durch Selbständigkeit und Eigenart höchst wertvolles Landrechtsbuch des Spätmittelalters zu nennen, der vor 1425 zu Graz verfaßte „Landlauf von Steier“ (fünf verschiedene Formen, in der vollsten 252 Artikel)[68]. Vielleicht ist aber auch das „Saarbrücker Landrecht“ von angeblich 1321 den Rechtsbüchern beizuzählen[69]. An kleineren und zugleich selbständigen Schriften landrechtlichen Inhalts ist aus Süddeutschland nur die Aufzeichnung des Ritters Ludwig von Eyb des Ältern über das kaiserliche Landgericht zu Nürnberg 1460—1490[70] zu nennen.

[1]) Zusammenfassend: G. HOMEYER, Die dt. Rechtsbücher d. MA I: Verzeichnis der Rechtsbücher (³ECKHARDT 1934), II: Verzeichnis der Handschriften (³CONR. BORCHLING/JUL. v. GIERKE 1931); SachWB S. 958. | [2]) WALT. MÖLLENBERG, Eike v. Repgow u. seine Zeit (1934); ERIK WOLF, Große Rechtsdenker d. dt. Geistesgeschichte (³1952); ECKHARDT, Dt. Recht IX (1939), Biogr. WB S. 702—704, SachWB S. 1100 f. | [3]) ECKHARDT, Zur Sächs. Weltchronik, ZRG G LIII (1933) S. 311—316. | [4]) Hrsg. v. GUSTAV SCHOENE, Die Repgauische Chronik: das Buch der Könige (Progr. Elberfeld 1859); LUDW. WEILAND, MGH Dt. Chroniken II (1877). [5]) K. ZEUMER, Die Sächs. Weltchronik, ein Werk Eikes v. Repgow, Festschr. Heinr. Brunner (1910) S. 135—174, 839—842; BALLSCHMIEDE, Die Sächs. Weltchronik, Nddt. Jahrbuch XL (1914) S. 81 ff. u. 114 ff.; H. v. VOLTELINI, Der Verfasser d. Sächs. Weltchronik (SB Wien 1924) S. 3 ff.; ECKHARDT, Rechtsbücherstudien II: Die Entstehungszeit d. Sachsenspiegels u. d. Sächs. Weltchronik (1931) S. 72—125. [6]) Hrsg. von HOMEYER, Sachsenspiegel II, 2 (1844) u. demnächst von ECKHARDT. Vgl. W. ERNST, NA XXVI (1900) S. 207—216; RICH. MOELLER, ZRG G XXXVIII (1917) S. 309—321; ECKHARDT, ZRG G LXI (1941) S. 1—20, u. Sächs. Landfrieden u. Auctor vetus de beneficiis (Festg. f. Franz Beyerle 1945,

nicht im Buchhandel) S. 1—26. [7]) Hrsg. von HOMEYER, ebd., u. demnächst von ECKHARDT. Vgl. KARL GOTTLOB ANTON, Erweis, daß d. Lehnrecht ... einer Görlizischen Handschr. ... altes Sachsenrecht sei (1789); JOSEF BUHR, Görlitzer Rechtsbuch (maschinenschriftl. jur. Diss. Bonn 1941). | [8]) Vgl. ECKHARDT, a. a. O., sowie Sachsenspiegel Landrecht ([2]1955) S. 24f., Lehnrecht ([2]1956) S. 127—132. [9]) CARL ERDMANN, Der Entschluß z. dt. Abfassung d. Sachsenspiegels, DA IX (1951) S. 189—192. | [10]) Vgl. ECKHARDT, Rechtsbücherstudien II, S. 5—8. | [11]) Vgl. ECKHARDT, Sachsenspiegel Lehnrecht ([2]1956) S. 129f. | [12]) Vgl. GUSTAV ROETHE, Die Reimvorreden d. Sachsenspiegels (1899); EUGEN ROSENSTOCK, Die Verdeutschung d. Sachsenspiegels, ZRG G XXXVII (1916) S. 498—504; ULR. STUTZ, Der rechtshistor. Gehalt der Sachsenspiegel-Vorreden, ebd. XLIII (1922) S. 301 —303. [13]) Wissenschaftliche Gesamtausgaben: C. G. HOMEYER, Des Sachsenspiegels erster Theil: Sächs. Landrecht (1827, [2]1835, [3]1861), zweiter Theil: 1. Das Sächs. Lehnrecht u. d. Richtsteig Lehnrechts (1842), 2. Der Auctor v. de beneficiis, d. Görlitzer Rechtsbuch u. d. System d. Lehnrechts (1844) [Vulgattext, als solcher noch maßgebend]; BARON DE GEER VAN JUTPHAAS, De Saksenspiegel in Nederland I (1888), II (1888); K. A. ECKHARDT, Sachsenspiegel Landrecht (1933, [2]1955), Sachsenspiegel Lehnrecht (1933, [2]1956) [Akzent auf Textentwicklung]. Schulausgaben: WEISKE/HILDEBRAND, Landrecht ([11]1929); v. SCHWERIN/THIEME, Landrecht (Reclam [2]1953); K. A. ECKHARDT, Landrecht ([2]1955), Lehnrecht (1956). Ausgaben einzelner Handschriften: SACHSSE (1848) [Heidelberger Handschr.], GOESCHEN (1853) [Quedlinburger Handschr.], LÜBBEN (1879) [Oldenburger Bilderhandschr.], BORCHLING (1925) [Bremer Handschr. u. Braunschweig. Fragment], ERIK ROOTH, Saxonica (Lund 1949) [drei wichtige Fragmente, mit bedeutsamer sprachl. Einführung], MÄRTA ÅSDAHL HOLMBERG (Lund 1957) [Harffer Handschr. v. 1295, sprachl. vorbildlich erschlossen]. Zum Sprachlichen ferner: KARL BISCHOFF, Zur Sprache d. Sachsenspiegels, Teuthonista XIX (1944) S. 1—80, Elbostfäl. Studien (1954); GUSTAV KORLÉN, Die mnd. Texte d. 13. Jahrh. (Lund 1945) S. 72—91; ECKHARDT, Sachsenspiegel Lehnrecht ([2]1956) S. 132—156. Nhd. Übertragung: H. CHR. HIRSCH, Landrecht (1936), Lehnrecht (1939) [mit Vorsicht zu benutzen] | [14]) Vgl. ECKHARDT, Rechtsbücherstudien III: Die Textentwicklung d. Sachsenspiegels v. 1220—1270 (1933) S. 56—58. | [15]) Ebd. S. 60—76. | [16]) Wichtigster Angriff: OTTO V. ZALLINGER, Die Schöffenbarfreien des Sachsenspiegels (1887). Ein Rettungsversuch: ERNST MAYER, Kr. Vjschr. XXXI (1889) S. 149—190. Vgl. auch PH. HECK, Der Sachsenspiegel u. die Stände der Freien (1905) [dazu K. v. AMIRA, ZRG G XXVII (1906) S. 379—396]: KONR. BEYERLE, Die Pfleghaften, ZRG G XXXV (1914) S. 212—425, speziell S. 272—282, 418—420; ERICH MOLITOR, Die Pfleghaften d. Sachsenspiegels u. d. Siedlungsrecht (1941) S. 5—24, 206—211 [mit weiterer Literatur]. | [17]) Zu weitgehend ERICH MOLITOR, Der Gedankengang d. Sachsenspiegels, ZRG G LXV (1947) S. 15—69 [dazu ECKHARDT, Sachsenspiegel Landrecht ([2]1955) S. 23—25]. | [18]) Vgl. ECKHARDT, Rechtsbücherstudien II S. 6 f. | [19]) Vgl. C. G. HOMEYER, Johannes Klenkok wider d. Sachsenspiegel (1855); STOBBE, Geschichte der dt. RQ I (1860) S. 363 u. 372—374; BiogrWB S. 463. | [20]) Glanzvolle Facsimile-Ausgabe: KARL v. AMIRA, Die Dresdener Bilderhandschrift d. Sachsenspiegels I in zwei Halbbänden (1902), II: Erläuterungen 1 (1925), 2 (1926). Vgl. v. AMIRA, Die Genealogie der Bilderhandschriften d. Sachsenspiegels (SB München 1901); RUD. KÖTZSCHKE, Die Heimat der mitteldt. Bilderhandschriften d. Sachsenspiegels (SB Leipzig 1943) [mit beachtlichen Gründen für d. Entstehung d. Archetyps im Bistum Halberstadt]. | [21]) Vgl. ALFR. HÜBNER,

Vorstudien z. Ausgabe d. Buches der Könige (1932). | [22]) In seiner Bedeutung erkannt u. hrsg. v. JUL. FICKER, Über eine Spiegel dt. Leute u. dessen Stellung z. Sachsen- u. Schwabenspiegel (SB Wien 1857) S. 115—292; Der Spiegel dt. Leute, Textabdruck d. Innsbrucker Handschr. (1859). Neuausgabe: ECKHARDT/HÜBNER, Deutschenspiegel u. Augsburger Sachsenspiegels ([2]1933, [3]in Vorbereitung). [23]) Vgl. A. v. DANIELS, Spiegel der dt. Leute (1858); JUL. FICKER, Über d. Entstehungszeit d. Sachsenspiegels u. d. Ableitung d. Schwabenspiegels aus d. Deutschenspiegel (1859); FRHR. v. MÜLLER, Der Deutschenspiegel in seinem sprachl.-stilist. Verhältnis z. Sachsenspiegel u. z. Schwabenspiegel (1908); ANTON PFALZ, Die Überlieferung d. Deutschenspiegels (SB Wien 1919) S. 1—48; ECKHARDT, Der Deutschenspiegel, seine Entstehungsgeschichte u. sein Verhältnis z. Schwabenspiegel (1924), Heimat u. Alter d. Deutschenspiegels, ZRG G XLV (1925) S. 13—49, Rechtsbücherstudien I (1927), Zur Schulausgabe d. Deutschenspiegels, ZRG G L (1930) S. 115—170; CL. FRHR. v. SCHWERIN, Zum Problem d. Deutschenspiegels, ebd. LII (1932) S. 260—275. | [24]) Ausgaben: F. L. A. FRHR. v. LASSBERG, Der Schwabenspiegel oder schwäb. Land- u. Lehen-Rechtbuch (1840) [unorgan. Kombination d. Züricher Handschr. Z u. des v. LASSBERGschen Fragments L; für die Zitierung maßgebend]; WILH. WACKERNAGEL, Das Landrecht d. Schwabenspiegels (1840) [Ambraser Handschr. A mit brauchbarem Variantenapparat]; H. G. GENGLER, Des Schwabenspiegels Landrechtsbuch ([2]1875) [dsgl., gute Schulausgabe]; GUST. LINDNER, Der Codex Altenberger d. Hermannstädter Handschr. (1885) [ebenfalls nur Landrecht; fehlerhafter Abdruck einer mäßigen Handschr. d. Fassung M]. Synopt. Ausgabe von ECKHARDT einerseits der Kurzfassungen, andererseits d. Urschwabenspiegels u. d. Langform in GR NF im Satz. | [25]) Vgl. ECKHARDT, Der Deutschenspiegel (1924) S. 42ff., ZRG G L (1930) S. 134ff. | [26]) Vgl. LABAND, Beiträge z. Kunde d. Schwabenspiegels (1861) S. 1ff.; ROCKINGER, Berthold v. Regensburg u. Raimund v. Peniafort im sog. Schwabenspiegel (Abh. München 1877) S. 167—253, Deutschenspiegel, sog. Schwabenspiegel, Bertholds v. Regensburg dt. Predigten in ihrem Verhältnis zueinander I (Abh. München 1903) S. 213—300, II (ebd. 1905) S. 475—536; ANTON E. SCHÖNBACH, Studien z. Geschichte d. altdt. Predigt, insbes. VI (SB Wien 1906) S. 80—100; ALFR. HÜBNER, Vorstudien S. 100—113. | [27]) ALFR. HÜBNER, ebd. S. 3—5. | [28]) Hrsg. von EDW. SCHRÖDER, MGH Dt. Chroniken I (1895). | [29]) Vgl. EDM. E. STENGEL, Die Entstehung d. Kaiserchronik u. d. Aufgang d. staufischen Zeit (Mitteilungen Univ. Bund Marburg 1957 Heft 2/3) [auch in DA XIV (1958) S. 395—417; dazu KARL S. BADER, ZRG G LXXV (1958) S. 571]. | [30]) Darüber demnächst ECKHARDT in der Neuausgabe. [31]) Aus der umfangreichen Literatur seien genannt: P. LABAND, Beiträge z. Kunde d. Schwabenspiegels (1861) S. 26—80, Die Freiburger Schwabenspiegel-Handschr., ZRG III (1864) S. 125—156; ROCKINGER, Berichte über d. Untersuchung v. Handschriften d. sog. Schwabenspiegels I—XVI (SB Wien 1873—1897) [weitere Handschriftenbeschreibungen in SB München 1867—1905, im Anzeiger f. Kunde d. dt. Vorzeit 1875, im Oberbayer. Archiv XXXI, in ZORh XXIV, in d. Kr. Vjschr. XIX]; KARL HAISER, Zur Genealogie der Schwabenspiegelhandschriften I (1876), II (1877); ECKHARDT, Die handschriftl. Grundlage f. d. Neuausgabe d. Schwabenspiegels, ZRG G XLV (1925) S. 50—64; ERNST KLEBEL, Studien z. den Fassungen u. Handschriften d. Schwabenspiegels, MIÖG XLIV (1930) S. 129—264 [dazu Untersuchungen über Handschriften d. Kurzform in SB Wien 1930 S. 3—88] u. Zu den Quellen d. Schwabenspiegels, Festschr. K. G. HUGELMANN I (1959); HANS LENTZE, Die Kurzform d. Schwabenspiegels (SB Wien 1938) S. 3—96,

u. Die Schwabenspiegelausgabe etc., Anz. Akad. Wien 1955 (1956) S. 394—404. [32]) Vgl. HOMEYER, Die dt. Rechtsbücher ³I (ECKHARDT 1934) S. 27. | [33]) Hrsg. von G. A. MATILE, Le miroir de Souabe (Neuchâtel 1843); nachgedruckt, zusammen mit dem v. LASSBERGschen Text, von A. v. DANIELS, Land- u. Lehenrechtsbuch I (1858). II (1863). | [34]) Ausgabe von E. KLEBEL angekündigt. | [35]) Gesamtübersicht: ROCKINGER, Berichte VII (SB Wien 1884) S. 19—59, u. ausführlicher VIII—XV (ebd. 1889/90) [Ergänzungen bei H. v. VOLTELINI, Anz. Akad. Wien 1918ff.]. [36]) Vgl. HOMEYER, Die dt. Rechtsbücher ³I (ECKHARDT 1934) S. 17—27, ³II (CONR. BORCHLING/JUL. v. GIERKE 1931) S. 296—298. | [37]) Unzureichende Ausgabe: H. E. ENDEMANN, Das Keyserrecht nach d. Handschr. v. 1372 (1846); Neuausgabe in Vorbereitung. Vgl. EDW. SCHRÖDER, Ein alterthüml. Bruchstück d. Kleinen Kaiserrechts, ZRG G XVII (1896) S. 120—122; HERM. ISAY, Zur Geschichte d. Kleinen Kaiserrechts, ebd. XIX (1898) S. 145—152; G. SCHAAFFS, Ein Kaiserrechtbruchstück, ebd. XXVI (1905) S. 280f.; A. B. SCHMIDT, Studien z. Kleinen Kaiserrecht, Festschr. Otto Gierke (1911) S. 421—453; ECKHARDT, Frankenspiegel-Studien (1923). | [38]) Zutreffend [doch, im Gegensatz zu seiner eigenen Annahme, im Einklang mit d. herrschenden Meinung] LUTZ HATZFELD, Frankenspiegel oder Kaiserrecht?, Tijdschrift voor Rechtsgeschiedenis XXVI (1958) S. 15—44. | [39]) Vgl. HOMEYER, Die dt. Rechtsbücher ³I (ECKHARDT 1934) S. 28f. [40]) Ausgaben: C. G. HOMEYER, Der Richtsteig Landrechts nebst Cautela u. Premis (1857), u. [zum Vergleich nützlich] FRIEDR. WILH. UNGER, Des Richtes Stig oder d. Richtstig Landrechts sammt Cautela u. Prems (1847). Vgl. HOMEYER, Die dt. Rechtsbücher ³I (ECKHARDT 1934) S. 41—44 u. 59; SachWB S. 1063f., sowie CL. FRHR. v. SCHWERIN, Der sog. zweite Teil d. Richtsteigs, Festschr. Adolf Zycha (1941) S. 285—311. | [41]) HOMEYER, Der Richtsteig Landrechts S. 54. | [42]) Ausgabe: C. G. HOMEYER, Sachsenspiegel II, 1 (1842) S. 369—540. | [43]) Vgl. HOMEYER, Die dt. Rechtsbücher ³I (ECKHARDT 1934) S. 44f.; SachWB S. 1062. | [44]) Ausgaben: HOMEYER, Der Richtsteig Landrechts, S. 390—398, u. F. W. UNGER, a. a. O. S. 1—6. | [45]) Ausgabe: FERD. FRENSDORFF, Nachr. Göttingen 1894, S. 423—434. [46]) Ausgabe: HOMEYER, Sachsenspiegel II, 1 S. 543—554 [Ergänzungen: STEFFENHAGEN, ZRG IV (1864) S. 194ff. mit Textproben eines weiteren Werkchens über den Lehnsprozeß, ebd. S. 198f.; ECKHARDT, Eine unbekannte Handschr. sächs. Rechtsbücher, DA XIV (1958) S. 500ff., speziell S. 504]. | [47]) Ausgabe: HOMEYER, Sachsenspiegel II, 1 S. 363—366. | [48]) Ausgabe: WILDA, Rhein. Museum VII S. 288—291. Zur Verbreitung vgl. STOBBE, Geschichte der dt. RQ I (1860) S. 389; STEFFENHAGEN, ZRG IV (1864) S. 202. | [49]) Ausgabe: WASSERSCHLEBEN, Das Prinzip d. Successionsordnung (1860) S. 125ff. [Ergänzungen: STEFFENHAGEN, a. a. O. S. 201f.]. | [50]) Vgl. EMIL STEFFENHAGEN, Die Bocksdorfschen Additionen, SB Wien 1885 S. 219—301; GUIDO KISCH, Dietrich v. Bocksdorffs *Informaciones* (Zur Sächs. Rechtsliteratur d. Rezeptionszeit I, 1923). | [51]) Ausgabe: HUGO BÖHLAU, Novae constitutiones domini Alberti (1858). | [52]) Ungedruckt. Vgl. THEOD. GOERLITZ, ZRG G LV (1935) S. 546f.; SachWB (1958) S. 640. | [53]) Ausgabe: HUGO BOEHLAU, Die Blume von Magdeburg (1868). | [54]) Ungedruckt. Beschreibungen bei GAUPP, Das Schlesische Landrecht (1828) S. 296—299, 311—316; HOMEYER, Der Richtsteig Landrechts S. 355—381 [mit Textproben]; HUGO BOEHLAU, a. a. O. S. 19—24. [55]) Vgl. HOMEYER, Über d. Informacio ex speculo Saxonum (Abh. Akad. Berlin 1856). | [56]) Ausgabe mit Übersetzung u. Facsimile-Wiedergabe d. einzigen Handschr. [aus der die Fehler berichtigt werden können]: MARKMANN/PAUL KRAUSE, Das Burger Landrecht (1938). | [57]) EUG. ROSENSTOCK, Ostfalens Rechtsliteratur (1912)

S. 92. | [58]) Vgl. GERH. BUCHDA, ZRG G LX (1940) S. 377—380. | [59]) Vgl. HEINR. DUNCKER, Krit. Besprechung der wichtigsten Quellen z. Geschichte der westfäl. Femgerichte, ZRG G V (1884) S. 116—197; TH. LINDNER, Die Veme (1886, ²1896), sowie die oben § 21 Anm. 27 aufgeführte Literatur. | [60]) Ausgabe: F. G. v. BUNGE, Altlivlands Rechtsbücher (1879). Zur textlichen Aufgliederung u. Datierung: LEO LEESMENT, Über d. Alter d. Livländ. Rechtsspiegels, ZRG G L (1930) S. 171—179; Abweichungen d. Livländ. Rechtsspiegels vom Sachsenspiegel, Gelehrte Estn. Gesellsch. XXX (Dorpat 1938) S. 348—358. | [61]) Ausgaben: LACOMBLET, Archiv f. d. Geschichte d. Niederrheins I (1832) S. 79ff.; EMIL DÖSSELER, Das Bergische Ritter- u. Landrecht, Düsseldorfer Jahrbuch XXXIX (1937) S. 109—227 [kommentiert ebd. von O. FUHRMANN]. | [62]) Vgl. G. v. BELOW, Die landständ. Verfassung in Jülich u. Berg II (1886) S. 1—48. | [63]) Ausgabe: GILLIODTS VAN SEVEREN, Coutume du Franc de Bruges I (1879) S. 455—502. | [64]) Vgl. HOMEYER, Sachsenspiegel II, 1 S. 104f. | [65]) Nachgedruckt von CHRISTIAN ULR. GRUPEN (1763). Ausgabe: J. J. SMITS, De Spiegel van Sassen of zoogenaamde Hollandsche Sachsenspiegel, Niewe Bijdragen voor Regtsgeleerdheid en Wetgeving XXII (1872) S. 5ff., 169ff. Vgl. W. VAN ITERSON, Het Leenrecht van den z. g. Hollandschen Saksenspiegel, Verslagen en Mededeelingen d. Vereeniging tot Uitgaaf der Bronnen van het Oud-Vaderlandsch Recht IX, 3 (1933/34) S. 205—248 [mit Abdruck d. modernen Kopie einer verschollenen Handschr.]; H. CHR. HIRSCH, Eine neu entdeckte, die zweite bekannte Handschr. d. Holländ. Sachsenspiegels, ZRG G LIX (1939) S. 253—263 [mit Synopse der Artikelüberschriften]. | [66]) Drucke zerstreut in v. RICHTHOFENS Sammlung (vgl. § 21 Anm. 15). | [67]) So von ihrem Herausgeber M. HETTEMA (1834f.) genannt. | [68]) Ausgabe: F. BISCHOFF, Steiermärk. Landrecht im MA (1875) [dazu Kr. Vjschr. XVIII S. 140—146]. | [69]) Vgl. STOBBE, Geschichte der dt. RQ I (1860) S. 554 [mit Verzeichnis älterer Drucke]. | [70]) Hrsg. von VOGEL (1867).

§ 25
Stadtrechtsbücher

1. Ein eigenartiger Zufall der Überlieferung hat es gewollt, daß die zeitliche Umgrenzung des ältesten Stadtrechtsbuchs mit der des ältesten Landrechtsbuchs präzis zusammenfällt: wie Eike von Repchows deutscher Sachsenspiegel ist auch das Mühlhäuser Reichsrechtsbuch frühestens 1224, spätestens 1230 entstanden[1]. Ursprünglich für die Reichsstadt Mühlhausen in Thüringen verfaßt, ist dieses selbständige und wertvolle Rechtsbuch in altmitteldeutscher Sprache noch im 13. Jahrh. in Nordhausen, im 14. in Eschwege rezipiert worden[2].

2. Seit der Mitte des 13. Jahrh. fand das Rechtsbücherwesen auch in anderen Städten Aufnahme. Diese literarische Bewegung zeigt sich am lebhaftesten in den Städten Magdeburger Rechts[a], wo sie mittelbar insofern an den Sachsenspiegel[b] anknüpft, als dieser in Magdeburg zur Herrschaft gelangt war. Unter vorzugsweiser Benutzung magdeburgi-

a) Vgl. § 20 Z. 3.
b) Vgl. § 24 Z. 1.

dem Magdeburger Weichbild geschöpfter vorwiegend privatrechtlicher Abschnitt II eingefügt (nachträglich noch ein Auszug aus der Weichbildvulgata vorausgeschickt und das Sachsenspiegel Lehnrecht angehängt). Von dem reichen Stoff vor allem des Zwickauer Rechtsbuchs zehrt das in nahezu 100 Handschriften überlieferte kompilatorische Meißner Rechtsbuch (auch „vermehrter Sachsenspiegel", „Schlesisches Landrecht" oder, wegen der Unterteilung der Kapitel, „Rechtsbuch nach Distinktionen" genannt), das umfassendste und am stärksten verbreitete Stadtrechtsbuch, welches nicht nur in Nord- und Mitteldeutschland, sondern auch in Polen, Böhmen und Mähren (tschechische Übersetzung) viel gebraucht wurde, wie es denn auch gemeines Stadtrecht „in sächsischer Art" zu schildern strebt. Es ist wohl in Zwickau selbst[15], jedenfalls in einer Landstadt der Mark Meißen zwischen 1357 und 1387 entstanden und beruht im wesentlichen auf dem Sachsenspiegel (*lantrecht*), einem Magdeburger Rechtsbuch (*wichbilde*), dem Zwickauer Rechtsbuch (*sechsisches wichbilde*) und dem Goslarer Stadtrecht (*keyserwichbilde* oder auch *keyserrecht*). Ein in 19 Handschriften überliefertes Reimnachwort[16] kann ursprünglich sein. Der Urfassung am nächsten steht eine Wolfenbütteler Handschrift in sieben Büchern[17]. Das Meißner Rechtsbuch gelangte frühzeitig in Preußen zu Ansehn. Noch vor 1400 wurde es dort durch ein vornehmlich aus dem glossierten Sachsenspiegel[d] und dem Magdeburger Dienstrecht[e] geschöpftes „Lehnrecht in Distinktionen"[18] ergänzt. Auf Grund des Meißner Rechtsbuchs, des glossierten Sachsenspiegels, des Schwabenspiegels, römisch-kanonischer Quellen, endlich auch des Eisenacher Stadtrechts stellte der Stadtschreiber und thüringische Chronist, seit 1394 Domherr und Schulmeister des Marienstifts zu Eisenach, Johann Rothe († 1434) in zehnjähriger Arbeit, die wohl 1394 abgeschlossen war, das „ältere Eisenacher Rechtsbuch" zusammen, von dem nur die ersten drei Bücher vollendet oder erhalten geblieben sind[19]. Davon ist das nur in einer romanisierenden Überarbeitung des Stadtschreibers Johann Purgoldt von 1503/04 (deren Originalhandschrift vorliegt) auf uns gekommene „jüngere Eisenacher Rechtsbuch"[20] zu unterscheiden.

Ansonsten sind es recht eigentlich die preußischen und posenschen Städte, welche die sächsisch-magdeburgische Rechtsbücherliteratur gegen Ende des 14. und während des 15. Jahrh. fortsetzen. Von 1400 bis 1402 schuf der Thorner Stadtschreiber Walther Eckhardi aus Bunzlau, in Opposition gegen die „Römerei", aus der systematischen

d) Vgl. § 26 Z. 2.
e) Vgl. § 23 Z. 2 mit Anm. 4.

Fassung der Magdeburger Fragen, dem „Alten Kulm", dem glossierten Sachsenspiegel[d], dem Magdeburger Weichbild, dem Meißner Rechtsbuch und dem Lehnrecht in Distinktionen eine neue Kompilation: die Neun Bücher Magdeburger Rechts[21]. Eine durchgreifende Umarbeitung erfuhr dieses Werk, vielleicht durch den Verfasser selbst, gegen 1408 (von dem Königsberger Notar ALBERT POELMANN 1574 herausgegeben, daher auch unter dem Namen „Poelmannsche Distinktionen" zitiert)[22]; eine zweite, speziell für Preußen berechnete und romanisierende durch Johannes Lose um 1444 wahrscheinlich zu Königsberg[23]. Handschriftlich meist mit den Neun Büchern sowie anderen Stücken („Etliche Willküren", „Erbrechtsregeln") verbunden, aber nicht von älteren Rechtsbüchern beeinflußt, sind die Landläufigen Kulmischen Rechte in 117 Kapiteln[24], die um die Mitte des 15. Jahrh. in Danzig zusammengestellt, im 16. ins Lateinische übersetzt wurden. Auf diesen beiden Werken wieder sowie dem Meißner Rechtsbuch und lokalen Rechtsaufzeichnungen beruht das ebenfalls noch im 15. Jahrh. entstandene „Danziger Schöffenbuch"[25]. Das zwischen 1338 und 1470 (vielleicht vor 1402) zusammengestellte „Elbinger Rechtsbuch" in 67 Kapiteln dagegen hat primär den Schwabenspiegel zugrunde gelegt, daneben das Meißner Rechtsbuch ausgiebig herangezogen und auch Magdeburger Quellen benutzt[26].

Nur durch seine gemeinrechtliche Tendenz und durch die sächsische Herkunft seiner deutschrechtlichen Bestandteile schließt sich den bisher besprochenen Stadtrechtsbüchern das 1399 begonnene (noch ungedruckte) sogenannte Liegnitzer Stadtrechtsbuch des bereits erwähnten Nicolaus Wurm[f] an; ein im übrigen ganz eigentümliches Werk, eine „jurisprudentia Romano-Germanica" mit besonderer Berücksichtigung des Stadtrechts (jedoch nicht desjenigen von Liegnitz) in Form von Fragen des Schülers Menius und Antworten des Lehrers Gayus. Obwohl im Register auf 66 Artikel berechnet, bricht es in den vier erhaltenen Handschriften bereits mit art. 30 ab. Da auch die *hundert regeln des keyserrechtis*, die der Verfasser des „Rechten Weges" aus ihm entnommen hat, nur 30 Artikel kennen, darf angenommen werden, daß der ungemein fruchtbare Schriftsteller dieses sein letztes Werk nicht vollendet hat[27].

3. Eine weitere Reihe von Stadtrechtsbüchern setzt sich aus Werken zusammen, die sich (wie das schon besprochene Mühlhäuser Reichs-

f) Vgl. § 24 Z. 4 mit Anm. 52.

rechtsbuch) auf die Darstellung des in bestimmten einzelnen Städten geltenden Rechts beschränken. Einige davon stehen der vorigen Klasse noch insofern nahe, als unter ihren Materialien der Sachsenspiegel und andere sächsische Quellen sich befinden. Am meisten ist das beim Berliner Schöffenrecht (gegen 1397)[28] der Fall sowie bei dem von Herford aus dem 14. Jahrh.[29] Aber auch das Prager Stadtrechtsbuch aus dem gleichen Jahrh. (nach 1341)[30], welches das sächsische mit dem Iglauer Recht zu verschmelzen sucht, gehört hierher, und das große *Rechtpuech nach Ofner stat rechten* in 441 Kapiteln (zwei von verschiedenen Verfassern stammende Teile von 1405/13 und 1421)[31] insofern, als es Magdeburger Recht benutzt.

Unabhängig von den bisher erörterten Rechtsbüchern ist das 1296—1307 entstandene Freiberger Stadtrechtsbuch[32], das in 49 ausführlichen Kapiteln einen gewohnheitsrechtlichen Stoff von ungewöhnlichem Reichtum, u. a. auch zahlreiche Formeln verarbeitet. Übrigens bleiben solche ganz und gar selbständige Stadtrechtsaufzeichnungen Seltenheiten. Unter den späteren ragt durch Originalität wie durch Umfang das unvollendete Rechtsbuch der holländischen Stadt Briel hervor (fünf in ausführliche Kapitel eingeteilte „Traktate"), welches um 1404 der Stadtklerk Meister Jan Mathijssen († vor 1423) verfaßt hat[33]. Auch der Frankfurter *Baculus iudicii* aus dem 15. Jahrh.[34] darf hier nicht übergangen werden.

4. Eine kleine Gruppe von Stadtrechtsbüchern lehnt sich an den Schwabenspiegel an. Hierin am weitesten geht die aus Schwabenspiegel und Frankenspiegel kompilierte *Beschreibung der gewonheiten der stat Frankenberg*[35], welche gegen 1493 der rechtsgelehrte Schöffe Johann Emmerich für seine Heimatstadt zusammengestellt hat; auch im oberhessischen Alsfeld hat sie in Anwendung gestanden. Neben lokalen Quellen, insbesondere städtischem Gewohnheitsrecht, den Schwabenspiegel benutzt hat der Vorsprecher Ruprecht von Freising für sein 1328 vollendetes Freisinger Stadtrechtsbuch[36], das in einer Bearbeitung des 15. Jahrh. dem Schwabenspiegel unmittelbar verbunden wurde[37]. Dagegen erst nachträglich aus dem Schwabenspiegel interpoliert ist das Wiener Stadtrechtsbuch[38], verfaßt wohl im zweiten Viertel des 14. Jahrh. in systematischer Anlage, öfter überarbeitet und durch seine Selbständigkeit eines der wichtigsten Stadtrechtsbücher.

5. Noch seltener und erklärlicherweise viel später als die letztgedachten Stadtrechtsschriften sind Privataufzeichnungen des Rechts von persönlichen Verbänden[g]. Die lehrreichsten fallen ganz ans Ende unserer Periode: das kleine „Rechtsbuch der Wiener Münzerhausgenossen" ca. 1450[39] und der sogenannte „Leitfaden für die Älterleute des deutschen Kaufmanns zu Brügge", von einem Klerk des Kontors im Jahre 1500 geschrieben[40].

g) Vgl. § 23.

1) Eckhardt, Die Entstehungszeit d. Mühlhäuser Reichsrechtsbuches, DA XV (1959) S. 441—463. | 2) Vortreffliche Ausgabe mit Übersetzung: Herbert Meyer, Das Mühlhäuser Reichsrechtsbuch (¹1923, ³1934). Daselbst in der Einleitung S. 75ff., 83ff., 86ff. Nachweis des Geltungsbereichs. Die Eschweger Statuten jetzt bei Eckhardt, Quellen z. RG d. Stadt Eschwege I (1959) S. 281—294. | 3) Ausgaben: P. Laband, Magdeburger RQ (1869) S. 32—69; Eug. Rosenstock, Ostfalens Rechtsliteratur unter Friedrich II. (1912) S. 13—53. Vgl. Eckhardt, Rechtsbücherstudien III (1933) S. 66—69. | 4) Ausgabe: P. Laband a. a. O. S. 14—26 bzw. S. 70—132. Vgl. Hugo Loersch, Ein Stück Magdeburgischen Rechts aus d. Harffer Handschr., ZRG XI (1873) S. 293—296 [dazu Märta Åsdahl Holmberg, Der Harffer Sachsenspiegel v. J. 1295 (1957) S. 7ff.]; Eckhardt, a. a. O. S. 69—72. 5) Eine zureichende Ausgabe fehlt und kann durch das Nebeneinanderbenutzen der nachstehend genannten nicht ersetzt werden: J. Fr. Ludovici, Das Sächs. Weichbild (1721); W. v. Thüngen, Das Sächs. Weichbildrecht (1837); A. v. Daniels, Dat buk wichbelde recht (1853); A. v. Daniels/Fr. v. Gruben, Das Sächs. Weichbildrecht, Jus municipale Saxonicum (1857; Neuausgabe unter Anfügung d. Weichbildglosse 1858). Vgl. E. Th. Gaupp, Das alte Magdeburgische u. Hallische Recht (1826); Emil Steffenhagen, Über eine noch unbekannte Form d. Sächs. Weichbildrechts, ZRG XII (1876) S. 1—37; SachWB S. 693. | 6) Ausgabe: Otto Meinardus, Das Neumarkter RB u. andere Neumarkter RQ (1906) [dazu Ferd. Frensdorff, GGA 1907 S. 977—1001]. Literatur verzeichnen Homeyer/Eckhardt, Die dt. RB d. MA ³I (1934) S. 13, u. Theod. Goerlitz, Zum Jahr 1181 d. Hallischen Rechtsmitteilung an Neumarkt, ZRG G LVI (1936) S. 378—380. 7) Ausgabe: P. Laband, Das Magdeburg-Breslauer System. Schöffenrecht (1863). Vgl. Theod. Goerlitz, Die Breslauer Rechtsbücher d. 14. Jahrh., ZRG G LIX (1939) S. 136—164; SachWB S. 1258. | 8) Ausgabe: Herrmann Wasserschleben, Sammlung dt. RQ I (1860) S. 1—79. Vgl. Theod. Goerlitz, Die Gubener Handschr. d. Glogauer RB, ZRG G LXIV (1944) S. 319—326 [mit Abdruck d. Lehnrechts]. | 9) Vgl. Theod. Goerlitz, Das Rechtsbuch d. Stadt Posen, ZRG G LX (1940) S. 143—196. | 10) Vgl. Hugo Böhlau, Die *Summa Der rechte Weg gnant*, ZRG VIII (1869) S. 165—201; Theod. Goerlitz, Der Verfasser der Breslauer Rechtsbücher *Rechter Weg* u. *Remissorium*, Zeitschr. d. Vereins f. Geschichte Schlesiens LXX (1936) S. 195ff.; Franz Klein-Bruckschwaiger, Die Magdeburger Schöffensprüche f. Breslau in Kaspar Popplaus *Rechtem Weg*, ZRG G LXVI (1948) S. 440—477. | 11) Ausgabe: C. K. Leman, Das alte Kulmische Recht (1838). | 12) Ausgabe: J. Fr. Behrend, Die Magdeburger Fragen (1865). Vgl. Ferd. v. Martitz, Die Magdeburger Fragen, ZRG XI (1873) S. 401—431. | 13) Ausgabe: Herrm. Wasserschleben, Alphabetische Sammlung Magdeburger Schöffensprüche, in Dt. RQ d. MA (1892) S. 1—144. | 14) Ausgabe mit Übersetzung: Hans Planitz/Günth. Ullrich, Zwickauer Rechtsbuch (GR NF 1941). Vgl. Hans

Planitz, Das Zwickauer Stadtrechtsbuch, ZRG G XXXVIII (1917) S. 321—366 [mit Teilabdruck]. | [15]) Günth. Ullrich, Zu den Quellen d. Meißner Rechtsbuches, Deutschrechtl. Archiv I (1940) S. 87—96. | [16]) Gerh. Eis, Das Reimnachwort im Meißner Rechtsbuch, ebd. S. 67—86. | [17]) Unzureichende Ausgabe: Friedr. Ortloff, Das Rechtsbuch nach Distinctionen (1836) [mit Heranziehung d. erwähnten Handschr.]. Vgl. E. Th. Gaupp, Das Schlesische Landrecht (1828); Wilh. Weizsäcker, Zur Geschichte d. Meißner Rechtsbuchs in Böhmen u. Mähren, ZRG G LVIII (1938) S. 584—614. | [18]) Vgl. Homeyer, Sachsenspiegel II, 1 S. 101—103 mit Textprobe S. 367f.; Steffenhagen, Dt. Rechtsquellen in Preußen (1875) S. 137f. | [19]) Ausgabe mit Übersetzung: Peter Rondi (u. Eckhardt), Eisenacher Rechtsbuch (GR NF 1950). Ältere Ausgabe: Friedr. Ortloff, a. a. O. S. 625—756. Vgl. auch v. Strenge/Devrient, Die Stadtrechte v. Eisenach, Gotha u. Waltershausen (1909) S. 19*ff.; Cl. Frhr. v. Schwerin, Der sogenannte zweite Teil d. Richtsteigs: Eisenacher Rechtsfälle, Festschr. Ad. Zycha (1941) S. 285—311 [mit Textabdruck]. | [20]) Ausgabe: Friedr. Ortloff, Das Rechtsbuch Johannes Purgoldts nebst statutar. Rechten v. Gotha u. Eisenach (1860). | [21]) Vgl. Emil Steffenhagen, Die neun Bücher Magdeburger Rechts (1865), u. Dt. Rechtsquellen in Preußen vom 13. bis z. 16. Jahrh. (1875) S. 138—200. | [22]) Ebd. S. 138—156, 169—200. | [23]) Ebd. S. 139, 142f., 162—169. | [24]) Ebd. S. 211—226. | [25]) Ausgabe: M. Toeppen, Danziger Schöffenbuch (Progr. Danzig 1878). | [26]) Vgl. Steffenhagen, a. a. O. S. 118—137. | [27]) Theod. Goerlitz, Eine unbekannte Handschr. von Wurms Stadtrechtsbuch u. anderen Rechtsbüchern, ZRG G LV (1935) S. 546f. [28]) Hrsg. von P. Clauswitz in Das Berlinische Stadtbuch aus d. Ende d. 14. Jahrh. (1883) S. 93—192. | [29]) Hrsg. in Wigands Archiv II (1827). | [30]) Ausgabe: E. Fr. Rössler, Dt. Rechtsdenkmäler aus Böhmen u. Mähren I: Das altprager Stadtrecht aus d. 14. Jahrh. (1845). | [31]) Ausgabe: v. Michnay/Lichner, Ofn. Stadtrecht (1845). | [32]) Vortreffliche Ausgabe: Hubert Ermisch, Das Freiberger Stadtrecht (1889) S. 3—266. | [33]) Hrsg. von Fruin/Pols, Het rechtsboek van den Briel, in Werken I, 1 (1880). Vgl. Verslagen en mededeelingen 1885 S. 419—427. | [34]) Hrsg. von J. G. Chr. Thomas, Der Oberhof z. Frankfurt a. Main (1841) S. 222—254. [35]) Lückenhafte Ausgabe: Friedr. Chr. Schmincke, Monimenta Hassiaca II (1748) S. 669—756. Vgl. Herm. Diemar, Die Chroniken d. Wigand Gerstenberg v. Frankenberg (1909) S. 16*f.; Werner Spiess, Verfassungsgeschichte d. Stadt Frankenberg a. d. Eder im MA (1930) S. 8f. u. 28ff. | [36]) Ausgabe mit Übersetzung: Hans-Kurt Claussen, Freisinger Rechtsbuch (GR NF 1941). Vgl. H. K. Claussen, Deutschrechtl. Archiv I (1940) S. 1—66. | [37]) Ausgabe: G. L. v. Maurer, Das Stadt- u. d. Landrechtsbuch Ruprechts v. Freysing (1839). | [38]) Ausgabe: Heinr. Maria Schuster, Das Wiener Stadtrechts- oder Weichbildbuch (1873). [39]) Hrsg. in Geschichtsquellen d. Stadt Wien I Nr. 148. | [40]) Hrsg. von K. Koppmann (1875).

§ 26

Jurisprudenz

1. Bei der gewaltig anwachsenden Menge des geschriebenen Rechts stellte sich im Spätmittelalter das Bedürfnis nach geordneten Sammlungen der für die Praxis verwertbaren Schriftwerke heraus. Und nun wiederholt sich der Vorgang, der sich schon in der Frühzeit der Denkmäler ereignet hatte: die Sammler nehmen mehr oder weniger eingreifende Umgestaltungen mit den gesammelten Texten vor, so daß die Sammlung sich der Kompilation nähert, zwischen Sammlung und Rechtsbuch Übergänge stattfinden.

In Friesland setzen sich solche Sammlungen vom 13. bis ins 16. Jahrh. fort, im Emsgau und in Rüstringen auch in niedersächsischen Bearbeitungen unter starker Einmengung römisch- und kanonischrechtlicher Bestandteile[1]. Zuweilen treten sie unter individuellen Titeln auf, welche sie sich selbst oder welche ihnen die Benutzer gegeben haben, wie z. B. das *Vetus ius Frisicum* gegen Schluß des 13. Jahrh.[2] oder eine Rüstringer Sammlung friesischer Rechtstexte, die unter dem Namen des „Asegabuches" (*asebok, asingebok*) ging[3].

Gesammelt wurden auch Gerichtsurteile, und zwar nicht nur von den urteilenden Gerichten, sondern auch (als Präjudizien) von den das Recht bei einem Oberhof holenden. Diese Sammlungen (*libri sententiarum*) wurden dann bearbeitet, teils dadurch, daß man sie systematisch unter bestimmten Rubriken ordnete, teils indem man sie exzerpierte, der urkundlichen Form entkleidete[a]. Sammlungen dieses Inhaltes waren namentlich in den Tochterstädten des Magdeburger Rechts beliebt, wo sie Stadtrechtsbücher wie das Systematische Schöffenrecht und die Magdeburger Fragen[b] vorbereiteten. Als das älteste Präjudizienbuch, welches unter Verweisung auf die Originalbriefe Magdeburger Schöffensprüche noch in chronologischer Reihenfolge, jedoch zu Anfang schon abgekürzt vereinigt, mag das 1334 angefangene zu Stendal[4] hervorgehoben werden. Außerhalb des magdeburgischen Rechtskreises bietet die älteste Sammlung von Iglauer Schöffensprüchen (vor 1360)[5] ein Beispiel dar für die Bearbeitung des Urteilsbuches eines Oberhofs; in anderer Weise das unter dem Einfluß der kanonistischen Summenliteratur seine Rubriken alphabetisch ordnende und dem einheimischen Material eine Menge von fremdrechtlichen beimischende Schöffenbuch von Brünn (*Manipulus vel directorium iuris civilis*) aus dem Jahre 1353, verfaßt von dem auch sonst als juristischer Schriftsteller tätigen Stadtschreiber Johann von Gelnhausen[6], im 14. und 15. Jahrh. mehrfach umgestaltet.

2. Weniger fürs Erkunden des deutschen Rechts als für die Rezeptionsgeschichte des fremden belangreich sind die Glossen, welche seit dem frühen 14. Jahrh. hauptsächlich in Norddeutschland zu viel

a) Vgl. § 2 Z. 6 mit Anm. 30.
b) Vgl. § 25 Z. 2 mit Anm. 7 u. Anm. 12.

benutzten Rechtsbüchern und Sammlungen geschrieben worden sind. Ihre Vorbilder sahen die Verfasser in den Glossenwerken der italienischen Jurisprudenz, und das römische oder Kaiserrecht und das päpstliche Recht vor anderen verwerten die meisten zur Erläuterung der deutschen Texte. Dabei aber geht ihre Absicht anfangs nicht nur auf Erklärung des einheimischen Rechts, sondern auch auf Sicherung desselben durch den Nachweis seiner Übereinstimmung mit den *leges* und *canones*, später auf Verschmelzung des einheimischen mit dem fremden Recht. Die Sprache der älteren Glossen ist die deutsche; lateinische Glossen treten erst im 15. Jahrh. auf.

Die Hauptgruppe unter allen Glossen ist diejenige, welche sich seit Johann von Buch um den Sachsenspiegel gebildet hat[c]. Der Sohn des markgräflichen Truchsessen Nicolaus von Buch und Bologneser Student von 1305 erscheint 1321 unter den *militares* der Vogtei Tangermünde und steht bis 1333 in engen Beziehungen zu Herzog Otto dem Milden von Braunschweig; seitdem begegnet er als *familiaris consiliarius* Ludwigs des Bayern und seines gleichnamigen Sohnes, 1335 als Hofrichter und *capitaneus generalis* der gesamten Mark; noch 1355 ist er am markgräflichen Hofe nachzuweisen[7]. Die erste Fassung seiner niederdeutschen Glosse zum Sachsenpiegel Landrecht ist bald nach 1325 vollendet worden. Sie schöpft vorwiegend aus dem Corpus juris civilis samt Accursischer Glosse[8], hat aber auch die kanonistische Glosse[9] verwertet und gelegentlich märkische Rechtsgewohnheiten angeführt[10]. Die lateinische Versio vulgata des Sachsenspiegels hielt der Glossator für ein Privileg Karls des Großen von 810[11], das Eike von Repchow bald danach ins Deutsche übertragen habe. In dem Mehrbestand des lateinischen Textes gegenüber Eikes ältester Fassung, die er richtig als solche erkannte, erblickte er nach-eikesche Zusätze der Kaiser Otto I. (III 82 § 2—84), Otto II. (III 85 u. 86) und Friedrich I. (III 87—91, I 26); in dem Mehrbestand der deutschen Texte dagegen (Reimvorrede, Prolog, I 7—14, I 36, III 74) eigenmächtige Zutaten Eikes. Da sein Bestreben anfangs dahin ging, nur das vermeintliche Privileg Karls des Großen herzustellen und zu kommentieren[12], ließ er die überschießenden Artikel in Text und Glosse weg; sie wurden jedoch nicht selten von Abschreibern aus unglossierten Handschriften nachgetragen und entweder am Schlusse des Ganzen angehängt oder gehörigen Orts in den Text eingereiht[13]. Johann von Buch selbst holte bei einer Neuausgabe seines Kommentars, der er einen gereimten lateinischen und deutschen

c) Vgl. § 24 Z. 4.

Prolog vorausschickte[14], die Glossierung der meisten Artikel nach (so daß, außer den Vorreden, nur noch I 36, III 88—91 und der ursprüngliche Schlußtitel III 51 unglossiert blieben). Die vereinzelt auftretenden Glossen zu diesen Stücken stammen von anderen Autoren. So hat Nicolaus Wurm, wie an anderen Werken[d], auch an der Buchschen Glosse herumgebessert und die Titel III 88—91 mit einer eigenen Glosse versehen[15]. So hat der Lüneburger Ratsherr Brand von Tzerstede eine von ihm 1442 hergestellte Revision um eine Glosse zu der (1232/35 entstandenen, aber erst später dem Sachsenspiegel eingefügten) Vorrede „Von der Herren Geburt" bereichert[16]. Die „Petrinische Glosse" trägt ihren Namen von dem in der Originalhandschrift genannten Bearbeiter Petrus von Posena (erste Hälfte des 15. Jahrh.); gleich der „Tzerstedischen" ist sie keine Umarbeitung, sondern bringt nur Zusätze, von denen die Glossen zu I 36 und III 88—91 ihr eigentümlich sind[17]. Andere Mehrungen (so die Glosse zu III 51) teilt sie mit der von Dietrich von Bocksdorf († 1461) bei seiner Revision zugrunde gelegten Fassung[18]. Der zur Originalhandschrift der Petrinischen Glosse gehörige Textband und diese selbst wurden in der zweiten Hälfte des 15. Jahrh. in Stendal mit einer neuen, durchaus selbständigen „Stendaler Glosse" versehen, welche, teils in deutscher, teils in lateinischer Sprache abgefaßt, sich gleichmäßig auf den lateinischen und deutschen Landrechtstext, auf die Petrinische Glosse, auf das Lehnrecht, auf das Magdeburger Weichbild (in sechs Büchern) und ansatzweise auch auf den Richtsteig Lehnrechts erstreckt. Der Glossator, der seinen Kommentar teilweise an den Rand, teilweise zwischen die Zeilen schrieb, benutzte außer der Glossa ordinaria zum Corpus juris civilis zahlreiche Juristenschriften, ferner die Lombarda, die Bibel, Kirchenväter, klassische Autoren, daneben aber auch die Buchsche Glosse, Magdeburger Schöffensprüche und märkische Gewohnheiten (Auszüge im Augsburger Druck von 1516)[19]. In den meist mit der „Bocksdorfschen Glosse" verbundenen, wohl von Dietrichs Bruder Tammo von Bocksdorf stammenden „Bocksdorfschen Additionen" ist, außer anderen Materialien, insbesondere der Leipziger und Magdeburger Schöffenpraxis, auch die Stendaler Glosse herangezogen worden[20].

Die Glosse zum Sachsenspiegel Lehnrecht ist nach der zum Landrecht und vor 1386 entstanden. Sie folgt in ihrer Anlage durchaus der Buchschen Landrechtsglosse, die sie weitgehend ausgeschrieben hat, zieht auch das Landrecht des Sachsenspiegels sowie römisch-kanonisches Recht und das langobardische Lehnrecht bei, ist jedoch, abweichend

d) Vgl. § 24 Z. 4, § 25 Z. 2.

von der Landrechtsglosse, mitteldeutsch abgefaßt und schon aus diesem Grunde nicht als das Werk Johann von Buchs zu erachten[21]. Auch die Lehnrechtsglosse hat Nicolaus Wurm 1386 einer mehrenden Bearbeitung unterzogen[22].

Weitere Glossen beziehen sich auf das Weichbild[23], darunter eine solche, welche das fremde Recht unberücksichtigt läßt. Andere Quellen, denen noch im Mittelalter eine Glosse zuteil wurde, sind die Constitutio Moguntina von 1235[e], eine friesische Rechtssammlung unter dem Namen des „westerlauwerschen Landrechts"[f], das Hamburger Stadtrecht von 1497[g]. Von den jüngeren Arbeiten gleichen Stils seien als Beispiel die romanisierenden Bearbeitungen der Bremischen Statuten von 1433 genannt[24].

3. Mehr noch als die Glossen verharren in dienender Rolle gegenüber den Rechtsschriften, worauf sie sich beziehen, die Repertorien (Schlüssel, Abecedarien, Remissorien, Register, Vokabulare), welche die systematisch zusammengehörigen Sätze bald einer, bald mehrerer Quellen (Rechtsbücher und Glossen), bald auszugsweise, bald in vollem Wortlaut unter alphabetisch angeordneten Rubriken vereinigen. Auch hiervon können nur typische Beispiele genannt werden: der „Schlüssel des (sächsischen) Landrechts", der den gesamten Stoff des Sachsenspiegel Landrechts, der Landrechtsglosse und des Schwabenspiegels in alphabetischer Folge verarbeitete und in erster Fassung vor 1421, in letzter 1432 abgeschlossen vorlag[25]; das „Erlanger Promptuarium" des 15. Jahrh., das „Greifswalder Abecedarium" aus dem Jahre 1400, das „Abecedarium von *achte* bis *wunden*", dessen älteste Handschrift von 1414 stammt und das in der Gegend von Northeim, Moringen, Hildesheim beheimatet scheint[26]; die Remissorien des Tammo von Bocksdorf von 1426 und des Dietrich von Bocksdorf aus der Mitte des 15. Jahrh.[27]; das Sachsenspiegel-Register des Nicolaus Amelung zu Werben[28]; die *Vocabula collecta ex latino speculi Saxonum* und der *Vocabularius Arra*[29].

4. Die Formelbücher setzen zunächst die Formular-Literatur der vorausgegangenen Periode[h] fort[30]. Quantitativ überwiegen unter den Formelwerken nach wie vor die Mustersammlungen für Urkunden und Briefe. Dabei wird nun aber eine strengere Scheidung der verschiedenen Geschäftsarten durchgeführt, auch wohl Formelbücher für den Gebrauch

e) Vgl. § 24 Z. 4 mit Anm. 51.
f) Vgl. § 21 Z. 2 mit Anm. 15.
g) Vgl. § 20 Z. 5 mit Anm. 38.
h) Vgl. § 7 Z. 7.

bestimmter Kanzleien angelegt[31]. Es werden ferner die theoretischen Zutaten weiter ausgesponnen, so daß einleitende und Inzident-Abhandlungen entstehen und das Formelbuch die Eigenschaft eines Lehrbuchs (*Ars, Summa dictaminis*) annimmt[32]. Zuletzt wächst aus dem Formelbuch das Lehrbuch der Notariatskunst (*Tractatus de arte notariatus* oder *publici notarii*) heraus[33]. Beträchtlich wird die Menge derartiger Quellen vom 13. Jahrh. an[34]. Seit dieser Zeit macht sich auch der Einfluß italienischer Formelbücher stark bemerkbar.

Neben den Mustern für Urkunden stehen die Formeln für mündliche Rechtshandlungen, im Frühmittelalter nicht mehr bloß Ordines judiciorum Dei[35], sondern auch Krönungsformeln[36], später Formeln für gerichtliche Geschäfte aller Art[37], wie die von HOMEYER veröffentlichten rheinischen Gerichtsformeln des 14. Jahrh.[38], die von ZOEPFL gedruckten Prozeßformeln des 15. Jahrh.[39], die niederländischen *dingtalen*[40], die Eschweger und die Witzenhäuser Halsgerichtsordnung[41], die Femgerichtsformeln[42], der friesische *fiaêd*[43] und eine ebensolche Klageformel[44]; aber auch Formeln für außergerichtliche Handlungen wie Trauformeln[45] und Eidformeln[46].

5. In geradem Gegensatz zu den Sammlungen, Glossen, Repertorien, Formelbüchern nicht nur, sondern auch zu den Rechtsbüchern entwickelte sich in den beiden letzten Jahrhunderten des Mittelalters aus Anlaß der staatskirchenrechtlichen Kämpfe eine Literatur, die ihre Ausgangspunkte nicht sowohl im gegebenen Rechte als in theologischen und philosophischen Lehren suchte, mittels einer überwiegend spekulativen Methode ein staatskirchenrechtliches System zu politischen Zwecken zu konstruieren strebte, sich zunächst an gelehrte Leserkreise wandte, daher auch der lateinischen Sprache sich bediente. Der Charakter dieser publizistischen Literatur bringt es mit sich, daß selbst die von Deutschen oder in Deutschland verfaßten Schriften ihrer Richtung, angefangen bei Jordanus von Osnabrück[47] (ca. 1280) und Alexander von Roes[48] bis hin zu Peter von Andlau († nach 1475)[49] als Denkmäler deutschen Rechts nur ein untergeordnetes Interesse beanspruchen können, wie hoch man auch ihr Eingreifen in die wissenschaftliche, politische und kirchliche Bewegung jenes Zeitalters[i] veranschlagen mag.

i) Aus dem 13. Jahrh. sei noch genannt: Engelbert von Admont; aus der Zeit Ludwigs des Bayern: Lupold von Bebenburg [vgl. R. MOST, DA IV (1940) S. 444—485; SABINE KRÜGER, DA X (1954) S. 96—131], Wilhelm von Occam, Marsilius von Padua [Defensor pacis hrsg. von RICH. SCHOLZ MGH Fontes I (1932), II (1933)] und Konrad von Megenberg [Planctus ecclesiae hrsg. von

6. Die Achtbarkeit, ja Bewunderungswürdigkeit mancher literarischer Leistungen der Rechtsbücherperiode darf uns nicht über die Wahrheit hinwegtäuschen, daß, soweit es auf die Kraft des nationalen Rechtslebens ankommt, seit dem Interregnum eine Periode des Verfalles einsetzt. Das Bedürfnis nach einer so umfangreichen Literatur ist ein verlässiges Zeichen dafür, daß das Recht im Begriff war, dem Gedächtnis des Volkes zu entschwinden. Die Arbeitsteilung war eben so weit gediehen, daß die Kunde des Rechts sich in engere Kreise zurückziehen mußte, daß die zu seiner Anwendung Berufenen eines populären Unterrichts bedurften. Eben darum tritt auch die Idee des Volksrechts zurück: das Recht wird (im Ansatz schon bei Eike)[k] als Erfindung und Lehre bestimmter Individuen aufgefaßt.

Die letzte Folge des so gekennzeichneten Zustandes war der Ersatz des Volksgerichts durch das gelehrte Gericht und unter der Gunst der politischen Verhältnisse und der gelehrten Legende jene Entnationalisierung des Rechts in Deutschland, die in der Rezeption des „Kaiserrechts"[50] oder der „Leges", d. h. des römischen Corpus juris als eines Gesetzbuchs gipfelte[51]. Nur frühere Stufen des Herabsteigens unseres Rechts aber sind bezeichnet durch die mit dem letzten Viertel des 13. Jahrh. einsetzenden partikularen Rezeptionen deutscher Rechtsbücher und Sammlungen. Erfreute sich einmal ein derartiges Werk in seiner Heimat eines gewissen Ansehns, so griff man nach ihm auch in Ländern, auf deren Bedürfnisse es gar nicht berechnet war. Nicht um das Fortwirken älterer Werke durch Vermittlung jüngerer[l] handelt es sich hier, sondern um den unmittelbaren Gebrauch der ersteren in der Praxis. Zeugnisse dafür sind die Übersetzungen, welche von den vornehmsten Rechtsbüchern in alle Hauptmundarten Deutschlands, ja sogar in fremde Sprachen für Deutsche in außerdeutschen Ländern veranstaltet wurden[m]. Nicht minder charakteristisch für die Unsicherheit des Rechtsgefühls im Spätmittelalter sind diejenigen Arbeiten, welche den Sachsenspiegel und den Schwabenspiegel nicht sowohl kompi-

Rich. Scholz MGH Staatsschriften II, 1 (1941)]; aus der zweiten Hälfte des 14. Jahrh. der Niederländer Philipp von Leyden; aus der ersten d. 15. Dietrich von Nieheim [Viridarium hrsg. von Alph. Lhotsky/K. Pivec MGH Staatsschriften V, 1 (1956); vgl. Lhotsky, SB Wien CCXXVI, 3 (1949) S. 93—121]. Auch der kurmainzische „Traktat über den Reichstag im 16. Jahrh." [hrsg. von Karl Rauch (1905)] verdient in diesem Zusammenhang Erwähnung.

k) Vgl. § 24 Z. 1.

l) Vgl. § 24 Z. 2 u. 3, § 25 Z. 2 u. 4.

m) Vgl. § 24 Z. 1 [Sachsenspiegel] u. 2 [Schwabenspiegel], § 25 Z. 2 [Meißner Rechtsbuch].

lieren als parallelisieren, wie dies vor allem im Lüneburgischen geschehen ist[52]. Von hier aus begreift sich eher, wie jene durch und durch subjektive, in Kompilationen der verschiedenartigsten Quellen experimentierende Schriftstellerei auf Beifall rechnen durfte, von der uns so manche Probe begegnet ist[n].

7. Daß die ganze hier gekennzeichnete literarische Richtung auf ein unbewußtes Verfälschen des überkommenen Rechts hinauslaufen mußte, braucht hier nur angedeutet zu werden. Bei der Schonungslosigkeit des Mittelalters gegen Schrifttexte und bei seiner Armut an Hilfsmitteln der Kritik erneuerte sich aber immer wieder auch die Versuchung zum bewußten Fälschen und zwar zunächst der Überlieferungsform. Spätere Beispiele dafür sind uns schon in der „Blume von Magdeburg"[o] und den „Magdeburger Fragen"[p] begegnet. Ein älteres und berühmteres ist die *Constitutio de expeditione Romana*, in ihrem Kern ein Aufsatz über die Reichsheerfahrt aus der ersten Hälfte des 11. Jahrh., dem in der Zeit Friedrichs I. ein Überarbeiter die Form eines Gesetzes Karls des Großen gegeben hat[q].

Indes schon längst waren und fortwährend wurden diese formellen Fälschungen an Massenhaftigkeit wie an Dreistigkeit überboten durch jene anderen, welche den Inhalt zugleich und die Form betrafen. Sind sie auch nicht Denkmäler gewordenen Rechts, so sind sie doch als Denkmäler des gewünschten und werdenden so wichtig, daß selbst ein Grundriß der mittelalterlichen Quellengeschichte sie nicht übergehen darf. Privilegienfälschungen zwar müssen sich schon die voraufgehenden Jahrhunderte vorwerfen lassen, und zu der ungezählten Menge ihrer Nachfolger während des Mittelalters steuert nicht nur Deutschland, sondern auch England ein gut Teil bei. Was aber im Gegensatz zur angelsächsischen der kontinental-deutschen Denkmälergeschichte eigentümlich, das sind die Fiktionen von Grundgesetzen ganzer Territorien und die gefälschten Hof- und Stadtrechte. Als Vertreter der ersten Gruppe mögen die angeblichen Privilegien Karls des Großen, Wilhelms von Holland und eines Kaisers Rudolf für Friesland angeführt werden, wodurch die Landeshoheit verdrängt, andererseits die um 1359 von Herzog Rudolf IV. gefälschten österreichischen Freiheitsbriefe, obenan das sogenannte *Privilegium maius*[53], wodurch die Landeshoheit vollendet

n) Vgl. § 24 Z. 4, § 25 Z. 2.
o) Vgl. § 24 Z. 4 mit Anm. 53.
p) Vgl. § 25 Z. 2 mit Anm. 12.
q) Vgl. § 23 Z. 2 mit Anm. 4.

werden sollte[r]; als Vertreter der zweiten Gruppe das unechte Gorzer Hofrecht von angeblich 765 (wohl aus dem 12. Jahrh.)[54] und die gefälschten Rechtsbriefe von Wiener Neustadt[55], Iglau und Prag[56]. Doch sind in überkritischem Eifer auch manche größeren Rechtsdenkmäler wie Urkunden zu unrecht als freie Erfindungen oder inhaltliche Verfälschungen verdächtigt worden[57].

r) Auch das ihm zugrunde liegende *Privilegium minus* von 1156 ist nicht unverdächtigt geblieben. Vgl. WILH. ERBEN, Das Privilegium Friedrichs I. f. d. Herzogtum Österreich (1902); MICHAEL TANGL, Die Echtheit d. österr. Priv. Minus, ZRG G XXV (1904) S. 258—286; HAROLD STEINACKER, MIÖG Erg. XI (1926) S. 205—239, u. HZ CL (1933) S. 268—289; KONR. HEILIG u. THEOD. MAYER in Kaisertum u. Herzogsgewalt im Zeitalter Friedrichs I. (1944) S. 19ff. bzw. 419ff.; HEINR. MITTEIS, Zur staufischen Verfassungsgeschichte, ZRG G LXV (1947) S. 317—325; ERICH SCHRADER, Zur Gerichtsbestimmung d. Priv. minus, ebd. LXIX (1952) S. 371—385; THEOD. MAYER, Das österr. Priv. minus, Mitteilungen d. Oberösterr. Landesarchivs V (1957) S. 9—60 [mit Literargeschichte d. Problems]; HEINR. FICHTENAU, Von der Mark zum Herzogtum, Grundlagen u. Sinn d. Privil. minus (1958).

1) Ausgabe: CONR. BORCHLING, Die nddt. Rechtsquellen Ostfrieslands I (1908). 2) Größtenteils gedruckt bei FRHR. v. RICHTHOFEN, Untersuchungen über Fries. RG I (1880) S. 26—63 [Vetus jus Frisicum], S. 63—74 [Hunsingoer Rechtshandschriften]. | 3) Ausgabe: T. D. WIARDA, Asega-Buch, ein alt-fries. Gesetzbuch der Rüstringer (1805). | 4) Kommentierte Ausgabe: J. FR. BEHREND, Ein Stendaler Urtheilsbuch aus d. 14. Jahrh. (1868). | 5) Hrsg. von J. A. TOMASCHEK, Der Oberhof Iglau u. seine Schöffensprüche (1868) Nrr. 1—219. | 6) Hrsg. von E. FR. RÖSSLER, Dt. Rechtsdenkmäler aus Böhmen u. Mähren II (1852). Vgl. B. BRETHOLZ, Johannes v. Gelnhausen (Zeitschr. d. Dt. Vereins f. Geschichte Mährens u. Schlesiens VII). | 7) Vgl. HOMEYER, Der Richtsteig Landrechts (1857) S. 28—42. | 8) EMIL STEFFENHAGEN, Joh. v. Buch u. d. Accursische Glosse (SB Wien 1922) S. 1—135. 9) Ders., Joh. v. Buch u. d. kanonische Glosse (SB Wien 1923) S. 1—55. | 10) HOMEYER, Sachsenspiegel ³I (1861) S. 112f. | 11) Vgl. K. SCHILLING, Das objektive Recht in d. Sachsenspiegel-Glosse (1931) S. 66—88. 12) ECKHARDT bei HOMEYER, Die dt. Rechtsbücher ³I (1934) S. 48—50. | 13) Material bei STEFFENHAGEN, Verzeichnis der Handschriften u. Drucke (SB Wien 1887) S. 309—370, u. Die Überlieferung d. Buch'schen Glosse (ebd.) S. 691—739; ERIKA SINAUER, Studien zur Entstehung d. Sachsenspiegelglosse, NA L (1935) S. 475—581 [unvollendet]; HELENE BINDEWALD, Studien zur Entstehung d. Sachsenspiegelglosse (Die Reihe I 7 bis 14 d. Sachsenspiegel-Landrechts), DA XV (1959) S. 464—515. | 14) HOMEYER, Der Prolog zur Glosse d. sächs. Landrechts (Abh. Berlin 1854); STEFFENHAGEN, Der Glossenprolog (SB Wien 1886) S. 3—43, u. Die Landrechtsglosse d. Sachsenspiegels nach d. Amsterdamer Handschr. I: Einleitung u. Glossenprolog (1925) S. 39—58 [dazu ECKHARDT, ZRG G XLVIII (1928) S. 476f.]. Weiteres nicht erschienen, so daß noch immer auf die in keiner Weise zureichenden älteren Ausgaben, zuletzt CARL WILH. GÄRTNER, Eykens v. Repgow Sachsen-Spiegel (1732), zurückgegriffen werden muß; die Ausgabe von B. J. L. BARON DE GEER VAN JUTPHAAS, De Saksenspiegel in Nederland II: Vermeerderde Tekst met de Glosse (1888), bringt nur Auszüge aus d. Glosse u. läßt die Allegate weg. | 15) Vgl. STEFFENHAGEN, Eine interpolierte Glossenhandschrift (SB Wien 1881) S. 47—83, insbes.

S. 51—58. | [16]) Vgl. STEFFENHAGEN, Die Tzerstedische Glosse (SB Wien 1884) S. 197—234; ERIKA SINAUER, Der Schlüssel d. sächs. Landrechts (1928) S. 222—263. [17]) Vgl. STEFFENHAGEN, Die Petrinische Glosse (SB Wien 1882) S. 753—804. [18]) Vgl. ECKHARDT, Eine unbekannte Handschr. sächs. Rechtsbücher, DA XIV (1958) S. 502f. | [19]) Vgl. STEFFENHAGEN, Die Stendaler Glosse (SB Wien 1882) S. 887—934. | [20]) Vgl. STEFFENHAGEN, Die Bocksdorf'schen Additionen (SB Wien 1885) S. 219—301, u. Zur Stendaler Glosse u. z. den Bocksdorfschen Additionen (ebd. 1911) S. 1—15. | [21]) Vgl. HOMEYER, Sachsenspiegel II, 1 S. 343—355. | [22]) Vgl. ebd. S. 355—363. | [23]) Ausgabe: A. v. DANIELS/FR. v. GRUBEN, Das Sächs. Weichbildrecht, Jus municipale saxonicum (1858). Vgl. STEFFENHAGEN, SB Wien 1881 S. 59ff., 1882 S. 888ff.; GUIDO KISCH, Leipziger Schöffenspruchsammlung (1919) S. 78*—100*. | [24]) Ausgabe wird von WALTER BARKHAUSEN vorbereitet. | [25]) Vgl. ERIKA SINAUER, Der Schlüssel d. sächs. Landrechts (1928) [dazu ECKHARDT, ZRG G XLIX (1929) S. 546—550]. | [26]) Vgl. H. G. PH. GENGLER, De codice saeculi XV Erlangensi inedito cui Promtuarium juris maximam partem a saxonicis romanisque fontibus repetitum inest (1854); STEFFENHAGEN, Die Fuldaer Glossenhandschrift (SB Wien 1886) S. 603—642 u. Das Preetzer Abcedarium mit d. Richtsteig Landrechts, Zeitschr. d. Gesellsch. f. Schleswig-Holstein-Lauenburg. Geschichte XXII (1892); ECKHARDT bei HOMEYER, Die dt. Rechtsbücher ³I (1934) S. 56f. u. S. 59f. [Nr. 88]. | [27]) Vgl. STOBBE, Geschichte der dt. RQ I S. 444f. | [28]) Vgl. BORCHLING/v. GIERKE bei HOMEYER, Die dt. Rechtsbücher ³II (1931) S. 115f. [Nr. 504]. [29]) GUIDO KISCH, Zwei Sachsenspiegel-Vokabularien, ZRG G XLIV (1924) S. 307—315. | [30]) Ein umfassendes Verzeichnis bei LUDW. ROCKINGER, Über Formelbücher v. 13. bis 16. Jahrh. als rechtsgeschichtl. Quellen (1855). Wichtigste Materialsammlung: ROCKINGER, Briefsteller u. Formelbücher d. 11. bis 14. Jahrh. (1863). Vgl. auch FRIEDR. HAUSMANN, Formularbehelfe der frühen Stauferkanzlei, MIÖG LVIII (1950) S. 68—96. | [31]) Beispielsweise der Reichskanzlei von Petrus de Vinea [vgl. ED. STHAMER, ZRG G XLVI (1926) S. 144], Johann von Gelnhausen [hrsg. von KAISER (1900)], Johann von Neumarkt [vgl. LULVÈS, Summa cancellaria d. Joh. v. Neumarkt (1891)]; ferner der auf einem Formelbuch der Kanzlei Rudolfs I. aufbauende bedeutende Baumgartenberger *Formularius de modo prosandi* [hrsg. von BÄRWALD, Fontes rer. Austr. II, 25 (1866); vgl. KRETZSCHMAR, Formularbücher aus d. Kanzlei Rudolfs v. Habsburg (1889)] und die auf Kanzleiformeln aus der Zeit Rudolfs I. u. Albrechts I. zurückgreifende *Summa curiae regis* [hrsg. von STOBBE, AÖG XIV S. 307ff.]. Ihr ist das Nürnberger Formularbuch von etwa 1323 anzureihen, das WILH. LEVISON [NA XXXII (1907) S. 424—456] behandelt hat. | [32]) An der Spitze steht die von einem Magdeburger Geistlichen um 1233/41 verfaßte *Summa prosarum dictaminis*; ihr folgt die um 1250 entstandene *Summa dictaminum* des Mag. Ludolf von Hildesheim, zu der im 14. Jahrh. kommentierende *Notabilia de arte dictandi* geschrieben wurden [sämtlich hrsg. von ROCKINGER, Briefsteller u. Formelbücher S. 203ff., 349ff., 969ff.; vgl. EUG. ROSENSTOCK, Ostfalens Rechtsliteratur (1912) S. 4—13, 54—70, u. dazu J. v. GIERKE, ZRG G XXXIV (1913) S. 541—543]. Als Beispiel einer Inzident-Abhandlung ohne Beigabe von Mustern sei genannt die *Summa de arte prosandi* des Mag. Konrad von Mure zu Zürich (1275/76) [hrsg. von ROCKINGER, ebd. S. 405ff.]. | [33]) Vgl. STEFFENHAGEN, Zur Literatur über d. Notariatswesen, ZRG IV (1864) S. 190—192. Hiervon sind die Imbreviaturbücher zu unterscheiden, welche nicht die Form, sondern den rechtsgeschäftlichen Gehalt der ausgestellten Notariatsurkunden fixieren wollen. Bedeutendstes Beispiel: HANS v. VOLTELINI/FRANZ HUTER, Die Südtiroler

Notariats-Imbreviaturen d. 13. Jahrh. I (1899) [dazu ALFR. SCHULTZE, ZRG G XXI (1900) S. 318—329], II (1951) [dazu HANS LENTZE, ebd. LXIX (1952) S. 498—500]. | 34) Nachweise bei STOBBE, Geschichte der dt. RQ I (1860) S. 446—452, II (1864) S. 157—164. Vgl. auch SCHRÖDER/v. KÜNSSBERG, Lehrbuch d. dt. RG (⁷1932) S. 770—772 u. 1067. | 35) Ausgabe: KARL ZEUMER, MGH Formulae (1882/86) S. 599—722. | 36) Vgl. WAITZ, Die Formeln d. dt. Königs- u. d. röm. Kaiserkrönung (1873); HANS SCHREUER, Über altfranzös. Krönungsordnungen, ZRG G XXX (1909) S. 142—192, XXXII (1911) S. 1—40, 312—315; PERCY E. SCHRAMM, Ordines-Studien, AUF XI, XIV—XVI (1930, 1937—1939), u. Der Salische Kaiserordo, DA I (1937); C. A. BOUMAN, Sacring and Crowning: The development of the latin ritual for the anointing of Kings and the coronation of an Emperor (Utrecht 1957); W. GOLDINGER, Das Zeremoniell d. dt. Königskrönung seit d. späten MA, Mitteilungen d. Oberösterr. Landesarchivs V (1957) S. 91—111. | 37) z. B. die Gerichtsformeln d. Dietrich v. Bocksdorff [hrsg von BÖHLAU, ZRG I (1861) S. 415—458], der *Cursus literarum scabinorum Noviomagensium* [hrsg. von KROM, Stadtrechten von Nijmwegen (1894) S. 454ff.], *Ladbrief und ander brief nach der schrann lauf ze Grecz* [hrsg. von F. BISCHOFF, Steiermärk. Landrecht im MA (1875) S. 176ff.]. | 38) DerRichtsteig Landrechts (1857) S. 327—338. Vgl. auch RICH. SCHRÖDER, ZRG X (1872) S. 188—258. | 39) Das alte Bamberg. Recht (1839) S. 129—136. | 40) FRUIN, De oudste rechten der stad Dordrecht I S. 357ff., II S. 291ff.; GATAMA, Drenthsche Rechtsbronnen S. 174ff.; POLS, Westfriesche Stadrechten I S. 143—174. | 41) ECKHARDT, Quellen z. RG d. Stadt Eschwege I (1959) S. 279—281, Quellen z. RG d. Stadt Witzenhausen (1954) S. 84—91. 42) P. WIGAND, Das Femgericht Westfalens (1825, ²1893) S. 229—244. | 43) FRHR. v. RICHTHOFEN, Friesische RQ (1840) S. 245f. | 44) Ebd. S. 341. | 45) RUDOLPH SOHM, Das Recht d. Eheschließung (1875) S. 319—321; CL. FRHR. v. SCHWERIN, Quellen z. Geschichte d. Eheschließung I (1925) S. 68. | 46) z. B. v. RICHTHOFEN, a. a. O. S. 488—491, oder die Judeneide. | 47) *De prerogativa Romani imperii*, überliefert nur im Rahmen des Memoriale, welches Alexander v. Roes 1281 dem Kardinal Jakob Colonna überreichte. | 48) Ausgabe (mit Übersetzung): HERB. GRUNDMANN/HERM. HEIMPEL, Die Schriften d. Alexander v. Roes, MGH Krit. Studientexte IV (1949) u. Staatsschriften I, 1 (1958). Vgl. GRUNDMANN, DA VIII (1950/51) S. 154—237. 49) Ausgabe: JOSEPH HÜRLIN, Der *Libellus de Cesareo monarchia* v. Hermann Peter aus Andlau, ZRG G XII (1891) S. 34—103, XIII (1892) S. 163—219. Vgl. ebd. XVI (1895) S. 41—62, XVIII (1897) S. 1—106. | 50) Vgl. HERM. KRAUSE, Kaiserrecht u. Rezeption (1952) [dazu HERM. CONRAD, ZRG G LXXI (1954) S. 432—434]. | 51) Vgl. P. KOSCHAKER, Europa u. d. röm. Recht (1947, ²1953) S. 124—141, 161—245. Die ältere Literatur ist bei SCHRÖDER/v. KÜNSSBERG, Lehrbuch d. dt. RG (⁷1932) S. 864f. verzeichnet. | 52) Beispiel: C. R. SACHSSE, Sachsenspiegel oder Sächs. Landrecht zusammengestellt mit dem Schwäbischen . . . (1848). 53) Feinsinnig gewürdigt von ALPH. LHOTSKY, Privilegium Maius (1957) [dazu KARL LECHNER, MIÖG LXVII (1959) S. 194—198]. | 54) Dazu SAUERLAND, Die Immunität von Metz (1877) S. 86f., 105f. mit Beilage X. | 55) Ausgabe u. Kritik: GUSTAV WINTER, Das Wiener-Neustädter Stadtrecht d. 13. Jahrh. (1880) [auch AÖG LX S. 73—292]. | 56) Über beide O. LORENZ, Dt. Geschichte im 13. u. 14. Jahrh. I (1863) S. 355—357. | 57) Vgl. beispielsweise JACQUES STIENNON, Étude sur le Chartrier et le Domaine de l'abbaye de Saint-Jacques de Liège 1015—1209 (Paris 1951) oder HANS STRAHM, Die Berner Handfeste (Bern 1953) [dazu die wohlabgewogenen Ausführungen KARL S. BADERS, ZRG G LXXII (1955) S. 194—205].

Sechster Abschnitt

METHODE

§ 27

Entfaltung

1. Die ersten wissenschaftlichen Bearbeitungen größeren Maßstabs[1], welche die Rechtsgeschichte germanischer Völker gefunden hat, gehören dem 17. Jahrh. an und knüpfen sich an die Namen HUGO GROTIUS[2], HERMANN CONRING[3] und JOH. O. STIERNHÖÖK[4]. Doch bleibt bis in die zweite Hälfte des 18. Jahrh. die Richtung der Forscher, selbst bei so hervorragenden wie dem Deutschen JOH. GOTTL. HEINECCIUS[5] und dem Dänen PEDER KOFOD ANCHER[6], eine überwiegend antiquarische oder eine praktische. Es fehlt noch der historische Sinn, der darauf ausgeht, den Kausalzusammenhang der Rechtsinstitute untereinander und mit den Kulturverhältnissen bloßzulegen.

Einer tiefern historischen Auffassung zunächst der deutschen Rechtsvergangenheit Bahn gebrochen hat JUSTUS MÖSER[7]. Er vermittelt den Übergang zu dem — nächst dem Romanisten F. C. v. SAVIGNY[8] — einflußreichsten Vertreter der historischen Juristenschule KARL FRIEDR. EICHHORN, der in seiner vierbändigen „Deutschen Staats- und Rechtsgeschichte"[9] das erste Gesamtbild der verschiedenen Zeitalter des wichtigsten Rechts in Deutschland auf Grund seiner eigenen Forschungsergebnisse und jener seiner Vorgänger entworfen hat. Dieses Werk ist nicht nur in seiner Heimat, trotz der Fülle von sehr wesentlichen Berichtigungen, welche ihm die nachfolgende Literatur hat angedeihen lassen, bis zum Erscheinen der Deutschen Rechtsgeschichten HEINR. BRUNNERS[10] und RICH. SCHRÖDERS[11] der Mittelpunkt alles dessen geblieben, was über die Geschichte des deutschen Rechts geschrieben worden ist. Es hat auch den Bearbeitern anderer germanischer Rechte, insbesondere dem Verfasser des lange Zeit herrschenden Lehrbuchs der Dänischen Rechtsgeschichte, KOLDERUP-ROSENVINGE[12], zum Vorbild gedient. [13]In keiner Weise soll nun das unvergängliche Verdienst geschmälert werden, das sich die historische Schule durch planmäßiges Einführen einer geschichtlichen Methode in die Erforschung unseres geltenden Rechts um die ganze heutige Kultur erworben hat. Auch das soll nicht geleugnet werden, daß bereits die Gründer und Führer der Schule durch emsiges Aufsuchen, Herstellen, Erklären von Rechtsdenkmälern, durch umsichtiges Prüfen und methodische Kombination der aufgefundenen Nachrichten geschichtliche Entdeckungen gemacht haben, die ihren Wert in sich tragen. Und was noch schwerer wiegt, ihre historische Methode im Ergründen des geltenden Rechts hatte die endgültige Auseinandersetzung zwischen gegenwartsbezogener Entwicklungsgeschichte und der Erforschung der Rechtsaltertümer um ihrer selbst willen zur notwendigen Folge. Nichtsdestoweniger ist aber zu betonen, daß diesen Gelehrten die Rechtsgeschichte keinen Beruf hatte, wenn nicht im Dienst der Dogmatik des geltenden Rechts. Dieser Gedanke hat denn auch die ganze mit der historischen Schule anhebende Epoche der germanistischen Rechtswissenschaft beherrscht[13].

2. Die Verbindung der Rechtsgeschichte mit der neueren germanistischen Philologie herzustellen war JACOB GRIMM vorbehalten, der in seinen „Rechtsaltertümern"[14] und in kleineren Schriften[15] für die Mehrzahl der Juristen nicht sowohl ein nachahmenswertes Beispiel gegeben, als die Arbeit schon erledigt zu haben schien, die sie hätten fortsetzen sollen. Ihre Zwecke blieben eben in erster Linie praktische. Damit ist auf eine Arbeitsteilung gefährlichster Art hingedeutet, die von der Mehrzahl der Fachgenossen bis zum heutigen Tag befolgt worden ist: die Juristen wollen nicht Philologen, die Philologen nicht Juristen sein, jene vor allem nichts von Grammatik, diese vor allem nichts von Konstruktion wissen.

3. Daß AMIRA nicht einer begrifflichen Konstruktion vom römischen oder modernen deutschen Rechte her das Wort reden wollte, ergibt sich aus seiner gerade gegen diese Methode ankämpfenden scharfen Polemik gegen so bedeutende Juristen wie OTTO V. GIERKE[16] und RUD. SOHM[17], ergibt sich auch aus dem stillschweigenden Übergehen so trefflicher Gelehrter wie ANDREAS HEUSLER d. Ä. und EUGEN HUBER. Als methodisch beifallswert erschienen ihm die Deutschen CARL GUST. HOMEYER, WILH. ED. WILDA, KARL FRHR. V. RICHTHOFEN, REINHOLD SCHMID, JUL. FICKER, WILH. ARNOLD, KONR. MAURER, HEINR. BRUNNER, RICH. SCHRÖDER, FEL. LIEBERMANN, der Engländer JOHN MIT-

CHELL KEMBLE, die Schweden KARL JOH. SCHLYTER und KNUT OLIVECRONA, die Norweger PETER ANDR. MUNCH und RUD. KEYSER, der Däne J. E. LARSEN, der Isländer VILHJÁLMUR FINSEN. Von der nächstjüngeren Gelehrtengeneration wären nach analogen Gesichtspunkten [wiewohl AMIRA selbst nur die bedeutendsten unter ihnen anerkannt haben würde] die Deutschen MAX PAPPENHEIM, ERNST MAYER, ALFR. SCHULTZE, CL. FRHR. V. SCHWERIN, KARL HAFF, der Engländer FREDER. WILL. MAITLAND, der Norweger ABSALON TARANGER, der Däne FRANTZ JOH. DAHL, der Niederländer J. F. FOCKEMA ANDREAE besonders zu nennen[a]. Das Verdienst jener Forscher, die sich ein engeres Arbeitsgebiet gewählt haben und deren Ergebnisse daher vom gesamtgermanischen Blickpunkt her als zu einseitig fundiert erachtet werden müssen, um die Vermehrung des wissenschaftlichen Materials und die Ermittlung einer ungezählten Menge rechtsgeschichtlicher Einzeldaten soll dadurch nicht geschmälert werden, wie überhaupt diese Aufzählung nicht als wissenschaftliche Rangordnung mißverstanden werden darf.

---

a) Das Schwergewicht der italienischen, spanisch-portugiesischen, französischen und belgischen Forschung liegt auf den eigenen nationalen Rechten (die für das germanische nur insoweit in Betracht kommen, als sie dessen „Tochterrechte" sind), so daß ihre Vertreter in diesem Rahmen nicht anzuführen waren. Vgl. aber die Literaturangaben an der Spitze des zweiten Bandes unter „C. Außerdeutsche Rechtsgeschichte".

1) Vgl. v. AMIRA, Über Zweck u. Mittel d. german. RG (1876) S. 5—13; CL. FRHR. V. SCHWERIN, Einführung in d. Studium d. german. RG (1922); RUD. HÜBNER, Wert u. Bedeutung d. Vorlesung über dt. RG (1922); KARL RAUCH, Gegenwartswert d. german. RG (1935); MARTIN DAVID, Der Rechtshistoriker u. seine Aufgabe (1937); HEINR. MITTEIS, Vom Lebenswert d. RG (1947); KARL S. BADER, Aufgaben u. Methoden d. Rechtshistorikers (1951). | 2) Inleyding tot de Hollandsche Rechtsgeleertheyd (1631). Kommentierte Ausgabe: FOCKEMA ANDREAE (1895, [3]VAN APELDOORN 1926). | 3) De origine juris Germanici (1643). | 4) De jure Sveonum et Gothorum vetusto (1672). | 5) Elementa juris germanici (1736, [3]1746); Antiquitates germanicae (1772/73). | 6) En Dansk Lov Historie I (1769), II (1776). | 7) Osnabrückische Geschichte (1768, [3]STÜVE 1819ff.). | 8) Auch für die dt. RG wichtig: Geschichte d. Röm. Rechts im MA I—VI (1815/31, [2]1834/50), VII (1851). Vgl. HERM. CONRAD, Aus d. Entstehungszeit d. Histor. Rechtsschule, ZRG G LXV (1947) S. 261—283. | 9) I—IV (1808/23, [5]1843/44). Vgl. FERD. FRENSDORFF, Zum 100jähr. Jubiläum v. K. F. EICHHORNS RG, ZRG G XXIX (1908) S. 1—78; RUD. HÜBNER, K. Fr. Eichhorn u. seine Nachfolger, Festschr. Heinr. Brunner (1910) S. 807—838. | 10) I (1887), II (1892). | 11) (1889). | 12) Grundrids af den danske Retshistorie I u. II (1822/23, [3]1860). Übersetzt u. durch Anmerkungen kommentiert von C. G. HOMEYER: Grundriß d. dän. RG (1825). | 13-13) Nach AMIRA, Über Zweck u. Mittel, S. 7. | 14) (1828, [4]I u. II 1899, mehrfach nachgedruckt). | 15) I—VIII (1864/90). | 16) Über Zweck u. Mittel, S. 68f. Anm. 55 u. 64. | 17) Ebd. S. 66ff. Anm. 49—51 u. 54, S. 70 Anm. 71.

§ 28
Abgrenzung

1. Eine methodologische Verwirrung mußte einreißen, als seit den vierziger Jahren des 19. Jahrh. unter Verzicht sowohl auf juristische als auf grammatische Schulung eine Gruppe von Historikern den Wettbewerb ums rechtshistorische Gebiet der Germanistik antrat. Beim Anblick der geradezu widergeschichtlichen Darstellungsweise allerdings, die bis in die achtziger Jahre unter dem Namen der „systematischen" Lehr- und Handbücher[1] den Rückfall der Juristen in die vor-EICHHORNsche Manier bezeichnete, wird ein solcher Wettbewerb begreiflich. Die Erkenntnis, daß nicht die Methode, sondern nur das Objekt der Forschung spezialisiert werden dürfe, betätigten nur wenige.

Diese Worte bedürfen insoweit eines Gegengewichts, als sie sich an die Adresse von GEORG WAITZ richten, dessen Deutsche Verfassungsgeschichte 1844 zu erscheinen begann, die von AMIRA angegriffene Richtung der historischen Forschung auslöste und weithin bestimmte. Gewiß ist WAITZens fundamentales Werk „in der juristischen Durcharbeitung des Materials unzureichend"[2]. Aber diese kritische Feststellung darf nur auf dem Hintergrunde eines Gesamturteils getroffen werden, wie es der wahrlich zu einem solchen berufene HEINR. BRUNNER[3] gegeben hat:

> „Die Arbeiten von WAITZ haben für unsere ältere Verfassungsgeschichte eine dauernde, kritisch gesichtete Grundlage geschaffen. Sie spiegeln die strenge Wahrhaftigkeit und die unerschütterliche Gewissenhaftigkeit seines schlichten und lauteren Wesens. Es gibt wenige Historiker, deren wissenschaftliche Bedeutung und Methode so vollständig in den Grundzügen des Charakters aufgeht, wie dies bei WAITZ der Fall ist."

2. Die „harten, aber mit richterlicher Verantwortlichkeit und aus vollster Überzeugung von KARL v. AMIRA geprägten Sätze"[4] sind schon alsbald nach Erscheinen seines Werkes mißverstanden worden[5] und werden noch heute in ihrem eigentlichen Anliegen verkannt[6]. Es lag AMIRA völlig fern, ein Monopol der amtlich bestallten Vertreter der Rechtsgeschichte zu fordern, die Mitarbeit der Historiker auf rechtsgeschichtlichem Felde zurückzuweisen[a]. Und es hat auch nach ihm keinen Juristen gegeben, der solche Schranken zwischen den Disziplinen hätte errichten wollen[b]. Es mag genügen, auf die Bereitwilligkeit zu verweisen, mit welcher die Savigny-Zeitschrift für Rechtsgeschichte Raum für Aufsätze, Miszellen und Rezensionen von Historikern und Philologen zur Verfügung hält, ja deren Beiträgen in aller Regel einen bevorzugten Platz einräumt. All das ändert aber nichts an der von Amira erhobenen grundsätzlichen Forderung, daß niemand rechtshistorische Fachausdrücke verwende oder rechtshistorische Urteile abgebe, der sich nicht zuvor mit juristischer Terminologie und Arbeitsweise aufs gründlichste vertraut gemacht hat.

Es sei verstattet, dies nicht an einem Historiker, sondern an einem namhaften Philologen zu exemplifizieren, dem niemand abstreiten wird, daß er einer der besten, in den letzten Jahrzehnten der beste Kenner der alten Rechtssprache war: Georg Baesecke[7] hat aus den Formulierungen

Lex Baiuv. 19 § 2: *Si quis liberum occiderit furtivo modo . . ut cadaver reddere non quieverit quod Baiuuarii murdrida dicunt* und 19 § 3: *Si servus furtivo modo supradicto more occisus fuerit et ita absconsus quod camurdrit dicunt*

Lex Ribv. 15: *Si quis ingenuus ingenuum Ribvarium interficerit et eum . . celari voluerit quod dicitur mordridus*

Lex Fris. 20: *Si quis hominem occiderit et absconderit quod mordritum vocant*

den absonderlichen Schluß gezogen: Danach bedeutete *camurdrit* bzw. *mordritus* „gemordet und versteckt" und entsprechend *murdrida* „morden und verstecken". Dagegen verstehe

Lex Sal. Septem causas 8 § 1: *Si quis hominem ingenuum in hoste occiderit et in mortridam mittitur*

nur noch das „verstecken" darunter[c]; umgekehrt

Lex Alam. 48: *Si quis hominem occiderit quod Alamanni mortaudo dicunt*
Lex Sax. 19: *Si mordhtotum quis fecerit*

---

a) Das beweist schon die großzügige Hilfsstellung, die v. Amira (obwohl in vielen Fragen anders denkend) dem von der Geschichte herkommenden Jul. Ficker bei dessen Arbeiten zur Eheschließung und zum Erbrecht gewährte. Vgl. Ficker, Untersuchungen z. Erbenfolge I (1891) S. XIIIf., und die Widmung von Bd. II (1893/95): „Karl v. Amira in Dankbarkeit u. Freundschaft".

b) Ich habe im Gegenteil zu wiederholten Malen gefordert, daß die noch vorhandenen „Schranken zwischen den Fakultäten fallen müssen". Vgl. Das Studium der Rechtswissenschaft (1935) S. 31, ([2]1940) S. 17; ZRG G LIX (1939) S. 2, Ingwi u. d. Ingweonen ([2]1940) S. 2.

c) Richtige Deutung bereits bei Brunner/v. Schwerin, Dt. RG [2]II (1928) S. 814.

nur noch den „Gemordeten ohne das verstecken“[d]. Das ist, mit Verlaub, rechtshistorisch beurteilt völliger Unsinn, entstanden durch Mißverstehen und Mißbrauchen des juristischen terminus technicus „Mord“. Mord ist qualifizierte Tötung; *murdrida* bedeutet nicht „morden und verstecken“, sondern „töten und verstecken scil. morden“, d. h. die verheimlichte Tötung, einerlei ob dies im lateinischen Text ausführlich umschrieben oder lediglich durch das zur Verdeutlichung beigefügte germanische Wort *murdrida* impliziert wird.

Der Rechtshistoriker steht hier in einem Zweifrontenkrieg gegen die Nichtjuristen und gegen die juristische Dogmatik. Ersteren muß er sagen, daß die begriffliche Unterscheidung von Mord und Totschlag zeitlos gültig ist[e]; letzteren, daß das qualifizierende Moment zeitlicher Bindung unterliegt.

Unsere Generation hat das unmittelbar erlebt: Nach § 211 des Reichsstrafgesetzbuches galt als Mord die „mit Überlegung ausgeführte“ vorsätzliche Tötung. Seit dem Änderungsgesetz vom 4. Sept. 1941 qualifiziert sich ein Totschläger als Mörder, wenn er

> „aus Mordlust, zur Befriedigung des Geschlechtstriebs, aus Habgier oder sonst aus niedrigen Beweggründen,
> heimtückisch oder grausam oder mit gemeingefährlichen Mitteln oder
> um eine andere Straftat zu ermöglichen oder zu verdecken“

tötet. Die erstere Fassung geht, wie das Erfordernis der *préméditation* im Code pénal, letztlich auf die italienischen Juristen des Mittelalters zurück; die letztere, in Anlehnung an schweizerische Entwürfe formuliert, hat Elemente des *malice aforethought* aufgenommen, das nach anglo-amerikanischem Recht das Unterscheidungsmerkmal zwischen *manslaughter* und *murder* bildet.

Kein Jurist wird es für vertretbar halten, moderne Legaldefinitionen in die germanische Zeit zurückzuprojizieren. Nicht davor braucht also gewarnt zu werden. Wohl aber besteht die Gefahr, daß bei der Sinndeutung germanischer Rechtssätze[8] unwillkürlich neuzeitliche Wertmaßstäbe mitverwendet werden. So definiert beispielsweise der bekannte Strafrechtler Hans Welzel[9], obwohl über die Regelung des germanischen Rechts an sich zutreffend informiert, den Mord als „heimliche, hinterlistige Tötung“ und bringt damit quellenwidrig Motive hinein, die den

d) Vgl. weiter Pactus Alam. 15 [II 41 = Lex Alam. 69], Lex Chamav. 46; abweichend dagegen Edictus Rothari 14.

e) So bedeutet in den semit. Sprachen der Grundstamm der einschlägigen Verben „töten“, der Intensivstamm „morden“, z. B. hebräisch *qāṭal* (er hat getötet), *qiṭṭēl* (er hat gemordet), ebenso *rāṣah* (er hat getötet), *riṣṣēh* (er hat gemordet), so daß es von der Punktation abhängt, ob das jussive Imperfekt in Exodus 20, 12 des Dekalogs „Du sollst nicht töten“ oder [was heute von manchen vertreten wird] „Du sollst nicht morden“ zu lesen ist.

Germanen durchaus fernlagen. Das Auflauern an abgelegenem Ort das Locken in einen Hinterhalt[f], der Überfall durch weit überlegene Kräfte qualifizieren nach germanischer Auffassung einen Totschlag nicht als Mord, wenn er nur hinterher ordnungsmäßig kundgemacht wird. Nicht auf das Verhalten vor und bei der Tat, sondern auf dasjenige nach der Tat kommt es an:

Si quis hominem .. occiderit et in mortridam mittitur formulieren die Septem causas zur Lex Salica; *myrða dauðan man* [den toten Mann morden] oder *hann drepit hafa oc myrdhan siðan* [er habe ihn erschlagen und sodann gemordet] heißt es in westnordischen Sagas[10].

Philologisch (wegen des Doppelsinns und der Femininendung von *raupa*) korrekt, aber rechtshistorisch unverständlich ist es, daß BAESECKE[11], wie v. KRALIK[12] und v. SCHWIND[13] vor ihm, in dem Satz

Lex Baiuv. 19 § 4: *De vestitu .. quod uualuraupa [uualaraupa, uualaroup, uualraup] dicimus, si ipse abstulerit qui hos interfecit*

das ahd. Wort auf *vestitu* statt auf *abstulerit* bezogen und unter geflissentlicher Vermeidung des rechtstechnischen Sinnes[14] als „Kleider eines Getöteten" statt als „Beraubung eines Erschlagenen" — vgl. altengl. *wælreaf*, altnord. *valrauf, valruf*[g], mhd. *walroup*[h] — gedeutet haben.

3. Von Grund aus verkannt wird das primäre rechtshistorische Anliegen, wenn man gegenüberstellt[15]: „Der Jurist treibt Rechtsgeschichte, um das geschichtliche Werden des gegenwärtigen Rechts zu verstehen; der Historiker, um den inneren Aufbau jener Verbände kennen zu lernen, deren Schicksal er beschreibt, deren Handeln er begreifen will." Gewiß hat es früher solche Rechtshistoriker gegeben[i], aber sie sind seit Generationen ausgestorben. Schon 1887 schrieb HEINR. BRUNNER[16]:

f) So auch (auf völkerrechtlicher Ebene) Arminius contra Varus!

g) In Bragis des Alten Gefjon-Strophe, die vermutlich aus den dreißiger Jahren des 9. Jahrh. stammt [ECKHARDT, ZRG G LXII (1942) S. 5—9], wird die Insel Seeland als *Danmarkar auki* [Dänemarks Zuwachs] und zugleich als *valrauf* bezeichnet, was in diesem Zusammenhang kaum anders als mit „Beute" übersetzt werden kann [zuletzt FEL. GENZMER, ZRG G LXXI (1954) S. 410]. Vgl. auch Östgötalagh *Drapa balkær* 6 [dazu HOLMBÄCK/WESSÉN, Svenska Landskapslagar I (1933) S. 69].

h) Im Deutschenspiegel Königebuch 11, 9 heißt es von Ahab, der nach der Tötung Naboths dessen Witwe und Kindern den Weinberg des Erschlagenen wegnahm: *Dâ begienc er driu übeliu dinc mit einander: er brach sîne triuwe an sînem manne, er begie die manslaht, er begie den walroup an wîb und an kinden.*

i) Vgl. § 27 Z. 1.

„Wie alle Geschichte arbeitet auch die Rechtsgeschichte an dem erhabenen Problem der Selbsterkenntnis der Menschheit. Sie hat daher die Berechtigung ihrer Existenz in sich selbst und braucht sie nicht erst durch den Nutzen zu begründen, welchen das Verständnis des heutigen Rechts aus ihr zu schöpfen vermag."

Die Beziehung der Rechtsgeschichte zum geltenden Recht ist keine andere als die der allgemeinen Geschichte zur politischen Gegenwart.

Die Übertragung gegenwärtiger Rechtsanschauungen wie diejenige politischer Wunschbilder in die Vergangenheit ist stets vom Übel, einerlei ob es sich um den mehr juristischen Streit über den „deutschen Staat des Mittelalters" von Rud. Sohm und Georg v. Below gegen Otto v. Gierke[17] oder um die rein historische Kontroverse über die „deutsche Kaiserpolitik des Mittelalters" zwischen Heinr. v. Sybel und Jul. Ficker[18] handelt.

4. Auch das Recht ist „geprägte Form, die lebend sich entwickelt", folglich nicht nur Wirkung, sondern zugleich Ursache. Gewachsen in vielhundertjähriger Entwicklung oder geformt in einer bestimmten geschichtlichen Situation entfaltet der einmal fixierte Rechtssatz eine Eigengesetzlichkeit, die ihn seinerseits zur mitbestimmenden causa historischer Abläufe werden läßt.

Ein bekanntes Beispiel bildet der „Leihezwang", dessen nachhaltige Bedeutung für die Gestaltung der deutschen Reichsverfassung, ja für die politische Entwicklung im Hoch- und Spätmittelalter überhaupt Heinr. Mitteis[19] überzeugend herausgearbeitet hat. Diese Bedeutung kann man nicht durch den Hinweis[20] abschwächen oder gar widerlegen, „daß die so schicksalsschwere Festlegung dieses Satzes im deutschen Reichsrecht eine bestimmte politische Situation voraussetzt, deren Kenntnis der Verfassungsgeschichte unentbehrlich ist". Niemand wird das bestreiten. Doch nicht darum geht es. Ebenso unbestreitbar ist vielmehr, daß der einmal im Reichsrecht verankerte Rechtssatz in späteren und durchaus nicht analog gelagerten politischen Situationen immer erneut die zentrifugalen Tendenzen begünstigt, ein Wiedererstarken der Reichsgewalt verhindert, diese in ihrer politischen Bewegungsfreiheit gehemmt und — zusammen mit dem ständigen Wechsel der Herrscherhäuser, der wiederum aus ererbten Rechtsvorstellungen resultierte — die getroffenen Maßnahmen in ihr Gegenteil verkehrt hat.

Auf ein zweites Beispiel habe ich in anderem Zusammenhang[21] aufmerksam gemacht: Kann es einen schicksalsträchtigeren Rechtssatz geben als das vom französischen Recht des Mittelalters weitergegebene „salische Gesetz", welches 1837 die Personalunion von Großbritannien und Hannover sprengte, somit zum Ausscheiden der englischen Krone aus dem Deutschen Bund führte und dadurch eine schlechterdings nicht wegzudenkende Voraussetzung für die Bismarcksche Reichsgründung (und alles was aus ihr erwuchs) setzte, welches 1890 die Auflösung der Personalunion zwischen dem Königreich der Niederlande und Luxemburg zur Konsequenz hatte, welches in unseren Tagen noch, anderthalb Jahrtausende nach der erstmaligen Formulierung, in Dänemark durch verfassungsänderndes Gesetz aufgehoben werden mußte, um schwerwiegenden politischen Folgen vorzubeugen!

5. Waitz hat einmal gesagt[22]: „Die juristischen Forscher wollen nicht anerkennen, was nicht rechtlich formuliert nachgewiesen werden kann." Dem hat Heinr. Brunner[23] entgegengehalten:

„Der Rechtshistoriker ist ja einerseits bei zahlreichen Rechtsinstituten genötigt, die in den Quellen vermißte rechtliche Formulierung aus ihnen erst herauszuarbeiten. Andrerseits darf er auf eine solche Formulierung nirgends verzichten; denn für die Rechtsgeschichte bleibt, was sie dogmatisch nicht erfassen kann, totliegender Stoff."

Hier droht nun erneut ein Mißverständnis: „dogmatisch erfassen" meint nicht „das Behaupten von Sachverhalten auf Grund allgemeiner Sätze ohne Rücksicht auf die jeweiligen besonderen tatsächlichen Umstände"[24], sondern: das Eingliedern nachgewiesener Sachverhalte in rechtliche Kategorien, ihre Verwendung als Bausteine konstruktiver Jurisprudenz. Bekanntlich bedeutet das vielverketzerte *konstruieren* „folgerichtig ordnen", „folgerecht aus einem Grundbegriffe entwickeln"[25]. Ersteres geschieht bei der lehrbuchmäßigen Darstellung, speziell zu pädagogischen Zwecken, und steht hier nicht zur Erörterung. Letzteres ist ein grundlegendes heuristisches Prinzip jeder systematischen Wissenschaft. Es spricht nicht gegen ein Prinzip, daß man es mißbrauchen kann. Jeder echte Jurist wird eine „Konstruktion im luftleeren Raum" ein „Spielen mit Begriffen" verwerfen. Gerade die juristischen Außenseiter sind es, die hier am ehesten übertreiben[26].

Ein typisches Beispiel: Fritz Kerns Formulierung[27] „Das objektive Recht ist nichts als die Summe oder das Geflecht aller subjektiven Rechte der Volksgenossen" setzt an die Stelle eines polaren Verhältnisses, welches der Jurist durch begriffliche Scheidung genauer zu erfassen strebt, eine kausale Beziehung und übertrumpft damit die Rechtshistoriker, denen Kern sonst die Übertragung moderner Fachausdrücke auf die mittelalterlichen Verhältnisse so gern zum Vorwurf macht. Will man aber nicht das logische Verhältnis, sondern die historische Entwicklung kennzeichnen, dann muß man mit Wilh. Ebel[28] sagen: „Eher fehlt dem alten Recht der Begriff des subjektiven, mit unmittelbarem Rechtszwang ausgestatteten, auf Erfüllung gerichteten Anspruchs; die Verletzung eines Vertrages gilt als Friedens- und Rechtsbruch, das Recht auf Leistung ist nur der Reflex des durch den Vertrag zwischen den Parteien aufgerichteten objektiven Rechts."[k]

---

k) Vgl. § 1 Z. 6.

Wenn der Jurist auch auf dem Felde der rechtsgeschichtlichen Forschung die Konstruktion in gewissem Umfang für erlaubt, ja für unentbehrlich erachtet, so hat er dafür triftige Gründe. Die Variationsbreite rechtlicher Gestaltungsmöglichkeiten ist relativ gering[29]. Zudem ist einer jeden positiven Rechtsordnung — sei sie nun archaisch oder modern, natürlich gewachsen oder gesetzgeberisch geschaffen — ein bestimmtes, rechtslogisches System zwangsläufig weil denknotwendig immanent. Gelingt es einen Zipfel dieses System zu fassen, so lassen sich daraus weittragende Schlüsse ziehen, ohne daß man Gefahr läuft, den sicheren Boden rechtsgeschichtlicher Erkenntnis zu verlassen. „Nur sehr oberflächliche Betrachtung könnte annehmen, daß die äußeren Lücken der Rechtsüberlieferung früherer Zeiten auch Lücken im Recht gewesen seien. Der einzelne Rechtssatz und das einzelne Rechtsinstitut (das aus einer Fülle von Rechtssätzen besteht) sind nicht isolierte Erscheinungen, sie sind Teile eines geschlossenen Rechtssystems. Sie in diesen Zusammenhang hineinstellen, heißt sie begreifen."[30]

Der Historiker wendet in seinem engeren Arbeitsbereich unbedenklich die gleiche Methode an, wenn er ein einheitlich überliefertes Werk aus inhaltlichen Gründen in Textschichten ungleichen Alters aufteilt oder aus zwei jüngeren Annalen deren verschollene Vorlage wiederherstellt, wenn er auf (gelegentlich recht schmaler) urkundlicher Basis die Itinerare der deutschen Könige ermittelt und mit deren Hilfe undatierte Urkunden einzureihen, ja scheinbar einwandfrei bezeugte Daten richtigzustellen vermag, wenn er an Hand einiger weniger Königsurkunden ein einleuchtendes Bild der wandalischen Reichskanzlei zeichnet[31], wenn er aus der Abwandlung urkundlicher Formeln auf eine Veränderung der ihnen zugrunde liegenden rechtlichen Anschauungen schließt[32], wenn er letztlich auf Grund von vier Fehdefällen des ausgehenden Mittelalters einen weithin überzeugenden Neubau der mittelalterlichen Verfassungsgeschichte versucht[33].

Ähnliches gilt für alle anderen wissenschaftlichen Disziplinen, welche der Vergangenheit ihre Geheimnisse zu entreißen versuchen, vorab von der romanistischen Schwesterwissenschaft der Deutschen Rechtsgeschichte und ihrer Interpolationenkritik. Dem Grammatiker ist diese Art zu arbeiten längst vertraut und tägliches Handwerkszeug: Kennt er den Aufbau einer alten Sprache, eines konkreten Dialekts, so kann er in aller Regel die nicht unmittelbar bezeugten Flexionsformen vergleichend erschließen, die ehemalige lautliche Gestalt eines nur abgewandelt erhaltenen Wortes bestimmen, den Zeitpunkt, zu dem ein Lehnwort übernommen wurde, einwandfrei fixieren. Der Philosoph arbeitet nicht anders, wenn er aus den Fragmenten der Vorsokratiker auf deren weltanschauliches Gesamtbild, aus der Polemik der Kirchenväter auf die Lehren vergessener Neuplatoniker schließt. Der Neutestamentler ordnet nach genau der gleichen Methode die weit verstreuten Bruchstücke apokrypher Schriften zu Evangelien und Apokalypsen zusammen, auch wenn sie ohne oder mit irreführender Herkunftsbezeichnung überliefert sind; der Kirchenhistoriker gewinnt aus den Schriften der Ketzerbekämpfer eine höchst lebendige Vorstellung von den häretischen Lehren der frühchristlichen Jahrhunderte und schreckt nicht davor zurück, Marcions „Evangelium vom fremden Gott“ oder Tatians „Diatessaron“ aus Zitaten und Überlieferungsfetzen wiederherzustellen. Auf die naturwissenschaftliche Analogie, daß man aus einem einzigen erhaltenen Knochen das ganze Skelett eines prähistorischen Tieres rekonstruieren konnte, sei um der Anschaulichkeit des Vergleiches willen hingewiesen.

§ 6. Die Arbeitsweisen oder, wenn man so will, „Methoden“, welche die genannten Disziplinen entwickelt haben, lassen sich letztlich auf eine einzige reduzieren: die „historische“ Methode. Das habe ich schon vor Jahren ausgesprochen . Eben dies aber meint AMIRA[m], wenn er Juristen wie Historikern die „Erkenntnis“ einzuhämmern sucht, „daß nicht die Methode, sondern nur das Objekt der Forschung spezialisiert werden dürfe“.

Das thematische Anliegen der politischen, der Verfassungs- und Wirtschaftshistoriker ist in der Tat ein anderes als das des Juristen. Ihn gehen die politischen Motive, Hintergründe und Auswirkungen, die funktionale Seite der Verfassung, die wirtschaftlichen Verhältnisse und Zusammenhänge nur insoweit an, als er sie zum Verständnis seiner eigenen fachlichen Aufgabe benötigt. Diese aber ist die Erforschung und Darstellung des germanischen, fränkischen, mittelalterlichen Rechts in seiner Totalität, keineswegs nur der Gesetzgebung und Judikatur, der in Rechtsbüchern und Juristenschriften formulierten Rechtssätze, sondern aller Äußerungen, Handlungen, Vorstellungen, die der Rechtsüberzeugung der damaligen Zeit entsprangen oder entsprachen.

Es versteht sich von selbst, daß es zahllose Dinge gibt, die in mehrere Disziplinen einschlagen: eine Königswahl, eine fürstliche Eheschließung, ein Urteil des Hofgerichts, eine Belehnung haben einen politischen wie einen juristischen Aspekt; die Markgenossenschaft, der Flurzwang, die Hufe, der Fürkauf, die Geldwährung sind wirtschaftsgeschichtliche wie rechtsgeschichtliche Probleme. Keine der Disziplinen kann dabei der Hilfsstellung der Nachbarwissenschaft entraten. Aber sie sehen die Sachverhalte aus verschiedenen Blickwinkeln, geben für sie unterschiedliche Beschreibungen und ziehen aus ihnen verschiedenartige Schlüsse. Das liegt in der Natur der Sache und ist in keiner Weise bedenklich, sofern und so lange die Aspekte, Definitionen, Konsequenzen der einen Disziplin Spielraum für diejenigen der anderen lassen. Ist dies der Fall, so mag die sonderfachliche Beurteilung zwar einseitig, sie

l) Archiv für Kulturgeschichte XXXI (1943) S. 257: religionshistorische, quellenkritische, genealogische, rechtsgeschichtliche Arbeitsweise, „für die sämtlich die historische Methode grundlegend ist“.

m) Vgl. Z. 1

braucht jedoch nicht unrichtig zu sein. Echter Dissens liegt erst vor, wenn die beiderseitigen Deutungen auch auf überfachlicher Ebene nicht zur Deckung zu bringen sind.

Franz Beyerle[34] hat einmal geäußert: die Lex Ribvaria könne [wenn 634 entstanden] „für den zweijährigen Sigibert III. ja nur von [seinem Vater] Dagobert erlassen sein, wenn auch namens des Unterkönigs [Sigibert]". Damit ist ein hier einschlagendes allgemeineres Problem angesprochen: das Verhältnis von Natur und Recht. Beide treten vielfach in Widerstreit, so regelmäßig dann, wenn ein unmündiges Kind seinem Vater in die Regierung folgt oder von diesem als Unterkönig eingesetzt wird, weil es, obwohl faktisch regierungsunfähig, dem fränkischen wie dem mittelalterlichen deutschen Recht als handlungsfähig gilt; typische Beispiele: einerseits Otto III., Heinrich IV., Friedrich II., andererseits des Letzteren Sohn Heinrich (VII).

Den politischen Historiker interessiert in erster Linie (wenn auch nicht ausschließlich) die Frage, in wessen Händen während der Minderjährigkeit des Königs die politische Macht, die gesetzgeberische Initiative lag. Der Jurist wird das ebenfalls zu beachten haben; doch für ihn kommt es primär darauf an, in wessen Namen die Gesetzgebungs- und Regierungsakte ergehen, wem sie also, wenn auch nicht politisch, so doch rechtlich zuzurechnen sind und von Zeitgenossen und Nachfahren zugerechnet wurden. Das ist eine Frage des fachlichen Anliegens, kein unaufhebbarer Widerspruch. Wollte allerdings ein Jurist die politische Seite schlechthin für irrelevant erklären, so könnte man ihn mit Fug als engstirnig apostrophieren. Wollte ein Historiker die Auffassung vertreten, die Regierungsfähigkeit eines Kleinkindes sei lediglich eine rechtliche Fiktion, daher eine lebensfremde Behauptung der Formaljurisprudenz und für denjenigen, dem es um „die treibenden Kräfte" gehe, ohne aktuelles Interesse, so würde er sich vorschnell eines wichtigen Erkenntnismittels begeben. Fiktionen sind keine juristischen Theorien, sondern Mittel zur Gestaltung geltenden Rechts; sie haben nicht formale, sondern durchaus reale Bedeutung. Das erfuhr Heinrich der Zänker, als er die Vormundschaft über das königliche Kind Otto III. in Anspruch nahm, die ihm als nächstem Schwertmagen[35] kaum hätte bestritten werden können, wäre hier nach Muntrecht zu verfahren gewesen. Das erfuhr Philipp von Schwaben, als er, ohne selbst zu kandidieren, die vormundschaftliche Regierung für seinen unmündigen, aber de jure regierungsfähigen Neffen Friedrich II. führen wollte.

Über „die Rechtsstellung der germanischen Frau"[36] ist lebhaft gestritten worden. Dabei ging es zum Teil gewiß um echte Gegenpositionen, zum überwiegenden jedoch um bloßes fachliches Mißverstehen, diesmal zur Abwechslung zwischen Philologen und Rechtshistorikern.

Die von philologischer Seite geltend gemachten Gesichtspunkte treffen durchaus zu: die Frau erfreut sich im allgemeinen größter Hochschätzung, man hört ihren Rat, sucht ihre Einwilligung zu erlangen; die Tötung einer Frau gilt als Neidingswerk, während sie umgekehrt nicht friedlos gelegt werden kann; nach vielen Rechten wird die Verletzung einer Frau höher gebüßt, eine von ihr begangene Tat jedoch geringer geahndet als die eines Mannes. Aber all das besagt nichts für ihre Rechtsstellung. Denn diese bemißt sich nicht nach derartigen Wertmaßstäben, sondern hängt mit der sozialen Gesamtstruktur zusammen. Unbeschadet der noch offenen Frage, ob dies der letzte Grund oder lediglich die Folgeerscheinung urtümlicherer Vorstellungen ist, wird man sagen können: Bei kriegerischen Völkern, bei denen die wehrhaften Männer zur Landsgemeinde zusammentreten und zu Gericht sitzen, bei denen Ehrenkränkungen gerächt, Streitigkeiten im Wege der Fehde ausgetragen werden, der gerichtliche Prozeß jederzeit in einen Zweikampf mit den Waffen ausmünden kann, ist der nach der Rechtsanschauung als waffenunfähig geltenden Frau die unmittelbare Teilhabe am öffentlichen Leben verwehrt. Sie ist Glied des Hauses, nicht des Staates. Sie ist rechts-, aber nicht handlungsfähig und bedarf daher für alle Rechtshandlungen eines „gesetzlichen Vertreters", der für sie redet und für sie eintritt; sie steht unter Geschlechtsvormundschaft. Wenn das von philologischer Seite bezweifelt wird, weil es mit der ihr entgegengebrachten Hochschätzung und tatsächlich eingeräumten Stellung nicht vereinbar sei, so ist die Eigenständigkeit des Rechts ebenso verkannt, wie bei der These des Rechtshistorikers HERBERT MEYER[37], die „Muntehe" sei aus ehelicher Verbindung mit unfreien Kebsen entstanden, wahre Freiheit und Liebe herrsche nur in der „Friedelehe"[38], die Eigenständigkeit des Lebens. Vielleicht werden sich nach einem weiteren Jahrtausend die dann lebenden Literarhistoriker und Juristen darüber streiten, ob der Satz des § 1354 BGB „Dem Manne steht die Entscheidung in allen das gemeinschaftliche eheliche Leben betreffenden Angelegenheiten zu" eine Unterstellung des Gesetzgebers sei, „worin er noch den Unsinn glaubt, es sei der Mann des Weibes Haupt"[39], oder ob es sich um eine durchaus reale Rechtsnorm handelt, gemeint freilich nicht als Ermahnung an die Ehefrau, ihrem Manne brav zu gehorchen, sondern als bindende Anweisung an den Richter, im Konfliktsfalle danach zu entscheiden.

Auch die Kontroversen zwischen Rechts- und Wirtschaftshistorikern lassen sich vielfach durch analoge Überlegungen bereinigen.

FRITZ RÖRIG[40] hat wiederholt betont und sein Schüler AHASV. v. BRANDT[41] hat des näheren ausgeführt, daß der mittelalterliche Rentenkauf seiner wirtschaftlichen Funktion nach ein Kreditgeschäft (seitens des Rentenkäufers eine Kapitalsanlage, seitens des Rentenverkäufers eine Darlehnsaufnahme) gewesen sei. Die [hier etwas vereinfachte] wirtschaftsgeschichtliche Beurteilung ist ebenso berechtigt wie die beispielsweise von OTTO v. GIERKE[42] entwickelte juristische Feststellung, daß der Rentenkauf nicht ein Grundpfandrecht, sondern eine Reallast begründe, daß er also rechtlich gesehen etwas grundanderes als ein hypothekarisch gesichertes Darlehn sei. Beide Sinndeutungen sind an den historischen Nachweis[43] gebunden, daß der Rentenkauf keineswegs erfunden worden ist, um das dem verzinslichen Darlehn im Wege stehende kanonische Zinsverbot zu umgehen [wenn er auch später diesem Zwecke dienstbar gemacht werden konnte]. Beide haben sich mit der Frage auseinanderzusetzen, wann das Wiederkaufsrecht des Rentenverkäufers, das Rücktrittsrecht des Rentenkäufers entstanden ist und wie diese „Kündigungsrechte" wirtschaftlich bedingt, juristisch zu erklären sind. Das für beide Disziplinen gleich wichtige Ermitteln der Tatsachen kann aber niemals die relative Wahrheit, daß „die Betrachtung der wirtschaftsgeschichtlichen Seite des Rentinstitutes“ Vorteile „vor der formaljuristischen“ habe[44], in eine absolute verkehren: für die rechtshistorische Problemstellung hat die wirtschaftsgeschichtliche Betrachtungsweise nur hilfswissenschaftlichen Rang — wie umgekehrt!

1) H. ZOEPFL (^{4}1871/72); FERD. WALTER (^{2}1857); FR. v. SCHULTE (^{6}1892); HEINR. SIEGEL (^{3}1895). | 2) v. SCHWERIN, Einführung in d. Studium, S. 174. | 3) Dt. RG I S. 23 Anm. 31, ^{2}I S. 28 Anm. 34. | 4) ULR. STUTZ, ZRG G LI (1931) S. 754 [dort im Singular stehend]. | 5) z. B. K. HEGEL, HZ LXX (1893) S. 443; E. BERNHEIM, Lehrbuch d. histor. Methode (1908) S. 69f. | 6) Vor allem OTTO BRUNNER, MIÖG Erg. XIV (1939) S. 513ff. = Wege d. Forschung II (1956) S. 1ff. [hiernach zitiert]. 7) Die dt. Worte d. german. Gesetze, PBB LIX (1935) S. 20. | 8) Korrekt EBERH. SCHMIDT, Einführung in d. Geschichte d. dt. Strafrechtspflege (^{2}1951) S. 26: „Mörder war, wer die Tötung zu verheimlichen trachtete, indem er etwa den Leichnam versteckte.“ | 9) Das dt. Strafrecht in seinen Grundzügen (^{2}1949) S. 138. 10) Droplaugarsona Saga [vgl. W. E. WILDA, Das Strafrecht d. Germanen (1824) S. 708] und Færeyinga Saga [vgl. ebd. S. 975 Anm. 1]. | 11) A. a. O. PBB LIX S. 16; Vor- u. Frühgeschichte d. dt. Schrifttums II, 1 (1950) S. 62. | 12) Die dt. Bestandteile d. Lex Baiuv., NA XXXVIII (1913) S. 615f. | 13) Lex Baiwariorum (1926) S. 456 Anm. 4, S. 488. | 14) Dazu BRUNNER, Dt. RG ^{2}I (1906) S. 212, ^{2}II (v. SCHWERIN 1928) S. 837 Anm. 93, S. 878ff. | 15) O. BRUNNER, a. a. O. S. 4 [gegen ähnliche Formulierungen E. BERNHEIMS wandte sich bereits v. SCHWERIN, Einführung in d. Studium (1922) S. 18 Anm. 2]. | 16) Dt. RG I S. 4; ebenso ^{2}I S. 5. | 17) O. BRUNNER, a. a. O. S. 14f. | 18) Übersichtlich zusammengestellt bei FRIEDR. SCHNEIDER, Universalstaat oder Nationalstaat (1941); ergänzt durch Die neueren Anschauungen der dt. Historiker über d. dt. Kaiserpolitik d. MA (^{6}1943). | 19) Lehnrecht u. Staatsgewalt (1933) S. 685ff. Dazu O. v. ZWIEDINEK-SÜDENHORST, JBB f. Nationalökon. u. Statistik CXLIII (1936) S. 3ff. Dagegen wieder MITTEIS, RG u. Machtgeschichte, Festschr. Alfons Dopsch (1938) S. 547ff. | 20) O. BRUNNER, a. a. O. S. 3f. | 21) Pactus legis Sal. I, 1 (1954) S. 213. | 22) Dt. Verfassungsgeschichte II, 1 (^{3}1882) S. 322 Anm. 3 | 23) Die Landschenkungen d. Merowinger u. d. Agilolfinger, SB Berlin 1885 S. 1174 = Forschungen z. Geschichte d. dt. u. französ. Rechtes (1894) S. 2. 24) Der kleine BROCKHAUS I (1949) S. 269 unter „Dogmatismus“. | 25) HEYSES FremdWB (^{19}1910) S. 457. | 26) Das gilt selbst für einen so bedeutenden Kopf wie den (stark von RUD. SOHM beeinflußten) Historiker GEORG v. BELOW. Vgl. ULR. STUTZ, a. a. O. S. 752; O. BRUNNER, a. a. O. S. 5 Anm. 15. | 27) Recht u. Verfassung im MA, HZ CXX (1919, Neudruck: Libelli III 1952) S. 72. | 28) SachWB z. dt. Geschichte (1958) S. 957. Vgl. bereits ECKHARDT, DRW I (1936) S. 11ff. | 29) Vgl. GERHART HUSSERL, Rechtskraft u. Rechtsgeltung I (1925), u. dessen weitere phänomenologische Schriften. | 30) v. SCHWERIN, Einführung in d. Studium S. 19 [dort in abweichender Satzfolge]. | 31) RICH. HEUBERGER, Vandal. Reichskanzlei u. Königsurkunden, MIÖG Erg. XI (1929) S. 76—113. | 32) H. HIRSCH, Die hohe Gerichtsbarkeit im dt. MA (1922, ^{2}TH. MAYER 1958) S. 111ff. | 33) O. BRUNNER, Land u. Herrschaft (1939, ^{3}1943) S. 14ff. | 34) BEYERLE/BUCHNER, Lex Ribvaria (1954) S. 179. Dazu ECKHARDT, Lex Ribvaria (1959) S. 139 f. | 35) Vgl. ROB. HOLTZMANN, Geschichte d. sächs. Kaiserzeit (1941) S. 293. | 36) GERDA MERSCHBERGER, Mannus-Bücherei LVII (1937). Dazu v. SCHWERIN, ZRG G LVIII (1938) S. 824—839. Vgl. WOLFG. KRAUSE, Die Frau in d. Sprache der altisländ. Familiengeschichten (1926) S. 7ff. | 37) Friedelehe u. Mutterrecht, ZRG G XLVII (1927) S. 286; Rasse u. Recht bei den Germanen u. Indogermanen, FDR II, 3 (1937)

S. 70. | [38]) Vgl. dagegen Gustav Neckel, Liebe u. Ehe bei den vorchristl. Germanen (1932) Vorw.; Alfr. Schultze, Zum altnord. Eherecht, SB Leipzig XCI, 1 (1939) S. 83ff. u. 99; Über westgotisch-spanisches Eherecht, ebd. XCV, 4 (1943) S. 98 u. 104. | [39]) Eugen Roth, Die Frau in d. Weltgeschichte (mit Beziehung auf Epheser 5, 22f., Kolosser 3, 18). | [40]) Zuletzt ZRG G LVII (1937) S. 451—457. | [41]) Der Lübecker Rentenmarkt von 1320—1350 (Diss. Kiel 1935). | [42]) Dt. Privatrecht II: Sachenrecht (1905) S. 752ff. | [43]) Stobbe, Brunner, Gengler, Gierke [a. a. O. S. 754 Anm. 3], R. Hübner, Planitz. | [44]) v. Brandt, a. a. O. S. 12. Dazu P. Rehme, ZRG G LVI (1936) S. 536f.

§ 29

Rechtsvergleichung

1. Die vergleichende Erforschung des altgermanischen Rechts (Vergleichung genommen als Weg zur Erkenntnis der geschichtlichen Beziehungen unter verschiedenen Rechten) reicht bis in die Zeiten Conrings und Stiernhööks hinauf, von denen der erstere schon auf den Wert der skandinavischen Rechte für die Erkenntnis der altdeutschen hingewiesen hat. Dennoch ließen durchschlagende Ergebnisse noch über anderthalb Jahrhunderte auf sich warten, weil es den Rechtsantiquaren und -historikern, insbesondere in Deutschland, ebensosehr an linguistischen Kenntnissen wie an kritisch gesichtetem Material gebrach.

Erst Jacob Grimm vereinigte in sich die philologische Ausrüstung mit der juristischen Vorbildung, die Belesenheit mit der Kombinationskraft, um in seinen „Deutschen Rechtsaltertümern"[1] ein Gesamtbild des germanischen Rechts aus der Vogelschau (unter vorwiegender Berücksichtigung des sinnlich-anschaulichen Elements) entwerfen zu können. Nicht nur die Menge des darin aufgespeicherten Materials, sondern auch die Behutsamkeit, womit es verwertet war, und die Fülle feiner Beobachtungen, wozu es dem Verfasser Anlaß geboten hat, sicherten dem Buche eine Dauerhaftigkeit wie keinem andern germanistischen Werk. Es ist aber bis heute auch das einzige in seiner Art geblieben[2]. Je mehr an neuen Quellen erschlossen, je besser der alte Vorrat zugänglich gemacht, je deutlicher die Abhängigkeit der komparativen Forschung von der spezialgeschichtlichen empfunden wurde, desto entschiedener sah sich auch die erstere auf den Weg der Spezialarbeit gewiesen.

Nach Jacob Grimm hat nur ein Gelehrter, Wilh. Ed. Wilda, in seinem „Strafrecht der Germanen"[3] wenigstens von einem Hauptteil aller germanischen Rechte eine vergleichende Gesamtdarstellung versucht[a]. Die von GRIMM und WILDA ausgehende Anregung bewirkte aber, daß nun häufiger als vormals diejenigen Rechte, die durch die Art ihrer Überlieferung für eine komparative Germanistik erst den festen Boden bereiten, nämlich die skandinavischen sowie das angelsächsische und das friesische, zum Gegenstand eindringender Untersuchungen gemacht wurden. Die Mehrzahl der sogenannten „Germanisten" unter den deutschen Rechtshistorikern freilich hatte und hat ihre Gründe, um eine derartige Weite des Gesichtskreises zu verschmähen und sogar den Begriff des „Deutschen" — ihrer Domäne — auf den Kreis jener Quellen einzuschränken, zu deren Lektüre die Gymnasialbildung notdürftig ausreicht. Nur in der Theorie scheinen diese Gegensätze im großen ganzen überwunden[4]. Jedenfalls aber ist als Preis des Kampfes eine komparative Methode zu verzeichnen, welche sich über den älteren naiven Subjektivismus erhebt.

2. Den Gegenstand des Vergleichens bilden zunächst die Rechtsüberlieferungen germanischer Nationalität. Zuvor muß an ihnen die rein historisch-kritische Arbeit vollzogen und insbesondere festgestellt sein, inwieweit bei vorhandener Inhaltsähnlichkeit unter verschiedenen Rechten Entlehnung oder analoge (parallele) Entwicklung anzunehmen ist[b]; festgestellt ferner, inwieweit die zu vergleichenden Institute mit anderen des nämlichen Rechts und mit der Kultur des nämlichen Rechtsgebiets in Zusammenhang stehen. Nunmehr handelt es sich darum, den Stammbaum der Überlieferungen aufzufinden. Die Nähe oder Entfernung im Verwandtschaftsverhältnis unter den verglichenen Stammesrechten gibt dabei den Ausgangspunkt ab. Sie kann aber nicht, wie früher fast allgemein geschah, nach der einen oder andern (isoliert betrachteten) Inhaltsähnlichkeit der Rechte bemessen werden[c].

Die Versuche, methodisch brauchbare Kriterien für die Ermittlung der Genese zu finden, gehen vor allem in dreierlei Richtung.

---

a) Ihn hat bei begrenzterem Thema an Fülle und kritischer Aufarbeitung des Stoffes weit übertroffen v. AMIRA selbst: Die german. Todesstrafen, Untersuchungen z. Rechts- u. Religionsgeschichte (1922) [415 Quartseiten].

b) Letztere Möglichkeit wird von BERNH. REHFELDT [Grenzen d. vergleichenden Methode (1942)] stark, vielleicht zu stark betont.

c) Diesem methodischen Gesichtspunkt tragen vorbildlich Rechnung: FOCKEMA ANDREAE, Über d. Ursprung der niederländ. Rechte mit Rücksicht auf ihre Stammeszugehörigkeit [ZRG G XXX (1909) S. 1—17]; EDWIN MAYER-HOMBERG, Die fränk. Volksrechte im MA (1912); E. M. MEIJERS, Etudes d'Histoire du Droit I (1956).

3. Nach Amira[5] ist der einzige, wenn auch nur relativ verlässige Maßstab in dem Satze gegeben, daß die Rechtsfamilien der älteren Zeit sich mit den Sprachfamilien (z. B. ost- und westgermanisch; gotisch/burgundisch und skandinavisch; ost- und westnordisch; ober-, mittel- und niederdeutsch u. s. f.) decken. Die Sprachfamilien sind [so führt er aus] der Ausdruck der geschichtlichen Verwandtschaft unter den Völkern, welche nicht mit der physischen verwechselt werden darf. Handelt es sich um ursprüngliche Gemeinschaft von Gedanken, so müssen wir sie dort suchen, wo das Mittel des Gedankenaustausches, die Sprache, gemeinsam ist. Nun ist aber das Recht ein Werk der Gedanken von Menschen, die miteinander in Verkehr, in Kulturgemeinschaft stehen. Es müssen also, günstige geographische Bedingungen vorausgesetzt, die Rechte der sprachlich am wenigsten getrennten Völker am längsten miteinander in Verbindung geblieben sein. Daher

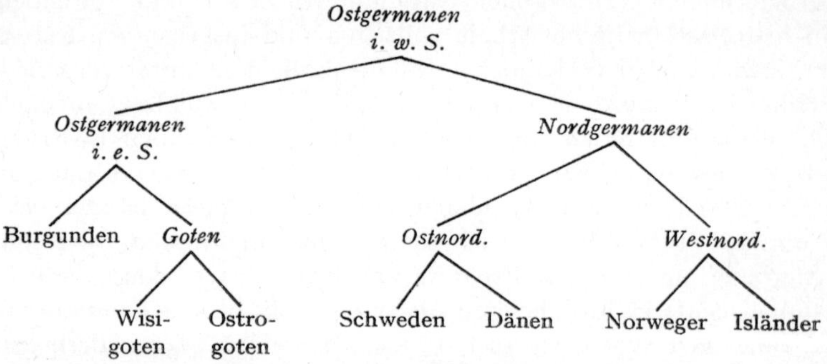

ist [dieser Leitsatz Amiras wird von niemandem bestritten werden] im Zweifel Terminologien und Bestimmungen, die zwei Stammesrechten gemeinsam sind, ein desto höheres Alter zuzuschreiben, je weiter die Stämme selbst sich sprachlich voneinander entfernt haben, mit anderen Worten: je weniger sie im Gedankenaustausch miteinander geblieben sind, je weniger also die Rechtsgleichheit unter ihnen vermutet werden dürfte. Liegen Rechtsgleichheiten unter Ästen eines und desselben Sprachstammes vor, so werden jene über den Zeitpunkt der Trennung um so wahrscheinlicher zurückreichen, je schärfer diese in geographischer Beziehung eingetreten ist. Es ist daher von besonderer Wichtigkeit, wenn die Trennung des Sprachstammes sich datieren läßt, wie z. B. die des norwegischen um 870—930 [infolge der Besiedelung Islands], die des anglischen und sächsischen im 5. Jahrh. [infolge der Eroberung Britanniens]. Freilich dürfen Rückschlüsse wie die angegebenen nicht ins Mechanische verfallen. Sie haben mit der Möglichkeit zu rechnen, daß schon in vorgeschichtlicher Zeit Entlehnungen und Entwicklungsanalogien stattgefunden und daß die verschiedenen germanischen Rechte überhaupt nicht von einem einheitlichen Urrecht ihren Ausgang genommen haben [sondern beispielsweise aus der sich auf die Einzelrechte ungleichmäßig auswirkenden Verschmelzung zweier vorgeschichtlicher Rechte erwachsen sind], ebenso aber auch, daß die Verbände, die wir als Sprachgemeinschaften kennen, einen Wandel in ihrer Zusammensetzung erlitten haben.

Für AMIRA hätte sich aus diesen Überlegungen als prima facie-Verwandtschaft der germanischen Rechte etwa die nebenstehende bzw. hier folgende Gliederung ergeben:

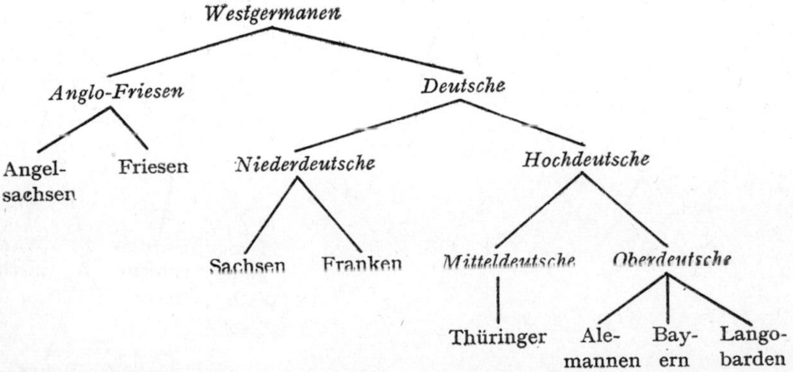

Wie problematisch diese Orientierung der Rechtsfamilien an Sprachfamilien ist, sieht der Philologe auf den ersten Blick. Von der Zuversicht, mit der einst MÜLLENHOFF seinen Stammbaum aufstellen zu können glaubte, ist wenig übriggeblieben[6].

4. Doch schon ehe die Philologie die Grundlage zerstörte, auf der AMIRA aufbauen wollte, hatte JUL. FICKER das Vertrauen auf die durchgängige Vergleichbarkeit sprachlicher und rechtlicher Verhältnisse nachhaltig erschüttert. Bei seinen immer weiter ausgreifenden Untersuchungen zunächst über das Eherecht, dann über die Erbenfolge[7] war er auf Zusammenhänge gestoßen, die sich aus der herkömmlichen, sprachlich fundierten Gliederung der germanischen Rechte nicht erklären ließen.

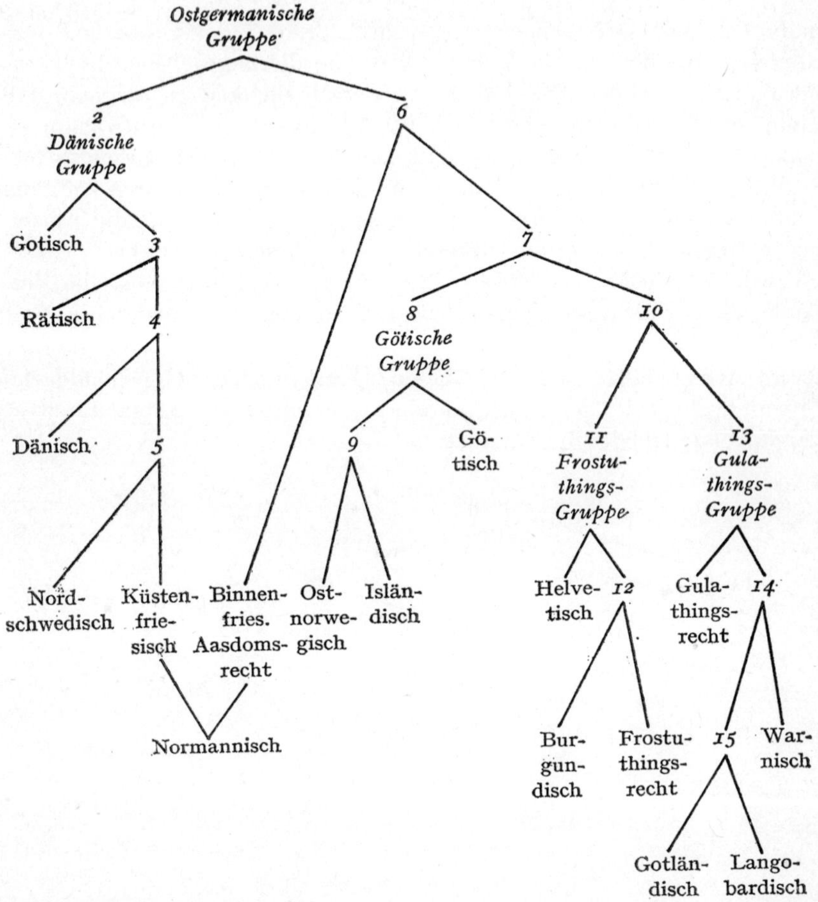

FICKERS Versuch, einen Neubau ausschließlich aus rechtlichen Elementen zu errichten, geht von der Annahme aus, daß dem Recht ein wesentlich stärkeres Beharrungsvermögen innewohne als der Sprache, daß daher die sprachliche Überfremdung eines Stammes [z. B. die Teilhabe des Langobardischen an der ahd. Lautverschiebung, der Untergang des Warnischen, die Annahme der französischen Sprache durch die Normannen] das angestammte Recht entweder überhaupt nicht oder doch nur in untergeordnetem Grade tangiere.

„In dieser Beziehung kann FICKERS Standpunkt die theoretische Richtigkeit nicht abgesprochen werden. Eine Verwandtschaft der Rechte kann letzten Endes allerdings nur durch die Verwandtschaft der Rechtssätze bewiesen werden. Es ist daher auch nie daran gedacht worden, etwa die Stadtrechtsfamilien des Mittelalters von anderen Gesichtspunkten als eben dem ihres Inhaltes aus aufzubauen. In gleicher Weise wird bei den neuzeitlichen Handelsrechtsfamilien verfahren. Wie in diesen dem Mittelalter und der Neuzeit angehörenden Fällen muß aber auch für die frühere Zeit daran festgehalten werden, daß nur die Rechte nachweislich am nächsten verwandt sind, die ihrem Inhalte nach die größte Übereinstimmung zeigen, und darf an dem allenfallsigen Auseinanderfallen von Sprachfamilien und Rechtsfamilien kein Anstoß genommen werden."[8]

Die Ergebnisse, zu denen FICKER gelangt ist[9], sind allerdings in mehr als einer Beziehung überraschend.

Zwar ist die grundlegende Scheidung zwischen Westgermanen einerseits, Ost- und Nordgermanen andererseits beibehalten. Zu den ersteren werden aber nur noch die Alemannen, Bayern, Franken, Thüringer, Sachsen und Angelsachsen gestellt. Selbst wenn man die „rätischen" Relikte auf die Goten, die „helvetischen" auf die Burgunden zurückführen dürfte [was FICKER in dieser Form nicht gutgeheißen hätte], bliebe die Zuordnung der Langobarden, Warnen, Friesen und der frankonisierten Normannen zum ostgermanischen Rechtsbereich, bliebe vor allem die rätselhafte Untergruppenbildung, welche eng verwandte Rechte wie die westnordischen auseinanderreißt und andrerseits Stämme zusammenordnet, deren frühgeschichtliche Sitze eine solche Beziehung denkbar unwahrscheinlich machen. Wenn FICKERS Resultate insoweit nicht überzeugen können[10], so liegt das nicht an der von ihm befolgten (grundsätzlich beifallswerten) Methode, sondern an der nicht eben glücklichen Wahl des Ausgangspunktes. Nach allem, was wir wissen, ist das Erbrecht aus recht bescheidenen vorgeschichtlichen Ansätzen erwachsen und hat es sich erst nach dem Auseinandergehen der germanischen Rechte voll entfaltet. Älter werden die in verschiedenen Rechten überlieferten racherechtlichen Verwandtschaftstafeln sein; aber gerade hier ist die Basis zu schmal, als daß sich darauf eine Gliederung der Rechte bauen ließe. Aus der sekundären Parallelentwicklung einzelner Rechte [z. B. gleichartige Einordnung der in anderen Stammesrechten vom Erbe ausgeschlossenen oder doch erbrechtlich zurückgesetzten Weiber] sind keine Rückschlüsse auf genetische Verwandtschaft möglich, geschweige denn kann man daraus die anfängliche Gestalt des germanischen Erbrechts erschließen.

Aus der doppelten Ungewißheit, wie sich die germanischen Dialekte entwicklungsgeschichtlich gruppieren und wie sich die germanischen Stammesrechte genealogisch zueinander verhalten, folgt jedoch ein Positivum: einstweilen haben wir keinen hinreichenden Anlaß, an der (a priori wahrscheinlichen) sprachlichen und rechtlichen Parallelität der Gruppenbildung zu zweifeln. Damit soll nicht unterstellt werden, daß sich die autochthone Weiterentwicklung oder nachbarliche Beeinflussung auf beiden Lebensbereichen mit gleicher Intensität ausgewirkt haben müsse. Wohl aber sind, wenn ein Stamm den Dialekt eines anderen zur Gänze übernimmt [wie z. B. die Normannen das Französische], analoge, wenngleich dem Grade nach vielleicht schwächere, Einwirkungen auf dem Rechtssektor zu erwarten. Und wenn zwei Stammesrechte unzweideutige, ihnen allein eigentümliche Übereinstimmungen zeigen, sollte die darin zum Ausdruck kommende Urverwandtschaft oder Kontaktmetamorphose irgendwie auch sprachlich nachzuweisen sein; ja, man könnte hoffen, daß sprachgeschichtliche Gesichtspunkte eine Klärung ermöglichten, welcher Art die Beziehung zwischen den beiden Stämmen ist.

5. Ein dritter Versuch, dem Entwicklungsproblem näherzukommen, geht von der durch Plinius und Tacitus bezeugten Zuordnung zumindest der westgermanischen Stämme zu den drei frühgeschichtlichen Kultverbänden der Ingwäonen, Erminonen und Istwäonen aus und hat sich als Nahziel gesetzt, den Kreis der ingwäonischen Stämme verlässiger als das bisher möglich schien, zu bestimmen[11]. Freilich werden mit den weiteren Gleichungen auch weitere Unbekannte ins Spiel gebracht. Schon die älteste verwertbare Quelle, die um 77 nach Zeitwechsel vollendete *Naturalis historia* des älteren Plinius[12], repräsentiert nicht mehr den ursprünglichen Zustand. Denn die durch Stabreim gebundene und gesicherte Dreigliederung zeigt sich bereits um zwei Gruppen erweitert oder mit solchen kontaminiert, von denen die eine (die peukinisch-bastarnische) mangels irgendwelcher Denkmäler rechtshistorisch irrelevant ist, die andere (die wandilische) entweder Stämme umfaßt, die außerhalb des Bereichs der erwähnten drei Kultverbände standen, oder sich von einem dieser Kultverbände abgespalten oder Stämme mehrerer dieser Kultverbände zu neuer Gruppenbildung zusammengeschlossen hat. In der Ungewißheit, welche dieser drei Möglichkeiten zutrifft, liegt eine der Hauptschwierigkeiten überzeugender Interpretation. Daß zur Zeit des Plinius nicht drei, sondern fünf Gruppen nebeneinander standen, wird man anzunehmen haben, und auch sonst erscheint es ungerechtfertigt, an seinen positiven Aussagen zu zweifeln.

Befremdlich ist das Urteil des sonst so sorglich abwägenden KARL HELM[13]: „Die Bezeichnung der Chauken als Ingvaeonen ist mit ziemlicher Sicherheit als irrtümlich zu betrachten; sie werden wohl nur auf Grund des Taciteischen *proximi Oceano* dazu gerechnet, da Plinius sie als Bewohner des Küstenlandes zwischen Elbe und Ems kennt.“ Die Taciteische Formulierung kann Plinius schon um deswillen nicht irregeführt haben, weil die *Germania* mehr als zwei Jahrzehnte nach der *Naturalis historia* geschrieben wurde. Plinius hat nicht nur den Feldzug des Domitius Corbulo gegen die Chauken im Jahre 47 selbst mitgemacht und ungemein detaillierte Schilderungen von dem gegeben, was er dort erlebte und beobachtete[14]; er war zudem, bevor er das in Frage stehende Werk schrieb, Statthalter der Gallia Belgica und kannte das Mündungsdelta des Rheins, in welchem nach seiner eigenen Angabe[d] ein Teil der Chauken ansässig geworden war, aus unmittelbarer Anschauung[15]. Kein Quellenzeugnis kann daher besser fundiert sein als das des Plinius über die Chauken.

Die Germanen gliederten sich nach Plinius wie folgt:

Vandili, quorum pars Burgondiones, Varinne, Charini, Gutones [= Burgunden, Warnen, (wandalische) Harier und Goten].

Alterum genus[e] *Ingvaeones, quorum pars Cimbri, Teutoni ac Chaucorum gentes*[e] [= Kimbern, Teutonen, „große" und „kleine"[f] Chauken].

Proximi autem Rheno Istvaeones, quorum pars . . .[g]

Mediterranei Herminones, quorum Suebi, Hermunduri, Chatti, Cherusci [= Sweben, Hermunduren, Chatten und Cherusker].

Quinta pars Peucini, Basternae supra dictis contermini Dacis [= Peukiner/Bastarnen].

Daß sich die *quinque genera Germanorum* der *Naturalis historia* „bei sorgfältiger und unbefangener Interpretation der *Germania* in ihrer Fünfzahl wiederfinden lassen" und daß sich „die fünf Gruppen bei Plinius und Tacitus (von Einzelheiten abgesehen) auch im Inhalt im ganzen decken"[16], hält kritischer Nachprüfung schwerlich stand [ganz abgesehen davon, daß man Generationen von Forschern, die zu anderen Ergebnissen kamen, weder mangelnde Sorgfalt noch Befangenheit unterstellen kann].

Tacitus nennt[17] neben dem plinianischen Dreigespann *proximi Oceano Ingaevones, medii Herminones, ceteri Istaevones* als weitere *gentes*, welche analoge *vera et antiqua nomina* trügen: *Marsos, Gambrivios, Suebos, Vandilios*, d. h. insgesamt nicht fünf, sondern sieben Gruppen, von denen eine, die *Vandilii*, bereits bei Plinius als Gruppe genannt wird und offenbar von dort übernommen ist, eine zweite, die *Suebi*, bei Plinius nicht als Gruppe, sondern als erminonischer Stamm erscheint. Bei der Einzelaufzählung[18] unterscheidet Tacitus nur noch zwei Gruppen:

---

d) Naturalis historia IV 101: *In Rheno autem ipso . . nobilissima Batavorum insula et Cannenefatium et alias Frisiorum, Chaucorum, Frisiavonum, Sturiorum, Marsaciorum quae sternuntur inter Helinium ac Flevum* (also westlich des Fli).

e) Beachte die (freilich nicht überall durchgehaltene) Unterscheidung von *genus, genera* und *gens, gentes*.

f) Naturalis historia XVI 2: . . *gentes sunt vero et in septentrione visae nobis Chaucorum qui maiores minoresque appellantur* [die herkömmliche, auf Ptolemaeus II 11 zurückgehende Lokalisierung rechts und links der Weser ist schwerlich richtig].

g) Überlieferungslücke.

Suebi und *ceteri Germani*. Zu den ersteren rechnet er die Semnonen, die Langobarden, die sieben Nerthus-Stämme [*Reudigni, Aviones, Anglii, Varini, Eudoses, Suardones, Nuithones*], die Hermunduren, Naristen, Markomannen und Quaden [samt *Marsigni, Buri*, (gallischen) *Cotini*, (pannonischen) *Osi*], die (wandalischen) Lugier [*Harii, Helveconae, Manimi, Helisii, Nahar(na)vali*], die Goten, Rugier, Lemovier, die (skandinavischen) *Suiones* [altengl. *Swéon*, schwed. *Svear*, isländ. *Svīar* = Schweden], ja sogar nichtgermanische Völker wie die *gentes Aestiorum* und die *Sitones*. Damit ja kein Zweifel bleibe, schließt die Aufzählung mit dem lapidaren Satz[19]: *Hic Suebiae finis*. Die danach genannten *Peucini quos quidam Bastarnas vocant* gehören nicht mehr dazu und ließen sich, mit einigem guten Willen, wie bei Plinius als Sondergruppe fassen.

Daß jedoch die *Suebi* des Tacitus in zwei geographische Untergruppen geteilt seien, von denen die erstere in etwa den *Herminones*, die letztere den *Vandili* des Plinius entspräche, vergewaltigt den Wortlaut beider taciteischer Stellen. Denn die summarische Aufzählung in c. 2 nennt *Herminones, Suebi, Vandilii* gleichrangig nebeneinander, verbietet also wechselseitige Subsumierung; die Einzelaufzählung der c. 38—46 gliedert zwar die Sweben nach ihren geographischen Sitzen, unterscheidet aber keineswegs nur zwei, sondern mindestens vier derartige Untergruppen. Ganz zu schweigen davon, daß Plinius die Hermunduren neben den Sweben nennt, während sie Tacitus diesen eingliedert, daß Plinius Chatten und Cherusker zu den Erminonen rechnet, während Tacitus sie eindeutig (nicht nur geographisch) von den Sweben absetzt, daß zu den Sweben des Tacitus auf der kimbrischen Halbinsel nicht-erminonische[h] und beiderseits des *mare Suebicum* nicht-wandilische Stämme gezählt werden.

Man wird bei Tacitus zwei Textschichten zu unterscheiden haben: Die in c. 2 vorliegende ältere stellt sich als eine (nur geringfügig modifizierte) literarische Reminiszenz an einen früheren Zustand dar und lehnt sich wahrscheinlich nicht an das überlieferte Stück der *Naturalis historia*, sondern an die nicht erhaltengebliebenen *Bella Germaniae* des Plinius[20] an. Sie bereichert unser Wissen um die wichtige Nachricht, daß die Stammsage *carminibus antiquis* besungen wurde, was für ein hohes Alter der drei darin vorausgesetzten Kultverbände zeugt. Sie bringt hinsichtlich der Ingwäonen speziell die Bestätigung, daß sie *proximi Oceano*, d. h. entlang der Nordsee saßen, die von der Scheldemündung an germanisch war[i]. Die jüngere Textschicht, die im wesentlichen auf Tacitus selbst zurückgehen dürfte und den Zustand seiner eigenen Zeit zu fixieren sucht, folgt anderen Maßstäben, seien es politische (Swebenbund), seien es kulturelle (Haartracht). Was nicht ausschließt, daß gelegentlich, vor allem bei fernerwohnenden Stämmen,

h) nämlich die Nerthus-Stämme, die man angesichts der Bodenfunde, trotz FRIEDR. MAURER [Nordgermanen u. Alemannen ([2]1943) S. 49], unmöglich zu den Erminonen stellen kann.

i) Naturalis historia IV 98: *toto autem mari ad Scaldim usque fluvium Germaniae accolunt gentes*.

aus geographischer Nachbarschaft irrig auf politisch-kulturelle Zusammengehörigkeit geschlossen ist. Die Ausführungen der *Germania* haben mit der alten Dreigliederung der Kultverbände nichts zu schaffen und dürfen daher nicht — ihrer Zielsetzung zuwider — zur Ausfüllung des von Plinius abgesteckten Rahmens dienen oder gar gegen diesen ins Feld geführt werden. Ihr Beweiswert für das eigene Anliegen des Tacitus wird durch diese Feststellung nicht berührt, ihre historische Bedeutung somit nicht geschmälert.

Die Gruppenbildung der *Germania* ermöglicht es, die durch die Spatenforschung nachgewiesenen Kulturprovinzen der ersten nachchristlichen Jahrhunderte stammesmäßig auszudeuten, und sie wird zugleich durch deren Ergebnisse teils bestätigt, teils berichtigt.

Beispielsweise läßt sich mit Hilfe der Bodenfunde das (in seiner Ausdehnung wechselnde) langobardische Gebiet beiderseits der unteren Elbe nicht nur zuverlässig umgrenzen, sondern zugleich mit Sicherheit dem swebischen Kulturbereich zuordnen[21]; Tacitus hat also recht, wenn er für seine Zeit die Langobarden zu den Sweben rechnet [womit über deren ursprüngliche Zugehörigkeit nichts ausgesagt ist]. Andererseits ist nicht minder gewiß, daß das von den sieben Nerthusstämmen bewohnte Gebiet (Holstein, Angeln und deren insulare Nachbarschaft) zu keiner Zeit swebisch war, vielmehr archäologisch mit der chaukisch-friesischen Nordseeküste zwischen Elbe und Rhein zusammengehört[22]; Tacitus hat also die Nerthus-Stämme zu unrecht für Sweben gehalten.

Die aus den Römerberichten und aus den Bodenfunden zu gewinnenden Anhaltspunkte werden durch das, was sich über die frühesten Sitze und gemeinsame Wanderungen dieser Stämme ermitteln läßt, weitgehend bestätigt. So erklärt sich die Wandergemeinschaft der Kimbern, Teutonen und Ambronen in den beiden letzten Jahrzehnten des zweiten vorchristlichen Jahrhunderts leicht, wenn man mit Hilfe der mittelalterlichen Bezirksnamen feststellt, daß sie dereinst in Jütland (*Himbersyssel* und *Thytesyssel*) und in Amrum (*Ambrum*) nahe benachbart waren. Ähnliches gilt für die annähernd gleichzeitige Wandergemeinschaft der Ambronen mit den Wandalen (*Vendsyssel*) und den Warnen (*Warnitz?*); der Warnen mit den Angeln (*Angeln*); der Angeln mit den kentischen Euten (*Jütland*) und den Sachsen (*Holstein/Hadeln*). Mit den drei angelsächsischen Stämmen schließen sich wieder die Friesen zur anglo-friesischen Sprachgruppe zusammen, deren ingwäonischer Charakter unbestritten ist, mögen auch manche Sprachwissenschaftler einer neutraleren Bezeichnung wie „nordseegermanisch" den Vorzug geben.

Daß andere ingwäonische Stämme schon zu der Zeit, als ihre ältesten Sprachdenkmäler aufgezeichnet wurden, nicht mehr „ingwäonisch" sprachen, wird deutlich, wenn wir altenglische Literaturzeugnisse beiziehen.

Im Beowulf wird der Dänenkönig Hrothgar je einmal als *eodor Ingwina* [Etter der Ingwine] und als *frēa Ingwina* [Herr der Ingwine] betitelt; der Dichter dieses angelsächsischen (somit ingwäonischen) Epos hielt demnach die Dänen und nur diese, nicht die im Beowulf eher noch stärker herausgestellten *Gēatas*, d. h. die *Gautar* in Götaland, für Ingwäonen, trennte also zwei Völker, die später nahverwandte ostnordische Dialekte redeten. Das angelsächsische Runenlied sagt: *Ing wæs ǣrest mit Ēast-Denum gesewen secgun* [Ing (der Heros eponymus der Ingwäonen) ward zuerst bei den Ostdänen (d. h. in Schonen) von den Mannen gesehen], und beruft sich dafür auf wandalische Überlieferung: *ðus Heardingas ðone hæle nemdun* [so die Hasdinge den Helden nannten]; aber die Sprache der mittelmeerischen Wandalen gehört in die Nachbarschaft des Gotischen, nicht des Anglo-friesischen[23]. Die Dänen selbst haben die ingwäonische Stammsage von dem in einem Boot in Schonen (*in Scede-landum*) angetriebenen Kind, das später König und königlicher Ahnherr wurde, auf den Heros eponymus ihres eigenen Königsgeschlechts Skjöld [im Beowulf *Scyld*] übertragen, und noch vor ihnen scheinen die aus Schonen ausgewanderten Langobarden das Gleiche von ihrem mythischen König Skef erzählt zu haben, den der „Weitfahrer" (*Wīdsīþ*) als *Sceafa* (*wēold*) *Longbeardum* [Skefa (den Herrscher) der Langobarden] unter den von ihm besuchten Königen aufführt[24]. Auch sie sprachen keine ingwäonische Sprache mehr, als sie im 7. Jahrhundert ihr Recht aufzuzeichnen begannen, sondern ein mit ingwäonischen Relikten durchsetztes Oberdeutsch[25].

Liefert demnach die Sprachwissenschaft keine hinreichenden Anhaltspunkte, die Dänen, Wandalen und Langobarden mit den Angelsachsen in Beziehung zu setzen, so ist die Rechtsvergleichung in der erfreulichen Lage, dieses Vakuum für zwei der genannten Stämme überbrücken zu können[26]: Wandalen wie Langobarden lebten in ihrer Frühzeit nach Mutterrecht und bezeugen dadurch ihren ingwäonischen Ursprung[27]; Wandalen wie Langobarden standen unter kultisch bedingtem Doppelkönigtum und erweisen sich dadurch als nahe Verwandte der ingwäonischen Angelsachsen.

Nicht minder bedeutsam ist, daß es in langwierigen und komplizierten rechtshistorischen Untersuchungen gelungen ist, eine Reihe weiterer ingwäonischer Rechtssätze zu erschließen und mit ihrer Hilfe eine ingwäonische Komponente des salfränkischen Rechts nachzuweisen[28]; ein Ergebnis, das Rudolf Muchs These von der chaukischen Abstammung der Salier[29] zu höchster Wahrscheinlichkeit erhebt. So steht zu hoffen, daß auch die um ein neues Geschichtsbild ringende germanistische Sprachwissenschaft ihren Gewinn davontragen wird. Bei einer Beschränkung auf die rechtshistorisch relevanten Stämme ingwäonischer Abkunft ergibt sich folgendes Bild[k]:

k) Eckige Klammern kennzeichnen spätere Bildungen, in denen ingwäonische Stämme aufgegangen sind, die jedoch selbst kein ingwäonisches Recht mehr haben.

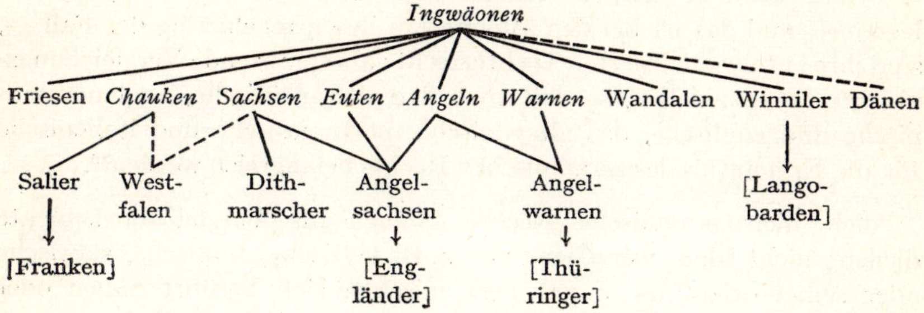
Ingwäonen
Friesen
Chauken
Sachsen
Euten
Angeln
Warnen
Wandalen
Winniler
Dänen
Salier
Westfalen
Dithmarscher
Angelsachsen
Angelwarnen
[Langobarden]
[Franken]
[Engländer]
[Thüringer]

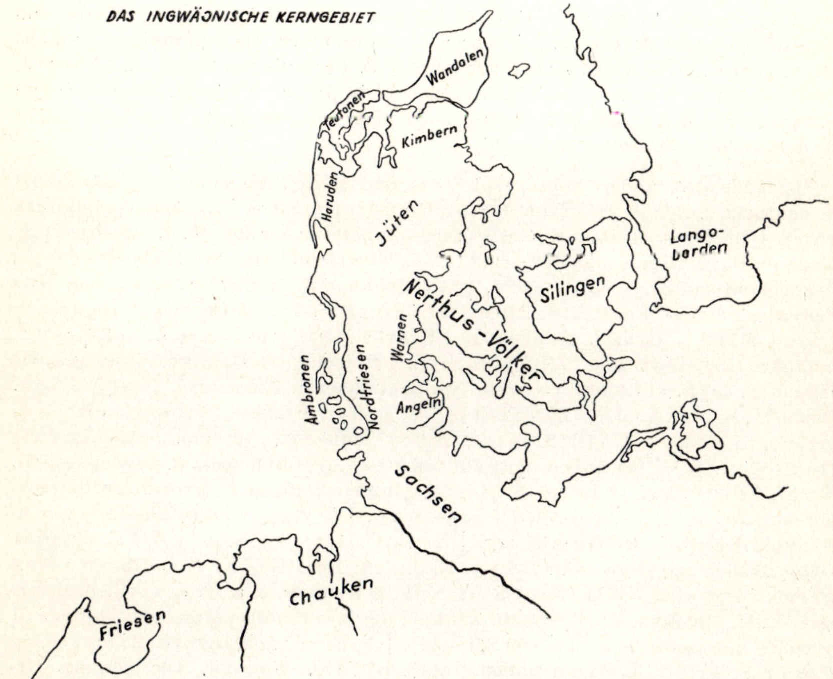
DAS INGWÄONISCHE KERNGEBIET
Wandalen
Teutonen
Kimbern
Haruden
Jüten
Langobarden
Silingen
Nerthus-Völker
Warnen
Ambronen
Nordfriesen
Angeln
Sachsen
Chauken
Friesen

6. Soweit die erhaltenen germanischen Stammesrechte Fragen offenlassen — und das ist bei den älteren von ihnen regelmäßig der Fall —, sind ihre entnationalisierten Tochterrechte als ergänzende Vergleichungsobjekte heranzuziehen, so daß auch das altfranzösische, anglonormannische und englische, das altspanische, portugiesische und italienische für die Erkenntnis des germanischen Rechts belangreich werden[30].

Auch nichtgermanische Rechte können als Vergleichungsobjekte dienen; nicht bloß, wenn jene wie z. B. keltische, finnische, slawische oder selbst orientalische mit germanischen sich berührt haben oder wenn sie wie überhaupt die anderen indogermanischen mit den germanischen in engerem vorgeschichtlichem Zusammenhang gestanden sind, sondern auch, wenn typische Rechtstatbestände ermittelt[1] oder das Verständnis derjenigen Rückstände erschlossen werden soll, welche frühestes Recht der Menschheit im historischen Raum der germanischen Völker hinterlassen hat.

---

1) In diesem Sinne sind Untersuchungen interessant, welche german. und nichtindogerman. Rechte vergleichen; z. B. HANS FEHR, Hammurapi u. d. salische Recht (1910); O. HINTZE, Wesen u. Ursprung d. Feudalismus (1929); S. UYEHARA, Gefolgschaft u. Vasallität im fränk. Reich u. in Japan, Festschr. Dopsch (1938) S. 135ff. — Höchst bemerkenswerte, noch nicht ausgeschöpfte Parallelen liefern d. mosaische u. d. arabische Recht.

1) (1828, unverändert abgedruckt ²1854 und ³1881), aus dem Nachlaß ergänzt u. neu hrsg. durch A. HEUSLER d. J. u. RUD. HÜBNER I u. II (⁴1899, Neuabdruck 1922). | 2) Als Ergänzung zu GRIMM seien immerhin genannt: M. J. NOORDEWIER, Nederduitsche Regtsoudheten (1853); L. GÜNTHER, Dt. Rechtsaltertümer in unsrer heutigen dt. Sprache (1903). | 3) Geschichte d. dt. Strafrechts I (1842) [997 Seiten!]. | 4) Vgl. ECKHARDT, ZRG G LIX (1939) S. 1f. [= Ingwi u. d. Ingweonen (²1940) S. 1 f.]; BERNH. REHFELDT, ZRG G LXXII (1955) S. 34f., 54f. | 5) Vgl. bereits: Über Zweck u. Mittel, S. 25ff. | 6) Siehe O. BREMER, Ethnographie (²1900) S. 803ff.; FRIEDR. MAURER, Nordgermanen u. Alemannen (²1943) S. 23ff. [dazu H. KUHN, AnzDA LXXXI (1944) S. 4—13]; FRIEDR. STROH, Handbuch d. german. Philologie (1952) S. 194ff.; ERNST SCHWARZ, German. Stammeskunde (1956) S. 39. | 7) Über nähere Verwandtschaft zw. gothisch-span. u. norweg.-isländ. Recht, MIÖG Erg. II (1887) S. 455 ff.; Untersuchungen z. Erbenfolge der ostgerman. Rechte I—V, 1 u. VI, 1 (1891—1904). | 8) v. SCHWERIN, Einführung in d. Studium d. german. RG (1922) S. 127. | 9) A. a. O. II, 1 (1893) S. 17. | 10) Vgl. v. AMIRA GGA 1892 S. 259, 269—280; HEINR. BRUNNER, ZRG G XXI (1900) S. 2ff.; MAX PAPPENHEIM, ebd. XXII (1901) S. 378f.; v. SCHWERIN, a. a. O. S. 125ff. Andererseits E. M. MEIJERS, Eine german. Zählung der Verwandtschaftsgrade [Tijdschrift vorn Rechtsgeschiedenis VI (1925) S. 1—52]. | 11) ECKHARDT, Ingwi u. die Ingweonen (²1940) S. 87ff.; Germanenstudien (1960). | 12) ED. NORDEN, Die german. Urgeschichte in Tacitus Germania (²1922) S. 282 ff. | 13) Altgerman. Religionsgeschichte I (1913) S. 337. | 14) ED. NORDEN, a. a. O. S. 291ff. 297f. | 15) Ebd. S. 287ff.,

298 ff. | [16]) FRIEDR. MAURER, Nordgermanen u. Alemannen, S. 96 f. | [17]) Germania c. 2. [18]) Germania c. 38—45. | [19]) Germania c. 46. | [20]) ED. NORDEN, a. a. O. S. 207 ff. [21]) GERH. KÖRNER, Die südelbischen Langobarden z. Völkerwanderungszeit (1938) S. 7 ff. | [22]) HERM. SCHROLLER, Die Friesen u. Sachsen [H. REINERTH, Vorgeschichte der dt. Stämme I] (1940) S. 70 ff. | [23]) FERD. WREDE, Über d. Sprache der Wandalen [Quellen u. Forschungen z. Sprach- u. Kulturgeschichte der German. Völker LIX] (1886); O. FIEBIGER/LUDW. SCHMIDT, Inschriftensammlung z. Geschichte der Ostgermanen [Denkschriften Ak. Wien LX, 3] (1917) S. 20—45. [24]) ECKHARDT, Ingwi u. die Ingweonen ([2]1940) S. 60 ff., 70 ff. | [25]) W. BRUCKNER, Die Sprache der Langobarden [Quellen u. Forschungen usw. LXXV] (1895); G. BAESECKE, Vor- u. Frühgeschichte d. dt. Schrifttums I (1940) S. 79 ff., 306 ff., II, 1 (1950) S. 55 ff. | [26]) ECKHARDT, Germanenstudien (1960) | [27]) ECKHARDT, Der Wanenkrieg (1940) S. 78 ff. | [28]) ECKHARDT, Germanenstudien (1960). | [29]) RLGA II (1913/15) S. 82, Die Germania d. Tacitus (1937) S. 312 f. Zustimmend FRIEDR. SCHNEIDER, German. Heldensage I (1928) S. 358 f. u. 416 ff., II, 2 (1934) S. 39; MART. LINTZEL, Zur Entstehungsgeschichte d. sächs Stammes [Sachsen u. Anhalt III] (1927) S. 10 ff., Die Sachsen d. Ptolemäus u. die Chauchen [ebd. XIII] (1937) S. 28 ff. | [30]) Vgl. v. SCHWERIN, Einführung in d. Studium d. german. RG S. 161 ff.

§ 30

Kulturvergleichung

1. Die Nutzbarmachung kultureller Beobachtungsreihen für die Rechtsgeschichte ist vor allem hinsichtlich jener Zeiträume von Bedeutung, aus denen Rechtsdenkmäler nicht überliefert sind. Sie hängt jedoch von der Vorfrage ab, wieweit aus der materiellen Kultur auf die geistige geschlossen werden kann, da die mit dem Spaten geborgene vorgeschichtliche Hinterlassenschaft sich in aller Regel nur auf die erstere bezieht. Es ist also zunächst an Hand des Kulturbesitzes lebender oder doch historischer Völker darzutun, daß ein solcher Zusammenhang besteht.

Eine neue, wenn auch stark umstrittene Methode der Kulturvergleichung ist erst in unserem Jahrhundert ausgebildet worden. Auf Grund des australischen Befundes stellte FRITZ GRAEBNER, an Hand afrikanischen Materials stellten BERNH. ANKERMANN und LEO FROBENIUS fest, daß bestimmte Gegenstände der materiellen und Erscheinungen der geistigen Kultur regelmäßig verschwistert auftreten. Mit Hilfe dieser Beobachtungen haben sie selbst und haben mit und nach ihnen P. WILH. SCHMIDT, AD. E. JENSEN, HERM. BAUMANN und andere versucht, fest umrissene Kulturkreise herauszuarbeiten, welche entweder ein räumlich geschlossenes Gebiet einnehmen oder durch einen dazwischen gelagerten (als jünger zu wertenden) Kulturkreis auseinandergesprengt erscheinen[1]. FRITZ KERN und vor allem OSW. MENGHIN[2] haben diese Ergebnisse auf vorgeschichtliche Kulturen übertragen und dadurch vielfach überraschend neue Blickpunkte gewonnen. Es ist naheliegend, aus dem weitgehend gleichen materiellen Besitz vorgeschichtlicher Völker und fortlebender Frühkulturen auf nahe Verwandtschaft ihrer geistigen Struktur und damit ihrer religiösen und Rechtsanschauungen zu schließen. Zwingende Beweise sind durch solche Analogien nicht zu erbringen. Doch es wäre kaum zu verantworten, wollten wir wegen der Gefahr, daß Fehldeutungen unterlaufen können [wo könnten sie es nicht!], auf die durch derartige Vergleiche zu erhoffende Belebung des sonst für unsere speziellen Anliegen relativ unergiebigen vorgeschichtlichen Stoffes verzichten.

Als instruktives — mittelbar auch für die germanische Rechtsgeschichte bedeutsames — Beispiel sei erwähnt, daß die [ohne Verwendung ethnologischen Materials gewonnene] Annahme, die „Schnurkeramiker" (unbestrittenermaßen eine der völkischen Komponenten des Germanentums) hätten ihre Toten deshalb in „Hockerstellung" begraben, weil sie durch die Embryonalhaltung die Wiederverkörperung des Begrabenen vorbereiten wollten[3], sich kulturvergleichend dadurch stützen läßt, daß afrikanische Stämme bis zur Gegenwart die gleiche Bestattungssitte mit dem Glauben an die Wiederverkörperung verbinden, ja ausdrücklich erklären: Legt man die Leichen nicht so, daß die Knie hoch heraufgeschoben werden, die linke Hand unter der linken Wange und die rechte Hand oben auf dem Kopfe liegt, „so kann der Tote nicht als Kind wiederkommen".[4]

2. Aus den mit dem Spaten freigelegten vorgeschichtlichen Einzel- und Reihengräbern lassen sich auch sonst mannigfache Schlüsse ziehen, beispielsweise auf die Größe und Konstanz der Siedlungen, zu welchen sie gehörten, auf die soziale Verfassung [Fürstengräber!], auf die Gleich- oder Geringerwertung der Frau. Die Art der Grabbeigaben — wichtig vor allem für die zeitliche und völkische Zuordnung der Funde[5] — ist

für den Rechtshistoriker auch unmittelbar bedeutsam, weil sie ihm gestattet, Rechtsinstitute wie Heergewäte und Gerade in diese Frühzeit zurückzuverfolgen. Daß ihn von seinem Blickpunkt her die Form des Hauses und der Gehöfte[6], die Anlage der größeren Siedlungen und die Gestaltung der Fluren[7] interessieren müssen, versteht sich von selbst. Unmittelbares juristisches Anschauungsmaterial liefern die in steigender Zahl geborgenen Moorleichen[8], die Felszeichnungen[9] und Runensteine[10], die Votivtafeln und lateinischen Inschriften germanischer Herkunft im römischen Bereich[11], aber auch die deutschen Inschriften von 650—1650[a].

3. Die Auffassung, die prähistorische Entwicklung habe sich überall nach einem im wesentlichen gleichbleibenden Schema vollzogen, es sei also beispielsweise der rechten Ehe institutionell die regellose Geschlechtsverbindung, es sei der vaterrechtlichen stets eine mutterrechtliche Gesellschaftsordnung voraufgegangen [letzteres auch AMIRAS Standpunkt], konnte kulturvergleichend nicht bestätigt werden und ist aufzugeben. Vaterrecht und Mutterrecht sind, entwicklungsgeschichtlich gesehen, gleich alt, genetisch nicht auseinander entstanden. Mutterrechtliche Erscheinungen bei einem sonst vaterrechtlich lebenden Volk besagen daher nicht, daß es als solches eine mutterrechtliche Entwicklungsstufe durchlaufen hat, sondern deuten darauf, daß sich hier zwei Völker mit unterschiedlichen Gesellschaftsordnungen vereinigt oder übereinandergeschichtet haben[12].

4. Sind in vorgeschichtlicher Zeit Recht und Religion weitgehend zusammengefallen, so bleibt der enge Zusammenhang auch in den geschichtlichen Perioden gewahrt[13]. Die uns geläufige Scheidung von Recht, Sitte und Sittlichkeit ist jedem Volke mit ungebrochener Eigenkultur durchaus fremd. Recht ist geradezu angewandte Religion. Rechtsausübung steht unter religiöser Weihe, Religion unter rechtlichem Schutz. Die rechtliche Entwicklung der Germanen geht nicht nur mit der religiösen parallel, sondern ist durch sie bedingt[b].

a) Vgl. das Gemeinschaftswerk der dt. Akademien: Die dt. Inschriften I—V (1942—1958) [Dazu K. FRÖLICH, ZRG G LXVI (1948) S. 500—517].

b) Doch es muß noch einmal [vgl. § 1 Z. 8] betont werden: es ist nicht german. Auffassung, daß das Recht göttlicher Herkunft sei. Eher wird man sagen können, daß die Götter gleich den Menschen an ihr Recht gebunden waren; jedenfalls galt auch für sie der Satz *pacta sunt servanda*. Vgl. Vǫlospá 26 [NECKEL, Edda I S. 6]: *á gengoz eiðar, orð ok sœri, mál ǫll meginlig, er á meðal fóro* [da zergingen Eide, Wort und Schwüre, alle bekräftigten Verträge, die sie ausgetauscht].

Das gilt zunächst von den magischen Hintergründen der Lebens- und Rechtsanschauungen[14]. Es gilt aber auch von dem Götter- und Gottesglauben als solchem, handele es sich nun um Relikte prägermanischer Vorstellungen[15], um Odins dämonischen Siegeszug durch die germanische Welt[16], um die Christianisierung, die Aufgabe des Arianismus, die cluniazensischen Reformen, um MARTIN LUTHER oder JEAN CALVIN[17]. Mutatis mutandis kann man auch auf die germanische Zeit den Satz von HANS DOMBOIS[18] anwenden: „Rechtsidee und konkrete Rechtsordnung folgen stets der religiösen (oder pseudoreligiösen) Rechtfertigungsidee, d.h. dem geglaubten Grundverhältnis des Menschen zu Gott (oder dem an seine Stelle gesetzten geschichtsphilosophischen Prinzip)." Doch wäre zur Verdeutlichung hinzuzufügen: Die Formulierung „Rechtsidee und konkrete Rechtsordnung folgen der religiösen Idee" darf nicht nur logisch-kausal verstanden werden, sondern stellt zugleich einen geschichtlichen Ablauf dar, der sich über Generationen, ja über Jahrtausende erstrecken kann. In statu nascendi einer konkreten Rechtsordnung ist ihre weltanschauliche Fundierung adäquat, ihre Abhängigkeit von der magischen oder religiösen Grundanschauung offenkundig. Aber es würde zu gefährlichen Trugschlüssen führen, wollte man den Satz umkehren und aus der Fortgeltung eines Rechtssatzes die Folgerung ziehen, daß auch die magischen oder religiösen Bindungen (bzw. die philosophischen Anschauungen), aus denen er dereinst gestaltet worden ist, noch lebendig und verpflichtend seien. Die dem Rechte innewohnenden Beharrungstendenzen [es erben sich Gesetz und Rechte wie eine ewige Krankheit fort] machen es gegen religiöse Revolutionen (bzw. den Wechsel philosophischer Lehrmeinungen) in erheblichem Grade immun.

So ist das Todesstrafensystem der Peinlichen Gerichtsordnung Kaiser Karls V. von 1532, das noch in voller Geltung stand, als Friedrich d. Gr. 1740 den Thron bestieg, nicht nur vorreformatorisch; es ist seiner ganzen Struktur nach, ja in fast sämtlichen Einzelzügen vorchristlich. Und das, obwohl damals seit der Christianisierung der Sachsen rund 750 Jahre, seit jener der übrigen deutschen Stämme mehr als 1000 Jahre vergangen waren.

Zur Erklärung eines Rechtssatzes darf man daher nicht nur die religiösen Vorstellungen derjenigen Zeit, welche ihn überliefert hat, heranziehen; man muß unter Umständen tief in die Vergangenheit zurückgreifen. Umgekehrt: Kann man nachweisen, daß ein Rechtssatz den religiösen Vorstellungen einer bestimmten Zeit entstammt, so hat man ihn zugleich datiert.

Außer den reichen strafrechtlichen Bezügen seien die familienrechtlichen (Stellung der Frau, Geschwisterehe, Eheschließungsformen, Namengebung, Verwandtschaftsgliederung) ausdrücklich genannt.

5. Die Wechselbeziehungen zwischen Recht und Wirtschaft liegen klar zutage, so daß auf sie nicht näher eingegangen zu werden braucht[19]. Freilich ist die juristische und die ökonomische Wertung der gleichen Sachverhalte recht verschieden, woraus sich eine große Zahl noch nicht bereinigter Kontroversen zwischen beiden Fachdisziplinen ergeben hat[20].

[1]) Zur Methode GRAEBNER, Das Weltbild der Primitiven (1924); BAUMANN, Die afrikan. Kulturkreise, Africa VII (1934) S. 129ff.; WILH. SCHMIDT, Handbuch d. Methode d. kulturhistor. Ethnologie (1937); WILH. MÜHLMANN, Methodik d. Völkerkunde (1938); WILH. KOPPERS, Symposium 1958 (1959) S. 110—126. [2]) KERN, Die Anfänge d. Weltgeschichte (1933); MENGHIN, Weltgeschichte d. Steinzeit (1931, ²1941). Vgl. die systematische Anwendung in dem von WILH. KOPPERS herausgegebenen Sammelwerk d. Instituts f. Völkerkunde an d. Univ. Wien: Die Indogermanen- u. Germanenfrage (1936). | [3]) ECKHARDT, Irdische Unsterblichkeit (1937) S. 128. | [4]) LEO FROBENIUS, Und Afrika sprach III (1913) S. 282; Atlantis V (1925) S. 23 [speziell über die Tschamba am Benue]. Vgl. OSCAR PESCHEL, Völkerkunde (³1876) S. 494 [über die Hottentotten]. [5]) Vgl. ERNST WAHLE, Zur ethnischen Deutung frühgeschichtlicher Kulturprovinzen, SB Heidelberg (1941). | [6]) ADOLF HELBOK, Der german. Ursprung d. oberdt. Bauernhauses, Festschr. Ottenthal (1925), Haus u. Siedlung im Wandel der Jahrtausende (1937); JOST TRIER, Das Gefüge d. bäuerl. Hauses im dt. Nordwesten, Westfäl. Forschungen I (1938) S. 36ff., ferner Nachr. Göttingen NF III, 4 (1940) S. 55ff.; W. HAARNAGEL, Das nordwesteurop. dreischiffige Hallenhaus, NA f. Niedersachsen XV (1950) S. 79ff.; E. GROHNE, Das Bauernhaus im Bremer Gebiet (1941); RUD. KÖTZSCHKE, Salhof u. Siedelhof im älteren dt. Agrarwesen, Berichte Akad. Leipzig C, 5 (1953); HILDEG. DÖLLING, Haus u. Hof in westgerman. Volksrechten (1958) [mit weiterer Literatur]. | [7]) A. MEITZEN, Siedlungs- u. Agrarwesen der Westgermanen u. Ostgermanen, der Kelten, Römer, Finnen u. Slaven I—III (1895); KARL WÜHRER, Beiträge z. ältesten Agrargeschichte d. german. Nordens (1935); ADOLF HELBOK, Grundlagen d. Volksgeschichte Deutschlands u. Frankreichs I u. II (1937); HEINR. DANNENBAUER, Fränk. u. schwäb. Dörfer am Ende d. 8. Jahrh., Festgabe K. Bohnenberger (1938) S. 53ff.; W. KIRBIS, Siedlungs- u. Flurformen german. Länder, besonders Großbritanniens (1952); KARL HAFF, Der umstrittene Sippebegriff u. die Siedlungsprobleme, ZRG G LXX (1953) S. 320ff. [mit weiterer Literatur]. Vgl. auch HELM. JÄGER, Methoden u. Ergebnisse siedlungskundl. Forschung, Zeitschr. f. Agrargeschichte u. Agrarsoziologie I (1953) S. 3ff. | [8]) JOHANNA MESTORF, Moorleichen, XLII. u. XLIV. Bericht d. Kieler Museums vaterländ. Altertümer (1900) S. 10ff., (1907) S. 14ff. [dazu MAX PAPPENHEIM, ZRG G XXII (1901) S. 354f.; RICH. WEYL, Festschr. O. v. Gierke (1911) S. 41ff.;] v. AMIRA, Die german. Todesstrafen (1922) S. 147ff.; HERB. JANKUHN, Offa III (1939) S. 89ff., 127ff. [dazu ECKHARDT, ZRG G LX (1940) S. 252f.]; EUG. WOHLHAUPTER, Nordelbingen XVI/XVII (1940) S. 132ff. | [9]) OSC. ALMGREN, Nordische Felszeichnungen als religiöse Urkunden (1934); HUGO OBERMAIER, Paideuma I (1939/40) S. 193ff. [dazu ECKHARDT, ZRG G LX (1940) S. 252]. | [10]) Statt

aller: OTTO HÖFLER, Der Runenstein von Rök u. d. german. Individualweihe (German. Sakralkönigtum I 1952) [dazu O. BRUNNER, MIÖG LXI (1953) S. 409—412, FEL. GENZMER, ZRG G LXXI (1954) S. 408ff.]. | [11]) THEOD. MOMMSEN, Corpus inscriptionum latinarum XIII, 1—6: Die Inschriften Galliens u. Germaniens (1899—1943); A. RIESE, Das Rhein. Germanien in den antiken Inschriften (1914); FRITZ TAEGER, Die Kultur d. Antike (1949), Römer u. Germanen im Rheinland, Hess. JB f. Landesgeschichte VII (1957) S. 1ff. | [12]) Vgl. WILH. SCHMIDT, Das Mutterrecht, Studia Instituti Anthropos X (Wien-Mödling 1955); ECKHARDT, Der Wanenkrieg (1940) S. 81ff. | [13]) Vgl. H. SCHREUER, Altgerman. Sakralrecht I, ZRG G XXXIV (1913) S. 313—404; EDITH KIESSLING, Zauberei in den german. Volksrechten (1941); KARL OLIVECRONA, Döma til konung (Lund 1942) [Verdeutschung: Das Werden eines Königs nach altschwed. Recht, d. Königsritus als magischer Akt (Lund 1947)]; HELM. BEUMANN, Sakrale Legitimierung d. Herrschers d. otton. Zeit, ZRG G LXVI (1948) S. 1—45; BERNH. REHFELDT, Recht, Religion u. Moral bei den frühen Germanen, ZRG G LXXI (1954) S. 1ff. | [14]) Darüber vor allem EMIL GOLDMANN, HERB. MEYER, WALTH. HEINR. VOGT, ADALB. ERLER, GEORG CHR. v. UNRUH. | [15]) ECKHARDT, Irdische Unsterblichkeit (1937), Der Wanenkrieg (1940). | [16]) OTTO HÖFLER, Kultische Geheimbünde der Germanen I (1934); KARL HAUCK, Geblütsheiligkeit, Festschr. Paul Lehmann (1950) S. 187—240, Herrschaftszeichen eines wodanistischen Königtums, JB f. fränk. Landeskunde XIV (1954) S. 9—66, Halsring u. Ahnenstab als herrscherl. Würdezeichen, in P. E. SCHRAMM, Herrschaftszeichen u. Staatssymbolik I (1954) S. 145ff. [dazu ADALB. ERLER, ZRG G LXXII (1955) S. 292f.], Lebensnormen u. Kultmythen in german. Stammes- u. Herrschergenealogien, Saeculum VI (1955) S. 186—223. | [17]) Es darf auf die anregenden Zusammenfassungen von HELLM. RÖSSLER, SachWB z. dt. Geschichte (1958) S. 169ff. [zu Cluny WILLY HOPPE, ebd. S. 176f.], u. Biogr. WB z. dt. Geschichte (1952) S. 535ff. bzw. S. 105ff. verwiesen werden. | [18]) Menschenrechte u. moderner Staat (1948) S. 59, Naturrecht u. christl. Existenz (1952) S. 11 [dazu ERNST WOLF, Rechtfertigung u. Recht (1951) S. 23; ECKHARDT, Berichte aus d. Arbeit d. evang. Akad. Hofgeismar 1957, S. 1ff.]. Von ganz anderem Ausgangspunkt faßt die Frage an BERNH. REHFELDT, Die Wurzeln d. Rechts (1951) [dazu PETER LIVER, ZRG G LXXII (1955) S. 271ff.]. | [19]) Die wichtigsten Darstellungen: KARL THEOD. v. INAMA-STERNEGG, Dt. Wirtschaftsgeschichte I—III (1879—1901, ²I 1909); KARL LAMPRECHT, Dt. Wirtschaftsleben im MA I—III (1885/86); RUD. KÖTZSCHKE, Allgem. Wirtschaftsgeschichte d. MA (1924); THEOD. MAYER, Dt. Wirtschaftsgeschichte d. MA (Wissenschaft u. Bildung 1928); JOSEF KULISCHER, Allgem. Wirtschaftsgeschichte d. MA u. d. Neuzeit I (1928), II (1929); HEINR. SIEVEKING, Wirtschaftsgeschichte (1935); HENRI PIRENNE, Sozial- u. Wirtschaftsgeschichte Europas im MA (dt. von M. BECK 1946); HEINR. BECHTEL, Wirtschaftsgeschichte Deutschlands (²1951); FRIEDR. LÜTGE, Dt. Sozial- u. Wirtschaftsgeschichte (Ein Überblick 1952). | [20]) Es mag genügen, auf die Auseinandersetzungen von CL. FRHR. v. SCHWERIN u. ULR. STUTZ mit ALFONS DOPSCH zu verweisen.

§ 31

Rechtssprache

1. Vom Sprachlichen her fällt vielfaches Licht auf die rechtlichen Verhältnisse. Zunächst kann die Herkunft eines Wortes und damit sein Alter (indogermanisches Erbe oder jüngeres Lehnwort) dem Rechtshistoriker wie dem Philologen bedeutsame Aufschlüsse vermitteln; ebenso seine Weitergabe (z. B. Entlehnung auf bestimmter Lautstufe durch die Finnen[1]), seine Etymologie (z. B. König, Herzog, Vater, Enkel, Ehe, Kauf), seine Eingruppierung (z. B. ursprüngliche Beschränkung der eingliedrigen Verwandtschaftsnamen auf Vater/Mutter, Sohn/Tochter, Bruder/Schwester, Oheim/Neffe).

2. Ein zweites kommt hinzu: [2]Es ist unmöglich, auch nur die lateinischen Rechtsaufzeichnungen der älteren und mittleren Zeiten vollständig zu verstehen ohne geschichtliche Kunde von deutscher Grammatik und deutschem Wortschatz. Oft sind gerade die wichtigsten deutschen Wörter romanisiert in den Text aufgenommen, aus welchem erst mit Hilfe der Grammatik ihre wahre Form herausgeschält werden muß; der zahlreichen Glossen nicht zu gedenken, in denen uns Trümmer altdeutscher Rechtssprache gerettet sind. Oft klingt aus unbeholfenem romanischem Ausdruck das kernige Schlagwort der heimischen Rede hervor. Wie will den Doppelsinn[3] des Gebens und Schenkens in *donare* und *donatio*, des Ratens und Beschließens in *consiliare* und *consilium*, des Übereinkommens und Kaufens in *emere* und *emtio*, des Einsatzes und des Schuldversprechens in *vadiare* und *vadium* würdigen, der nicht Urbedeutung und Sprachgebrauch von geben, raten, kaufen, wetten kennt! Um einzusehen, wie *testis* nicht allein der Zeuge, sondern auch der Eidhelfer, *iudicium* nicht allein der gewiesene, sondern auch der beschlossene Rechtssatz[4], *culpa* nicht allein das Verschulden, sondern auch das Geschuldete, *puer* nicht allein der Unfreie, sondern auch der freie Hausdiener heißen könne, muß man sich darum bekümmert haben, was niederdeutsch *urcundeo* (oder *orcunda*), *dôm, skuld, cniht, svân* und was dieselben Ausdrücke im Althochdeutschen und im Altnordischen besagen. Wörtern wie *causari* und *causator, nominati, electi, singulare certamen* und *monomachia, placitum forisfacere, ingenium, sors, captura, iurnalis, investire* und *investitura, manere* und *mansus, senior, homagium, stipulatio, conlocutio, fabula,* dann Ausdrücken wie *dare/praebere/percipere sacramentum, exire/se educere/se exuere/se idoneare sacramento* und anderen mehr sieht man ihres Orts auf den ersten Blick an, daß sie deutscher Redeweise den widerwilligen romanischen Laut zu folgen nötigen. Aber welchen einheimischen Rechtswörtern wirklich nachgeahmt werde, offenbaren erst ein got. und altengl. *sakan*, ein ahd. *sahhan* und *sahho* [zu *causari, causator*], altbayer. *genante* mit altnord. *nefndir* [zu *nominati*], der altengl. *cyread* nebst fries. *keremegum* und *kestfriondon* [zu *electi*], ein altbayer. *einwic* [zu *singulare certamen, monomachia*], ein gemeindeutsches *thing* oder *dinc* [zu *placitum*], ein ahd. *firtuon* [zu *forisfacere*], *dank* [zu *ingenium*], *hlutz* (mit dem altnord. *hlutr*) [zu *sors*], weiterhin ahd. *bifanc* [zu *captura*] und *tagwerch* [zu *iurnalis*], got. *wasjan* und *gawaseins*, ahd. *werjan* und *giwerida* oder *giwerî* [zu *investire, investitura*], got. *saljan* und *saliþwa* mit ahd. *sal, salida, selida* [zu *manere, mansus*], altengl. *ealdor* und fries. *aldirmon* [zu *senior*], sächs. *manscap* [zu *homagium*], ahd. *halmwurf* [zu *stipulatio*] und *mahal* [zu *conlocutio, fabula*], sodann *syllan áð* auf altenglisch, *selja eið* auf altnordisch [zu *dare/praebere sacramentum*], *taka eið* auf altnordisch und *eit nemen* auf mittelhochdeutsch [zu *percipere sacramentum*], *undgunga mith ethe* auf altfriesisch, *mit eiden enpfüren* im Nibelungenliede [zu *exire/se educere/se exuere sacramento*], endlich das altengl. *clǣnsian* nebst dem mittelfries. *clensen*, dem neufries. *klinsgjen* [zu *se idoneare sacramento*]. Wem die deutsche Formenlehre fremd ist, der wird *rachineburgius* in Titel 50 § 3 des Pactus legis Salicae und *hamedius* in einer Merowingerurkunde von 680 unbedenklich für latinisiert halten, ohne zu ahnen, daß er echt salfränkische Pluralakkusative vor sich hat[2].

[5]Es sind keineswegs spärliche Trümmer ältester Rechtssprache, die wir aus dem historischen Wortschatz wiederherstellen können, obenan den „Frieden" und das „Recht"[a]. Der Verfassung gehören u. a. zu: Volk, Leute, Land, Reich, Bann, König, Jarl, Degen, Adel, Heer und Harde, Hundert, Thing, Warf, Dom (*dóm*); dem Strafrecht: Firntat, Mord, Dieb, Totschlag (*vig*), Töter (*bani*), Würger (*varg*), Waldgänger, Brand, Rauben (*rahan*), Raub, Reraub (*hrêroup*), Walraub, Nahme, Anlauf, Notnunft und Schlag, Wille, Gewalt und Rat, Wergeld, Buße und Hautlösung; dem Verwandtschaftsrecht: Sippe, Freund, Mage, Knie [= *gradus*] sowie die schon aufgeführten Namen der einzelnen Verwandten des engeren Kreises, dann: Echtschaft, Heirat, Braut, Brautkauf und Brautlauf, Mann (*verr*) und Weib (*kona*), Mundschaft und Erbe; dem Sachenrecht: Land und loses Gut, Vieh [= *pecunia*], Almende, Mark, Acker, Anger, Dorf, Bauer und Einläuftiger, Eigen und Leihe, Landgabe und Landnahme; dem Schuldrecht: Schuld selbst, dann: sollen, kaufen, leihen, wetten, geloben, festigen, gelten, versellen (*saljan*), lösen, gewähren, heischen, erinnern.

Mit allen diesen Wörtern und den durch sie gedeckten Begriffen werden wir weit zurückgeführt hinter die Zeit, da wir von klassischen

a) Vgl. § 1 Z. 6.

Schriftstellern die ersten genaueren Berichte über die Germanen erhalten. Methodologisch darf der Satz aufgestellt werden: Aus der Gleichheit der Terminologie unter verschiedenen Stammesrechten kann rückwärts auf ihre Ursprünglichkeit geschlossen werden, und zwar um so weiter rückwärts, je entfernter die Verwandtschaft der Stämme ist, d. h. je weiter zurück der Zeitpunkt der Spaltung liegt[b]. Jüngere Überlieferung kann hierbei mangels älterer, wie z. B. vielfach beim sächsischen und friesischen, beim alemannischen und bayerischen Recht herangezogen werden. Nur darauf muß geachtet werden, daß spätere Entlehnung unwahrscheinlich sei.

Hätten wir z. B. nicht ein altfriesisches *laga* und *lag*, ein altsächsisches *lag*, so ginge es nicht an, aus altengl. *lagh* und *utlagare* nebst skandin. *lag* und *utlegð* den Schluß zu ziehen, daß schon gemeingermanisch das Recht in seiner Eigenschaft als Ordnung und Frieden *lag*, die Friedlosigkeit *utlagiða* geheißen habe; denn nachweislich sind gelegentlich des regen Verkehrs zwischen Nordleuten und Angelsachsen eine beträchtliche Zahl von Rechtswörtern unter ihnen ausgetauscht worden. In ähnlicher Weise hat salfränkisches Recht auf ribwarisches und alemannisches, dänisches Recht auf nordfriesisches eingewirkt[5].

3. [6]Das Ermitteln der Form von Rechtssätzen, der Wörter, mittels derer sie einst formuliert, der Sinnbilder, wodurch sie dargestellt wurden, ist eine ebensosehr philologische wie juristische Aufgabe. So war denn auch vor allen anderen Jacob Grimm berufen, jene uralte Gemeinschaft der Rechts-Stilistik zu entdecken. Trotz der Gebrechen seiner Hilfsmittel gelang es ihm doch von alliterierenden Formeln, von zwei-, drei- und mehrgliedrigen Tautologien, von negativen Schlußsätzen, dann von Sprüchen, Maßen und Symbolen aller Art einen fast erdrückenden Vorrat zusammenzutragen. Seit dem Erscheinen seines Werkes[7] ist eine Menge neuer Quellen zutage gekommen, alte haben in gereinigter Flut von neuem zu fließen begonnen. Nachträge zu dem von Grimm Gebotenen ergeben sich so noch heute in Hülle und Fülle. Geradezu überraschend aber sind die Fernblicke, zu der hier Einstimmigkeit getrennter Stammesrechte auffordert. Wir haben deutliche Spuren davon, daß schon vor dem Auseinandergehen großer Stammesgruppen weitschichtige Kasuistik bestimmter Rechtsregeln ins feste Gefüge alliterierender Form gebracht war, um sich noch im Gedächtnis späterer Jahrhunderte fortzuerhalten.

Einen Beleg dafür aus gotischem und norwegischem Recht liefern die Grundsätze über Haftbarkeit desjenigen, der gegen Entgelt fremdes Vieh zur Fütterung übernimmt. In Stabreimen werden dort alle einzelnen Fälle von Versehen auf-

b) Vgl. § 29 Z. 3.

gezählt, wofür den Übernehmer eine Verantwortlichkeit treffen soll. Aber die einschlägigen Stellen der *Gulaþingsbók*[8] einer- und der *Westgötalagh*[9] andererseits weichen doch in den Reimen und besonders in der juristischen Terminologie so weit voneinander ab, daß die Annahme einer Entlehnung ausgeschlossen wird. Wir werden also folgern dürfen, daß ursprünglich eine gemeinskandinavische Überlieferung [wenn FICKERS Stammbaum richtig wäre, allerdings nur die der einen skandinavischen Gruppe] jene Rechtsregeln in ähnlichen Reimen vorgetragen habe.

Ein zweites Beispiel kann als urgermanisch angesprochen werden. Die Fälle der durch Tiere angerichteten Schäden werden in den Friesenrechten seit dem 13. Jahrh. stets in Alliteration vorgetragen[10]: *hengstes **h**of and **h**undes **t**oth and swines **t**usk and **h**ona ezel and **h**ritheres **h**orn* [Hengstes Huf und Hundes Zahn und Schweines Hauer und Hahnes Sporn und Rindes Horn]; ebenso auch da, wo die Regel in einen Konditionalsatz gefaßt ist[11]. Genau so muß aber auch im Langobardenrecht, mithin überhaupt in sämtlichen deutschen [vielleicht richtiger[c]: in den ingwäonischen] Rechten, der Fall geklungen haben. Man hört es noch aus der Latinität in Rotharis Edikt[12]: *Si caballus cum pede, si boves cum corno, si porcus cum dentem hominem intrigaverit, aut si canis morderit.* Daß dies sich wirklich so verhält, wird durch die davon unabhängige skandinavische Überlieferung bewiesen. In altnordischen Rechtsbüchern heißt es nämlich gleichfalls: *ef **h**orn æða **h**ofr æða **h**undr verðr mannz bane* [ob Horn oder Huf oder Hund wird Mannes Töter], und ähnlich an anderen Stellen nicht bloß norwegischer, sondern auch schwedischer und dänischer Aufzeichnungen[13]. Es ist also klar, daß schon in urgermanischer Zeit der Rechtssatz so angefangen hat.

Dergleichen festzustellen, ist unmittelbar bedeutsam, weil dadurch auf die gesamte altdeutsche Rechtssprache das gehörige Licht fällt. Denn es ist dann erwiesen, daß nicht bloß der einzelne juristisch-technische Ausdruck, sondern auch die Art zusammenhängender, formelhafter Rechtsüberlieferung bei den Deutschen ehedem genau so war wie bei den Nordleuten, die uns die ihrigen in vielen und umfänglichen Denkmälern hinterlassen haben[6].

Im südgermanischen Bereich tragen nur noch die friesischen Rechte „in jenen unverkennbaren Stilformen den Stempel germanischen Erbes"[14]. Aus den zahlreichen Belegen[15] sei nur der Schluß der „Drei Nöte" nach c. 2 der Hunsigoer Fassung der XIV Landrechte gegeben:

Hirumbe so mot thiu moder	Hierum darf die Mutter
hire kindes eruue	ihres Kindes Erbe
setta and sella,	versetzen und verkaufen,
umbe thet hiu aget	darum weil sie hat
pli and plicht	Pflege und Pflicht
alsa longhe, sa hit (unie-	so lange, wie es unjäh-
rich) is.	rig ist.

c) Vorausgesetzt, daß die Langobarden, wie anzunehmen, den Satz aus ihrer schonischen Heimat mitgebracht haben.

Die Auffassung allerdings, die Küren und Landrechte seien größtenteils ursprünglich in metrischer Form verfaßt worden[16], hat sich nicht durchsetzen können[17]. Wohl aber haben sich in den friesischen Rechtsquellen zahlreiche stabende Formeln erhalten und, da „bei den Friesen das Gefühl für alliterierende Wortverbindung lebendig war", immer wieder neue gebildet bis in die westfriesische Urkundensprache des 15. Jahrh. hinein[18].

4. Die Anregung, Rechtsdenkmäler aller Art, insbesondere auch Rechtswörter kartographisch zu erfassen und so zu einer „Rechtsgeographie"[19] oder wenigstens „Rechtssprachgeographie"[20] vorzustoßen, hat bisher noch keine wesentlichen Erfolge gezeitigt[21], sollte aber nicht aus den Augen verloren werden.

[1]) Vgl. T. E. KARSTEN, Die Germanen (1928) S. 100ff., 169ff.; EMIL OEHMANN, Die ältesten german. Lehnwörter im Finnischen, Nachr. Göttingen (1954) S. 13ff. [mit weiterer Literatur]. | [2–2]) In Anlehnung an v. AMIRA, Über Zweck u. Mittel d. german. RG (1876) S. 21f. | [3]) Grundsätzlich behandelt (wenngleich zu einseitig an den standesgeschichtl. Thesen d. Verfassers orientiert) von PH. HECK, Übersetzungsprobleme im frühen MA (1931) [dazu MARTIN LINTZEL, ZRG G LIV (1934) S. 286ff.]. | [4]) Zu beiden K. F. FREUDENTHAL, Arnulf.-karol. Rechtswörter (1949) S. 27ff. | [5–5]) In Anlehnung an v. AMIRA, Über Zweck u. Mittel, S. 48ff. | [6–6]) Dsgl. S. 55ff. | [7]) Deutsche Rechtsaltertümer (1828) S. 6ff., ([4]1899) I S. 8ff. | [8]) c. 13 [9]) Älterer Text: *Fornæmisbalker* 6; jüngerer Text: *Utgiærþæbalker* 13. | [10]) Emsiger Bußtaxen § 18; vgl. Westergoer Bußtaxen § 68. Zur Genese d. Textes und zum Verhältnis von *toth* und *tusk* vgl. WILLY KROGMANN, ZRG G LXXV (1958) S. 352ff. [11]) XXIV Landrechte c. 12. Zur Anordnung vgl. GEORG BAESECKE, Vor- u. Frühgeschichte d. dt. Schrifttums II, 1 (1950) S. 74 u. 83. | [12]) c. 326. | [13]) Gulathingsbok c. 165 (vgl. c. 147); Frostuthingsbok V 16; Östgötalagh *Vinsorþabalkær* 1, *Bygdabalkær* 13 § 2; Skånske Lov c. 102 (V 18). | [14]) BAESECKE, a. a. O. S. 80. | [15]) Ebd. S. 82ff. | [16]) R. KÖGEL, Geschichte d. dt. Literatur I (1894/97) S. 242—259. [17]) THEOD. SIEBS, Zeitschr. f. dt. Phil. XXIX, S. 405—411; PH. HECK, Die fries. Gerichtsverfassung (1894) S. 10; RUD. HIS, Die Überlieferung der fries. Küren u. Landrechte, ZRG G XX (1899) S. 42f. | [18]) THEOD. SIEBS, Grundriß d. german. Phil. II, 1 (1901/09) S. 526f. | [19]) WALTHER MERK, Wege u. Ziele d. geschichtl. Rechtsgeographie (1926). Vgl. auch KARL FRÖLICH, Probleme d. Rechtskartographie, VSWG XXVII (1934) S. 40—64; FRIEDR. UHLHORN, Probleme d. kartographischen Darstellung geschichtl. Vorgänge, Hess. JB für Landesgeschichte VIII (1958) S. 107—132; R. WENSKUS, Probleme einer kartograph. Darstellung der Ausbreitung dt. Stadtrechte d. Ostens, Blätter f. dt. Landesgeschichte XCI (1954) S. 258—276. | [20]) EBERH. FRHR. V. KÜNSSBERG, Rechtssprachgeographie (1926). [21]) Vgl. immerhin WALTHER MERK, Werdegang u. Wandlungen d. dt. Rechtssprache (1933); EBERH. FRHR. V. KÜNSSBERG, Flurnamen u. RG (1936); K. F. FREUDENTHAL, Arnulf.-karol. Rechtswörter (1949) [mit 2 Karten]; MÄRTA ÅSDAHL HOLMBERG, Studien z. den nddt. Handwerkerbezeichnungen d. MA (1950) [mit 5 Karten]; THEOD. FRINGS/WALTHER V. WARTBURG, Drei Wörter d. Lex Salica [*hrann, screuna, sunor*], Zeitschr. f. roman. Phil. LXXII (1956) S. 283—288.

REGISTER

Register A—F beziehen sich auf den Text und die unmittelbar unter diesem stehenden Anmerkungen (mit Buchstaben); dagegen — von seltenen und in der Sache begründeten Ausnahmen abgesehen — nicht auf die Literaturanmerkungen hinter den Paragraphen, auf die Verzeichnung der Quellenwerke (S. XIII—XVI und 86—88), auf die eingerückten Stammtafeln und Übersichtstafeln, auf die beigegebenen Kartenskizzen; diese sind in Register G zusammengefaßt.

Die angeführten Ziffern bedeuten die Seiten, hochgestellte Ziffern verweisen auf den Literaturapparat. Bei der Anordnung der Stichworte ist — auch innerhalb der Wörter — die alphabetische Folge a—z, đ, þ, æ, œ zu beachten; ä usw. ist als a gewertet, ae dagegen zwischen ad und af eingereiht.

A. AUTOREN

B. PERSONENNAMEN

C. ORTSNAMEN

D. QUELLEN

E. SACHREGISTER

Schweiz 18. 129. 140—142. 205

F. TERMINOLOGIE

G. BEIGABEN